KB198300

공직자 충무공

이순신의 삶으로부터
배우는 공무원의 길

동아시아

일러두기

– 본문에서 사용한 참고 자료를 표시할 때 단행본은 『　』, 영화·음악·방송 프로그램 등은 〈　〉로 구분하여 표기하였습니다.

– 책에 나오는 표기는 원칙적으로 현대 한국어의 표준어 규정을 준수하여 표기하였습니다.

– 본문에서 날짜는 현대의 경우 양력을 기준으로 표기하였으나, 조선시대의 날짜는 사료·기록과 통일하여 음력을 기준으로 표기하였습니다.

시절이 수상하다. 특히 가깝고도 먼 나라 일본과의 관계가 그렇다. 지난 역사에서 우리 민족에게 가장 큰 고통과 피해를 안겨주었던 나라. 우리를 침략해 36년 동안 식민지로 지배해 국토 분단과 6·25 전쟁을 초래한 나라. 그러나 지금까지 제대로 된 사과를 하거나 용서를 빌지 않고 오히려 수시로 우리를 비난하며 망언을 일삼는 나라. 그래서 해방 이후 우리는 일본과 거리를 두며 지내왔다. 그런데 최근 일본에 대한 우리 정부의 태도가 수상하다. 일본 기업 강제노역 배상을 인정한 법원 판결을 무시한다. 한일 군사동맹 수준까지 나가려는 것 같다. 우리가 사용해 온 한·중·일이 아닌 한·일·중이라고 부른다. 심지어 국방부 장관은 독도가 분쟁지역이라는 일본의 억지 주장을 되풀이한다.

역사를 생각한다. 참혹했던 7년간의 임진왜란이 떠올랐다. 왜군은 아무 명분이나 이유도 없이 평화로웠던 조선을 침략해 무고한 백성을 살육하고 마을과 관아, 사찰을 불태웠으며 문화재를 약탈하고 수많은 백성을 붙잡아 갔다. 잔인무도했던 임진왜란 중에 왜군을 무찌르고 나라의 치욕을 씻고 백성의 원한을 풀어주고 하늘로 올라가 별이 된 충무공이 저절로 떠올랐다. 충무공은 우리 역사에서 가장 훌륭한 공직자였기 때문이다. 감히 그를 범접하기는 어렵겠지만 필자도 충무공과 같은 공직자였다.

필자는 1988년 사법시험에 합격해 1989년 3월 사법연수생이 되었고 5급 사무관 상당의 급여를 받았다. 당시 임명권자는 고 노태우 대통령이었다. 처음으로 공직자가 되었다. 1991년부터 1994년까지 3년 동안 중위 군법무관으로 군복무를 했고 1994년 3월 인천지검 검사가 되었다. 군 복무를 면제받은 검사 3년 후배인 윤석열 대통령이 함께 임관했다. 당시 임명권자는 고 김영삼 대통령이었다. 검사는 3급(부이사관) 상당의 예우를 받는 것으로 알려져 있다.

이후 10년 동안 평검사로 근무하다가 2004년 6월 부장검사로 승진해 5년, 2009년 8월 차장검사로 승진해 4년 동안 근무했다. 부장검사와 차장검사는 2급(이사관) 상당 예우를 받는 것으로 알려져 있다. 김대중·노무현·이명박 대통령 시절이다. 박근혜 대통령 재임 때인 2013년 12월 차관급 예우를 받는다는 검사장으로 승진했다. 검사장은 문재인 대통령 시절인 2019년 10월 검찰개혁의 일환으로 전용 차량을 없애고 그 대신 명예퇴직금을 받는 1급 상당의 예우로 변경되었다.

검사장으로 승진한 지 4년이 지난 2017년 8월 고검장인 법무연수원장으로 승진했다. 문재인 대통령 취임 직후였다. 고검장은 종전처럼 차관급 예우를 받는다. 2018년 6월 22일 제61대 법무부 차관이 되었다. 정무직 차관은 검사 신분을 유지할 수 없어 검사 사표를 냈다. 22개월 동안 법무부 차관으로 근무하다가 2020년 4월 28일 사직했다.

공직을 마치고 변호사 활동 등 1년 넘게 자유롭게 지내다가 2021년 6월 1일 제44대 검찰총장으로 임명되었다. 2022년 5월 7일 사직할 때까지 11개월 동안 검찰총장으로 재직했다. 헤아려 보니 수행한 공직 수만 23개이고 공직 기간은 약 32년이다. 평균 1년 6개월마다 발령받아 전국의 검찰청과 법무부에서 근무했다. 길고 힘든 시간이었다. 아쉽고 부끄러운 점이 많았지만 그 덕분에 소중한 경험과 추억을 쌓았다. 공직을 마친 후 대한민국과 대한민국 국민에게 감사드리며 하루하루를 보내고 있다.

국민학생 시절, 세로로 적힌 두꺼운 세 권짜리 삼국지를 읽으며 역사에 관심을 가졌다. 당시 교육청이 주최한 '고전 읽기대회'가 있었다. 시골에 있던 우리 학교도 학생을 선발해 방과 후 고전과 동화를 읽도록 하며 대회를 준비했다. 필자도 뽑혔다. 전기가 들어오지 않는 시골이어서 학교 도서관에서 비싼 촛불을 켜놓고 밤늦게까지 책을 읽었다. 영광읍에서 열린 대회에서 장려상을 받았는데 상품은 『난중일기亂中日記』라는 책이었다. 선생님이 먼저 읽고 나중에 주는 바람에 제대로 읽지는 못했지만 『난중일기』라는 책 이름은 지금까지도 기억이 생생하다. 중·고등학교 시절에도 역사에 관심이 많았다. 그 덕분에 국사와 세계사 성적은 매우 좋았다. 대학에서 역사를 공부해 보겠다고 막연히 생각했다.

하지만 고등학교 성적과 학력고사 점수에 맞춰 법대로 진학했다. 아쉽지만 후회하지는 않는다. 이후 사법시험에 합격해 검사가 되어 무려 32년 동안 공직생활을 했다. 인생의 절반 이상을 차지한다. 공직에 있을 때도 역사에 관심이 많았다. 법무연수원장 시절에는 법무·검찰 역사를 교재로 만들어 신임 검사와 직원들을 교육했다. 시간나는 대로 역사책을 사 읽었고 특히 우리 역사에서 최고 공직자였던 충무공에 깊은 관심과 존경심을 갖게 되었다. 430년 전에 활동했지만 알면 알수록 존경심이 우러나오는 공직자였다. 내 마음의 스승이었고 충무공처럼 그렇게 공직을 마치고 싶었다.

2005년 4월 18일 광주지검 장흥지청장에 취임했다. B 검사, Y 검사, B 사무과장 등 간부들과 강진군 마량항에서 배를 타고 충무공을 모신 고금도 충무사忠武祠를 방문해 참배했다. 고금도는 1598년 2월 17일 충무공이 삼도수군통제영을 설치했던 곳이다. 충무공은 1597년 9월 16일 명량해전에서 왜군에 가까스로 승리하고 전라북도 군산 앞바다의 선유도까지 이동했다가 다시 남쪽으로 내려와 목포 고하도에서 그해 겨울을 보내고 고금도 통제영으로 이동했다. 충무공은 고금도 통제영에서 1598년 11월 19일 마지막 노량해전에서 전사할 때까지 9개월 동안 지냈다.

고금도 월송대는 남해 관음포에서 전사한 충무공의 유해를 충남 아산으로 이장하기 전까지 모셨던 곳이다. 그곳에서 충무공을 생각하며 부끄럽지 않은 공직자가 되겠다고 다짐했다. 장흥지청장으로 있으면서 수인산성이 있는 수인산 이름을 붙인 작은 쉼터를 만들고 그곳에 '若無湖南 是無國家, 若無長興 是無檢察(약무호남 시무국가, 약무장흥 시무검찰)'이라는 현판을 걸었다. '약무호남 시무국가'라는 표현은 전쟁이 한창이던 1593년 7월 충무공이 사헌부 지평(정5품) 현덕승(1564~1627)에게 보낸 서신에 있었다고 한다. 장흥지청이 전국 검찰청 중에서 규모는 가장 작지만 임진왜란 당시 호남처럼 구성원들이 긍지를 갖고 근무하자는 뜻이었다. 그때 막연했지만

공직자 충무공

기회가 되면 '공직자' 충무공에 대한 글을 써보고 싶다고 생각했다.

2018년 6월부터 2020년 4월까지 1년 10개월 동안 법무부 차관으로 있으면서 일선 격려를 위해 경기도 화성의 직업훈련교도소를 방문한 적이 있었다. 목공작업장을 둘러보니 수형자들이 옷장과 탁자 등 생활용 가구 위주로 작업하고 있었다. 현장 책임자에게 거북선 모형을 축소해 만들면 수형자들에게 애국심을 갖게 해 교정교화에도 도움이 되지 않겠느냐고 말했다. 이후 그곳에서 거북선을 축소한 목공예 작품을 제작해 법무부 장관 특별상을 받았다고 했다.

2022년 6월 1일 검찰총장 취임 직후 W 교정본부장이 인사 차 방문해 장관 특별상을 받은 거북선 공예작품이 팔리지 않고 있다고 하소연했다. 대검찰청에서 실비로 거북선 작품을 구매해 총장실 옆 복도에 배치했다. 복도 건너편 소회의실 명칭을 H 검찰총장이 운주당運籌堂이라고 부른 적이 있었다. 운주당은 임진왜란 당시 충무공이 한산도 통제영에서 부하 장수들과 회의를 했던 곳이다. 임진왜란 당시 충무공과 휘하 장수들처럼 국민을 위해 일하자는 취지였을 것이다. 하지만 국민을 상대로 전쟁하는 것이냐는 내부 비판이 나오면서 다시 소회의실로 명칭이 변경되었다. 복도에 거북선 작품을 설치한 후 소회의실 명칭을 운주당으로 고쳤다. 운주당 안내판을 찾아 다시 소회의실 벽에 부착했다. 충무공처럼 나라와 국민을 위해 일하고 싶었기 때문이다.

2022년 4월 13일 민주당은 당론으로 검사의 직접수사 기능을 박탈하는 소위 '검수완박' 법안을 추진했다. 대검찰청으로 출근하며 기자들에게 "민주당 법안의 핵심은 범죄 수사를 오직 경찰에게만 전담시키겠다는 것이다. 4·19혁명 이후 수사의 주체로 검사만 규정한 헌법에 위반되는 것이다. 법안이 추진되면 범죄자는 만세를 부를 것이고 범죄 피해자와 국민은 호소할 곳이 사라진다. 정의와 상식에 반하는 것이다. 저를 비롯한 검찰 구성원은 낙담하지 않겠다. 필사즉생必死卽生의 각오로 입법이 진행되는 국회와 저를 임명하고 법안에 대한 공포와 재의결 요구권을 가진 대통령님, 헌법재판소에 이르기까지 각 단계마다 모든 절차와 방안을 강구해 최선을 다해 호소하고 요청하겠다"라고 밝혔다.

필사즉생은 1597년 9월 16일 명량해전 당시 겨우 13척의 함선으로 300여 척이 넘는 왜군 함대에 맞서 싸우기 직전 충무공이 병사들에게 한 말이다. 2022년 5월 7일 국회의장의 중재안을 수용한 검수완박 법안이 결국 공포되었다. 모든 책임을 지고 사퇴했다. 검찰총장이 검수완박 법안을 반대하며 1개월 가까이 국민과 정치권, 법조계를 혼란에 빠뜨린 셈이니 검찰 구성원을 대표해 국민에게 책임지고 사퇴하는 것이 마땅하다고 생각했다.

그 덕분에 충무공에 대한 글을 쓸 시간의 여유가 생겼다. 필자는 역사를 좋아하지만 엄연한 법조인이다. 역사를 제대로 공부해 본 적이 없다. 역사 관련 책을 많이 읽었지만 깊이가 부족하고 사실관계를 잘못 알고 있는 것도 많다. 그래서 먼저 충무공이 활약했던 임진왜란과 호남에 대해 공부해 보았다.

임진왜란 당시 전라좌수영 군사들과 백성은 연전연승한 충무공을 도와 판옥선과 거북선 등 함선을 건조했고 화포와 포탄, 화약을 제작했다. 직접 전투에 참전해 판옥선에서 노를 젓고 화살을 쏘거나 화포를 발사했다. 전투에 직접 나서지 않은 백성들은 군량미를 지원하고 마음을 모아 승리를 기원했다. 병사들과 백성의 이런 마음을 하나로 결집해 왜군에 맞서 싸운 모든 전투를 승리로 이끈 분이 충무공이다. 마음에서 우러나오는 존경심이 더 커졌다. 조심스럽게 충무공에 대한 이야기를 정리해 보았다.

이 과정에서 특히 『난중일기』를 보면서 쉽지 않음을 느꼈다. 충무공의 생각과 많은 사건을 뒤따라가는 것도 힘들었지만 『난중일기』 곳곳에 등장하는 수많은 인물과 직책, 지리 등을 파악하고 이해하는 것은 정말 어려웠다. 노승석 박사님의 『신완역 난중일기 교주본』이 큰 도움을 주었다. 깊이 감사드린다. 이민웅 교수님의 『이순신 평전』, 이훈 선생님의 『이순신과의 동행』, 황현필 선생님의 『이순신의 바다』도 많이 참고했다.

처음에는 충무공을 필자와 비교하는 글을 써보려고 했는데 『난중일기』를 알지 못하면 충무공을 제대로 알 수 없다는 생각이 들었다. 막상 『난중일기』를 보니 그 엄청난 세계에서 쉽게 헤어 나오지 못했다. 처음 의도한 방향에서 벗어나게 되었다. 그래도 다행이라고 생각한다. 이 시기에 충무공에 대한 글을 쓴 것은 그분을 존경하고 인생의 큰 스승으로 생각했기 때문이다. 그 덕분에 적지 않은 충무공 관련 책을 읽었지만 이번에 『난중일기』를 보며 충무공을 더 가깝게 이해하게 되었다.

차례

글을 시작하며   005

1. 조선시대의 관직과 군사제도   015

2. 공직에 입문하기까지   023

3. 충무공의 공직생활   035

4. 공직 입문과 1차 파직   043

5. 복직과 2차 파직   055

6. 왜란의 조짐과 파격 인사   067

7. 운명의 전라좌수사 취임   077

8. 임진왜란의 발발과 전개   097

9. 왜란에서의 활약   113

10. 명군의 참전과 지루한 대치   167

11. 삼도수군통제사로서의 일   193

12. 길고 험난했던 왜군과의 대치   217

13. 압송과 투옥, 백의종군   269

14. 삼도수군통제사 재임명과 명량해전   313

15. 수군 재건과 노량해전   345

글을 마치며   375

충무공 연표   402

1.

조선시대의 관직과 군사제도

먼저 임진왜란 당시 관리 품계와 군사제도를 살펴본다. 조선시대 관리 품계는 9개 등급이고 각 등급마다 정正과 종從이 있어 모두 18개 등급이다. 오늘날 우리나라 공무원·군인의 직급은 크게 다음과 같은 14개 등급으로 나뉜다.

- 9급(서기보, 하사)
- 8급(서기, 중사·상사)
- 7급(주사보, 준위·소위)
- 6급(주무관, 중위)
- 5급(사무관, 대위)
- 4급(서기관, 소령)
- 3급(부이사관, 중령)
- 2급(이사관, 대령)
- 1급(관리관, 준장·소장)
- 준차관급(차관보, 중장)
- 차관급(차관청장·도지사·광역시장·서울시 부시장, 대장)
- 장관급(장관·국정원장·서울시장·대법관·헌법재판관·검찰총장)
- 부총리급(부총리·감사원장·국회부의장)
- 총리급(국무총리·국회의장·대법원장·헌법재판소장)

지난 2006년 참여정부에서 직급 통폐합을 위해 국가직 3급, 2급, 1급을 고위공무원 가급(1급)과 나급(2급, 3급)으로 통합했다. 조선시대 관리 품계 18개 등급을 현재의 14개 등급 공무원 직급과 직접 비교할 수는 없겠지만 이해를 돕기 위해 공무원 직급과 비교해 살펴보면 다음과 같다.

- 종9품(참봉, 현재 9급)
- 정9품(정사·훈도, 현재 8급)
- 정8품·종7품(직장·저작, 현재 7급)
- 정7품(박사, 현재 6급)
- 종6품(현감·찰방, 현재 5급)
- 정6품(좌랑·감찰, 현재 5급)
- 종5품(정랑·교리, 현재 5급)
- 정5품(현령·판관·지평, 현재 4급)
- 종4품(경력·첨정, 현재 3급)
- 정4품(군수·사인·장령, 현재 3급)
- 종3품(집의·사관, 현재 2급)
- 정3품(장의·목사·병사·수사·첨사, 현재 1급)
- 종2품(참판·관찰사·통제사, 현재 차관보)
- 정2품(판서·좌참찬·우참찬, 현재 장관·차관)
- 종1품(좌찬성·우찬성, 현재 부총리)
- 정1품(영의정·좌의정·우의정, 현재 국무총리)

충무공은 무관이니 조선시대 무관을 좀 더 자세히 살펴보자. 조선시대 무관은 오늘날 육군 사령관에 해당하는 병마절도사(줄여서 병사, 종2품), 목사, 부사 등이 겸하는 방어사(종2품)가 있고 수군 사령관에 해당하는 통제사(종2품), 수군절도사(줄여서 수사, 정3품)가 있었다. 그리고 첨절제사(줄여서 첨사, 종3품), 만호(종4품), 우후(종3품, 수군은 정4품) 등 장수들과 별장(종9품) 등 군관이 있었다.

충무공이 역임한 무관직은 동구비보권관(종9품), 훈련원봉사(종8품), 건원보 권관(종8품)과 참군(정7품), 사복시 주부(종6품), 정읍현감(종6품), 발포만호(종4품), 조산보만호(종4품), 전라감사 군관 겸 조방장(종4품), 진도군수(종4품),

가리포 첨사(종3품), 전라좌수사(정3품), 삼도수군통제사(종2품)이다.

조선은 전국을 8도로 나누고 그 책임자로 행정권, 사법권, 군 지휘권을 가진 종2품 관찰사를 두었는데 관찰사는 방백, 순찰사, 감사 등으로 불렸다. 8도는 군현 크기와 군사 관계, 생산력, 인구에 따라 대도호부, 목, 도호부, 군, 현으로 나누고 그 책임자로 수령이라고 부르는 대도호부사, 목사, 도호부사, 군수, 현감을 두었다.

조선은 16세 이상, 60세 이하 남성이 군역을 부담했다. 현직 관리와 과거를 준비하는 유생들, 종들은 면제되었고 주로 양인 신분인 농민이 부담했다. 육군 소속 병영과 수군 소속 수영에서 근무하는 현역 군인으로 정군正軍과 함선을 타는 기선군騎船軍이 있었다. 수군은 소금 제조, 은 채굴, 토목공사 등에 수시로 동원되어 힘들고 어려워 모두 복무를 꺼렸다. 정군으로 복무하지 않은 사람들은 보인保人이 되어 정군 집을 재정적으로 보조했는데 이를 봉족奉足이라고 불렀다. 일반적으로 보인 2명이 정군 1명을 보조했다.

조선 초기 군사전략은 관찰사와 수령이 지역을 지키는 진관체제였다. 전국을 여러 개의 진관으로 나누고 목사가 겸하는 첨절제사가 주변 진으로 구성된 진관의 군사권을 가졌다. 군수 이하 수령들은 병사와 말을 동원할 수 있는 병마 직급으로 제한된 군사권을 가졌다. 수군은 지역 최고사령관으로 수군절도사를 두어 소속 군현과 포진을 지휘했다. 또한, 8도 요지에는 병영兵營과 수영水營을 설치해 병마절도사와 수군절도사가 지휘했다. 왜적의 침입이 빈번했던 전라도에는 병영이 한 곳, 수영이 두 곳, 경상도에는 병영과 수영이 각각 두 곳씩 설치되었다.

공직자 충무공

임진왜란 당시 충무공이 전라좌수사로 활약했던 전라도는 전체 병사兵使를 겸직하는 관찰사(종2품)가 전주에 있었고 전남과 제주도 등 53주 6진의 군현을 관장하는 병마절도사(종2품)가 강진군 병영면 병영에 있었다. 병영에 소속된 군사는 1만여 명이었다. 관찰사에게도 1만여 명의 군사가 있었을 것이다.

전라도 수영은 우수영과 좌수영이 있었다. 전라우수영은 해남군 문내면 서상리에 있었는데 8개 고을과 13개 진을 관장했다. 나주목, 장흥도호부, 영광군, 함평현, 무안현, 영암군, 해남현, 진도군이 여덟 개 고을이고 임치(무안군 해제면), 목포, 다경포(무안군 운남면), 법성포, 겸모포(부안군 진서면), 군산포, 가리포(완도군 완도읍), 회령포(장흥군 회진면), 마도(강진군 대구면), 이진(해남군 북평면), 어란포(해남군 송지면), 금갑도(진도군 의신면), 남도포(진도군 임회면)가 13개 진이고 병력은 1만여 명이었다.

여수시 군자동에 있었던 전라좌수영은 순천도호부, 광양현, 낙안군, 흥양현, 보성군 다섯 개 고을과 방답(여수시 돌산읍), 사도(고흥군 영남면), 여도(고흥군 점암면), 발포(고흥군 도화면), 녹도(고흥군 도양읍) 다섯 개 진이 있었고 병력은 5,000여 명이었다.

전라우수영은 전라좌수영보다 소속 군현과 진이 많았고 함선과 병력도 두 배가량 많았다. 명량해전 이후인 1597년 12월 25일 충무공은 고금도 통제영에서 전라도관찰사 황신黃愼(1560~1617)과 협의해 고부군, 강진현, 무장현, 흥덕현, 부안현, 옥구현, 전라도 서남 해안에 인접한 여섯 개 고을을 전라우수영에서 관장하기로 했다. 칠천량해전 참패로 거의 궤멸당한 수군 병력을 보강하기 위해 전라우수영 소속 고을을 기존 8개에서 14개로 늘린 것이다.

조선 초기였던 1493년 당시 군사는 29만 6,000여 명이었고 고려 말에 도입된 화약을 이용한 화약무기가 발달했다. 화살 두 개를 동시에 쏘는 쌍전화포, 사정거리가 600미터인 지자포와 현자포, 사정거리가 1,500미터 이상인 천자포, 대포에 해당하는 완구, 말을 타고 쏘는 주화, 개인화기인 승자총통 등 다양한 화약무기가 개발되어 군사력이 매우 강했다. 1419년 6월 세종은 강력한 군사력을 바탕으로 이종무 장군을 삼군도제찰사로 삼고 삼도의 병선 227척과 병사 1만 7,000명을 동원해 당시 왜구의 소굴이던 대마도를 정벌했다. 고려 때부터 우리나라 서남해 연안을 수시로 노략질한 왜구의 소굴을 소탕한 것이다.

세종은 1433년부터 1436년까지 최윤덕 장군과 이천 장군을 평안도 도절제사로 임명하고 약 1만 5,000명의 정예병을 동원해 압록강 상류 지역에 거주하던 여진족을 압록강 밖으로 몰아내고 그곳에 여연, 자성, 무창, 우예 4군을 설치했다. 또한, 김종서 장군을 함길도 도절제사로 임명해 두만강 주변에 거주하던 여진족을 두만강 밖으로 내쫓고 그곳에 종성, 온성, 회령, 경원, 경흥, 부령 6진을 설치했다. 그리고 삼남 지방 백성들을 4군과 6진으로 이주시킨 사민정책을 실시했다. 이후 압록강과 두만강이 조선의 국경선이 되어 오늘날까지 이어져 오고 있다.

하지만 150여 년이 지난 16세기 중반이 되자 현역으로 복무해야 할 정군이 군포를 내고 군역을 면제받는 방군수포제가 확산되었다. 그 결과, 전체 병력은 29만 6,000여 명에서 17만여 명으로까지 감소했다. 1555년 을묘왜변 때는 70여 척의 배를 타고 침입한 수천 명의 왜구가 해남과 진도 등 전라도 남해안 장흥, 영암 등에 흩어진 진관을 차례로 격파하고 전라도 내륙까지 진출해 전라병사 원적元績과 장흥부사 한온韓蘊을 죽이는 사건까지 발생할 정도였다.

이에 조정에서는 기존 진관체제를 지역방어 개념인 제승방략체제로 변경했다. 이는 적이 침입하면 지방의 병력을 한곳에 집결시키고 중앙에서 보낸 장수가 지휘해 적과 일대 격전을 벌여 격퇴시키는 전략이다. 하지만 제승방략체제는 임진왜란 초기 지역의 병력을 집결시키고 중앙에서 장수가 오는 것을 기다리느라 전격적으로 침략해 오는 대규모 적을 신속하고 효율적으로 방어하지 못해 참패의 원인이 되었다는 지적을 받고 있다.

2.
공직에 입문하기까지

유년 시절

충무공은 1545년 음력 3월 8일(양력 4월 28일, 이하 음력을 사용한다) 한양 건천동(오늘날 서울 중구 인현동)에서 부친 이정李貞, 모친 초계 변 씨 사이에서 태어났다. 집안은 문반 가문으로 증조부 이거는 정3품 통훈대부, 병조참의 등을 지냈고 조부 이백록은 시장, 도량형, 물가 등을 관장하는 평시서의 봉사(8품)를 지냈지만 국상 기간에 아들 혼례를 치르며 잔치를 벌인 사건 때문에 벼슬을 하지는 못했다.

충무공은 어린 시절을 한양 건천동에서 보냈다. 임진왜란을 충무공과 함께 극복한 유성룡柳成龍(1542~1607)과 원균元均(1540~1597)도 충무공과 비슷한 시기에 건천동에서 살았다. 유성룡은 충무공보다 세 살, 원균은 다섯 살 더 많다. 유성룡은 임진왜란이 끝난 후에 저술한 『징비록懲毖錄』에서 충무공에 대해 어린 시절 나무로 만든 활과 화살로 전쟁놀이를 즐기곤 했는데 어른이라도 거슬리면 화살로 눈을 쏘려고 해 함부로 지나가려고 하지 않았다고 적고 있다. 그가 충무공과 같은 동네에서 살았으니 직접 경험한 내용일 것이다.

하지만 조부 이백록이 사망한 후 충무공의 가족은 모친 변 씨의 친정인 충남 아산시 염치읍 백암리 외가로 이사했고 충무공은 그곳에서 청소년기를 보냈다. 충무공의 부친이 벼슬을 하지 않아 한양에서 계속 지내기가 어려웠을 것이다. 이후 충무공의 부친은 과거를 보지 않는 음서로 관직에 들어가 1573년 병절교위(종6품), 1576년 창신교위(종5품)를 지냈다고 한다.

과거제도

조선시대 공직자가 되는 가장 일반적인 방법은 과거시험에 급제하는 것이었다. 과거는 중국 수나라 때 처음 실시되었는데 우리나라에는 고려 4대 광종 때인 958년 중국 후주 출신의 귀화인 쌍기雙翼의 건의로 도입되었다. 고려시대에는 일반 관리를 선발하는 문과, 전문가를 선발하는 잡과, 승려를 선발하는 승과가 있었다. 조선시대에도 과거는 관리를 선발하는 기본적인 제도였다.

조선시대 관직은 문관 500여 개, 무관 3,000여 개였다. 관직은 직급에 따라 부여되지만 높은 직급이라도 낮은 관직으로 가는 행行과 낮은 직급이라도 높은 관직으로 가는 수守라는 행수법行守法이 합리적으로 운영되었다. 과거는 문과와 무과로 구분해 3년마다 정기적으로 실시되었는데 이를 식년시式年試라고 부른다. 왕자가 탄생하거나 세자 책봉, 임금과 세자의 결혼 등의 경사가 있거나 문묘제례, 지역 행차 등이 있을 때 수시로 실시하는 별시別試가 있었다.

　과거시험의 문과는 1차 시험인 초시와 2차 시험인 복시가 있었는데 소과라고 부른 초시에는 사서오경 지식을 시험하는 생원과와 시나 문장의 작성 능력을 시험하는 진사과가 있었다. 초시에서 선발된 240명이 대과라고 부른 복시를 치러 최종 합격자 33명을 선발했다. 왕 앞에서 치르는 3차 시험인 전시에서는 등수만 결정했다. 합격자 33명 중 장원인 1등은 종6품, 2등과 3등인 갑과 2명은 정7품, 4등부터 10등까지 을과 7명은 정8품, 나머지 병과 23명은 정9품을 받을 수 있었다.

　과거시험의 무과도 1차 시험인 초시와 2차 시험인 복시가 있었다. 초시는 목전, 철전, 편전 등 다양한 화살을 쏘는 활쏘기, 말을 타고 활을 쏘는 기사, 창을 다루는 기창, 막대로 공을 치는 격구 등이 시험 과목이었고 합격자는 190명이었다. 2차 복시는 『손자』, 『오자』, 『육도삼략』, 『삼십육계』 등의 병법서, 사서오경, 『통감』, 『역대병요』, 『장감박의』, 『소학』, 『무경』, 『경국대전』 등을 치르는 초장과 서서 활쏘기, 말 타고 활쏘기, 창술, 격구 등을 시험하는 실기 위주의 중장, 병법과 유교 경전으로 치르는 종장 세 가지 시험이 있었고 점수를 합산해 최종합격자 28명을 선발했다.

　왕 앞에서 치르는 3차 전시에서는 등수만 정했는데 시험 과목은 격구였다. 최종합격자는 성적이 좋으면 왕의 직속부대인 금군과 장용영 등에 배속되었고 나머지는 중앙 오위나 오군영, 지방과 국경, 수군 순으로 배속되었다. 성적이 안 좋으면 수군에 배치된 것이 눈길을 끈다. 아마도 한양에서 멀리 떨어져 있고 바다에서 근무해 근무 여건이 열악하고 육체적, 정신적으로 힘들었기 때문일 것이다.

과거시험은 보통 30대 중반에 합격했는데 합격해도 곧바로 벼슬이 주어지지는 않았다. 합격자 4대조 안에 현직 관리가 있으면 먼저 임용하는 현관서용顯官敍用이 있고 그렇지 않은 합격자는 현직 관리 3명이 추천해야하는 보단자保單子가 필요했는데 이를 한품서용限品敍用이라고 불렀다. 충무공은 증조부 이거가 통훈대부, 병조참의 등을 지내고 조부 이백록이 평시서 봉사를 지냈으니 현관서용을 적용받았을 것이다. 지금 보면 현직 관리의 자식을 우선하는 불평등한 제도였다.

그나마 조선 후기가 되면 인사적체가 심해 과거에 합격하고도 벼슬을 받지 못하는 경우가 허다했다. 벼슬자리는 한정되어 있는데 과거 합격자는 계속 늘어났기 때문이다. 그래서 과거는 임용시험이 아닌 자격시험이라는 말까지 등장했다. 조선 후기와 구한말 관직을 사고파는 매관매직이 성행했던 것은 이런 구조적 문제 때문이었을 것이다.

과거시험 합격자는 문과는 이조, 무과는 병조에서 임금에게 추천해야 벼슬자리에 갈 수 있었다. 그래서 인사 추천 실무자인 이조정랑(정5품)과 병조정랑(정5품)에게 막강한 권한이 있었다. 특히 문관 벼슬을 추천하는 실무 책임자인 이조정랑이 중요했다. 정승과 판서 등 조정의 핵심 직급을 문신이 차지하는 문신 우위 관료제도였기 때문이다. 이조정랑 자리를 서로 차지하기 위해 관리들이 편을 나누어 다투었고 이는 동인東人과 서인西人 등으로 당파가 나뉘는 원인이 되었다.

혼인과 무과 준비

충무공은 어린 시절 형들과 과거 문과를 준비했고 충청도 아산으로 이사한 후에도 20세 때까지 문과를 준비했다. 우리가 초등학교 6년, 중학교 3년, 고등학교 3년 총 12년 동안 공부한 것처럼 충무공도 12년 이상 문과 공부를 했을 것이다. 문과는 먼저『천자문』,『소학』을 학습한 후 과거를 준비하면서『논어』,『대학』,『맹자』,『중용』사서와『시경』,『서경』,『주역』,『예기』,『춘추』오경을 학습한다. 충무공도 그렇게 공부했을 것이다. 임진왜란 당시 충무공이 직접 작성한 장계와 매일 적은『난중일기』, 전투를 앞두고 점괘를 본 사실을 보면 충무공의 문과 실력을 짐작할 수 있다.

충무공은 20세가 되던 1565년 무렵 보성군수를 역임한 무관 출신 방진方震의 외동딸 상주 방 씨와 혼인했다. 보성군은 이후 충무공이 수사로 재임하는 전라좌수영 소속 고을이니 그것도 인연이었다. 충무공은 혼인한 이후 무과를 준비했다. 아내 방 씨는 충무공보다 두 살 적었는데 성품이 담대했다고 한다. 충무공이 공직생활을 하느라 변방에 있는 동안 그녀는 집안 살림과 자녀교육을 책임졌고 충무공이 전사한 후에는 정경부인으로 봉해졌다. 혼인한 이후 충무공은 합격이 쉽지 않은 문과보다 급제가 쉽고 무관을 지낸 장인의 지도와 지원을 받을 수 있는 무과로 전향한 것으로 보인다.

오늘날도 그렇지만 혼인은 인생에서 가장 중차대한 변곡점이다. 혼인은 남녀가 개인으로 만나 가정을 이루는 것이지만 가문을 중시한 당시는 가문과 가문이 만나는 개념이 더 강했다. 특히 조선 전기는 혼인하면 신랑이 장인·장모와 신부가 사는 처가로 들어가 사는 장가가 일반적이었다. 처가에서 살다가 자식을 낳아 7~8세가 되면 처가 재산을 분배받아 독립했다. 대표적으로 이율곡李栗谷(1537~1584)도 모친 신사임당의 고향인 강릉에서 태어나 어린 시절을 그곳에서 보내고 한양으로 왔다. 신부가 시부모와 신랑이 있는 시댁으로 가는 시집은 임진왜란과 병자호란 이후 예학의 영향을 받아 보편화되었다. 그래서 조선 초기에는 장가를 간 어린 사위가 장모로부터 구박받는 경우가 많았다고 한다. '겉보리 서 말만 있으면 처가살이 안 한다'라는 말이 그때 생겼다고 한다. 며느리가 시어머니로부터 구박과 시달림을 받는 시집살이의 설움과 정반대 현상이다. 오늘날은 결혼하면 육아 등을 위해 처가 근처에서 사는 것이 일반적인 것 같다. 시집보다 장가에 가깝다고 할 수 있다.

충무공도 당시 풍습대로 혼인하고 장인·장모가 있는 처가로 들어가 생활했고 이후 충무공이 살던 처가는 충무공의 본가가 되었다. 오늘날 충남 아산에 있는 충무공 고택이 바로 그곳이다. 충무공은 경제적 여유가 있는 처가의 물심양면 지원을 받으며 10년 넘게 무과를 준비했다. 무과 시험 과목인 활쏘기와 말 타고 활쏘기, 창 다루기, 격구 등을 잘하려면 상당한 시간과 비용이 필요했다.

2차 과목인 『손자』, 『오자』, 『육도삼략』, 『삼십육계』 등의 병법서와 사서오경, 『통감』, 『역대병요』, 『장감박의』, 『소학』, 『무경』, 『경국대전』 등은 문과를 준비했던 충무공에게 어렵지 않았을 것이다. 하지만 시간과 노력을 들여 몸으로 체득해야 하는 활쏘기, 말 타고 활쏘기, 창 다루기, 격구는 상당히 어려웠을 것이다. 특히 무과에 필수였던 말은 당시 노비보다 비싸 오늘날 중형 승용차 가격이었다. 활과 다양한 화살, 창과 격구 등의 장비를 마련하는 비용도 처가에서 지원했을 것이다.

활쏘기, 기마술, 창술, 격구 등의 무예는 선천적으로 타고나지 않으면 오랜 시간 꾸준한 연습과 노력을 통해 익혀야 한다. 충무공도 많은 시간을 들여 노력해 연습했을 것이다. 충무공이 무과로 목표를 바꾼 지 7년이 지나서야 무과에 응시한 것을 보면 알 수 있다. 무관 출신인 장인의 세심하고 충실한 지도와 지원이 숨어 있었을 것이다.

그렇게 7년 동안 무과를 준비한 충무공은 27세가 되던 1572년 한양 훈련원에서 실시한 별시에 응시했다. 하지만 말에서 떨어져 다리가 부러지는 바람에 1차 시험에서 탈락했다. 7년 넘게 준비했지만 말타기는 여전히 어려웠던 것 같다. 그때 부러진 왼쪽 다리 치료 때문인지 충무공은 이듬해인 1573년 3년마다 실시되는 식년시式年試에 응시하지 않았다.

과거 급제

충무공이 과거에 응시해 합격한 것은 1572년 낙방한 때로부터 4년이 지난 1576년 식년시였고 당시 그의 나이 30세였다. 무려 11년 동안 준비한 충무공의 무과 과거 준비가 드디어 끝난 것이다.

역사학자들의 연구 결과, 조선시대 과거 급제자의 평균 연령이 30대 중반이었다는 것을 고려하면 충무공이 과거에 급제한 30세라는 나이는 빠른 편에 속한다. 충무공과 같이 급제한 동기생의 평균 연령이 34세라는 연구도 있다. 13세에 초시 합격, 23세에 대과 급제, 과거에서 무려 아홉 번이나 장원을 차지한 천재 이율곡에 비하면 늦었지만 45세에 과거에 합격해 행주대첩으로 명성을 떨친 도원수 권율權慄(1537~1599)과 비교하면 빠른 편이다.

충무공의 성적은 중간 정도였지만 무관의 최고 직위인 삼도수군통제사에 오르고 종1품 숭정대부까지 승진했다. 당시도 과거 성적은 공직에서 성공과 관련이 깊지는 않았던 것 같다. 사법시험에 합격해 판사와 검사가 되어 최고 직위까지 오른 분들도 사법시험과 사법연수원 성적이 높지 않은 경우가 많다. 필자의 사법시험과 사법연수원 성적은 중간 정도였다.

충무공이 치른 과거와는 다르지만 오늘날도 5급 공무원 선발시험과 사법시험(변호사 시험) 등 고위공무원 선발과 법조인 자격시험이 있다. 필자도 5년 동안 사법시험을 준비했다. 낙마해 낙방했던 충무공처럼 1985년 28회 2차 사법시험 형법에서 39.66점을 받아 낙방했다. 과락 기준인 40점에 미달한 것이다. 무관에게 가장 중요한 말타기에서 충무공이 낙방한 것처럼 검사에게 가장 중요한 형법에서 과락으로 낙방한 것이다. 사법고시, 행정고시, 변호사 시험, 공무원 시험에 합격하려면 최소한 3~7년 동안 공부해야 한다. 조선시대나 오늘날이나 공직자가 되는 것은 쉽지 않은 것 같다.

충무공은 1576년 1월 식년시 무과 합격자 29명 중 중간 정도인 12등으로 합격했다. 오랫동안 과거를 준비하다가 합격했으니 정말 기뻤을 것이다. 처와 자녀, 부모, 장인·장모까지 모두 기뻐했을 것이다. 당시는 가문 중심이었으니 그야말로 가문의 영광이었을 것이다.

필자는 25세이던 1988년 사법시험에 합격했다. 충무공보다 5년 빠른 셈이다. 사법시험에 합격하자 필자를 도와준 가족들과 당시 사귀고 있던 아내도 기뻐했다. 하지만 기쁘다기보다 지옥과 같은 시험공부에서 벗어났다는 해방감이 더 컸다. 시험공부를 하면 심리적 압박감이 있다. 1984년부터 1988년까지 5년 동안 사법시험 공부를 했는데 사법시험에 떨어지는 꿈을 최근까지도 꿀 정도로 당시 심적 부담이 컸다. 주변 법조인들도 대부분 나와 비슷한 악몽을 꾼 적이 있다고 한다.

공직 교육

현대 사회는 교육이 중요하다. 공직도 마찬가지이다. 공무원 시험에 합격했다고 곧바로 공직을 수행할 수 있는 것은 아니다. 짧게는 1개월, 길게는 2년 동안 교육을 받아야 한다. 필자는 법무부와 검찰 구성원 교육을 담당하는 법무연수원장으로 재직하며 교육의 중요성을 절감했다. 신임 검사, 9급 공무원 시험에 합격한 검찰수사관, 법무부 교정·출입국·보호관찰 직원 교육을 체계화하기 위해 노력했다. 특히 장기교육을 받는 교정 공무원과 달리 교육 기간이 2~3주로 짧은 검찰수사관과 출입국·보호관찰 직원의 교육 기간을 늘렸다.

타 중앙부처와 지방직 공무원 교육도 체계적으로 진행되고 있다. 전문직과 고위직은 더 많은 시간 동안 교육받는다. 장교를 육성하는 사관학교, 경찰 간부를 육성하는 경찰대학의 교육 기간은 4년이다. 판사, 검사, 변호사 등의 법조인을 양성하는 사법연수원의 교육은 2년이었다. 로스쿨을 수료하고 변호사 시험에 합격해 검사로 임용되면 법무연수원 용인 분원에서 1년 동안 교육받는다. 판사로 임용된 경력이 있는 법조인도 사법연수원에서 8개월 동안 법관 교육을 받고 법원에 배치된다.

신임 경찰관도 경찰학교에서 6개월 동안 교육을 받고 2개월 동안 일선 지구대·파출소에서 실무 수습을 마친 후 일선에 배치된다. 5급 사무관 시험 합격자는 충북 진천의 인재개발원에서 17주 교육을 마치고 사무관 시보로 임용되어 1년 동안 중앙부처 및 지방자치단체 등에서 실무 수습을

공직자 충무공

거친다. 초급 장교를 양성하는 3사관학교는 2년, 초급 경찰간부로 임용되는 경찰간부 후보생 합격자도 1년 동안 교육받는다. 신규 공무원은 교육을 받고 공직에 배치되는데 특히 군과 경찰관, 교도관 등 전문성이 요구되거나 5급 사무관 시험 합격자, 판사·검사 등은 장기교육을 마친 후에야 공직을 수행하도록 하고 있다.

조선시대에도 과거급제자가 공직을 수행하려면 어떤 방식으로든 실무교육을 받았을 것이다. 다만, 체계적인 교육을 전담하는 오늘날과 같은 인재개발원이나 법무연수원, 사법연수원, 경찰학교, 사관학교 등을 따로 두지는 않았다. 신임 관리를 배치받은 기관이나 부처에서 교육을 받으며 실무를 수행했을 것이다.

1576년 1월 무과에 급제한 충무공은 권지훈련원봉사權知訓鍊院奉事가 되었다. 권지는 임시직이라는 뜻이다. 훈련원은 무관 선발과 무예 및 병법 훈련 등을 관할하는 관청이고 봉사는 종8품이다. 즉, 충무공이 정식 관직이 아닌 훈련원봉사 시보로 근무했다는 뜻이다. 충무공은 훈련원에서 무관으로서의 기본적인 소양과 태도 등을 배웠을 것이다. 권지 기간이 어느 정도였는지는 모르겠지만 1년은 넘지 않았을 것이다. 1576년 12월 정식 관직을 받았으니 6개월 정도 아니었을까?

조선시대 공직사회에는 신임 관리가 오면 온갖 수모를 주고 괴롭히며 단련시키는 관행이 있었다. 처음 들어온 신임 관리는 선배들에게 베푸는 식사 자리를 마련해야 했고 선배들은 신임 관리에게 인사불성이 되도록 술을 마시게 하고 시궁창을 기어가게 하거나 먹물을 얼굴과 옷에 뿌려 엉망으로 만드는 등 다양한 방법으로 괴롭혔다. 그로 인해 심지어 신임 관리가 사망하는 사고까지 있었다니 소위 신고식이 얼마나 거칠었는지 능히 짐작할 수 있다.

현대 사회에서 문제가 되고 있는 간호사 '태움'이나 대학 신입생 학대 사건과 비슷했을 것이다. 권지로 훈련원에 들어간 충무공도 선배들로부터 비슷한 신고식을 당했을 것이다. 신고식은 서로에 대해 알고 친해지자는 취지였지만 막상 당하는 사람은 무척 괴롭고 힘든 바람직하지 않은 관행이다.

필자는 1988년 사법시험에 합격하고 1989년 3월 서울 서초동 사법연수원에 입학해 2년 동안 교육받았다. 이후 3년 동안 군법무관으로 복무하며 군검찰관 업무를 수행했다. 그 5년이 충무공이 보낸 권지훈련원봉사 시절과 비슷하다고 생각해 본다.

3.
중무공의 공직생활

충무공의 공직생활 개요

1576년 과거 무과시험에 합격한 충무공은 1598년까지 22년 동안 무관으로 재직하며 무려 22회 인사발령을 받았다. 그 22회에는 파직 3회, 백의종군 2회, 부친상을 치르기 위한 사직 1회와 임지에 가지 않은 서류상 인사 2회가 포함되어 있다. 충무공이 임지에서 실제로 근무한 인사는 14회, 기간은 약 19년이다.

충무공은 22년 동안 직급이 없는 백의종군에서 종1품 숭정대부까지 18개 등급 관직 중 17개 등급을 오르내리며 승진과 좌천, 파직, 재임용을 되풀이했다. 선조와 간신들의 농간으로 압송되어 투옥되고 의기소침해 낙향한 적도 있었다. 정말 온갖 수난과 어려움을 겪으며 쉽지 않은 공직생활을 이어갔고 마지막 노량해전에서 왜군에 승리하고 명예롭게 전사했다. 공직자로서 가장 숭고하고 아름다운 모습으로 공직생활을 마친 것이다.

공직자 충무공

충무공은 공직생활을 하는 동안 한양보다 최전방인 함경도와 전라도, 경상도에서 주로 근무했다. 함경도에서 동구비보 권관, 조산보만호 등으로 약 4년, 전라도에서 발포만호, 전라감사 군관, 정읍현감, 전라좌수사 등으로 약 11년, 경상도에서 도원수 권율 휘하 백의종군, 한산도 삼도수군통제사 등으로 약 4년을 보냈다. 한양에서 훈련원봉사 등으로 보낸 2년과 충청도에서 충청병사 군관으로 재직한 9개월 등 약 3년을 빼면 16년 동안 여진족이 준동하는 함경도, 왜구의 침입이 빈번한 전라도와 경상도 등 최전방에서 보낸 것이다. 특히 공직생활의 절반이 넘는 11년 동안 전라도에서 보냈다. 한산도에서 삼도수군통제사로 재직한 3년은 충무공이 전라좌수사를 겸해 지역이 겹친다.

필자도 서울, 부산, 인천, 경기도, 충청도, 전라도, 강원도에서 32년 동안 공직생활을 했다. 충무공보다 10년 더 길다. 충무공처럼 파직되거나 백의종군 등 징계처분을 받은 적 없이 사직하고 공직을 마쳤다. 충무공과 비교할 수는 없지만 전쟁이 없는 평화로운 시대였다. 파란만장하고 힘들었지만 많은 분의 도움으로 대과 없이 공직생활을 마쳤다고 생각한다. 정말 다행이고 감사하게 생각한다.

충무공의 공직생활 구분

충무공의 22년 공직생활을 간략히 살펴보면 크게 네 시기로 구분할 수 있겠다. 자료를 보면 충무공은 임용(재임용) → 승진 → 파직(백의종군, 전사)을 되풀이하고 있으므로 이를 기준으로 구분해 보았다.

1차 시기는 충무공이 31세 때인 1576년 12월부터 36세 때인 1582년 1월

까지 약 5년이다. 충무공은 함경도 동구비보 권관(종9품)에 임명되었다가 4년

만에 발포만호(종4품)로 10등급 승진한 후 파직된다. 충무공은 1576년 12

월 함경도 동구비보 권관(종9품)으로 임명되어 2년 2개월 동안 근무했다.

1579년 2월 한성 훈련원봉사(종8품)가 되어 8개월 동안 근무했고 1579년

10월 충청도 해미 충청병사 군관으로 9개월 동안 근무했다. 그리고 1580

년 7월 전라좌수영 발포만호(종4품)로 승진했다. 초고속 승진이었다. 무관

이 되어 4년 만에 10등급을 승진한 것이니 순조로운 출발이었다. 하지만

발포만호로 18개월이 지난 1582년 1월 파직되었다.

2차 시기는 충무공이 37세 때인 1582년 5월부터 42세 때인 1588년 6월

까지 6년이다. 충무공은 발포만호 파직 후 4개월이 지난 1582년 5월 훈련

원봉사(종8품)로 재임용되어 1년 2개월, 1583년 7월 함경도병사 군관(종8품)

으로 발령받아 4개월 동안 근무했다. 1583년 11월 함경도 건원보참군(정7

품)으로 승진했지만 부친상을 당해 사직하고 3년상을 치렀다.

부친상을 마친 1586년 1월 말을 관리하는 사복시 주부(종6품)에 재임용

되었다가 함경도 경흥 조산보만호(종4품, 이후 녹둔도 둔전관 겸직)로 승진해 1년

7개월 동안 근무했다. 하지만 1587년 8월 녹둔도를 침입한 여진족에게 패

전했다는 이유로 파직되었다. 5년 만에 다시 파직된 것이다. 1588년 1월부

터 백의종군 명령을 받고 5개월 동안 백의종군한 후 1588년 6월 아산 고

향집으로 낙향했다.

3차 시기는 충무공이 43세 때인 1589년 2월부터 51세 때인 1597년 2월

까지 약 8년이다. 아산 고향집에서 8개월을 보낸 충무공은 1589년 2월 전

라감사의 군관 겸 조방장으로 재임용되어 약 10개월 동안 근무했고 1589

년 12월 전라도 정읍현감(종6품, 태인현감 겸직)으로 발령받아 1년 3개월 동안 근무했다. 정읍현감은 보성군수를 지낸 장인처럼 사실상 은퇴를 앞둔 발령이었던 것으로 보인다. 하지만 시대적 상황이 실력자 충무공을 가만두지 않았다.

1591년 2월 왜적의 침입이 가시화되자 조정은 뛰어난 장수들을 선발했는데 당연히 충무공도 포함되었다. 충무공은 진도군수(종4품)로 승진 발령받고 임지로 부임하기 전 가리포 첨절제사(종3품)로 승진 발령받았다. 가리포 임지로 가기 전 최종적으로 전라좌수사(정3품)로 승진 발령받았다. 임진왜란을 1년 앞두고 무려 7등급을 승진해 수군 지휘관으로 배치된 것이다.

드디어 1592년 4월 13일 임진왜란이 터지자 충무공은 왜군에 연전연승하며 공을 세웠다. 1593년 8월 전라좌수사 겸 삼도수군통제사(종2품)로 승진했고 명과 왜의 강화교섭이 진행되는 4년 동안 남해의 제해권을 굳건히 지켰다. 하지만 1597년 2월 조선을 재침하는 가토 기요마사의 왜군을 공격하라는 어명을 따르지 않았다는 이유로 충무공은 삼도수군통제사에서 파직되어 투옥되고 말았다. 하지만 다행히 1597년 4월 1일 백의종군 명령을 받고 석방되어 도원수 권율 밑에서 1597년 8월 3일까지 4개월 동안 복무했다.

4차 시기는 충무공이 52세인 1597년 8월 3일부터 53세인 1598년 11월 19일 전사할 때까지 약 1년 3개월이다. 기간은 짧지만 매우 중요한 시기이다. 충무공은 1597년 7월 16일 칠천량해전에서 참패한 원균의 후임으로 1597년 8월 3일 삼도수군통제사에 재임명되었다. 궤멸된 수군을 겨우 재정비해 43일 후인 1597년 9월 16일 명량에서 무려 열 배가 넘는 왜군 함대를 물리치고 수군 병력을 보전했다. 이후 완도 고금도에 통제영을 설치해 왜군과의 마지막 일전을 준비하고 1598년 11월 19일 진린 제독이 이끄는 명나라 수군과 연합해 노량해전에서 대승했지만 전투 도중 전사했다. 충무공 공직생활의 마지막 시기이다. 이런 충무공의 공직생활을 좀 더 깊이 살펴보자.

충무공의 공직 여정 지도

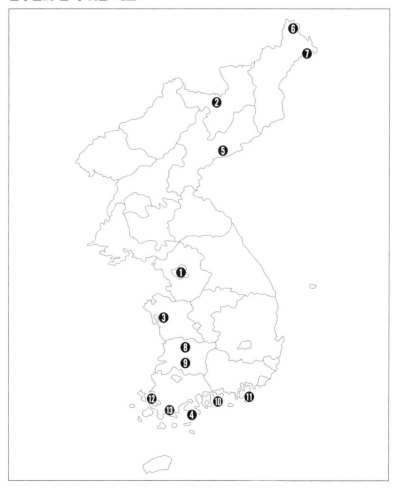

공직자 충무공

① 권지훈련원봉사(서울) → ② 동구비보 권관(삼수) → ① 훈련원봉사(서울) → ③ 충청병사 권관 (서산) → ④ 발포만호(고흥) → ① 훈련원봉사(서울) → ⑤ 함경남병사 군관(북청) → ⑥ 건원보참군 (경원) → ① 사복시 주부(서울) → ⑦ 조산보만호(녹둔도 둔전관, 경흥) → ⑧ 전라도관찰사 군관(전주) → ⑨ 정읍현감 → ⑩ 전라좌수사(여수) → ⑪ 삼도수군통제사(한산도) → ⑫ 삼도수군통제사(고하 도) → ⑬ 삼도수군통제사(고금도)

○ 공직 약 22년(1576~1598년), 실제 근무는 약 19년

○ 1차 시기(31~37세, 약 5년 11개월)
　— 1576년 6월, 한성 권지훈련원봉사: 약 6개월
　— 1576년 12월, 함경도 동구비보 권관(종9품): 2년 2개월
　— 1579년 2월, 한성 훈련원봉사(종8품): 8개월
　— 1579년 10월, 충청도 해미 충청병사 권관(종8품): 9개월
　— 1580년 7월, 전라도 발포만호(종4품): 1년 6개월
　— 1582년 1월, 파직(1차 파직) 4개월 무직

○ 2차 시기(37~44세, 약 6년 9개월)
　— 1582년 5월, 한성 훈련원봉사(종8품) 재임용: 1년 2개월
　— 1583년 7월, 함경도 남병마절도사 군관(종8품): 4개월
　— 1583년 11월, 함경도 건원보 참군(정7품)
　— 1583년 11월, 부친 사망으로 사직: 2년 2개월 휴직
　— 1586년 1월, 한성 사복시 주부(종6품) 재임용
　— 1586년 1월, 함경도 경흥 조산보만호(종4품) 및 녹둔도 둔전관 겸직: 1년 7개월
　— 1587년 8월, 여진족에 패전한 이유로 파직(2차 파직)
　— 1588년 1월, 백의종군 명령: 5개월
　— 1588년 6월 충청도 아산으로 낙향: 8개월 휴식

○ 3차 시기(44~52세, 약 7년 6개월)
　— 1589년 2월, 전라감사 군관 겸 조방장 재임용: 10개월
　— 1589년 12월, 정읍현감(종6품, 태인현감 겸직): 1년 3개월
　— 1591년 2월, 진도군수(정4품), 가리포 첨절제사(종3품)

— 1591년 2월, 전라좌수사(정3품) 승진: 약 6년

— 1593년 8월, 삼도수군통제사(종2품, 전라좌수사 겸직) 승진: 약 3년 6개월

— 1597년 2월, 파직(3차 파직): 약 2개월

— 1597년 4월, 백의종군 명령: 약 4개월

○ 4차 시기(52~53세, 약 1년 3개월)

— 1597년 8월, 전라좌수사 겸 삼도수군통제사 재임명: 1년 3개월

— 1598년 11월, 노량해전에서 전사

공직자 충무공

4.
공직 입문과 1차 파직
(1576년 12월~1582년 1월)

동구비보 권관 초임 발령

1576년 12월 임시직이던 권지훈련원봉사 충무공에게 처음 부여된 보직은 함경도 동구비보(함경도 삼수 지역) 권관(종9품)이었다. 그의 나이 31세였다. 동구비보는 조선의 국경인 압록강 상류 함경남도 삼수와 갑산 근처의 작은 성이었고 여진족이 수시로 출몰하는 최전방 부대였다. 권관은 무관 말단 벼슬이었으니 휴전선을 지키는 강원도 최전방 부대의 소위로 발령받은 셈이었다. 충무공은 그곳에서 2년 동안 충실히 근무했던 것 같다. 당시 함경도관찰사 이후백李後白(1520~1578)은 매우 엄격해 전방을 순시하면 무관 대부분에게 곤장을 내리고 질책했는데 충무공은 오히려 칭찬을 받았다고 한다. 초임 장교 시절 충무공은 모범적으로 근무했던 것 같다.

1994년 3월 필자는 인천지검 초임 검사가 되었다. 우연히 충무공이 처음 공직을 시작한 것과 같은 31세였다. 인천지검에서 2년을 보냈는데 정말

공직자 충무공

힘들었다. 검사 실무, 검사실 운영 등 많은 것을 배우고 경험하며 진짜 검사가 되었다. 사법시험 준비 5년, 사법연수원 2년, 군법무관 3년 지난 10년 동안보다 더 많은 것을 그때 배웠다. 초임 검사 2년은 이후 27년이 넘는 공직생활의 바탕이 되었다.

충무공도 비슷했을 것이다. 충청도 아산과 한양에서 가족들과 지내다가 모든 것이 낯선 함경도 최전방 부대의 장교가 되었으니 무척 힘들었을 것이다. 군관 업무를 수행하면서 춥고 열악한 최전방에서 장기간 혼자 생활하기는 무척 힘들었을 것이다.

450년 전 조선은 오늘날 우리보다 의식주 모든 면에서 열악하고 부족했다. 충무공은 당연히 그렇게 열악하고 부족한 상황에서 지냈을 것이다. 그곳에서 충무공은 무관으로서 기본을 배우고 소임을 수행하며 힘든 2년을 보냈다. 지휘관과 상사로부터 끊임없는 질책과 조언을 받고 정군正軍(현역)으로 복무하는 병사와 백성을 지휘하며 그들과 돈독한 신뢰관계를 쌓았을 것이다. 그리고 전투가 벌어지면 생사를 걸고 함께 싸우는 방법을 터득했을 것이다. 초임 권관 2년은 이후 1598년 11월 19일 노량해전에서 전사할 때까지 20년 공직생활을 지탱하는 든든한 바탕이 되었을 것이다.

훈련원봉사로 승진, 그리고 충청병사 군관으로 발령

1579년 2월 충무공은 종8품으로 승진해 훈련원봉사 발령을 받았다. 훈련원은 충무공이 태어나 어린 시절을 보낸 한양(서울 중구 을지로)에 있었다. 그곳에서 무과 시험을 치렀고 권지훈련원봉사로 일했다. 함경도 압록강 근처에서 2년 넘게 근무하다가 조정이 있는 한양에서 근무하게 되었으니 부푼 마음이었을 것이다. 공직자는 전국 곳곳을 다니며 근무하는 경우가 많다. 검사, 판사, 군인과 경찰관 등 전국 단위 인사가 이루어지는 공무원이 서울이나 가족이 사는 곳에 발령받는 것은 가장 반가운 인사이다.

조선시대는 도로가 제대로 정비되지 않아 교통이 불편하고 통신 사정도 매우 열악했다. 한양까지 1개월 넘게 걸리는 함경도 압록강 근처 최전방에서 2년 넘게 지내다가 낯익은 한양으로 승진해 왔으니 무척 기뻤을 것이다. 충무공은 훈련원봉사로 충실히 근무했다. 훈련원은 7년 전인 1572년 무과를 치르다가 낙마해 다리가 부러져 낙방한 곳으로 이후 권지로 근무했다. 후배 무과 응시생들이 마음 졸이며 과거를 치르는 곳이니 감회가 남달랐을 것이다. 충무공은 훈련원의 병서, 무예 서적 관리와 정리 등의 업무도 훌륭히 수행했을 것이다.

그런데 충무공이 상급자이던 병조좌랑(정6품) 서익徐益(1542~1587)과 충돌하는 사건이 발생했다. 서익이 지인을 참군(정7품)으로 승진시켜 달라고 충무공에게 청탁했는데 인사기준에 맞지 않아 충무공은 단칼에 거절했다. 병조좌랑은 무관 인사 추천을 하는 병조정랑(정5품) 밑에서 실무작업을 하는 요직이다. 병조정랑은 문관 인사 추천을 하는 이조정랑(정5품)처럼 무관 인사 추천을 했다.

오늘날 검사 인사에 비유하면 병조정랑은 검사 인사를 총괄하는 검찰국장, 병조좌랑은 그 밑에서 실무를 책임진 검찰과장과 비슷했을 것이다. 검찰과장은 검사와 5급 이상 수사관 인사에 중요한 역할을 한다. 동기 검사 중에서 가장 우수한 검사가 배치되며 특별한 사정이 없는 한 법무·검찰의 주요 보직을 역임하고 검사장까지 승진한다. 검찰과장의 검사나 수사관 인사 관련 청탁을 하급자가 거절하는 것은 생각하기 어렵다. 청탁을 들어주지 않으면 향후 본인에 대한 인사상 불이익은 감수해야 할 것이다.

서익의 인사청탁을 단칼에 거절한 것을 보면 충무공의 강직함을 엿볼 수 있다. 그 소문을 들은 병조판서(정2품) 김귀영金貴榮(1520~1593)이 충무공에게 자신의 서녀를 둘째 부인으로 주겠다고 했지만 충무공은 거절했다. 권세가 집에 발을 들여놓을 수 없다는 것이 이유였다. 무관에 대한 최고 인사권자인 병조판서의 제안을 거절했으니 분명히 강직한 행동이지만 이후 전개되는 충무공의 파란만장한 공직생활을 예고하는 일화로 보인다.

그렇게 한양에서 훈련원봉사로 8개월 동안 근무한 1579년 10월, 충무공은 충청병사 군관으로 발령났다. 당시 충청병영은 서산시 해미읍성에 있었다. 충청병영은 1402년 태종 때 충청도 덕산에 설치했다가 1422년 세종 때 해미로 이전했고 1651년 효종 2년에 청주로 이전했다. 충청병사 군관으로의 발령은 충무공이 인사권자인 상관들의 청탁과 제안을 거절했으니 아마도 좌천이었을 것이다. 그래도 충청병영에서 아산 고향집까지는 약 60킬로미터로 멀지 않았다.

충청병사 군관으로 부임한 충무공은 조금 억울했겠지만 근신하며 충실히 복무했던 것 같다. 효종 때의 문신 윤휴尹鑴(1617~1680)는 『백호전서白湖全書』에 남긴 기록에서 충무공은 충청병사 군관 시절 자신을 검약하게 단속하고 좋은 계책으로 도와줘 상관으로부터 많은 사랑과 존경을 받았다고 적었다. 충무공은 아산 고향의 가족과 가까운 곳에서 근무했으니 마음은 편했을 것이다.

초급 지휘관 발포만호로의 승진

1580년 7월, 9개월 동안 충청병영에서 근무한 충무공은 전라좌수영 발포만호(종4품)로 승진했다. 그의 나이 35세였다. 발포(고흥군 도화면 발포리)는 전라도 고흥반도 남쪽 바다에 위치해 한양에서 멀리 떨어져 있지만 무려 8등급이나 승진했으니 대단한 것이었다. 충청병사 군관으로 있으면서 인품과 실력이 검증된 덕분이었을 것이다. 병조판서와 병조좌랑 등 인사에 영향을 미치는 인사권자가 변경되었거나 그들이 충무공에게 더 이상 인사상 불이익을 주지 않기로 했는지도 모른다. 발포진은 전라좌수영 소속 5진 중 하나로 고흥반도 남동쪽에 위치한 요충지이다.

충무공은 10년이 지난 1591년 2월 임진왜란을 1년 앞두고 발포진을 관장하는 전라좌수사가 되었는데 발포만호로 있으면서 전라좌수영 관내를 미리 파악해 둔 것이 큰 도움이 되었을 것이다. 그래도 압록강변 동구비보에서 한성 훈련원, 충청도 해미 충청병영을 거쳐 국토 최남단인 남해안 고흥반도 발포진까지 전국 곳곳을 떠돌며 근무한 충무공의 모습은 무척 안쓰럽다.

필자도 검사로 근무하며 23회 인사 발령을 받아 전국 각지에서 근무했다. 하지만 남북이 분단되어 이동 지역은 충무공 당시의 절반에 불과하고 교통·통신이 비약적으로 발달해 충무공이 살던 당시의 열악한 환경보다 훨씬 유리했다. 그래도 인사가 나면 과천 법무부와 서초동 대검찰청을 오가며 전출과 전입 신고를 마치고 주섬주섬 옷과 살림살이, 책과 사무기구 등을 챙겨 어렵게 구한 집과 사무실로 옮겨야 했다. 그렇게 새롭고 낯선 임지에서 전혀 모르는 사람들과 얼굴을 익히고 근무해야 하는 생활을 23회

　　　　　　　　　　　　　　　공직자 충무공

나 했다. 그래서 조선 팔도 변방을 떠돌며 근무한 충무공의 심정을 조금이나마 이해할 것 같다.

충무공이 승진한 만호(종4품)는 당시 장군으로 불리는 명예로운 자리이다. 오늘날 연대장인 대령쯤 될 것이다. 충무공은 발포진을 관장하고 책임지는 초임 지휘관으로 소중한 경험을 쌓았다. 지휘관은 해당 지역 업무를 총괄한다. 중요 업무는 전라좌수사의 승인을 받아 처리했겠지만 그래도 본인의 의견은 필요하다. 충무공은 수군의 가장 작은 단위인 발포진 지휘관으로 군사를 지휘하고 부대 업무를 파악해 결정하며 수군과 병선의 상태를 살피고 유지·관리하는 한편, 부두, 성곽, 봉화대 등 방어시설을 꼼꼼히 점검하고 개선했을 것이다. 틈틈이 관내 바다와 나로도 등의 섬을 살피고 전라좌수영과 인근 사도진(고흥군 영남면), 여도진(고흥군 점암면), 녹도진(고흥군 도양읍), 방답진(여수시 돌산읍) 등을 오가며 지형과 해류를 파악하고 효과적인 전략·전술을 구상했을 것이다.

그렇게 발포만호로 1년 6개월 동안 재직하면서 충무공은 초급 지휘관으로서 적잖은 군사와 백성을 지휘하고 전선과 창검, 화포, 활과 화살, 화약, 군량 등 군기軍器를 관리하며 활용하는 경험을 쌓았다. 지형과 바다, 해류를 파악하는 한편, 장병들을 훈련시키고 작전에 투입해 소임을 충실히 수행하도록 지휘하는 방법과 요령을 터득했다. 군량 확보와 관리, 화약과 화살, 각종 화포와 포탄, 창칼을 마련해 유지·관리하는 방법과 실무에 대해서도 구체적으로 정밀하게 파악했을 것이다.

필자는 검사가 된 지 11년이 지난 2005년 4월 18일 초임 기관장인 장흥지청장이 되었다. 나이 42세 때이니 발포만호이던 당시 충무공보다 7세 더 많다. 장흥지청은 전국 검찰청 중 규모가 가장 작다. 관할은 장흥군과 강진군이고 인구는 약 8만 명이었다. 원래 장흥지청은 구한말에 개청해 역사가 100년이 넘고 장흥군, 강진군, 보성군, 영암군, 해남군, 완도군 6개 군을 관할했다. 그래서 지청장은 '6군 사령관'으로 불렸다.

이후 해남지청이 생기면서 장흥과 강진 두 개 군으로 축소되었다. 그곳에서 기관장 업무에 대해 많은 것을 배웠다. 기관장이 되어 일하는 것은 다른 검사 보직과 전혀 다르다. 전체 직원이 약 30명인 작은 청이어서 모든 것을 파악하고 총괄했다. 청사와 각종 시설, 출입로, 조경, 비품 등을 꼼꼼히 살펴야 했다. 청 업무 실적은 부족한 점이 없는지, 지역주민이 검찰에 대해 어떻게 생각하는지 관심을 가져야 했다.

상급기관인 광주지검, 광주고검, 대검찰청, 법무부 방침에 어긋나지 않도록 업무를 수행했다. 업무와 관련 있는 장흥법원, 장흥경찰서, 강진경찰서, 완도해양경찰서, 장흥교도소, 해남보호관찰소 등과 소통했고 범죄예방위원협의회, 범죄피해자지원센터, 법무보호복지공단 등 업무를 도와주는 단체와 적절히 협력했다. 함께 근무하는 검사와 수사관의 역량과 실력 향상을 위해 지도하고 지원했다. 1년 동안 근무하면서 많은 것을 경험했고 그것은 이후 원주지청장, 서울북부지검장, 법무연수원장, 법무부 차관, 검찰총장 업무를 수행하는 데 기반이 되었다.

조직을 운영하는 원리는 파출소나 대통령실이나 모두 같다는 말이 있다. 충무공은 발포만호로 근무하며 지휘관의 책임과 덕목에 대해 다양하고 소중한 경험을 쌓았다. 그 경험은 이후 충무공이 조산보만호, 정읍현감, 전라좌수사, 삼도수군통제사 등 여러 지휘관 업무를 수행하는 데 든

공직자 충무공

든한 발판이 되었을 것이다.

상관과의 불화 그리고 1차 파직

발포만호로 있으면서 충무공이 직속 상관인 전라좌수사 성박成鎛과 충돌하는 사건이 다시 발생했다. 성박은 발포진 객사 뜰에 있는 오동나무를 베어 거문고를 만들려고 했다. 그는 평소 거문고에 관심이 많았던 것 같은데 공과 사를 제대로 구분하지 못했다. 충무공은 "오동나무는 관의 물품이고 여러 해 동안 기른 것이니 하루아침에 벨 수 없다"라며 거부했다. 충무공의 강직함이 드러나는 장면이다. 직속 상관이 원하면 그 정도는 들어주는 것이 일반적이다. 심지어 직접 말하지 않더라도 인사평가를 잘 받기 위해 눈치껏 베어 바치는 경우도 많다.

필자도 충무공처럼 단호히 거부하지는 못했을 것 같다. 성박은 매우 화가 났다. 그는 전라좌수사를 떠나며 후임 전라좌수사 이용李戫에게 그 사실을 알렸다. 뒤끝이 있는 자였다. 이용은 전라좌수영 관내 발포, 사도, 여도, 녹도, 방답 5개 진의 군사와 병선을 불시에 점검했다. 충무공이 만호로 있는 발포진에서 결원 3명이 적발되었다. 그런데 사도·여도·녹도·방답진의 결원자는 발포진보다 많았다. 이용은 발포진 결원을 문제 삼아 장계를 올리려고 했다. 하지만 충무공은 이를 이미 눈치채고 발포진보다 결원이 많은 다른 진의 결원자 명단을 확보해 두었다. 그러자 전라좌수영 군관들이 이용에게 그 사실을 말하며 장계를 올리면 오히려 문제가 될 것이라고 보고했고 결국 이용은 장계를 올리지 않았다.

충무공의 강직한 품성과 부당한 처사에도 굴하지 않고 철저히 대비해 대응하는 주도면밀함이 엿보인다. 이후 공직생활뿐만 아니라 왜군과의 전투에서 드러나는 충무공다운 모습이다. 명분과 원칙에는 충실하되 그것을 실천하는 구체적인 방안과 실무에도 빈틈이 없고 완벽했다. 충무공은 실력과 내공 모두 갖춘 공직자가 되어가고 있었다.

충무공의 이런 행적은 전라도 감사의 인사평가 과정에서 다시 문제가 되었다. 조선시대에는 1년에 2회 지방 수령과 변방 장수에 대한 인사고과를 실시하고 연말에 임금에게 보고하는 것이 제도화되어 있었다. 1580년 연말에 실시되는 전라도 관내 수령과 장수들에 대한 인사평가에서 발포만호인 충무공에 대한 평가는 직속 상관인 전라좌수사와 전라도관찰사가 담당했는데 그들은 충무공에게 가장 낮은 점수를 주려고 했다.

그때 전라도관찰사를 보좌하는 도사(종5품) 조헌趙憲(1544~1592)이 충무공은 군사 지휘가 전라도에서 최고라고 들었는데 최하 점수를 주는 것은 부당하다는 의견을 냈다. 당시 충무공의 실력과 명성이 전라도 전역에 널리 알려졌던 것 같다. 그 덕분에 충무공은 인사평가에서 꼴찌를 면했다. 심지어 당시 조헌은 동인에 가까웠던 충무공과 달리 서인이었다. 임진왜란이 발발하자 조헌은 옥천에서 의병을 일으켜 금산에서 왜군에 맞서 싸우다가 장렬히 전사했다. 강직하고 공명정대한 인물이었다.

발포만호이던 당시 충무공처럼 검사들에 대해서도 1년에 2회 상사인 부장검사, 차장검사, 검사장(지청장) 등이 다양한 평가를 실시해 법무부 장관에게 보고하는 것이 제도화되어 있다. 매년 7월과 1월 평가 때가 되면 소속 검사들을 평가하는 부장검사, 차장검사, 검사장(지청장) 등의 부담이 만만치 않다.

공직자 충무공

평가 마지막 날은 대부분 밤늦게까지 일한다. 특히 평가한 내용을 직접 기재해야 하는 부분은 내용을 생각하고 정리하느라 많은 시간과 노력이 필요하다. 그런 구체적이고 세밀한 평가 과정 때문인지 검사들에 대한 평가와 인사가 그래도 공정한 편이라는 평가를 받아왔다.

어려운 절차와 과정을 거쳐 확보된 검사 인사평가 자료가 제대로 활용되지 못하고 있다는 지적이 나오는 때가 있는데, 아마도 법무·검찰이 정치권의 영향을 받고 있기 때문일 것이다. 필자도 막중한 책임을 느끼면서 반드시 반성과 개선이 필요하다고 생각한다.

고위 공직자가 되면 인사평가가 매우 엄격해지고 모함을 받는 경우가 많다. 피라미드 구조인 관료조직에서 고위직이 되는 것은 구조상 매우 어려워 이를 차지하려는 경쟁이 더 치열하기 때문이다. 거기에 인사권자가 정치적으로 다른 입장이거나 악연까지 있으면 공정한 평가나 인사를 받는 것이 매우 어렵다. 그래서 많은 공직자가 기가 꺾이고 낙담한다. 중간에 사퇴하거나 승진을 포기하고 지내다가 공직생활을 마감하기도 한다.

충무공은 이용의 장계 사건과 같이 미리 대비해 적절히 대응했고 조헌과 같은 사람이 도와주기도 했다. 필자도 공직생활에서 가장 어려웠던 것은 공정한 평가와 인사를 받는 것이었다. 어떤 평가를 받았는지 알 수 없었고 그렇다고 인사평가를 잘 받기 위해 평가자들에게 아부하거나 비굴하게 행동할 수도 없었다. 그래도 평검사는 대부분 원칙과 기준에 의해 평가와 인사가 이루어져 예측 가능하지만 관리자인 부장검사, 차장검사는 인사가 어떻게 날지 예측할 수조차 없었다. 임지는 당연히 알 수 없고 심지어 인사 대상에 포함될지 여부조차 알 수 없었다. 정권에 악영향을 미치는 사건을 수사했거나 인사권자 등과 악연이 있으면 마음을 더 졸이며 인사 결과를 기다려야 했다. 그래도 도와주신 분들이 많아 필자는 비교적 순탄하게 검사생활을 보냈다.

하지만 이렇게 어려운 고비를 여러 번 넘겼음에도 결국 충무공은 발포만호 임기를 다 채우지 못하고 결국 파직당하고 말았다. 1582년 1월 충무공은 한양에서 온 군기 경차관(오늘날 감사원 감사관)으로부터 군기 검열을 받게 되었는데 하필 군기 경차관으로 내려온 사람은 서익이었다. 서익은 병조좌랑으로 재직하던 1579년 훈련원봉사로 있던 충무공에게 인사청탁을 했다가 거절당했고 이후 충무공은 충청병사 군관으로 좌천당했다.

발포진 검열을 마친 서익은 충무공이 군기관리를 소홀히 했다는 내용의 장계를 올렸다. 이번에는 충무공도 마땅히 대응할 방법이 없었고 결국 발포만호에서 파직당했다. 충무공의 1차 파직이다. 서익은 2년 전 사건을 기억하고 있다가 치졸하게 복수했던 것 같다. 서익은 율곡 이이를 따르는 서인이었다. 이후 의주 목사로 있으면서 이이와 정철鄭澈(1536~1593)을 변호하는 상소를 올렸다가 파직되었고 6년 후인 1588년 사망했다.

한편, 서익의 장계로 파직당한 충무공은 아산 고향집으로 낙향해 가족과 함께 모처럼 휴식을 취하며 재충전했을 것이다. 공직에 임관된 지 겨우 5년이 조금 지난 시점이었다.

5.
복직과 2차 파직
(1582년 5월~1588년 6월)

훈련원봉사 재임명

하지만 충무공의 휴식과 재충전은 오래가지 못했다. 4개월 후인 1582년 5월 충무공은 종전 발포만호보다 8등급 아래인 종8품 훈련원봉사로 임용되었다. 조선시대 관직은 원칙과 기준도 없이 임명하고 박탈당하는 것이라지만 장수로 있던 충무공으로서는 굴욕이었을 것이다. 그래도 충무공은 충실히 소임을 다하며 훈련원봉사 업무를 수행했다. 훈련원봉사 경험이 있어 업무 수행에 별 어려움은 없었을 것이다. 편안한 마음과 여유 있는 자세로 차질 없이 업무를 수행했을 것이다.

그때도 충무공다운 일화가 있다. 충무공에게는 멋진 전통(화살통)이 있었던 것 같다. 국방부 장관에 해당하는 병조판서(정2품)가 그 사실을 알고 그것을 자신에게 달라고 충무공에게 부탁했다. 충무공은 전통을 주는 것은 어렵지 않지만 받는 사람이나 주는 사람 모두 비난받을 것이라며 정중히 거절했다. 인사권자인 병조판서의 요구까지 거절한 것을 보면 역시 충무공은 강직하고 대단한 분이다. 충무공은 병조판서가 욕심낼 만한 멋진 화살통을 가지고 있었던 것 같다. 처가 덕분이겠지만 당시 충무공은 비교적 넉넉하고 여유 있었던 것 같다. 이후에도 충무공이 경제적으로 힘들거나 어려웠다는 기록은 없다.

여진족 니탕개의 난

세종대왕은 김종서 장군을 시켜 두만강변에 사는 여진족을 두만강 밖으로 몰아내고 종성, 온성, 회령, 경원, 경흥, 부령 6진을 설치했고 쫓겨난 여진족은 우리와 교류하며 호시탐탐 6진을 회복할 기회를 엿보고 있었다. 1583년 1월 28일 두만강 주변 여진족 추장 니탕개泥湯介, 우을기내 于乙其乃 등은 여진족 1만여 명과 함께 경원성을 공격해 살인과 약탈을 자행했다. 그들은 경원성 근처 훈융진을 공격했지만 온성부사 신립申砬 (1546~1592), 부령부사 장의현張義賢 등의 공격을 받고 퇴각했다. 니탕개 등은 경원성 주변에 있는 건원보乾元堡를 공격했지만 실패하고 물러났다.

5월 5일 니탕개를 중심으로 한 여진족 2만여 명이 다시 함경북도 종성진을 공격해 왔지만 함경북병사 김우서金禹瑞가 물리쳤다. 7월 19일 니탕개 등이 이끄는 여진족은 다시 쳐들어와 종성진 근처 방원보防垣堡를 무리하게 공격하다가 큰 타격을 입고 두만강을 건너 만주로 도주했다. 이것이 여진족 '니탕개의 난'이다.

함경도 건원보 권관 발령, 그리고 사직

전쟁은 유능한 군인을 필요로 한다. 여진족 니탕개의 난은 훈련원봉사로 1년 2개월 동안 여유 있게 지내던 충무공에게 다시 기회를 주는 계기가 되었다. 니탕개의 난이 평정된 1583년 7월 조정은 무관 경험이 풍부한 이용을 함경남병사(함경도 남병마절도사)로 임명해 여진족 침입에 대비시켰다. 이용은 함경도로 함께 갈 군관으로 충무공을 지명했다. 이용은 2년 전 전라좌수사로 있으면서 발포만호였던 충무공과 함께 근무한 적이 있었다. 장계와 인사평가 문제로 충무공과 악연이 있었지만 충무공의 실력과 역량을 그 누구보다 잘 알고 있었을 것이다.

당시 함경남병영은 함경남도 북청에 있었다. 1583년 7월 충무공은 이용과 함께 함경남병영으로 부임해 군사업무를 담당하는 병방군관(종8품)으로 남병사 이용을 보좌했다. 두 사람은 전라좌수사와 발포만호로 근무했으니 서로 속속들이 알고 있었을 것이다. 부하 직원으로는 함께 근무한 적이 있는 사람이 좋은 것 같다. 서로 장·단점을 잘 알고 있으니 장점을 살려 즉시 활용할 수 있다. 그래서 이용은 강직하고 실력 있는 충무공을 선택했을 것이다.

그로부터 얼마 후 충무공은 함경도 경흥군 두만강변 건원보의 권관(종8품)으로 발령받았다. 함경북병영에 속하는 건원보는 얼마 전 니탕개가 이끄는 여진족의 공격을 받았던 최전방 격전지였다. 그래서 실력 있는 충무공을 건원보로 보낸 것 같다. 충무공은 건원보에서 유인작전을 펴 다시 공격해 온 여진족 추장 우을기내를 생포했다. 우을기내는 니탕개와 함께 공격해 온 여진족 추장으로 이후 한양으로 압송되어 참수당했다. 그런 여진족 추장을 생포했으니 대단한 공적이다. 하지만 함경북병사 김우서가 충무공이 보고하지 않고 작전을 벌였다는 내용의 장계를 올리는 바람에 충무공은 제대로 평가받지 못했다. 충무공은 이미 장군으로 불리는 발포만호를 역임해 보고하지 않아도 된다고 판단했던 것 같다.

공직사회에서는 보고가 매우 중요하다. 특히 상관은 부하 직원이 보고하지 않고 일하는 것에 무척 예민하다. 공무원은 3보가 중요한데 첫째, 보고, 둘째, 보안, 셋째, 보도(홍보)라는 말이 있을 정도이다. 김우서는 충무공이 실력을 발휘해 빛나는 공적을 세운 것보다 자신에게 보고하지 않고 작전을 편 것에 더 예민했던 것 같다. 그럼에도 충무공은 얼마 후 건원보참군(정7품)으로 승진했다.

충무공이 건원보에서 여진족과 싸우던 1583년 11월 15일 부친 이정이 세상을 떠났다. 그때 충무공의 나이 38세였다. 충무공은 2개월 후인 1584년 1월에야 부친상 소식을 들었다. 충청도 아산에서 함경도 건원보까지 부친의 사망 소식이 전달되기까지 무려 2개월 가까이 걸린 셈이다. 당시 교통·통신 사정이 얼마나 열악하고 충무공이 얼마나 힘들고 멀리 떨어진 변방에서 근무했는지 실감나는 장면이다. 충무공은 부친의 3년상을 치르기 위해 아산 고향집으로 내려갔다. 당시 공직자들은 그렇게 부모의 3년상을 치르는 것이 당연한 일이었다.

필자의 부친은 필자가 장흥지청 검사로 근무하던 1996년 8월 세상을 떠났다. 5년이 넘도록 중풍으로 드러누워 모친의 간병을 받다가 돌아가셨다. 그날 필자는 법원에서 재판이 있어 법정에 있었다. 쪽지가 와 펴보니 '부친 사망'이라고 적혀 있었다. 갑자기 눈앞이 캄캄하고 정신이 아득했다.

언젠가 돌아가실 것으로 예상했지만 막상 현실이 되자 전혀 실감이 나지 않았다. 재판장인 B 장흥지원장께 양해를 구하고 청으로 복귀해 C 지청장님께 말씀드렸더니 걱정하지 말고 빨리 고향으로 가라고 했다. 정말 감사했다. 관사로 가 아내와 서둘러 짐을 꾸리고 네 살짜리 아들을 데리고 영광 고향집으로 갔다. 그해 5월 태어난 딸은 장모님에게 맡겼다.

부친의 장례는 3일상이었는데 당시는 장례식장이 따로 없었다. 비가 내리는 무더운 여름날 비좁은 고향집에서 문상객을 맞으며 장례를 치르느라 가족 모두 고생했다. 다행히 형제자매가 5남 2녀, 7명이나 되어 서로 돕고 격려하며 무사히 장례를 치르고 마을 앞 선산에 모셨다. 당시 수고한 마을 분들과 친척분들, 멀리 장흥·강진과 서울·광주 등에서 시골까지 직접 조문을 오시고 조의를 표해주신 분들께 깊이 감사드린다. 특히 C 지청장님과 장흥지청 직원들은 장모님과 함께 채 100일이 안 된 딸을 데리고 고향집까지 왔다. 벌써 30년이 되어가지만 부친을 여의고 장례를 치른 일은 어제 일처럼 생생하다. 1584년 1월 충무공도 필자와 같은 심정이었을 것이다. 필자는 3일상을 치르고 복귀했지만 충무공은 3년상을 치르고 복귀했다. 시대와 문화가 달랐기 때문이다.

조산보만호

1586년 1월 3년상을 치른 충무공은 1등급 승진해 사복시 주부(종6품)에 다시 임용되었다. 사복시는 임금이 타는 말과 수레, 마구, 목축 등을 관장한다. 임시 보직이었는지 충무공은 곧바로 함경도 두만강 주변 조산보만호(종4품)로 발령받았다. 4등급 승진해 다시 장군으로 불리는 만호가 된 것이다. 상관에게 불손할 정도로 강직하고 함께 근무하는 데 편해지는 않지만 여진족 추장 우을기내를 생포할 정도로 충무공의 실력만큼은 널리 알려졌던 것으로 보인다.

조산보는 6진에 해당하는 함경도 경흥, 두만강 하류에 있었다. 성곽의 높이는 약 3미터, 성곽의 둘레는 약 1킬로미터이며 만호가 지휘하는 수군 90여 명이 근무했다. 니탕개의 난이 평정되었지만 여전히 여진족은 호시탐탐 기회를 엿보고 있었다. 특히 충무공은 여진족 추장 우을기내를 생포해 참수당하게 해 여진족은 충무공에게 두려움과 함께 원한도 품고 있었을 것이다.

1년 후인 1587년 가을 충무공은 두만강 하류에 있는 섬으로 오늘날 러시아 영토인 녹둔도 둔전관을 겸직하게 되었다. 녹둔도는 비옥한 섬으로 농사짓기에 적합해 조선과 여진족 모두 눈독을 들이는 곳이었다. 조산보 군사들은 여진족을 방어하는 한편, 녹둔도에서 농사짓는 백성을 보호하는 임무를 병행해야 해 군사를 증원할 필요가 있었다. 충무공은 직속 상관인 함경북병사 이일李鎰(1538~1601)에게 병력증원을 요청했지만 북병사 이일은 충무공의 건의를 묵살했다.

1587년 가을 충무공은 녹둔도에 목책을 설치하고 백성들을 동원해 벼를 수확했다. 조산보 군사 10여 명이 경계 근무를 했고 다른 군사들은 조산보를 지키고 있었다. 그때 수백 명이 넘는 여진족이 말을 타고 녹둔도로 몰려와 우리 군사들을 기습공격했다. 녹둔도에 있던 군사 10여 명이 여진족에 맞서 싸웠지만 중과부적이었다. 여진족은 녹둔도를 지키던 우리 군사를 모두 죽이고 벼를 수확하던 백성 160여 명과 말 15필을 끌고 갔다. 그 소식을 보고받은 충무공은 녹둔도 근처 경흥부사 이경록 李慶錄 (1543~1599)과 군사를 이끌고 여진족을 추격해 3명을 죽이고 60여 명의 백성을 구출해 왔다. 하지만 우리 피해가 커 패전한 것만은 분명했다.

2차 파직과 백의종군

함경북병사 이일은 충무공과 경흥부사 이경록이 녹둔도전투에서 패했다는 장계를 올렸고 충무공은 파직되어 투옥되었다. 그렇게 이일과의 악연이 시작되었고 충무공은 죽음 직전까지 몰렸다. 하지만 선조는 충무공과 이경록이 녹둔도를 지키고 여진족을 추격해 죽이고 우리 백성을 구출해 온 사실을 참작해 곤장을 치는 장형에 처하고 백의종군하게 했다. 이것이 충무공의 첫 번째 백의종군이다. 백의종군은 직위해제된 상태로 명예를 회복할 기회를 갖는 것이다.

1588년 1월 함경북병사 이일은 당시 백의종군 중이던 충무공과 이경록을 포함한 2,500여 명의 병력을 동원해 여진족을 공격했다. 녹둔도를 공격했던 여진족 시전 부락 200여 호를 불태우고 여진족 380명을 죽이고 말과 소를 빼앗아 왔다. 아군 피해는 전무한 대승이었다. 이 전투에 참가한 충무공과 이경록은 사면되었다. 1588년 6월 충무공은 아산 고향집으로 낙향했다.

그동안 충무공은 북쪽 최전선에서 여진족과 세 번의 전투를 치렀다. 두 번은 승리하고 한 번은 패했다. 충무공은 무관들 중에서 실력이 있고 지략과 용맹함을 갖추었다는 명성을 얻었다. 하지만 승리보다는 패했다는 이유로 투옥되어 처형당할 위기에 처했던 것은 결코 잊을 수 없는 소중한

공직자 충무공

경험이 되었을 것이다. 이후 벌어진 모든 전투에서 충무공이 패하지 않았던 것은 녹둔도전투 패전과 이후 전개된 생사가 갈린 아찔한 경험 때문 아니었을까. 충무공의 2차 관직 시기는 패전은 반드시 피해야 한다는 교훈을 충무공에게 심어주었을 것이다.

충무공은 직속 상관이던 함경북병사 김우서, 이일과 사이가 나빴다. 하지만 여진족 추장을 생포하고 여진족을 추격·공격해 조정과 동료 무관, 백성들에게 실력 있고 유능하다는 인상을 강하게 심어주었던 것 같다. 고향으로 낙향한 충무공은 이후 8개월 동안 가족이 있는 아산에서 변방생활과 전투로 고갈된 심신을 치유하며 재충전하는 소중한 시간을 보냈다.

공직에 있으면 항상 긴장하고 조심하며 생활한다. 주어진 일과 시간은 나를 위한 것이 아니라 급여를 주는 국가를 위한 것이다. 그러자면 근무시간뿐만 아니라 일과 후에도 항상 긴장하고 조금이라도 문제가 생기지 않도록 언행에 신경써야 한다. 그런 상태가 계속되면 심신은 항상 긴장 상태를 유지하는 것이 습관이 된다. 밤에도 깊은 잠을 이루지 못하고 업무를 수행하는 꿈을 꾼다. 공직생활을 마치고도 상당 기간 그런 긴장 상태가 계속된다. 그래서 충무공이 휴식과 재충전을 취한 그 8개월은 정말 소중한 시간이었을 것이다. 긴장에서 벗어나 모처럼 심신을 자유롭고 평안한 상태로 유지하면서 나라와 백성을 생각하고 인생의 의미와 적과의 전투에 대해 객관적이고 냉철한 시각에서 되새기는 뜻깊은 시간이었을 것이다. 특히 충무공의 인생에서 사랑하는 모친과 처자식들과 모처럼 오랫동안 함께 지내는 소중한 시간이었을 것이다.

2012년 7월 26일 숨가쁘게 앞만 보고 검사생활을 해오다가 9개월 동안

나 자신을 되돌아보는 여유를 가졌다. 검사 정기인사에서 서울고검 검사로 발령나고 공정거래위원회 자문관 파견 명령이 났다. 그때까지만 해도 공정거래위원회 자문관으로 근무한 검사들은 이후 모두 그만두었고 검사장으로 승진한 사람은 없었다. 사실상 좌천이었다.

2004년 6월 광주지검 공판부장으로 승진해 장흥지청장, 인천지검 특수부장, 서울서부지검 형사5부장, 대검찰청 범죄정보1담당관, 서울중앙지검 특수1부장, 원주지청장, 성남지청 차장검사, 청주지검 차장검사 등을 역임하며 수많은 사건을 충실히 수사해 처리했다. 하지만 서울중앙지검 특수1부장으로 재직하며 수사한 H 그룹 사건과 D 기업 사건이 인사에 걸림돌로 작용했던 것 같다. 그 기업들은 인사권자와 가까운 것으로 소문나 있었기 때문이다. 그 기업들을 수사하며 외압이 느껴졌지만 후배 검사들을 생각하며 버텼다. 이후 인사에서 불이익을 받는 느낌이 조금씩 들었다.

서울중앙지검 특수1부장은 동기 중에서 수사를 잘한다는 검사가 배치된다. 특별한 문제가 없으면 대검 수사기획관, 서울중앙지검 3차장을 거쳐 검사장까지 승진한다. 그런데 이후 인사는 이상했다. 원주지청장, 성남지청 차장검사, 청주지검 차장검사 등 변방과 주변을 맴돌았고 핵심 부서인 법무부나 대검찰청, 서울중앙지검에는 좀처럼 배치받지 못했다. 그러다가 공정거래위원회 자문관으로 파견된 서울고검 검사로 발령받았다.

경쟁하던 동기들은 법무부와 대검찰청, 서울과 재경지검 차장검사로 배치되었다. 거기에 공정거래위원회는 정부 방침에 따라 서울 반포 청사에서 세종시에 신축된 정부청사로 이전했다. 집이 있는 성남시에서 세종시까지 매일 통근버스를 타고 출퇴근해야만 했다. 당시 세종시 정부청사로 이전한 정부 부처 공무원들은 대부분 수도권에서 출퇴근하며 근무했다. 세종시 청사 주변에는 변변한 식당이 없었고 정부청사 구내식당은 식사 인원이 너무 많아 공식적인 점심시간은 오전 11시 30분부터 오후 1시 30분까지였다.

그때 검사로서 진퇴를 결정할 시점이 되었다고 판단했다. 다행히 공정거래위원회 자문관 업무는 시간적 여유가 많았다. 여유를 갖고 자문관 업무를 수행하며 진로와 인생에 대해 많은 생각을 했다. 사직 문제에 대해 아내와 많은 대화를 나누었다. 결론은 검사장 승진을 포기하고 주어진 업무를 충실히 수행하며 정년까지 근무해 보자는 것이었다. 검사 정년이 63세이니 2026년까지는 근무할 수 있을 것으로 생각했다.

2013년 4월 23일 부산지검 1차장으로 검찰에 복귀했고 이후 검사장으로 승진하고 고검장, 법무부 차관, 검찰총장직을 역임했다. 정년까지 근무하겠다고 생각한 덕분에 공정거래위원회에 파견된 9개월은 18년 동안 검사 생활을 하며 지친 몸과 지난 공직생활을 되돌아보는 소중한 시간이 되었다. 1588년 6월부터 1589년 2월까지 충무공이 아산 고향집에서 보낸 8개월도 그런 시간이었을 것이다.

6.
왜란의 조짐과 파격 인사
(1589년 2월~1591년 2월)

전라도관찰사 군관 겸 조방장, 그리고 정읍현감

1589년 2월 아산에서 휴식과 재충전을 하며 지내던 충무공은 전라도관찰사 이광李洸(1541~1607)의 군관으로 다시 관직에 나섰다. 충무공의 나이 43세 때였다. 이광은 충무공의 실력을 인정하고 조방장(종4품)을 겸하게 했다. 그때 충무공은 순천으로 출장갔다가 순천부사(종3품) 권준權俊(1547~1611)을 만났다. 권준은 충무공보다 두 살이 적고 과거 급제도 3년이 늦었다. 과거가 3년마다 있으니 1기 후배인 셈이지만 직급은 충무공보다 높았다. 권준은 직급이 낮은 충무공에게 순천부사 자리를 어떻게 생각하느냐고 넌지시 물어보며 놀렸다고 한다. 훗날 권준은 충무공의 충직한 참모로 여러 해전에서 중요한 역할을 수행한다. 사람의 인연은 알 수 없는 법이다. 1589년 11월 충무공은 임금의 경호와 왕명의 출납 업무를 하는 선전관을 겸해 인품과 실력을 인정받았다.

1589년 12월 충무공은 정읍현감(종6품)으로 부임했다. 고을을 책임지는 수령이 된 것이다. 당시 지방 수령은 비교적 여유가 있었고 생활도 별로 걱정할 필요가 없었다. 특히 정읍은 충무공이 겸직한 태인과 함께 호남평야에 인접한 곡창지대였다. 쌀이 가장 귀한 때였으니 충무공의 정읍현감 시절 형편은 여유가 있었을 것이다. 그래서인지 충무공은 세상을 떠난 두 형님의 어린 조카들을 데리고 부임했다. 모친이 있는 본가는 살림이 어렵고 충무공의 가족이 사는 처가는 어린 조카들까지 함께 지내기에는 적절치 않았기 때문일 것이다.

일부에서 고을 백성에게 부담을 주는 남솔濫率*이 아니냐고 충무공을 비판했다. 충무공은 남솔의 죄를 지을지언정 의지할 곳이 없는 조카들을 버릴 수는 없다고 항변했다고 한다. 충무공은 조카들을 친자식처럼 아꼈다. 그들은 임진왜란 당시 충무공을 도와 눈부신 활약을 했다.

사실 정읍현감은 보성군수를 끝으로 공직을 마친 장인 방진처럼 충무공에게는 마지막 공직으로 여겨졌을 것이다. 그래도 충무공은 정읍현감으로 1년 3개월 동안 재임하며 겸직한 태인현 업무까지 충실히 수행했다. 이런 행정업무 경험은 충무공이 전라좌수사 및 삼도수군통제사로 있는 동안 한산도와 경상도 바다로 여러 번 출정해 왜군과 수시로 싸우면서도 전라좌수영 등의 행정업무를 신속하고 충실히 수행하는 소중한 경험이 되

- 고을의 원員이 부임할 때 제한된 수 이상으로 가족을 거느리던 일. 조선시대 행정관과 그 부양가족의 생활비는 세금으로 충당되었는데 유교 기반 국가였던 조선에서는 세금을 곧 백성들의 부담으로 보아 엄중히 관리했다.

었을 것이다.

정여립 사건 발생

임진왜란과 충무공을 좀 더 깊이 이해하려면 1589년 10월 발생한 정여립 鄭汝立(1546~1589) 사건을 살펴보아야 한다. 정여립 사건은 충무공이 전주에 서 전라도관찰사 군관으로 재직하던 시기에 발생했고 정읍현감으로 있는 동안 기축옥사己丑獄事가 계속되었다. 정여립 사건이 전라도에서 발생했 으니 충무공은 정여립 사건 현장 옆에 있었던 셈이다. 정여립은 1570년 문 과에 급제해 서인인 이율곡, 성혼成渾(1535~1598)의 문하에서 총애를 받고 1583년 예조좌랑(정6품), 1584년 홍문관 수찬(정6품) 등 요직을 역임하고 사 직했다.

하지만 정여립은 1585년 홍문관 수찬에 다시 임명된 후에는 종전 서인 에서 집권하고 있던 동인으로 전향했다. 그는 이에 그치지 않고 세상을 떠 난 이이를 배신하고 서인 성혼, 박순朴淳(1523~1589) 등을 비판하다가 선조 의 노여움을 사자 벼슬을 버리고 낙향했다. 이후 정여립은 전라도 진안 죽 도에 서실을 만들고 대동계大同契를 조직해 신분에 제한을 두지 않고 사람 들을 모아 무예를 단련시켰다.

왜구가 침입하자 전주 부윤의 요청을 받은 정여립은 대동계원을 동원해 왜구를 격퇴했다. 대동계는 관군을 능가하는 전력을 갖추고 있었던 것 같 다. 이후 더 명성을 떨치게 되었고 대동계 조직은 전국으로 확대되었다. 그 러자 정여립이 반역을 모의했다는 고변이 나오면서 관련자들이 구금되었 다. 정여립은 진안 죽도로 도망쳤다가 관군이 죽도를 포위하자 자살했다.

정여립 사건은 서인 정철 등이 주도해 3년 동안 국문이 진행되는 등 동인에 대한 대대적인 숙청으로 확대되었다. 이를 '기축옥사'라고 부른다.

이발李潑, 이길李洁, 김우옹金宇顒, 백유양白惟讓, 최영경崔餘慶, 조대중曹大中, 나사침羅士忱 등 동인 1,000여 명이 죽거나 유배되는 참화를 입었다. 특히 영의정 노수신盧守愼(1515~1590), 우의정 정언신鄭彦信(1527~1591), 직제학 홍종록洪宗祿(1546~1593) 등 동인의 핵심 인물들이 파직되는 등 권력을 잡고 있던 동인이 몰락하고 서인이 집권하는 계기가 되었다.

특히 기축옥사에서는 정여립이 주로 활동한 호남지역 사대부들이 집중적으로 희생당했다. 정여립은 주로 호남지역 사대부들과 교류했기 때문이었다. 유명한 승려 서산대사 휴정休靜(1520~1604), 사명대사 유정惟政(1544~1610)까지 조사받을 정도였다. 기축옥사 이후 호남지역은 과거 급제자 비율이 대폭 감소하고 벼슬길에 오르는 것조차 어려워졌다.

한양에서 기축옥사가 한창 진행 중일 때 정읍현감 충무공은 전라도관찰사가 보내는 차사원으로 한양에 가게 되었고 우의정 정언신은 옥에 갇혀 조사를 받고 있었다. 정언신은 충무공을 무관으로 천거해 주었고 1580년 1월 충무공이 부친상을 당했을 때도 도와준 깊은 인연이 있었다. 충무공은 기축옥사가 한창 진행되는 서슬 퍼런 분위기에서도 옥에 갇힌 정언신을 찾아가 면회했을 뿐만 아니라 면회 중에 술을 마시고 노래를 부르는 의금부 금오랑(종5품)들에게 대신이 옥에 갇혔는데 미안하지 않느냐고 지적해 사과까지 받았다고 한다. 당당하고 강직한 충무공다운 모습이다.

충무공은 최전선에서 외적과 싸우는 군인이었을 뿐 정치인은 아니었다. 하지만 굳이 말하면 동인들과 가까이 지낸 것 같다. 정언신, 유성룡, 이원익李元翼(1547~1634) 등 동인들로부터 많은 도움과 높은 평가를 받았다. 반면, 서인 윤두수尹斗壽(1533~1601) 등으로부터는 좋은 평가를 받지 못했던 것 같다. 정치적 관계 때문이 아니라 윤두수가 충무공과 사이가 나쁜 원균과 인척으로 가까운 사이였기 때문이었을 것이다.

유성룡의 천거로 어렵게 전라좌수사에 임명

정읍현감으로 재직하며 사실상 퇴임을 앞두고 있던 충무공에게 변화가 찾아오고 있었다. 조선을 침략하려는 왜적의 움직임은 실력 있고 강직한 충무공을 역사의 무대 위로 오르게 했다. 조정은 왜적의 침입이 가시화되자 전국에 있는 실력 있는 장수들을 발탁해 일선 지휘관에 배치하려고 했다. 처음에는 원균을 전라좌수사로 보내려고 했지만 인사고과가 워낙 좋지 않았다. 그래서 원균 대신 여진족과의 전투에서 실력이 입증된 충무공을 보내기로 했다. 원균과의 악연이다. 그런데 충무공이 재직하는 정읍현감은 종6품이고 수군절도사는 정3품이었다. 7등급을 특진시켜야 하는데 인사 원칙과 기준에서 벗어났다. 그래도 긴급 상황이었다. 충무공은 꼭 필요한 장군이고 원칙에는 반드시 예외가 있다. 선조와 조정은 편법을 쓰기로 했다. 서류상 인사를 단행해 충무공을 연거푸 승진시켜 정3품 전라좌수사로 배치하기로 한 것이다. 다분히 선조와 유성룡의 의도였을 것이다.

1590년 7월 충무공은 함경도 강계 근처 고사리진첨사(종3품)로 임명되었다. 6등급을 단번에 뛰어넘는 파격적인 인사였다. 당연히 사헌부, 사간원, 홍문관의 대간들이 충무공이 정읍현감 임기인 30개월의 절반도 채우지 못했다고 지적해 임명이 취소되었다.

조선시대 수령의 임기는 종3품 이하는 30개월, 정3품 이상은 20개월, 변방은 1년이었다. 충무공이 정읍현감으로 부임해 겨우 7개월이 지났으니 대간의 지적이 틀린 것은 아니지만 시대적 상황을 외면한 지적이었다. 충무공을 일선 지휘관으로 배치하겠다는 조정의 의지는 확고했다. 1개월 후인 1590년 8월 충무공은 평안도 만포진첨사(종3품)로 승진했다. 그러자 이번에는 대간들이 너무 빠른 승진을 문제 삼아 다시 임명이 취소되었다. 종6품에서 종3품으로 한꺼번에 6등급을 승진하는 것은 지나치다는 것이었다.

6개월 후인 1591년 2월 충무공은 진도군수(종5품)에 임명되었다. 2등급 승진이었고 정읍현감으로 부임한 지 1년 3개월이 지난 시점이었다. 충무공은 진도군수로 임명되고 곧바로 4등급을 승진해 가리포첨사(종3품)에 임명되었다. 여기까지는 특별히 문제 삼을 인사는 아니었던 것 같다. 그 직후 곧바로 1등급을 승진해 최종적으로 전라좌수사(정3품)에 임명되었다. 진도군수와 가리포첨사는 서류상 임명에 불과했고 사실상 충무공을 전라좌수사로 배치하기 위한, 편법을 동원한 인사 절차였다. 임진왜란을 1년 2개월 앞둔 시점이었다.

그러자 대간들은 충무공이 단번에 7등급을 승진하는 것은 지나치다고 상소를 올리며 문제 삼았지만 이번에는 전라좌수사 임명이 취소되지 않았다. 최소한 서류상 적법한 절차를 거쳤고 시대 상황과 우의정 겸 이조판서 유성룡의 역할이 결정적이었기 때문이다. 왜적과의 전쟁이 임박한 긴급한 상황에서 실력 있는 장수를 선발해 일선 사령관으로 배치해야 한다는 국가적 요구가 7등급을 뛰어넘는 충무공의 파격적인 승진을 가능케 했다. 임진왜란 때 나라를 구한 충무공의 전라좌수사 임명은 이렇게 어렵게 이루어졌다.

2024년의 정치 상황과 관련해 충무공과 같은 특별승진에 대해 언급하지 않을 수 없다. 2017년 8월 1일 문재인 정부는 윤석열 검사를 서울중앙지검장으로, 한동훈 검사를 서울중앙지검 3차장검사로 발령했다. 418년 전 7등급을 뛰어넘어 전라좌수사가 된 충무공에 비유되는 파격적인 인사였다. 특히 사법연수원 23기인 윤 검사가 18기 고검장급이 재직 중인 서울중앙지검장에 임명된 것은 1~2년 후배 검사가 발령되는 검사 인사 관행과 기준에서 크게 벗어났다. 인사 원칙과 기준에 벗어난 인사라는 지적이 나왔다. 그들은 2년 동안 서울중앙지검에 근무하며 전국 검사들을 파견받아 전직 대통령과 대법원장, 재벌그룹 회장 등이 관여된 국정농단, 사법농단 등의 현안 사건을 수사했다.

2년 후인 2019년 7월 다시 파격적인 인사가 되풀이되었다. 윤 서울중앙지검장은 다섯 기수를 뛰어넘어 18기 검찰총장의 후임 검찰총장이 된 것이다. 한 3차장검사는 네 기수를 뛰어넘어 대검 반부패·강력수사부장에 임명되었다. 진행 중인 현안 사건 수사·공판과 기수가 낮은 윤 검찰총장의 리더십을 확보해 준다는 명분으로 검사들에 대한 인사를 전횡하게 해준 것은 덤이었다.

그 결과, 인사와 근무지, 회식 등으로 묶인 검사들의 사조직인 소위 '윤사단'이 완성되었다. 사조직은 국민이나 국가, 검찰보다 보스와 조직의 이익이 우선이다. 의리를 중시하고 이익과 소속감을 공유한다. 이후 그들은 살아 있는 권력을 수사한다며 조국 법무부 장관 등을 수사하는 등 지난 정부와 대립각을 세우다가 정치권에 진출했다.

원칙과 기준에서 벗어난 파격적인 인사는 충무공과 같은 선한 결과를 낳기도 하지만 현재 상황과 같이 의도한 바와 전혀 다른 엉뚱한 결과를 낳는 경우가 더 많은 것 같다. 그래서 인사 원칙과 관행은 전쟁과 같은 극한 비상 상황이 아니라면 가능한 한 지켜야 한다.

을묘왜변의 후유증을 앓는 전라좌수영

충무공이 전라좌수사로 부임하기 전 경상도와 전라도 남해안은 조선에 거주하는 왜인들의 폭동과 수시로 배를 타고 침입한 왜구들 때문에 함경도 6진 못잖게 심각한 위험에 노출되어 있었다. 1510년 부산포, 제포(진해시 웅천), 염포(울산)에 사는 수천 명의 왜인들이 무역 확대를 요구하며 대마도주의 지원을 받아 폭동을 일으킨 삼포왜변이 발생했다. 조선은 보름 만에 겨우 그들을 진압했다.

그로부터 30년이 지난 1544년 왜선 20여 척이 경상도 통영의 사량도에 침입해 백성과 말을 약탈해 가는 사량진왜변이 발생했다. 급기야 1555년 왜구 수천 명이 70여 척의 함선을 타고 전라도 달량포(해남군 북평면), 어란포(해남군 송지면) 등에 침입해 장흥과 영암, 강진 일대를 노략질하는 을묘왜변이 발생했다. 사실상 전쟁과 유사한 상황이었다. 왜구들은 진압하던 전라병사 원적元績, 장흥부사 한온韓蘊을 죽이고 영암군수 이덕견李德堅을 생포했다. 조선 조정은 경악했다. 호조판서 이준경李浚慶을 도순찰사, 김경석金慶錫, 남치근南致勤을 방어사로 삼아 영암에서 왜구를 토벌했다. 이후 대책으로 왜구가 쉽게 넘어올 수 없고 반대로 왜구를 공격하기에 유리한,

크고 높은 판옥선을 개발했다. 또한, 판옥선에 장착해 발사할 수 있는 천자·지자·현자·황자총통 등의 화포를 발전시켰다.

1587년 2월 왜선 18척을 타고 온 왜구 수백 명이 전라도 흥양(고흥)에 침입했다. 녹도만호 이대원李大源(1566~1587)이 왜구에 맞서 싸우다가 전사했다. 왜구들은 흥양에 이어 가리포(전남 완도)까지 침범해 병선 4척을 빼앗아 달아났다. 녹도만호 이대원을 구원하지 않은 전라좌수사 심암이 처형당하고 전라도관찰사 한준韓準(1542~1601)이 파직되었다. 심암의 후임으로 전라좌수사에 부임한 이천은 수군 합동훈련을 위해 전라좌수영 5관 5진의 수군을 소집했다. 하지만 소집이 지체되자 순천·보성·낙안·흥양·광양 수령에게 곤장을 쳤는데 하필 곤장을 맞은 보성군수가 죽고 말았다. 보성군수 사망 사건으로 전라좌수사 이천은 곤장 80대를 맞는 엄벌에 처해졌다.

충무공이 부임하기 5년 전 전라좌수영은 관내인 흥양에 왜구가 침입해 치열한 전투가 벌어졌고 전임 수사들이 처형되거나 곤장을 맞는 등 위험하고 문제가 많아 조정의 걱정과 관심이 집중된 곳이었다. 그러니 전라좌수영 소속 장수와 수군은 잔뜩 긴장하며 군기가 잡혀 있었다고 보아야 할 것이다. 그런 상황에서 충무공은 가장 위험하고 문제가 많은 전라좌수영의 책임자로 발령받은 것이다.

공직자 충무공

7.

운명의 전라좌수사 취임

전라좌수사

1591년 2월 당상관인 정3품으로 승진해 전라좌수사가 된 충무공은 감회가 남달랐을 것이다. 전라좌수영 관내인 발포는 10년 전인 1580년 7월 충무공이 만호로 임명되어 1년 6개월 동안 근무했던 곳이어서 익숙하고 친근감이 들었을 것이다. 사람은 자신이 근무했던 곳에서 다시 근무하게 되면 감회가 더 새로운 법이다.

필자도 인천지검에서 검사와 특수부장으로, 장흥지청에서 검사와 지청장으로, 부산지검에서 검사와 1차장으로, 서초동 대검에서 연구관, 과장, 부장, 검찰총장으로 근무했다. 근무했던 곳에 다시 부임하니 아는 사람이 많고 지리와 인심도 익숙했다. 마음이 편하고 정겨워 마치 고향으로 돌아온 듯한 심정이었다. 10년 만에 전라좌수사로 승진해 부임한 충무공도 비슷한 심정이었을 것이다. 충무공의 나이 45세 때였다.

전라좌수사는 오늘날 검찰에 비유하면 지방검찰청 검사장과 비슷할 것이다. 2015년 12월 24일부터 2017년 7월 31일까지 19개월 동안 필자는 서울북부지방검찰청 검사장으로 근무했다. 서울북부지방검찰청은 노원·도봉·강북·중랑·동대문·성북구 서울 동북부 지역 6개 구, 주민 약 250만 명에 대한 검찰업무를 수행한다. 맑은 중랑천이 북쪽에서 남쪽으로 지역을 지나가며 흐르고 서쪽에는 도봉산과 북한산, 동쪽에는 수락산과 불암산이 있는 아름답고 유서 깊은 지역이다.

보통 검사장은 약 1년 동안 근무하는데 촛불혁명에 이어 박근혜 전 대통령에 대한 탄핵 절차가 진행되어 매년 실시되는 검사인사가 지연되었다. 그 덕분에 1년 7개월 넘게 근무했다. 다만, 지청이 없는 것이 아쉬웠다. 서울북부지검이 원래 서울지검 산하 성북지청과 북부지청으로 출발했다가 서울이 커지면서 검찰청으로 승격했기 때문이다. 검사장은 검찰총장의 지휘를 받지만 검찰청법에 의해 수사 권한이 부여되어 독자적인 수사권이 있다. 검찰청 산하에는 규모에 따라 크고 작은 지청이 있는 경우가 보통이고 지청은 검사장의 수사지휘를 받는다. 전라좌수영 관내 순천·낙안·보성·흥양·광양 5관 수령과 여도·사도·발포·녹도·방답 5진 장수가 전라좌수사 충무공의 지휘를 받은 것과 비슷할 것이다.

서울북부지검장으로 있으면서 서민 생활과 관련 깊은 형사사건 외에 수락산 살인사건, 오패산 살인사건 등 강력범죄, 선거법 위반 사건, 울산시 교육감 뇌물수수 사건과 재정·보조금·조세범죄 등에도 심혈을 기울여 공정하고 충실히 수사하고 처리했다. 수사관에 대한 정량적이고 객관적인 평가제도를 도입했고 사건접수 사실을 피의자에게 문자로 신속히 알리는 제도 등도 마련해 시행했다. 법사랑 위원 등과 뜻을 모아 중랑구 소재 출소자 복지시설의 주변 환경을 개선해 범죄 예방활동을 전개했다.

주말과 일과 후 시간을 활용해 직원들과 북한산·도봉산·수락산·불암산과 4·19기념관, 이준 열사 묘, 간송 전형필 가옥 방문 등 지역의 자연과 문화에 애정과 관심을 가지고 주민을 위해 일하려고 노력했다. 돌이켜 보면 보람차고 행복한 시간이었다.

전라좌수영 장수와 참모

충무공이 전라좌수사로 부임할 당시 있던 전라좌수영 수령과 장수들은 이후 임진왜란에서 충무공을 도와 눈부신 활약으로 승리를 거두었다. 사실 충무공의 활약은 충무공 본인의 실력과 지휘력 못지않게 함께 싸운 부하 장수와 군사들의 조력이 없었다면 불가능했다. 거기에 백성들이 충무공을 신뢰해 따르고 조정이 인정해 주면 금상첨화였을 것이다.

필자도 기관장으로 근무하면서 수많은 검사와 수사관들의 도움을 받으며 업무를 수행했다. 사실 수행한 성과의 90% 이상은 그들 덕분이었다. 잘못은 당연히 지휘관의 책임이다. '23전 23승'을 거둔 충무공의 해전 승리 뒤에도 충무공과 함께 근무하며 인연을 맺었던 부하 장수들이 있었다.

먼저 앞에서 언급한 순천부사 권준이다. 당시 44세로 충무공보다 두 살 적었다. 1589년 충무공이 전라감사 조방장으로 재직하며 순천을 방문해 만난 적이 있는데 함께 근무하게 되었다. 활을 잘 쏘는 명사수이고 문장력과 지휘력도 갖추고 있었다. 임진왜란 때는 주로 충무공의 핵심 참모장으로 활약했다.

공직자 충무공

광양현감(종6품) 어영담魚泳潭(1532~1594)은 충무공보다 13세 많고 1564년 무과에 급제해 충무공보다 12년이 빨랐다. 경상도와 전라도의 남해안에서 주로 근무해 복잡한 해로와 조류를 꿰고 있었다. 수로 향도로 활약하며 옥포해전, 합포해전, 당항포해전, 율포해전에서 승리하는 데 큰 공을 세웠다.

낙안군수(종4품) 신호申浩(1539~1597)는 충무공보다 여섯 살 많고 1567년 무과 식년시에 합격했으니 충무공보다 9년이 빨랐다. 1586년 충무공이 역임한 조산보만호(종4품)와 오위도총부 도사(종5품) 등을 역임한 경험 많은 장수이다. 충무공처럼 임진왜란 직전에 낙안군수로 발탁되어 한산도해전, 안골포해전에서 큰 공을 세웠다.

보성군수(종4품) 김득광金得光(1561~1594)은 당시 30세로 충무공보다 16세나 어린 젊은 수령이었다. 충무공을 도와 옥포해전 등에서 큰 공을 세웠다.

흥양현감(종6품) 배흥립裵興立(1546~1608)은 45세로 충무공보다 한 살 적지만 1572년 무과에 급제했으니 충무공보다 오히려 4년이 빨랐다. 선전관, 장흥부사를 역임했고 임진왜란 때는 조방장으로 충무공을 보좌해 한산도 대첩에 기여했으며 행주대첩에서도 큰 공을 세웠다. 칠천량해전에서 분투했고 이후 충무공이 수군을 재건하는 과정에도 적극적으로 참여했다.

방답진첨사(종3품) 이순신李純信(1554~1611)은 당시 37세로 충무공보다 아홉 살 적었고 1578년 무과에 급제했으니 충무공보다 2년이 늦었다. 충무공 휘하에서 옥포·합포·적진포·당포·한산도·부산포해전에 출전해 활약했으며 1598년 11월 노량해전에서 충무공이 전사하자 수군을 이끌고 전투를 마무리하는 등 임진왜란의 처음과 끝을 충무공과 함께했다.

사도진첨사(종3품) 김완金浣(1546~1607)은 당시 45세로 1577년 무과에 급제해 모든 경력이 충무공보다 1년 늦었다. 충무공을 도와 옥포·합포·적진포·당포·한산도·부산포해전에서 활약해 큰 공을 세웠고 칠천량해전에서 왜군에게 생포되었다가 탈출했다.

여도진 권관(종9품) 김인영金仁英은 1543년생으로 충무공보다 두 살 많았다. 충무공을 도와 옥포해전, 당포해전, 한산도해전, 당항포해전에 모두 참전했고 1597년 백의종군하다가 다시 통제사가 된 충무공을 도와 명량해전에 참전해 공을 세웠다.

녹도진만호(종4품) 정운鄭運(1543~1592)은 당시 48세로 충무공보다 두 살 많았고 1570년 식년시 무과에 급제했으니 충무공보다 6년이 빨랐다. 금갑도(진도군 의신면 접도리) 권관(종9품), 거산역(함경북도 북청) 찰방(종6품), 웅천(경남 진해시) 현감(종6품) 등을 지냈다. 제주도에서 판관(종5품)으로 있으면서 목사와의 불화로 파직되었다가 1591년 임진왜란 발발 1년을 앞두고 녹도만호로 중용되었다. 충무공을 도와 옥포·합포·적진포·당포·한산도·부산포해전에서 맹활약해 큰 공을 세웠지만 1592년 9월 1일 부산포해전에서 전사했다.

발포진만호 황정록黃廷祿은 무과에 급제하지 않고 문음門蔭●으로 관직에 올랐으며 발포만호, 전라우수사를 역임하고 임진왜란 이후 용천군수,

---

● 부친이나 조부의 공훈에 따라 그들의 자손을 관직에 임명하는 제도로 조선의 문음 제도는 기본적으로 고려의 문음 제도를 이어받았다.

황해도 병마절도사, 덕원부사, 강계부사, 원주목사, 간성군수 등 외직을 두루 역임했지만 정식으로 과거에 급제하지 않아서인지 자세한 자료는 남아 있지 않다.

다음으로 충무공을 옆에서 보좌한 전라좌수영 참모들을 살펴보자. 먼저 조방장(종4품) 정걸丁傑(1514~1597)은 77세로 충무공보다 31세 많았다. 1544년 무과에 급제해 충무공보다 32년 먼저 벼슬길에 올라 경상우수사, 전라좌수사, 전라병사, 전라우수사 등 군 요직을 두루 거친 원로이다. 1591년 전라좌수영 조방장으로 충무공을 보좌해 함선을 건조하고 화전, 철령전 등 각종 무기를 제조했으며 거북선 건조도 지원했다. 충무공을 도와 옥포·합포·적진포·당포·한산도·부산포해전 승리에 기여했다. 1593년 2월 충청수사로 있을 때는 행주산성에 있던 권율 장군의 부대에게 화살을 조달해 행주대첩 승리에 기여했다. 그야말로 충무공의 핵심 참모였다.

이런 경험 많고 충실한 참모의 보좌를 받은 충무공은 복이 많았다고 생각한다. 조방장은 대검찰청 차장검사와 역할이 비슷했을 것이다. 필자가 검찰총장으로 있을 때 B 차장검사의 조언과 조력이 큰 힘이 되었다. 그런데 2023년경, 1년 넘게 대검찰청 차장검사 자리가 공석이었던 시기가 있었다. 이해하기 어려웠고 검찰총장이 걱정되었다. 2023년 9월 4일 인사발표에서 S 대검 차장검사가 배치되었다. 다행이었다.

다음은 우후(정4품) 이몽구李蒙龜(1554~1597)이다. 우후는 절도사를 돕는 일을 하는 지위이다. 이몽구는 당시 37세로 충무공보다 아홉 살 적었고 1583년 무과에 급제했으니 충무공보다 7년이 늦었다. 1591년 전라좌수영의 우후로 충무공을 보좌해 옥포·합포·적진포·당포·한산도·부산포해전에서 승리하는 데 큰 기여를 했다. 칠천량해전 패전 직후 전라좌수영을 제대로 관리하지 않았다는 이유로 처벌받기도 했지만 1598년 11월 노량해전에서 크게 활약하고 전사했다.

거북선을 건조한 군관(종6품) 나대용羅大用(1556~1612)은 당시 35세로 충무공보다 11세 적었고 1583년 무과에 급제했으니 충무공보다 7년 늦었다. 나대용은 충무공을 도와 옥포해전, 사천해전, 한산도해전, 명량해전, 노량해전 등에 참전해 공을 세웠다. 사천해전에서는 충무공처럼 왜군의 총탄에 맞아 총상을 입었다. 1606년 판옥선과 거북선을 개량한 창선을 개발했다. 1611년 사천해전에서 맞은 탄환의 독으로 사망했다.

군관 이봉수李鳳秀(1573~1634)는 당시 18세로 충무공보다 28세 적었고 무과에 급제한 기록은 없다. 충무공 밑에서 화약 제조 책임자로 일했고 중요 포구에 선박 출입을 통제하는 철쇄를 설치하고 산봉우리에 봉화대와 망루를 설치하는 등 중요 임무를 수행해 충무공의 인정을 받았다.

그 밖에 충무공을 보좌한 군관(종8품) 송희립宋希立(1553~1623), 이언량李彦良(?~1598), 의병장 이기남李起南이 있다. 송희립은 거북선 건조 등에 기여했을 뿐만 아니라 노량해전 당시 충무공을 곁에서 보좌했고 이언량, 이기남은 거북선에 탑승해 돌격장으로 맹활약했다. 특히 이언량은 노량해전에서 전사해 충무공과 임진왜란의 처음과 끝을 함께했다.

전쟁 준비

1591년 2월 전라좌수사가 된 충무공은 전쟁이 곧 발발할 것으로 예상했다. 이후 1년 2개월 동안 충실히 전쟁을 준비했다. 다행히 그 내용의 일부

공직자 충무공

가 충무공이 1592년 1월부터 기록한 『난중일기』에 남아 있다. 아쉽게도 충무공이 전라좌수사로 부임한 1591년 2월부터 12월까지의 내용은 남아 있지 않다. 전투를 수행하려면 우선 군사가 필요하고 전선, 총통 등의 화포, 화약, 화살 등의 군비를 갖추어야 하며 군량미도 충분히 준비해야 한다. 거북선과 같은 새로운 차원의 함선을 개발해야 하고 전라좌수영과 5관 5포 장병들에게 군사훈련을 실시해 기강이 확립되고 전투에 투입할 수 있는 숙련된 정예군으로 만들어야 한다.

충무공이 가장 중점을 둔 것은 군사들에 대한 점검과 관리였다. 군사가 없으면 왜군에 맞서 싸울 판옥선의 노를 저어 움직일 수 없고 포탄과 화살을 쏠 수 없다. 함선에 탑승한 군사들은 반복적인 훈련과 연습을 통해 숙련되어야 전투에서 맡은 역할을 제대로 수행한다. 당시 전라좌수영 군사 5,000여 명은 5관 5포에 흩어져 있었다. 군사들을 조직적, 체계적으로 기동하도록 만들려면 수시로 전라좌수영으로 소집해 훈련시키는 한편, 충무공이 직접 5관 5포로 가 병사들의 사기와 복무상태를 살피고 전함과 화포, 화살, 창과 칼, 군량미 등이 제대로 준비되었는지 점검할 필요가 있다. 그리고 유사시 5관 5포 군사들이 전라좌수영의 소집에 신속히 응하도록 체계를 갖추어 놓아야 한다.

충무공은 『난중일기』의 여러 곳에 군사 점검, 별방군과 신구번 군사 점검, 별군과 정병 점검, 하번군 점검, 별조방군 점검, 계속 근무한 급번군과 새로 근무하는 상번군을 점검했다는 내용을 적어놓았다. 당시 현역병인 정병 근무는 2개월이었는데 매월 초 충원하고 복귀하는 절차를 거쳤다. 새로 근무하는 정병은 상번군, 집으로 돌아가는 정병은 하번군, 계속 근무하는 정병은 급번군이다. 그런데 충무공은 이 정병들 외에 군사를 확보하기 위해 별방군과 별조방군 등 추가로 군사를 확보하는 방안까지 도입해 시행했던 것 같다.

『난중일기』에는 1592년 4월 17일 하번군과 급히 복무하기 위해 온 수군을 배치했다는 내용이 있고 4월 18일 순천군사를 데리고 온 병방兵房이 석보창에 머물며 군사를 신속히 데려오지 않아 잡아 가두었고 4월 19일 급히 입대한 군사 700명의 점검을 받았다는 내용이 있다. 그래서인지 임진왜란 동안 다른 곳의 병영이나 수영과 달리 충무공이 지휘하는 전라좌수영은 항상 적정한 군사를 확보한 채 전투에 임했다. 가능한 한 군사들의 교대 절차를 지켰으므로 군사들도 충무공을 신뢰하고 충실히 2개월의 현역 복무를 이행했을 것이다.

다음은 함선의 건조와 유지이다. 충무공은 5관 5포의 수령과 장수들에게 전투에서 사용할 함선을 건조해 준비하도록 단단히 지시하는 한편, 전라좌수영에서도 함선을 건조하고 점검했다. 특히 충무공은 왜군이 우리 배 위에 올라타 싸우는 등선육박登船肉薄 전술과 그들의 조총에 대응하기 위해 함선 지붕을 철판으로 덮고 철판에 날카로운 쇠꼬챙이를 꽂아 왜군이 기어오르지 못하게 한 거북선을 만들었다.

『난중일기』를 보면 1592년 2월 8일 거북선 돛에 사용할 베 29필을 받았고 1592년 3월 27일 거북선에서 쏘는 화포 발사를 시험했으며 4월 11일 거북선 돛을 만들고 4월 12일 바다 위 거북선에서 지자·현자총통을 쏘았다고 적혀 있다. 지자총통의 사정거리는 800보 정도로 천자총통보다 짧고 현자총통보다는 길다. 왜군이 부산에 상륙한 것이 1592년 4월 13일이니

공직자 충무공

하루 전 거북선에서 시험포격을 한 것이다.

다만, 충무공이 거북선을 실전에 투입한 것은 1592년 5월 4일의 1차 출정이 아닌 1592년 5월 29일 2차 출정 이후였다. 첫 출정에 처음 제작한 거북선을 참전시키는 것은 좀 빠르다고 본 것 같다. 매사에 신중하고 철저한 충무공다운 모습이다. 이렇게 충무공은 전라좌수영과 5관 5포의 병력을 확보해 충실히 훈련과 연습을 계속하고 거북선과 판옥선 등의 전선과 총통, 화살 등의 군기를 준비하는 등 다가올 전쟁에 대비하고 있었다.

군사를 확보해 훈련시키고 전선과 군기를 제조하고 관리하더라도 이를 제대로 점검하지 않으면 유사시 활용하기 어렵다. '구슬이 서 말이라도 꿰어야 보배'라는 말처럼 현장에서 보고 점검하는 것이 중요하다. 충무공은 준비하고 준비하고 또 준비한 후 전투에 임했다. 그런 충무공이 전라좌수영 본영과 5관 5포의 전투준비 상황을 점검하는 것은 지극히 당연한 일이었을 것이다.

충무공은 먼저 전라좌수영 본영의 전선, 병력, 무기, 성곽, 해자 등을 수시로 점검했다. 1592년 1월 11일 지난해 폭풍우로 무너진 전라좌수영의 서문 밖 해자를 돌을 구해 보수할 것을 지시했다. 1월 16일에는 돌을 채취하는 곳에서 술판을 벌인 석수 박몽세에게 곤장 80대를 때리고 방답진 함선 수리를 지체한 책임자 우후 이몽구에게 곤장을 때렸다. 1592년 1월 26일 흥양현감 배흥립, 순천부사 권준을 만나 군사전략을 논의했다. 1592년 2월 4일 전라좌수영 뒤 해발 200미터인 종고산의 봉수대 쌓는 작업을 점검하고 완벽히 일을 마무리한 군관 이봉수를 칭찬했다. 충무공은 1592년 2월 중순까지 전라좌수영의 성곽을 쌓고 해자를 보수하고 함선의 건조,

무기 제조 및 보수를 꾸준히 추진했다. 전라좌수군의 근거지인 전라좌수영을 난공불락의 요새로 만든 것이다.

충무공은 수군의 가장 효과적이고 강력한 공격용 무기인 활을 쏘는 훈련을 수시로 실시했다. 장병들에게 기회만 있을 때마다 활을 쏘게 했고 충무공 자신도 틈나는 대로 활을 쏘았다. 1592년 1월 15일과 3월 15일에 전라좌수영 활쏘기 대회를 개최하는 등 수시로 대회를 열어 활쏘기를 생활화했다. 1592년 3월 5일은 유성룡 대감이 보내준 『증손전수방략增損戰守方略』이라는 병법서를 학습하며 수륙전에서 화공 등을 설명한 내용을 장수들과 함께 연구하고 토론했다. 이후 충무공이 임진왜란 해전에서 전개한 전략과 전술은 이 병법서에서 참고한 점이 많았을 것이다.

전라좌수영 순시(1592년 2월 19일~1592년 2월 27일)

다음은 5관 5포 순시이다. 『난중일기』에서 가장 흥겹고 즐거운 부분은 충무공이 지역을 순시하는 부분이다. 충무공은 지방을 돌아보는 여행을 좋아하셨던 것 같다. 전라좌수영 5관과 5포는 여수, 순천, 광양, 보성, 고흥 등으로 전라남도 동남부의 넓은 지역이다. 교통이 발달한 오늘날도 여수시 군자동 진남관을 출발해 동쪽 광양부터 서쪽으로 이동해 순천, 낙안을 지나 보성을 지나고 고흥반도로 들어가 북동쪽 여도진(고흥군 점암면), 흥양현(고흥읍), 녹도진(고흥군 도양읍), 발포진(고흥군 도화면), 사도진(고흥군 영남면)을 점검하고 배를 타고 방답진(여수시 돌산읍)을 거쳐 진남관(여수시 군자동)으로 오는 것은 만만찮은 여정이다. 이동 거리만 400킬로미터가 넘을 것이다. 충무공처럼 사도진에서 방답진으로 이동한다면 함선을 이용하더라도

하루에 이동하기가 쉽지 않을 것이다. 충무공은 1592년 2월 19일부터 2월 27일까지 9일 동안 전라좌수영 관내를 순시하며 5관 5포의 군비 태세를 점검했다. 그 내용이 『난중일기』에 기록되어 있다. 임진왜란 발발 2개월 전이었다. 전라좌수사로 부임해 1년 동안 준비하고 훈련한 것을 확인하고 점검하는 차원이었을 것이다.

1592년 2월 19일 충무공 일행은 전라좌수영을 출발해 백야곶(여수시 화양면 화동리)에 도착했다. 아마도 전라좌수영에서 백야곶까지는 배를 타고 이동했을 것이다. 백야곶을 관장하는 부하 장수인 순천부사 권준이 관내 순시를 떠나는 충무공을 위해 동생과 기생을 데리고 백야곶에서 기다리다가 영접했다. 화창한 봄날이었고 권준은 충무공과 마음이 통하는 가까운 장수였다. 따뜻한 여수반도 남쪽 백야곶에서 충무공은 권준과 즐겁게 오찬을 했다. 다가오는 왜적의 침략과 전라좌수군의 대응책 등을 주제로 이야기 나누며 모처럼 즐거운 식사시간을 보냈을 것이다. 이후 충무공은 권준과 근처에 있는 나무를 베어 내는 벌목장과 말을 기르는 방목장을 점검했다. 오후에 충무공 일행은 순천부사 권준의 배웅을 받으며 이목구미(여수시 화양면 이목리)에서 준비된 배를 타고 여자만을 건너 여도진(고흥군 점암면 여호리)을 향해 출발했다.

여도진은 이목구미에서 여자만 건너편 고흥반도 동쪽에 있다. 바다를 건너면 바로 도착한다. 충무공은 어렵지 않게 여도진에 도착했을 것이다. 여도진에는 책임자인 만호가 배치되지 않았다. 지역 수령인 흥양현감 배흥립과 여도권관 김인영이 기다리고 있었다. 날이 저물어 휴식을 취하고 여도진 점검은 다음 날인 1592년 2월 20일에 실시했다. 여도진은 만호가 없었지만 전선은 새로 건조해 상태가 좋았고 무기 등도 제법 갖추어져 있었다. 충무공은 양호 판정을 내리고 그날 오후 배흥립이 현감으로 있는 흥양으로 출발했다.

여도진에서 흥양 관아가 있던 오늘날 고흥읍까지는 40킬로미터 쯤 될 것이다. 충무공 일행은 봄꽃이 피고 초목과 바위가 어우러진 고흥반도의 팔영산(해발 607미터)과 운암산(해발 484미터) 자락에 있는 아름다운 산길을 따라 서쪽 흥양으로 향했다. 충무공은 말을 타고 다른 수행원들은 걸어서 이동했을 것이다. 따뜻한 봄날 아름다운 산길을 따라 여행하는 충무공의 여유 넘치는 모습이 눈에 선하고 마음도 함께 흥겹다. 충무공은 저녁 늦게 흥양 관아에 도착해 휴식을 취했다.

1592년 2월 21일 충무공은 흥양현의 군기를 점검했는데 양호했다. 충무공은 흥양현 점검을 마치고 흥양현감 배흥립이 마련한 회식 자리에서 점검 준비를 위해 며칠 동안 수고했을 장병들을 격려하고 함께 어울려 활을 쏘고 술을 마셨다. 전라좌수영에 있던 조방장 정걸과 인근 고을인 능성(화순군 능주면) 현령 황숙도黃叔度 등이 회식 자리에 참석했다. 충무공은 흥양현의 아전과 관노들에게 술을 내리며 함께 어울리게 했다. 정겹고 흥겨운 모습이다.

다음 날인 1592년 2월 22일 충무공은 배를 만드는 흥양 선소에 가 전선과 군기를 점검했다. 특히 배를 만드는 선소는 충무공이 관심 있게 점검하는 장소였는데 그 결과가 양호했던 것 같다. 역시 흥양현감 배흥립은 발 빠르고 유능한 장수였다. 흥양현 점검을 마친 충무공은 녹도진(고흥군 도양읍 봉암리)으로 향했다. 흥양에서 녹도진까지는 약 20킬로미터, 50리 길이다.

공직자 충무공

그날 오후 녹도진에 도착한 충무공은 전선과 군기, 산에 있는 망루와 봉화대를 점검하고 빈틈이 없다며 칭찬했다. 녹도만호 정운은 무관으로 많은 경력을 쌓고 산전수전을 경험한 백전노장이었다. 충무공의 순시 준비에도 빈틈이 없었던 것 같다. 충무공은 녹도만호 정운, 흥양현감 배흥립, 능성현감 황숙도 등과 어울려 밤늦도록 즐겁게 저녁 식사를 했다. 식사하면서 함선에서 화포를 발사하는 시연을 보기도 했다.

충무공이 관내 순시를 한 데는 5관 5포 전선과 군기를 점검하는 의미도 있었지만 장병들의 근무상태를 직접 살피고 그들과 친목을 돈독히 다져 단합된 마음으로 전투에 임하자는 숨은 의도도 있었을 것이다. 충무공은 수시로 부하 장수들과 어울려 많은 대화를 나누며 밤늦게까지 술자리를 했다. 배흥립, 정운 등의 장수들과 함께한 1592년 2월 22일 녹도진에서의 저녁도 신뢰와 전우애를 쌓는 소중한 시간이었을 것이다.

2월 23일 오후 충무공은 녹도진에서 발포진(고흥군 도화면 발포리)으로 배를 타고 출발했다. 밤늦도록 이어진 술자리로 숙취가 있었고 봄비가 내려 우의 등을 준비하느라 시간이 걸렸던 모양이다. 녹도진에서 발포진까지는 약 30킬로미터 거리이다. 비가 내리고 맞바람인 동풍이 불어 발포진에 도착했을 때는 일행 모두 비에 젖었고 날은 저물었다. 발포진은 충무공이 1580년 7월부터 1582년 1월까지 책임자인 만호로 근무했던 낯익은 곳이었다. 발포진 점검은 2월 24일 실시했는데 별다른 문제점은 없었다. 전임자였던 충무공을 생각하며 발포만호 황정록이 더 충실하고 빈틈없이 준비했던 것 같다.

2월 24일에도 비가 내렸다. 충무공 일행은 비를 무릅쓰고 발포진을 출발해 북동쪽 사도진(고흥군 영남면 금사리)으로 향했다. 마북산(마복산, 해발 539 미터) 아래 사량(고흥군 포두면 갈두리와 오도·취도 사이 해협)에 도착해 배를 타고 사도진(고흥군 영남면 금사리)에 도착했다. 흥양현감 배흥립이 기다리고 있었다. 사도진첨사(종3품)는 김완이었다. 사도진 전선을 점검하다가 날이 저물어 다음 날 점검하기로 했다.

2월 25일 점검에서 군기와 방비 태세에서 부족한 점이 많이 발견되었다. 충무공은 김완을 잡아들이고 담당 관리를 처벌하려고 했지만 전라도관찰사 이광이 사도진을 점검하고 훌륭하다며 포상해 달라는 장계를 조정에 이미 올린 상태였다. 전라도관찰사 이광의 점검은 형식적인 점검이었고 잘못된 일이었지만 어쩔 도리가 없었다. 충무공은 사도진첨사를 보좌하는 관리를 해직하는 것으로 정리하고 사도진 점검을 마쳤다. 김완은 등골이 오싹해지고 많은 것을 깨달았을 것이다. 이후 김완은 왜군과의 해전에서 충무공을 도와 큰 공을 세웠다. 1597년 7월 15일 칠천량에서는 왜군과 마지막까지 싸우다가 포로가 되었지만 가까스로 탈출했다. 사도진 점검을 마친 충무공 일행은 날씨가 좋지 않아 사도진에서 하루 더 머물렀다.

1592년 2월 26일 충무공은 사도진을 출발해 바다 건너 동쪽 방답진(여수시 돌산읍 군내리)으로 향했다. 충무공이 배를 타고 개이도(여수시 화정면 개도리)에 도착하자 환송하는 여도진 함선과 마중 나온 방답진 함선이 기다리고 있었다. 방답진은 첨사 이순신李純信이 1592년 1월 10일 새로 부임해 통솔하고 있었다. 날이 저물어 갈 무렵 충무공은 방답진에 도착해 군기를 점검했다. 전선은 비교적 양호했지만 장전(일반 화살)과 편전(작은 화살) 등은 사용하기에 부적합했다.

2월 27일 오전 방답진 점검을 마친 충무공은 근처 북봉(봉수산, 해발 415.5 미터)에 올라 주변 형세를 살폈다. 충무공은 틈나는 대로 높은 산에 올라 주변 지역을 관찰했는데 그 일환이었을 것이다. 방답진 성은 바다에 노출되어 사방에서 적의 공격을 받을 우려가 있었고 성곽과 해자 모두 허술했다. 이를 방답진첨사 이순신에게 알려주고 2월 27일 오후 늦게 함선을 타고 방답진을 출발해 전라좌수영으로 향했다. 경도(여수시 경호동)에 이르자 동생 이우신李寓信과 조이립, 우후 이몽구 등이 술을 싣고 마중 나와 있었다. 충무공은 그들과 어울려 술을 마시며 시간을 보낸 후 밤늦게 전라좌수영으로 복귀했다.

충무공의 관내 순회 점검은 1592년 2월 19일부터 2월 27일까지 임진왜란 발발 불과 2개월 전에 이루어졌다. 충무공이 1591년 2월 전라좌수사로 부임했으니 1년 동안 전라좌수영을 지휘한 후 일선을 시찰하는 점검이었을 것이다. 순회 점검에서 5관은 흥양 고을만 포함되고 충무공의 점검은 주로 여도·녹도·발포·사도·방답진 5포 중심으로 진행되었다.

충무공은 사도진과 방답진에 각별한 주의와 관심을 보였다. 임진왜란을 불과 1개월 보름 앞둔 시점이었다. 충무공이 전라좌수영 관내를 순시하며 지휘관과 병사들을 직접 만나 사기와 군비 상태를 확인하고 전선과 군기를 점검해 전투에 즉시 임할 수 있는지 살핀 것은 이후 해전에서 전라좌수군이 연전연승하는 데 중요한 요인이 되었을 것이다. 준비, 준비, 또 준비. 그리고 준비한 것을 다시 점검하는 것. 이것이 충무공과 5관 5포 장병들이 이후 임진왜란의 여러 해전에서 연전연승한 결정적 요인이었을 것이다.

충무공의 관내 순시 지도

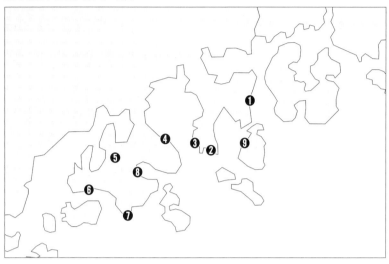

① 여수 전라좌수영 → ② 여수 백야곶 → ③ 여수 이목구미 → ④ 고흥 여도진 → ⑤ 흥양현 →
⑥ 고흥 녹도진 → ⑦ 고흥 발포진 → ⑧ 고흥 사도진 → ⑨ 여수 방답진 → ① 여수 전라좌수영

충무공의 전라좌수영 관내 순시 여정

○ 1592년 2월 19일~1592년 2월 27일(9일 여정)

○ 2월 19일(여수 전라좌수영 출발)

— 아침 전라좌수영에서 백야곶을 향해 출발

　※ 해로 약 10km, 약 2시간 소요

— 점심 무렵 백야곶 도착(여수시 화양면 학동리)

　※ 순천부사 권준 일행 영접, 오찬 이후 벌목장과 방목장 점검

— 오후 이목구미(여수시 화양면 이목리)로 이동

　※ 육로 약 4km, 약 1시간 소요

— 오후 여도진(고흥군 점암면 여호리)으로 출발

　※ 해로 약 9km, 약 2시간 소요, 권준 일행 환송

— 저녁 무렵 여도진에 도착

　※ 흥양현감 배흥립, 여도군관 영접, 여도진에서 1박

　　　　　　　　　　　　　　　　　　　　　　공직자 충무공

○ 2월 20일(고흥 여도진 출발)
　— 아침 여도진에서 전선과 군기 점검, 오찬
　— 오후 흥양현(고흥읍)으로 출발
　　※ 육로 약 30km, 약 8시간 소요
　— 저녁 무렵 흥양현에 도착, 1박

○ 2월 21일(고흥 흥양현 체류)
　— 아침 흥양현 전선과 군기 점검
　— 흥양현감 배흥립, 조방장 정걸, 능성현령 황숙도 등과 만찬 후 1박

○ 2월 22일(고흥 흥양현 출발)
　— 아침 흥양현 선소(고흥읍 호동리로 추정)와 군기 점검
　— 오전 녹도진(고흥군 도양읍 봉암리)으로 출발
　　※ 육로 약 20km, 약 5시간 소요
　— 오후 녹도진 도착, 전선과 군기, 망루와 봉화대 점검
　— 저녁 흥양현감 배흥립, 능성현감 황숙도 등과 만찬
　　※ 만찬 도중 함선에서 발사하는 화포 시연 관람

○ 2월 23일(고흥 녹도진 출발)
　— 아침 발포진(고흥군 도화면 발포리)을 향해 출발
　　※ 해로 약 30km, 약 5시간 소요
　— 오후 늦게 발포진 도착, 비에 젖어 휴식 취한 후 1박

○ 2월 24일 고흥(발포진 출발)
　— 아침 발포진 전선과 군기 점검
　— 오전 사량(고흥군 포두면 갈두리와 오도·취도 사이 해협)으로 출발
　　※ 육로 약 20km, 강우로 약 6시간 소요
　— 오후 사량 도착 후 사도진(고흥군 영남면 금사리)을 향해 출발
　　※ 해로 약 2km, 약 30분 소요
　— 오후 늦게 사도진 도착
　　※ 흥양현감 배흥립, 사도첨사 김완 영접, 사도진 전선 점검
　— 저녁 사도진에서 1박

○ 2월 25일(고흥 사도진 체류)
　— 오전 사도진 전선과 군기 점검
　— 오후 사도진 관리 징벌 후 사도진에서 1박

○ 2월 26일(고흥 사도진 출발)
　— 아침 사도진 출발해 개이도(여수시 화정면 개도리) 도착
　　※ 해로 약 25km, 약 5시간 소요
　— 오후 개이도 도착, 환송하는 여도진 배와 영접하는 방답진 함선 조우
　— 오후 방답진(여수시 돌산읍 군내리)으로 출발
　　※ 해로 약 10km, 약 2시간 소요
　— 오후 늦게 방답진 도착, 전선과 군기 점검 후 1박

○ 2월 27일(여수 방답진 출발)
　— 아침 전선과 군기 점검 후 북봉(봉수산, 해발 415.5m)에 올라 지형 관찰
　— 오전 방답첨사에게 지형과 성곽, 해자 점검 결과 설명
　— 오후 전라좌수영(여수시 군자동)을 향해 출발
　　※ 약 20km 해로, 약 4시간 소요
　— 오후 늦게 경도(여수시 경호동)에서 이몽구 등 영접 일행 조우

○ 2월 27일 저녁 무렵 전라좌수영 복귀

　　　　　　　　　　　　　　　　　　　　　　　공직자 충무공

8.
임진왜란의 발발과 전개

임진왜란의 시작

1592년 4월 13일 전쟁을 준비한 왜군 20만여 명이 쳐들어오면서 임진왜란이 시작되었다. 1591년 2월 전라좌수사로 부임한 충무공이 1년 2개월 동안 전투준비를 마치고 5관 5포 순시와 점검까지 마친 직후였다. 임진왜란은 무려 7년 동안 지속된 참혹한 전쟁이었다. 1392년 고려를 계승해 건국된, 성리학 중심의 농업국가 조선은 건국 초기의 막강한 국력을 유지하지 못했다. 명나라를 중심으로 여진, 왜 등과 교류하는 사대교린 체제에 안주하고 지배층인 사대부들은 권력과 벼슬자리를 차지하기 위해 다투거나 성리학에 대한 작은 이해와 해석을 둘러싸고 붕당을 만들며 200년 가까운 세월을 보냈다.

반면, 일본은 1467년 무로마치 막부의 후계자 문제를 놓고 슈고 다이묘守護大名(영주)들이 싸우는 '오닌의 난' 이후 100년 넘게 전국 각지의 영주와 무사들이 치열하게 경쟁하며 싸우는 약육강식의 전국시대가 펼쳐졌다. 1573년 오다 노부나가織田信長(1534~1582)가 조총을 본격적으로 활용해 패권을 잡는 듯했지만 부하 장수의 반란으로 사망하자 다른 부하 장수인 도요토미 히데요시豊臣秀吉(1536~1598)가 반란을 평정하고 1590년 일본을 통일했다. 이후 도요토미 히데요시는 중국 정복을 목표로 내걸고 전국 각지의 영주와 무사들을 동원해 조선을 침략했다. 오랜 내전으로 축적된 수많은 영주와 무사들의 힘을 외부로 돌리려는 숨은 의도도 있었을 것이다.

임진왜란은 도요토미 히데요시가 지배하는 일본 무사 정권의 조선 침략이었다. 도요토미는 일본 규슈, 시코쿠, 혼슈 서부 지역의 영주와 무사 등 20만여 명을 16개 부대와 수군으로 편성해 조선으로 출병시켰다. 특히 최근 우리가 자주 여행 가는 규슈 지역의 영주와 군사들이 조선 침략의 핵심 역할을 수행했다.

제1군 고니시 유키나가小西行長(1558~1600) 군사 1만 8,700명과 제2군 가토 기요마사加藤清正(1562~1611) 군사 2만 2,800명은 규슈 중서부 지역에서, 제3군 구로다 나가마사黑田長政(1568~1623) 군사 1만 1,000명과 제6군 고바야카와 다카카게小早川隆景(1533~1597) 군사 1만 5,700명은 규슈 북부 지역에서, 제4군 시마즈 요시히로島津義弘(1535~1619) 군사 1만여 명은 규슈 남부 지역에서 각각 출병해 규슈 지역에서 5개 부대, 7만여 명이 참전했다.

아마도 규슈 지역이 우리나라와 가까운 지리적 특성과 도요토미 히데요시에게 뒤늦게 정복되어 충성도가 높지 않은 사정 등을 고려했던 것으로 생각된다. 반면, 도요토미 히데요시가 사망한 이후 일본 정권을 차지한 도쿠가와 이에야스德川家康(1543~1616) 등 혼슈 동부 지역 영주와 무사들은 대부분 참전하지 않았다.

파죽지세의 왜군

1592년 4월 13일 오후 4시 무렵 제1군 고니시 유키나가가 이끄는 왜군의 일부가 부산에 상륙했고 첫 전투는 4월 14일 경상좌수영 소속인 부산진성에서 전개되었다. 수백 척의 왜선을 보고 해전을 포기한 부산진첨사 정발鄭撥(1553~1592)과 불과 수백 명의 조선 수군은 부산진성에서 성을 포위하고 공격해 온 왜군에 맞서 싸웠지만 지휘하던 정발이 조총에 맞아 전사하자 2시간 만에 부산진성은 함락되었다.

부산진성에서 멀지 않은 경상좌수영에 있던 경상좌수사 박홍朴泓은 방어를 포기하고 함선들을 스스로 침몰시킨 후 인근 동래성으로 들어가 동래부사 송상현宋象賢(1551~1592)과 상황을 논의한 후 동래성을 떠났다. 울산에 있던 경상좌병영에서 동래성으로 온 경상좌병사 이각李珏도 동래성 방어를 송상현에게 맡기고 동래성을 떠났다. 두 명 모두 매우 비겁했다. 박홍은 임진왜란 도중 병사했고 이각은 1592년 5월 14일 도원수 김명원金命元(1534~1602)에 의해 참수당했다.

반면, 경상좌수영 소속 다대포진첨사 윤흥신尹興信과 휘하 수군들은 4월 14일 다대포진을 공격한 왜군에게 승리를 거두었다. 임진왜란 최초의 승리였다. 하지만 4월 15일 다대포진은 병력을 다시 증원해 공격해 온 왜군에게 함락되었고 첨사 윤흥신은 전사했다. 1592년 4월 15일 오전 고니시 유키나가가 이끄는 왜군은 동래성을 포위해 공격했다. 동래부사 송상현과 3,000여 명의 관군과 백성이 왜군에 맞서 싸웠지만 4월 15일 오후 결국 동

공직자 충무공

래성은 함락되었다. 왜군은 관군과 백성들을 모두 살육했다. 항복하지 않으면 모두 죽인다는 것을 보여준 잔인한 학살극이었다.

고니시 유키나가의 왜군은 북쪽으로 이동해 4월 25일 상주에 도착했다. 당시 상주에는 제승방략 체제에 의해 한양에서 경상도 군사를 지휘하기 위해 내려온 순변사 이일이 경상도 병사 800여 명을 지휘하고 있었다. 순변사 이일은 1587년 함경북병사로 있으면서 조산보만호 겸 녹둔도 둔전관이던 충무공에게 병사를 증원해 주지 않아 녹둔도 패전을 초래한 인물이었다. 고니시의 왜군은 갑자기 소집되어 전투준비가 되어 있지 않은 이일의 조선군을 기습 공격해 쉽게 승리했다.

승리한 고니시의 왜군은 다시 북쪽으로 진군해 경상도와 충청도 경계에 있는 천혜의 요새 조령(해발 632미터)에 도착했는데 조령을 지키는 군사는 없었다. 고니시의 왜군은 아무 저항도 받지 않고 가볍게 조령을 넘었다. 왜적을 물리치기 위해 내려온 삼도도순변사(정2품) 신립은 조령이 아닌 충주 남한강변 탄금대에 방어선을 구축하고 있었다. 도순변사 신립은 1583년 함경도에서 여진족 니탕개의 난을 평정해 명성을 떨친 당시 조선 최고의 명장이었고 조선 조정의 기대를 안고 군사를 이끌고 충주로 내려왔다.

4월 28일 고니시의 왜군이 충주에 도착했다. 충주에서는 도순변사 신립과 상주에서 패해 도망쳐 온 순변사 이일이 1만여 명의 조선군을 이끌고 왜군에 대적하기 위해 기다리고 있었다. 신립의 군대는 기병 중심의, 당시 조선에서 가장 강력한 중앙군이었다. 곧바로 신립의 조선군과 고니시의 왜군이 충주 달천과 탄금대 등에서 격돌했다. 신립은 강을 등 뒤에 둔 배수진을 치고 고니시의 왜군을 향해 공격했다. 하지만 배수진을 치고 돌격한 신립의 기병 위주의 부대가 왜군의 집중적인 조총 공격을 견디지 못하고 쓰러지면서 전세는 결정되었다. 조선 최강의 군대가 참패한 것이다. 도순변사 신립과 종사관 김여물金汝岉(1548~1592) 등은 남한강에 투신해 죽고 병사들은 뿔뿔이 흩어지고 말았다.

충주전투 이후 가토 기요마사가 이끄는 왜군이 충주에 도착해 고니시의 왜군과 합류했다. 왜군은 두 갈래로 길을 나누어 한양을 향해 진격했고 5월 3일 드디어 고니시의 왜군이 먼저 한양에 입성했다. 부산에 상륙한 지 불과 20일 후였다. 충주전투 이후 전투다운 전투를 전혀 치르지 않고 행군해 한양에 입성한 것이다. 선조는 한양이 점령되기 사흘 전인 4월 30일 북쪽으로 도주했다. 한양에 먼저 입성한 고니시의 왜군 뒤를 이어 가토의 제2군, 구로다의 제3군 등 왜군 10만여 명이 한양에 집결했다. 대부분 규슈 지역 출신이었다.

한양에서 10여 일을 머문 왜군은 도요토미 히데요시의 지시에 따라 고니시의 왜군은 평안도, 가토의 왜군은 함경도, 구로다의 왜군은 황해도, 모리 가쓰노부毛利勝信와 시마즈의 왜군은 강원도, 고바야카와의 왜군은 전라도를 나누어 공략하기로 했다.

평안도를 향해 출발한 고니시의 왜군은 6월 9일 개성을 점령하고 6월 12일 평양성을 차지했다. 평양성에 머물던 선조는 평양성 함락 하루 직전인 6월 11일 평양성을 떠나 6월 22일 신하 40여 명과 압록강변 의주에 도착했다. 왜군이 추격해 오면 압록강을 건너 명나라로 들어갈 속셈이었다.

가토의 왜군은 고니시의 왜군과 함께 개성을 공격한 후 고니시의 왜군과 갈라져 함경도로 향했다. 가토의 왜군은 강원도를 지나 강원도와 함경도의 경계인 철령(해발 685미터)에서 함경남병사 이혼李渾이 이끄는 부대를 격파했다. 조선 초기 이징옥의 난과 이시애의 난 이후 극심한 지역차별을 받던 함경도 백성들은 처음에는 가토의 왜군에게 거의 대항하지 않았다.

7월 18일 가토의 왜군은 함경남도와 함경북도의 경계인 마천령(해발 709미터)을 넘었고 성진을 지나 경성에서 함경북병사 한극함韓克諴을 생포했다. 가토의 왜군이 종성을 거쳐 회령에 도착하자 반역자 국경인鞠景仁, 국세필鞠世弼 등이 왕자 임해군, 순화군과 관리들을 체포해 가토의 왜군에게 넘겼다. 이로써 가토의 왜군은 손쉽게 함경도 지역 전체를 차지하고 길주에 주둔했다. 하지만 함경북병영 북평사(정6품)로 있던 정문부鄭文孚(1565~1624)가 정현룡鄭見龍, 오응태吳應台 등과 함께 의병 3,000여 명을 이끌고 봉기해 1592년 9월 16일 두만강변의 경성과 회령을 수복했다. 정문부가 이끄는 의병은 길주에서 북상한 가토의 왜군을 격파한 후 반역자 국세필, 국경인 등을 처단했고 함경도 명천 이북 지역이 회복되었다.

한편, 강원도 공략을 맡은 모리 가쓰노부의 왜군은 1592년 8월 25일 원주 목사 김제갑金悌甲이 지키는 원주 치악산 영원산성을 공격해 점령했다. 김제갑은 끝까지 싸우다가 순국했다. 구로다의 왜군은 고니시의 왜군과 함께 평양성을 점령하고 황해도로 향했다. 당시 황해도에는 초토사 이정암李廷馣(1541~1600)이 의병 2,000여 명과 함께 연안성을 지키고 있었는데 성벽에 대포를 설치하고 돌과 화살 등을 충분히 준비해 두는 등 충실히 수성 준비를 갖추고 왜군의 공격에 대비하고 있었다.

구로다의 왜군은 황해도 백성들에게 유화책을 써가며 지역을 공략하면서 연안성으로 향했다. 1592년 8월 28일 구로다의 왜군 5,000여 명이 연안성을 포위하고 조총을 쏘고 성벽을 기어오르며 공격을 개시했다. 1592년 9월 1일까지 나흘 동안 치열했던 연안성 공성전에서 이정암이 지휘하는 의병과 백성들은 각종 대포와 불화살, 화살을 쏘고 돌을 던지며 분전해 결국 공격하는 구로다의 왜군을 물리쳤다. 1592년 9월 2일 구로다의 왜군은 연안성 공격을 포기하고 퇴각했다. 하지만 임진왜란 초반의 전체적인 전황은 왜군의 압도적인 공격으로 조선은 바람 앞의 촛불과 같은 매우 위급한 상황에 놓여 있었다.

조선의 반격과 지루한 대치

그런데 기적과 같은 일이 벌어졌다. 왜군의 공격로에서 멀리 떨어져 전쟁의 참화를 겪지 않았고 농경지가 넓어 경제력이 높은 곡창지대 전라도의 군사와 의병이 참전하면서 전세가 바뀌기 시작했다. 전라좌수사 충무공과 전라우수사 이억기李億祺(1561~1597)의 수군과 광주목사 권율, 전라병사 선거이宣居怡(1545~1598), 동복현감 황진黃進(1550~1593)의 육군, 의병장 고경명高敬命(1553~1592), 김천일金千鎰(1537~1593), 최경회崔慶會(1532~1593), 황박黃璞(1564~1592), 양대박梁大樸(1543~1592) 등의 의병이 임진왜란 초반의 연전연패 분위기를 바꾸는 결정적 역할을 수행했다.

먼저 충무공과 이억기가 이끄는 전라도 수군은 원균의 경상우수군을 지원해 5월 4일부터 9월 2일까지 4차에 걸쳐 출정했다. 경상도 남해안 옥포, 사천, 당포, 당항포, 한산도, 안골포, 부산포 등지에서 왜선 270척 이상을 격파하고 왜군 2만여 명을 살상했다. 조선 수군의 승리는 왜군에 맞서 싸워 이길 수 있다는 자신감을 갖게 해줘 전라도를 비롯한 전국 각지에

공직자 충무공

서 의병이 봉기하는 기폭제가 되었고 바다를 통해 육지에 있는 왜군의 공격을 뒷받침해 명나라까지 정복하려던 도요토미 히데요시의 망상을 좌절시켰다.

광주목사 권율, 동복현감 황진이 이끄는 전라도 육군은 1592년 7월부터 8월까지 벌어진 웅치·이치 전투에서 전라도를 공략하기 위해 쳐들어온 고바야카와 다카카게의 왜군을 격퇴했다. 웅치·이치 전투의 승리로 7년간 지속되는 임진왜란을 승리로 이끈 든든한 병참기지 전라도가 지켜졌다. 그 공을 인정받아 광주목사 권율은 전라도관찰사로 승진했다.

수군의 승리에 고무되어 봉기한 전라도 의병은 북상해 관군의 전투를 지원했다. 담양에서 봉기한 고경명의 의병 6,000여 명은 금산성에서 목숨을 걸고 왜군과 싸웠다. 왜장 우키타 히데이에宇喜多秀家(1572~1655)가 지휘하는 왜군 3만여 명이 전라도를 공략하기 위해 전라도의 관문인 진주성을 공격하자 화순에서 봉기한 최경회의 의병 2,000여 명이 진주로 갔다. 10월 4일부터 10월 10일까지 벌어진 1차 진주성전투에서 최경회의 의병은 경상도 의병장 곽재우郭再祐(1552~1617) 등과 함께 진주성 외곽에서 진주목사 김시민金時敏(1554~1592)을 지원해 우키타 히데이에의 왜군을 물리쳤다.

왜군이 압도했던 초반 전세는 전라도의 조선 수군과 육군, 의병이 활약하고 이후 명나라가 참전하면서 조선에게 유리하게 바뀌었다. 1593년 1월 8일 조·명연합군은 평양성을 수복했다. 한양 수복을 위해 전라도 군사를 이끌고 오산 독성산성까지 북상한 전라도관찰사 권율과 전라병사 선거이는 2월 12일 행주산성에서 공격해 온 왜군을 물리쳤다. 전세는 우리가 우세해졌다.

1593년 4월 18일 평안도, 함경도, 황해도, 강원도 등지에서 후퇴해 한양에 집결했던 왜군은 부산과 경상도 남해안으로 철수했다. 1592년 4월 13일 부산포에 상륙한 지 1년이 지난 시점이다. 1593년 6월 21일 경상도 남해안에 집결한 왜군 10만여 명이 진주성 공격을 다시 시작했다. 8개월 전 벌어진 1차 진주성전투의 참패를 설욕하라는 도요토미 히데요시의 지시에 따른 것이었다. 이후 9일간의 치열한 진주성 공성전 끝에 결국 진주성은 함락되었다. 왜군은 진주성을 지키던 조선군과 백성을 모두 잔인하게 학살했다. 이것이 2차 진주성전투이다.

2차 진주성전투가 벌어진 이후인 1593년 6월부터 1597년 7월까지 명나라와 왜 사이에 지루한 강화교섭이 진행되었다. 창궐한 전염병과 1년 이상 지속된 전투로 명군과 왜군 모두 전투를 계속할 의지와 여력이 없었고 우리 강토에서 하루빨리 왜군을 몰아내고 싶은 우리 조선의 전력은 약했다. 충무공이 이끄는 수군은 경상도 남쪽 거제도 견내량에서, 권율이 이끄는 육군은 합천 초계에서 왜군과 대치하며 지루한 4년을 보냈다. 그동안 명과 왜는 도요토미 히데요시의 일본 왕 임명, 조선 영토 분할 등을 놓고 명과 왜를 오가며 지루한 강화교섭을 4년 넘게 진행했다. 조선을 침략하기 위해 바다를 건너온 왜군과 조선을 지원하기 위해 온 명군은 대부분 각각 본국으로 철수했다.

참혹한 정유재란

1597년 2월 4년 가까이 진행된 명나라와 왜의 강화교섭이 결렬되었다. 이제 협상은 끝났다. 왜군의 재침략이 확실시되었고 그 시기만 남았다. 도요토미 히데요시는 14만여 명의 병력을 8개 부대와 수군으로 편성해 부산과 경상도 남해안에 상륙시키고 재침을 공언했다. 1597년 2월 26일 충무공은 일본에서 건너오는 가토 기요마사의 왜군을 바다에서 막으라는 선조의 명을 어겼다는 이유로 삼도수군통제사에서 파직되어 투옥되었다. 1597년 4월 1일 충무공은 가까스로 목숨을 건지고 석방되어 경상도 합천군 초계 도원수 권율 진영에서 백의종군했다.

1597년 7월 15일 왜 수군은 거제 칠천량에서 삼도수군통제사 원균이 이끄는 조선 수군을 기습 공격해 궤멸시켰다. 왜군의 해상 보급로를 가로막고 있던 조선 수군이 제거되었고 이제 왜군의 재침은 시기만 남게 되었다.

8월 초 왜군의 재침이 시작되었다. 정유재란이다. 도요토미 히데요시는 1592년 임진왜란 전투의 패배는 전라도를 점령하지 못했기 때문이라고 판단하고 전라도 점령을 목표로 삼았다. 도요토미 히데요시는 14만여 명의 왜군을 좌군과 우군으로 나누어 경상도 남쪽과 북쪽에서 전라도를 향해 진군시켰다.

1번대 고니시 유키나가, 8번대 우키타 히데이에 등이 이끄는 좌군 5만 3,000여 명은 부산에서 남해안을 따라 진격해 하동과 광양에 도착한 후 섬진강을 따라 북상해 1597년 8월 12일 남원성을 포위했다. 왜군은 남원성을 지키던 7,000여 명의 조·명연합군과 격전을 치르고 남원성을 점령한 후 성안의 백성을 모두 학살했다. 8월 19일 왜 좌군은 조·명연합군이 철수한 전주성에 입성해 또다시 전주성 백성들을 모두 학살했다.

한편, 모리 데루모토毛利輝元(1553~1625), 가토 기요마사, 구로다 나가마사

등이 이끄는 왜 우군 7만 5,000여 명은 경상도 내륙 고령을 지나 함양 황석산성에 도착했다. 그들은 전라도 전주를 거쳐 충청도와 한양으로 진격할 계획이었다. 황석산성은 거창좌수 유명개劉名蓋, 안의현감 곽준郭䞭, 전 함양군수 조종도趙宗道가 지휘하는 수천 명의 관군과 의병이 지키고 있었다.

1597년 8월 14일부터 8월 18일까지 5일 동안 왜 우군은 황석산성에서 성을 지키는 우리 관군, 의병과 치열한 공성전을 벌였다. 완강한 우리 수성군의 반격으로 왜군 4만여 명이 살상당하는 치열한 전투가 전개되었지만 결국 성은 함락되었다. 왜군은 성을 지키고 있던 우리 군사와 백성을 잔인하게 학살했다. 치열한 황석산성전투 이후 왜 우군 2만 7,000여 명이 진안과 장수를 거쳐 8월 25일 전주성에 도착해 고니시, 우키타 등이 지휘하는 왜 좌군과 합류했다.

전주에 집결한 왜군은 다시 우군은 한양으로 진격하고 좌군은 충청도 해안을 거쳐 전라도로 남하했다. 왜 좌군의 남원성 공격을 지원했던 왜 수군은 남원성에서 경상도 하동으로 미리 내려와 전라도 남해안을 따라 서쪽으로 향했다. 왜 우군은 충청도 공주와 청주를 거쳐 한양을 향해 천안쪽으로 북상했는데 9월 7일 충청도 직산에서 조·명연합군을 만나 전투를 벌여 패했다. 황석산성에서 엄청난 타격을 입어 전력이 크게 약화된 것이 원인이었을 것이다. 직산전투에서 패한 왜 우군은 경상도 성주 방면으로 후퇴했다.

한편, 전라도로 진출한 왜 좌군은 전라도 해남, 강진, 고부, 나주, 금구, 김제 등지를 휩쓸었다. 이에 호응해 왜 수군은 전라도 남해안을 따라 이

공직자 충무공

동하며 삼도수군통제사로 복귀한 충무공이 겨우 수습한 우리 수군을 추격했다. 왜 수군은 전라도 진도에서 방향을 북쪽으로 틀어 서해안을 따라 북상해 육지에 있던 왜군을 지원할 속셈이었다.

전라도를 침략한 왜군은 도요토미 히데요시의 명령에 따라 임진년의 패배를 복수한다며 전라도 백성 수십만 명을 학살하고 붙잡아 갔다. 도요토미 히데요시에게 올리는 전공의 증표로 학살한 시체의 코와 귀를 베어 보내는 만행까지 저질렀다.

일본 교토에 소재한 12만 6,000여 명의 코 무덤을 비롯해 일본 각지에는 당시 왜군이 베어 가져간 수십만 명의 코 무덤이 남아 있다. '눈 뜨고 코 베어 간다'라는 속담과 코를 베어 가는 무서운 놈이라는 뜻의 '에비야'라는 말이 그때 생겼다고 한다.

처절하고 장엄한 승리

하지만 왜군은 충청도 직산에서 조·명연합군에게 패하고 전라도 남서쪽 명량에서 삼도수군통제사로 복귀한 충무공의 조선 수군에게 패했다. 그러자 이번에도 왜군은 남쪽으로 후퇴해 순천에서 울산에 이르는 남해안 곳곳에 성을 쌓고 장기전에 돌입했다.

1598년 8월 18일 참혹한 7년 전쟁의 원흉 도요토미 히데요시가 죽었다. 11월 19일 충무공은 진린이 이끄는 명나라 수군과 연합해 경상도 노량에서 시마즈 요시히로 등이 이끄는 왜군을 격파하고 전사했다.

11월 20일 왜군은 본국으로 철수했고 임진왜란은 종료되었다. 임진왜란은 우리가 승리했지만 잔인하고 참혹한 전쟁이었다. 그래도 조선은 패망하지 않았고 오히려 우리 민족의 자존심을 살려주는 자랑스러운 승리를 후손에게 남겼다.

임진왜란 3대 대첩으로 불리는 한산도대첩, 진주대첩, 행주대첩이 그것이다. 3대 대첩을 더 자세히 살펴보면 중요한 사실을 알 수 있다. 전투에 참여한 사람 대부분이 호남인이라는 점이다. 임진왜란 초기 왜군의 침략에서 벗어난 지역이 호남이었다. 호남평야와 나주평야 등 농토가 드넓은 호남은 임진왜란 당시 인구가 많고 경제력이 높은 지역이었다. 그래서 7년 가까이 계속된 임진왜란 과정에서 전투에 참가한 관군과 수군, 의병의 대부분을 차지했고 전쟁 수행에 필요한 군량, 판옥선과 거북선 등의 각종 함선, 각종 총통, 칼과 창, 활과 화살, 화약, 군복 등의 군수품을 공급해 전쟁을 승리로 이끌었다.

충무공과 이억기 장군이 지휘하는 수군은 한산도대첩을 비롯한 해전에서 연전연승했고 권율·선거이 장군 등이 지휘한 전라도 육군은 웅치·이치 전투와 행주대첩에서 승리했다. 광주와 나주, 화순, 남원 등 전라도 각지에서 봉기한 의병은 해전과 육전에 직접 참가해 승리했을 뿐만 아니라 1차와 2차에 걸친 진주대첩에 참전해 승리하고 순국했다. 나라의 운명이 백척간두에 달린 위기 상황에서 전개되었던 처절하고 장엄한 싸움에 참가해 승리한 것이다. 이후 왜군의 재침인 정유재란에서 호남은 왜군의 잔인한 보복으로 엄청난 피해를 입었다.

임진왜란 승리와 피해의 현장인 호남은 충무공과 무척 깊은 인연이 있었다. 충무공은 발포만호, 전라도관찰사 군관, 정읍현감, 전라좌수사로 약 11년 동안 전라도에서 근무했다. 충무공 공직생활의 절반을 훌쩍 넘는 기

공직자 충무공

간이다. 특히 1591년 2월 전라좌수사가 된 충무공은 1592년 4월 13일 임진왜란이 발발한 날부터 1598년 11월 19일 노량해전에서 전사한 마지막 순간까지 전라도를 기반으로 전라도 수군을 이끌고 남해안 곳곳에서 왜군에 맞서 싸워 연전연승했다.

이제 임진왜란이 발발한 이후의 전라좌수사 충무공에 대해 좀 더 자세히 살펴보자. 충무공의 인생과 공직생활은 임진왜란의 승리를 위해 준비되었다고 해도 과언이 아닐 것이다. 충무공이 공직자로서 가장 강한 빛을 보이고 우리 후대와 전 세계인에게 당신의 위대함과 명성을 보인 시기가 바로 임진왜란이었기 때문이다.

9.
왜란에서의 활약

경상도 수군의 궤멸

충무공이 왜군과 싸운 해전은 1592년 5월 7일 옥포해전이 처음이고 1598년 11월 20일 노량해전이 마지막이다. 충무공은 이 기간 동안 왜군과 싸운 23회 해전에서 모두 승리했다. 1597년 7월 15일 조선 수군이 칠천량해전에서 함선, 군사, 군량, 무기 등 대부분을 잃은 참패는 충무공을 파직한 선조와 후임 삼도수군통제사 원균의 잘못된 판단 때문이었다. 당시 도원수 권율 밑에서 백의종군하던 충무공은 참전하지 못했다. 지휘관이 누구냐에 따라 승패가 갈린 것이다.

임진왜란에 참전한 왜 수군은 주로 해적질하던 자들이었다고 한다. 조선과 중국의 연안을 노략질하던 왜구들과 비슷했을 것이다. 그들은 바다와 배 타기에 익숙했고 해상 전투에 능했다. 다만, 전선과 전선이 싸우는 것보다 조총을 쏘거나 배에 올라가 칼을 휘두르는 등 해상 전투도 육상 전

공직자 충무공

투의 연장으로 여겼던 것 같다.

조선을 침략한 왜 수군은 전체 병력의 약 10%인 2만여 명이었고 왜군 함선은 1,000여 척 내외였던 것으로 생각한다. 왜선들은 대부분 우리 판옥선보다 작고 높이도 낮고 탑승자 수도 적었다. 처음부터 해전보다 이동·보급용으로 건조되었던 것으로 보인다.

임진왜란 초기 왜 수군의 1차 임무는 조선을 침략하는 20만여 명의 왜군을 조선으로 실어 나르는 것이었고 군량과 화약, 탄약, 창칼 등의 전쟁 물자 수송도 중요했을 것이다. 1592년 5월 무렵 왜 수군의 임무는 대부분 완료되었을 것이다. 병력과 군수품 수송을 완료한 왜장 와키자카 야스하루脇坂安治(1554~1626) 등 왜 수군은 북상하는 왜군을 뒤따라 한양 공략 등에 참전했지만 왜 수군 대부분은 바다에 남아 있었던 것 같다. 왜장 藤堂高虎(1556~1630) 등의 왜 수군 함선 수백 척은 경상도 남해안 곳곳에서 자신들의 본업인 해적질과 노략질을 하고 있었고 나머지 500여 척은 부산과 대마도, 규슈 나고야 성을 왕래하며 병력 이동과 군량·병장기 등의 지원 업무를 수행했을 것이다. 당연히 도요토미 히데요시의 지시와 묵인이 뒤따랐을 것이다.

반면, 조선 수군은 해전을 위해 전문화된 군대였다. 육지에서 싸우는 것보다 바다에서 함선을 타고 왜선을 공격하는 것이 주요 목표였다. 판옥선은 화포를 장착할 정도로 컸고 왜군이 쉽게 올라오지 못할 정도로 높았다. 높은 함선의 갑판 위에서 각종 화포와 화살을 쏘아 왜군을 공격했다. 격군은 함선의 갑판 밑에서 총탄과 화살로부터 안전하게 보호를 받으며 노를 저었다.

고려 후기부터 배를 타고 침략해 온 왜구와 싸우면서 우리 수군은 비약적으로 발전했다. 조선 수군 병력은 경상도와 전라도 각 1만 5,000여 명, 충청도와 경기도, 황해도 각 5,000여 명 등 약 4만여 명, 함선은 약 200여 척이었을 것이다. 다만, 조선 수군은 전국 곳곳에 흩어진 7개 수영과 수십 개 고을과 포구에 분산되어 있었고 그곳에서 생업과 수군 복무를 병행하고 있었다.

1592년 4월 13일 조선을 침공한 고니시의 왜선 수백 척을 처음 만난 것은 왜군의 상륙지점인 부산포를 관장하는 경상좌수사 박홍이 이끄는 경상좌수군이었다. 하지만 적의 엄청난 규모에 압도당한 박홍은 각 고을과 포구에 있던 함선과 수군을 결집시키지 못했고 처음부터 싸울 의지도 없었다. 박홍은 왜군이 사용하지 못하도록 경상좌수영과 군량·병장기를 불태우고 함선을 수장시켰다.

해전을 포기한 박홍은 경상좌수군 병력과 육지에서 싸웠지만 패했고 부하인 부산진첨사 정발은 부산진성에서, 다대포진첨사 윤흥신은 다대포에서 왜군과 싸우다가 전사했다. 경상도 남해안 서쪽 바다를 관장하는 경상우수사 원균도 경상좌수사 박홍과 비슷했다. 함선과 수군을 결집시키지 못했고 본영과 각 포구를 불태웠으며 스스로 전선을 수장시켰다. 우리 수군 중 가장 막강한 경상우수군의 함선과 병력, 군량, 병장기 등이 순식간에 사라진 것이다.

다만, 왜 수군이 병력 수송 등에 치중하느라 즉시 전력을 기울여 서쪽으로 진격해 오지 않아 원균은 시간을 벌었다. 인근 전라좌수영에 지원을 요청하고 겨우 함선 수 척과 수군을 이끌고 경상도 서쪽 바다를 떠돌고 있

공직자 충무공

었다. 왜군의 일부는 경상우수영 바닷가 고을과 포구에 들어와 온갖 노략질과 분탕질을 하며 전라도 쪽으로 진격할 준비를 하고 있었다.

1차 출정(1592년 5월 4일~5월 9일)

본격적으로 왜군과의 전투에 먼저 나선 것은 충무공이 지휘하는 전라좌수영 수군이었다. 충무공은 왜군이 침범한 이틀 후인 1592년 4월 15일 경상우수사 원균, 3일 후인 4월 16일 경상감사 김수金睟(1547~1615)로부터 왜군의 대규모 침공 사실과 함께 지원 요청을 받았다. 생각보다 신속한 연락 체계였다. 원균의 지원 요청을 받은 충무공은 경상도 바다로 나가 싸우는 출진을 허락해 줄 것을 조정에 요청했다.

앞에서 보았듯이 전라좌수영은 본영과 순천, 광양, 낙안, 흥양, 보성 고을 5관, 방답, 사도, 여도, 발포, 녹도 5포가 있었고 지난 1년 2개월 동안 전투를 치르기 위해 충실한 준비와 철저한 훈련을 마친 함선 24척과 거북선, 5,000여 명의 병력이 있었다. 충무공은 전투가 벌어질 바다가 있는 경상우수영, 함께 싸울 전라우수영에 연락해 출정을 협의했다.

4월 22일 충무공은 군관 배응록, 송일성 등을 출전할 곳에 미리 보내 망보기와 정찰을 지시했다. 전투에서 정보는 승패를 결정짓는 결정적 요소이다. 정보의 중요성을 잘 아는 충무공다운 모습이다. 이후에도 충무공은 항상 정보전에서 앞선 상태에서 전투에 임했다.

4월 26일과 27일 경상도 해역으로 가 경상우수사 원균을 지원하라는 조정의 승인이 떨어졌다. 4월 27일 충무공은 5관 5포 수령과 장수들에게 함선과 수군을 이끌고 4월 29일까지 좌수영에 도착할 것을 명했다. 당시 전라좌수영 전력은 본영의 함선 4척, 5관 5포의 함선 각 2척씩 20척, 총 24척이었다. 전라좌수영에서 가장 멀리 떨어진 녹도진과 보성군의 함선이 전라좌수영까지 오려면 최소 3일이 걸리므로 전라좌수영의 모든 함대는 4월 30일쯤 집결했을 것이다.

하지만 출정은 지체되었다. 함께 출정하기로 했던 전라우수영 함대와 연락이 되지 않은 것이다. 왜군의 기세가 드센 시점에서 경상도 해역으로 나가는 것에 대한 부하 장병들의 두려움도 컸다. 부하 장수들 중 일부는 전라좌수영 관내를 지킬 것을 주장했다. 하지만 흥양현감 배흥립, 녹도만호 정운, 군관 송희립 등이 출정을 강력히 주장했고 충무공도 이를 받아들여 5월 4일 출정하기로 했다.

조정의 지시에 따라 출정해야 하고 함경도에서 여진족에 맞서 적극적으로 싸운 행적에 비추어 충무공은 처음부터 출정에 적극적이었을 것이다. 하지만 충무공은 장수들의 의견을 수용하는 방식으로 출정을 결정했다. 장병들의 자발적인 전투 의지와 사기를 북돋우기 위한 것으로 생각된다.

출정 전날인 5월 3일 충무공은 여도진 소속 탈영병 황옥천黃玉千을 붙잡아 목을 베어 머리를 군영에 내걸었다. 생사를 앞둔 전투를 앞두고 엄정한 군기를 세우기 위해 군율을 적용해 탈영병을 처형한 것이다. 황옥천은 출정을 위해 여도진 수군과 함께 배를 타고 고흥군 점암면 여호리 여도진에서 4월 29일 무렵 전라좌수영으로 왔고 탈영해 여도진 고향집으로 도망쳤다가 전라좌수영으로 붙잡혀 왔을 것이다.

5월 4일 새벽 충무공은 5관 5포의 전선 24척을 이끌고 드디어 출정길에 나섰다. 판옥선 정원을 130명이라고 가정하면 병력은 3,000여 명쯤 되었

공직자 충무공

을 것이다. 전라좌수군이 가는 곳은 경상우수영 바다이므로 경상우수영 과의 협력이 필수적이었고 전력이 전라좌수군의 두 배에 이르는 전라우수 군과의 연합작전도 반드시 필요했다. 하지만 전라우수군과 연락이 안 되 자 전라좌수군 단독으로 출정한 것이다. 전라좌수군 함선은 판옥선 24척 과 어선 등 총 85척이었다. 왜군과 처음 대적하므로 함선과 병력을 최대한 동원했을 것이다. 전라좌수군의 배치는 다음과 같았다.

- 중위장中衛將 방답첨사 이순신
- 좌부장左部將 낙안군수 신호
- 전부장前部將 흥양현감 배흥립
- 중부장中部將 광양현감 어영담
- 유군장遊軍將 발포가장 나대용
- 우부장右部將 보성군수 김득광
- 후부장後部將 녹도만호 정운
- 좌척후장左斥候將 여도권관 김인영
- 우척후장右斥候將 사도첨사 김완
- 한후장扞後將 좌수영 군관 최대성
- 참퇴장斬退將 좌수영 군관 배응록
- 돌격장突擊將 좌수영 군관 이언량
- 선봉장先鋒將 경상우도 미정
- 전라좌수영을 지키는 본영유진장本 營留鎭將 우후 이몽구
- 여도·사도·녹도·발포·방답진 다섯 개 포를 지키는 가장假將 군관 5명

치밀하고 빈틈없는 진영이고 배치이다. 전투에 임해 어느 위치에서 싸울 지를 결정하는 것은 매우 중요하다. 특히 적의 동태를 파악하기 위해 좌우 양쪽에 척후장을 배치하고 후미에서 다가오는 적을 막는 한후장, 전투 도 중 도주하는 병사를 베는 참퇴장, 전라좌수영을 지키는 유진장, 5포를 방 어하는 가장까지 배치해 어떤 경우에도 대처할 수 있는 완벽한 대비를 갖 추었다. 장수들과 군관의 이런 배치는 각자의 장단점을 충분히 파악하고 심사숙고해 결정했을 것이다. 이 장수들과 군관들 대부분은 임진왜란 동

안 충무공을 도와 여러 해전에서 연전연승하는 데 중요한 역할을 수행했다. 배치를 보면 충무공은 전투를 위한 전략뿐만 아니라 혹시 발생할지도 모르는 모든 상황에 대비한 전술도 구체적이고 치밀했음을 알 수 있다.

충무공은 이렇게 배치된 전라좌수영 함대를 둘로 나누었다. 충무공이 지휘한 본대는 돌산도 북쪽을 지나 동진해 남해도 평산포(남해군 남면 평산리)에 이른 후 평산포에서 남해도를 따라 남쪽으로 곡포(남해군 이동면 화계리), 상주포(남해군 상주면 상주리)를 경유해 미조항(남해군 미조면 미조리)에 도착했다. 우척후장 발포가장 김인영, 우부장 보성군수 김득광, 중부장 광양현감 어영담, 후부장 녹도만호 정운 등이 이끄는 별동대는 남쪽으로 내려가 개이도(여수시 화정면 개도)를 지나 돌산도 남쪽을 수색한 후 동진해 미조항에 도착했다. 혹시 전라좌수군 배후에 왜군이 침입했는지 확인하기 위한 것이었는데 다행히 왜군의 흔적은 없었다. 모든 상황에 대비한 충무공다운 신중한 행보이다.

미조항에서 합류한 전라좌수영 함대는 5월 4일 오후 다시 남해도와 창신도를 좌측에 두고 북쪽으로 항해해 저녁 무렵 통영 사량도의 북쪽 경상도 고성 소을비포(경남 고성군 하일면 동화리) 앞바다에 정박했다. 혹시 남해도 주변 바다에 왜군이 침입했는지 확인하기 위한 것이었는데 다행히 왜군의 흔적은 없었다.

5월 5일 전라좌수영 함대는 소을비포를 출발해 사량도를 우측에 두고 동남쪽으로 항진해 경상우수사 원균과 약속한 미륵도 당포(통영시 산양읍 삼덕리)에 도착해 정박했다. 원균은 아직 도착하지 않았다. 5월 6일 원균이 지휘하는 경상우수영 함선 4척이 당포에 도착해 전라좌수군과 연합함대를 구성했다. 연합함대는 당포를 출발해 미륵도 남단을 지나 동남쪽으로 향했고 저녁 무렵 거제도 남쪽 송미포(거제시 남부면 다포리 다포항)에 도착해 정박했다.

5월 7일 새벽 송미포를 출발한 연합함대는 왜군이 주둔 중이라는 가덕도로 가기 위해 거제도 동쪽 연안을 따라 북상하다가 옥포 앞바다에 있는 왜장 도도 다카도라가 지휘하는 왜선 50여 척을 발견했다. 도도 다카도라는 도요토미 히데요시의 신임을 받는 자였다.

충무공은 함부로 움직이지 말고 산처럼 무겁게 행동할 것을 장수들에게 명했다. 전투는 우리 함대를 발견한 왜선 6척이 조총을 쏘며 공격해 오면서 시작되었다. 연합함대는 왜선들을 포위하고 각종 총통과 화살을 집중적으로 퍼부었다. 왜선들은 포탄에 맞아 깨지고 불화살을 맞고 불타고 왜군은 화살을 맞고 바다로 떨어져 죽었다. 연합함대는 옥포 안으로 돌진해 왜선들에게 총통과 화살을 쏘며 집중 공격을 퍼부었다. 맹공을 받은 왜군 대선 13척, 중선 6척 등 26척이 격침되었다. 참패한 왜장 도도 다카도라는 남은 왜선을 이끌고 부산 쪽으로 도주했다. 이후 도도 다카도라는 1597년 7월 15일 칠천량에서 승리했지만 1597년 9월 16일 명량해전에서 충무공에게 또다시 참패했다. 충무공은 이날 옥포에서 거둔 승리를 다음과 같이 상세히 적어 조정에 올렸다.

충무공의 보고 내용을 보면 정말 상세하고 명확하다. 전투 상황을 정확히 파악하고 그 결과까지 확인했던 것으로 보인다. 충무공의 치밀하고 정교한 보고 내용에 경탄하지 않을 수 없다. 공직자는 본인의 성과에 대해 제대로 평가받고 인정받는 것을 매우 중요하게 생각한다. 이 보고 내용을

- 좌부장 낙안군수 신호는 왜 대선 1척 당파, 왜군 1급 참수
- 우부장 보성군수 김득광은 왜 대선 1척 당파, 아군 포로 1명 구출
- 전부장 흥양현감 배흥립은 왜 대선 2척 당파
- 중부장 광양현감 어영담은 왜 중선 2척, 소선 2척 당파
- 중위장 방답첨사 이순신은 왜 대선 1척 당파
- 우척후장 사도첨사 김완은 왜 대선 1척 당파
- 우부기전통장 사도진 군관 이춘은 왜 중선 1척 당파
- 유군장 발포가장 나대용은 왜 대선 2척 당파
- 후부장 녹도만호 정운은 왜 중선 2척 당파
- 좌척후장 여도권관 김인영은 왜 중선 1척 당파
- 좌부기전통장 순천대장 유섭은 왜 대선 1척 당파, 소녀 1명 구출
- 한후장 영 군관 배응록은 왜 대선 1척 당파
- 참퇴장 영 군관 이언량은 왜 대선 1척 당파
- 대솔군관 변존서와 전 봉사 김효성은 왜 대선 1척 당파
- 경상우도 수군은 왜선 5척 당파, 1명 구출

보면 충무공 본인에 대한 부분은 없다. 부하 장수들의 공을 구체적이고 명확히 기재해 놓았다. 그것도 전투 현장에 있었던 충무공 본인이 일일이 확인해 보고하고 있으니 보고받은 사람은 보고 내용을 신뢰하지 않을 수 없을 것이다. 이런 보고를 받은 조정은 보고서에 기재된 충무공의 부하 장수들에게 적절한 논공행상을 하지 않을 수 없었다. 그래서인지 충무공의 부하 장수들은 제대로 평가받았고 승진도 빨랐다.

오늘날 공직사회도 마찬가지이다. 기관장이나 관리자들은 부하 직원들을 수시로 평가하고 상급 청에 보고한다. 인사평가에 중요한 훈장이나 대통령상, 장관상 등을 받기 위해서는 공적 조서를 작성하고 추천해야 한다.

이런 평가와 보고를 통해 부하 공무원이 제대로 평가받고 인사에서 승진한다. 그런데 상급자나 기관장이 부하 직원에 대한 평가와 보고, 추천 등에 무성의하거나 관심이 없으면 부하 직원은 적절한 평가와 인사를 받기 어렵다. 그리고 비슷한 지위에 있는 동료와의 경쟁에서 밀리게 된다. 공을 세웠지만 제대로 평가받지 못한 부하 직원은 불만을 품게 되고 이런 불만은 주변 사람에게 전파된다. 사기가 떨어지고 업무가 제대로 수행되지 않으며 결과도 나쁘다.

반면, 제대로 평가받고 승진한 직원은 긍지와 자부심으로 더 열심히 근무하고 주변 다른 직원도 이를 본받아 분발해 열심히 근무한다. 최선을 다해 성실히 근무하면 상관이 제대로 평가하고 보고해 혜택을 받는다는 사실을 알기 때문이다. 선순환이 이루어지고 사기가 오르고 더 큰 성과를 거둔다. 충무공이 지휘한 전라좌수영과 원균이 지휘한 경상우수영이 이 양극단의 대표적 사례이다.

평가와 인사를 받았다. 대부분 영남 출신 상관들이었는데 높이 평가해주고 인사도 적극적으로 챙겨주었다. 그 덕분에 평가와 인사에서 혜택을 입었다고 생각하며 고맙게 생각한다. 그래서 평가자로 있는 동안 검사와 직원들에게 공정한 평가를 내리고 그들이 인사에서 좋은 결과를 얻도록 노력했다.

서울북부검사장 시절에는 5급 사무관 시험을 앞둔 6급 계장들에게 관심을 기울여 5급 특별승진과 일반승진에서 10여 명이 합격하기도 했다. 무척 보람 있었다. 부하 장병을 아끼는 충무공의 마음과 비슷하지 않았을까. 그런 충무공을 아는 부하 장수와 군사들은 그래서 전투가 벌어지면 죽음을 무릅쓰고 최선을 다해 맡은 임무를 수행했을 것이다.

옥포해전에서 승리한 연합함대는 거제도를 따라 북쪽으로 올라가 5월 7일 오후 4시 무렵 거제도 최북단 영등포(거제시 장목면 구영리)에 이르렀는데 왜선 5척이 지나가고 있다는 보고가 들어왔다. 연합함대가 왜선을 추격해 합포(창원시 마산 합포구 산호동)에 이르자 왜군들은 선박을 버리고 육지로 도주했다. 연합함대는 왜선 5척을 공격해 격침시켰다. 합포해전이다.

온종일 옥포해전과 합포해전을 치른 연합함대는 남쪽으로 이동해 창원 남포(창원시 합포구 구산면 난포리)로 이동해 정박했다. 5월 8일 아침 연합함대는 남포 옆 진해 고리량(창원시 마산 합포구 구산면 구복리와 저도 사이 바다)에 왜선이 있다는 보고를 받고 출진했다. 연합함대는 저도를 지나 적진포(고성군 거류면 화당리)에서 왜선 13척을 발견했다. 왜군은 함선을 버리고 육지에 상륙해 조총을 쏘아댔다. 연합함대는 총통과 불화살로 왜선을 공격해 13척을 격침시켰다. 적진포해전이다.

적진포해전을 치른 후 충무공은 선조가 평안도로 피난 갔다는 소식을 들었다. 1592년 4월 30일 선조가 한양을 버리고 평안도로 향했으니 8일 만에 듣는 소식이었다. 우리 수군의 사기를 떨어뜨리는 안타까운 소식이었다. 5월 9일 충무공은 원균과의 연합함대를 해산하고 전라좌수영으로 복귀했다. 전라좌수영을 떠난 지 6일이 흘렀고 5관 5포를 기준으로 하면 10일이 넘었다. 게다가 왜군과의 첫 전투여서 두려움과 긴장감이 커 병사들의 피로가 가중되었을 것이다. 좁은 함선 안에서 지내며 연이은 전투와 오랜 항해로 지친 병사들의 기력을 회복시키고 깨지고 부서진 함선과 화포를 수리해야 했다. 포탄과 화살 등 무기와 군량 등도 부족했을 것이다.

공직자 충무공

충무공은 왜군과 처음 싸운 1차 출정에서 옥포, 합포, 적진포에서 차례로 승리하고 왜선 44척을 격침시켰다. 왜선에 탑승한 왜군 수천 명이 수장되었을 것이다. 아군 피해는 순천군사 이선지가 왼팔에 화살을 맞은 것이 전부였다. 그야말로 완벽한 승리였다. 준비에 준비를 거듭한 작전의 승리였다. 다만, 경상우수영 장수가 전라좌수영 수군이 나포한 왜선을 향해 활을 쏘며 빼앗는 과정에서 병사들이 다쳤다. 충무공은 이를 조정에 보고했다. 충무공과 원균 사이의 작은 균열이 엿보이는 일화이다.

5월 9일 전라좌수영에 복귀한 충무공은 부하 장병들을 복귀시키고 승전의 기쁨과 함께 휴식을 취하며 2차 출정을 준비시켰다. 충무공은 왜군과 싸우며 쌓은 경험을 토대로 세부 전략과 전술을 가다듬었고 전투에 맞게 화포와 화살, 방패 등도 준비했다. 특히 충무공은 왜군의 조총에 대응하려면 미리 건조해 놓은 거북선의 출전이 반드시 필요하다고 판단하고 거북선의 실전 훈련과 출전 준비를 서둘렀다. 해전에서 승리하려면 왜군이 쏘는 조총의 탄환을 뚫고 돌진할 수 있는 거북선이 필수적이라고 판단한 것이다.

한편, 충무공은 전라도관찰사 이광에게 1592년 2월 29일 전라도관찰사의 중위장으로 데려간 순천부사 권준의 수군 복귀를 강력히 요청해 이를 관철시켰다. 문무를 겸비한 순천부사 권준은 전라좌수군에 반드시 필요한 인물이었다. 또한, 전라우수사 이억기에게 연락해 다음 출정에 함께 연합함대를 꾸리기로 약속했다. 전라좌수군의 전력만으로 싸우기에는 부족하다는 것을 절감했기 때문이다.

당시 이억기는 31세로 47세인 충무공보다 16세나 적었다. 이억기는 17

세 젊은 나이에 무과에 급제한 뛰어난 장군으로 충무공과 비슷한 시기인 1591년 전라우수사가 되었는데 전라우수영의 함선과 군사 수는 전라좌수영보다 두 배 가까이 많았다. 충무공은 이억기와 6월 3일 전라좌수영에 모여 2차 출정을 하기로 약속해 놓았다.

그런데 5월 27일 경상우수사 원균으로부터 구원을 요청하는 급보가 왔다. 왜선 10여 척이 사천과 곤양 등지로 침입해 경상우수군이 노량으로 후퇴했다는 것이었다. 충무공은 전 만호 윤사공을 전라좌수영을 지키는 유진장으로 삼고 조방장 정걸에게 흥양현을 지키도록 조치한 후 출정을 서둘렀다. 이억기에게는 전라좌수군의 단독 출정이 불가피하니 뒤따라오라는 서신을 보냈다. 충무공은 원균의 급박한 지원 요청에 서둘러 출정하면서도 전라좌수영과 흥양현의 방비와 뒤따라올 전라우수군과의 협력 등에 대해 빈틈없이 필요하고 적절한 조치를 취했다.

충무공의 1차 출정 지도

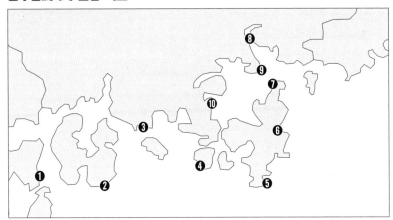

① 여수 전라좌수영 → ② 남해 미조항 → ③ 고성 소을비포 → ④ 통영 당포 → ⑤ 거제 송미포 → ⑥ 거제 옥포 → ⑦ 거제 영등포 → ⑧ 마산 합포 → ⑨ 창원 남포 → ⑩ 고성 적진포 → ① 여수 전라좌수영

충무공의 1차 출정

○ 1592년 5월 4일~5월 8일(5일)

○ 5월 4일(여수 전라좌수영 출발)
　― 새벽 전라좌수영 함대 24척, 미조항(남해군 미조면 미조리) 출발
　　※ 해로 약 40km, 약 7시간 소요
　　※ 본대는 돌산도 북쪽으로 동진해 남해도 평산포, 곡포, 상주포를 거쳐 미조항에, 별동대는 돌산도 남쪽을 돌아 동진해 미조항에 각각 도착해 합류
　　― 오후 소을비포(고성군 하일면 동화리)를 향해 출발
　　※ 해로 약 50km, 약 9시간 소요
　　― 저녁 무렵 소을비포 도착 후 1박

○ 5월 5일(고성 소을비포 출발)
　― 새벽 당포(통영시 산양읍 삼덕리)를 향해 출발
　　※ 해로 약 30km, 약 5시간 소요

― 오후 당포 도착 후 1박

○ 5월 6일(통영 당포 출발)
　― 오전 원균 함대 4척 도착, 28척 연합함대 구성
　― 오전 송미포(거제시 남부면 다포리 다포항)를 향해 출발
　　※ 해로 약 30km, 약 5시간 소요
　― 오후 송미포 도착 후 정박

○ 5월 7일(거제 송미포 출발)
　― 새벽 옥포(거제시 옥포동)를 향해 출발
　　※ 해로 약 20km, 약 3시간 소요
　― 오전 옥포해전: 왜선 26척 격침, 약 2시간 소요
　― 오후 영등포(거제시 장목면 구영리)를 향해 출발
　　※ 해로 약 25km, 약 4시간 소요
　― 오후 영등포에서 합포(창원시 마산 합포구 산호동)를 향해 출발
　　※ 해로 약 25km, 약 4시간 소요
　― 저녁 무렵 합포해전: 왜선 5척 분멸
　― 저녁 창원 남포(창원시 합포구 구산면 난포리)로 출발
　　※ 해로 약 20km, 약 3시간 소요
　― 저녁 늦게 창원 남포 도착 후 정박

○ 5월 8일(창원 남포 출발)
　― 새벽 적진포(고성군 거류면 화당리)를 향해 출발
　　※ 해로 약 20km, 약 3시간 소요
　― 오전 적진포해전: 왜선 13척 격파
　― 오후 연합함대 해산 후 전라좌수영을 향해 출발
　　※ 해로 약 110km, 약 18시간 소요

○ 5월 9일(여수 전라좌수영 도착)
　― 새벽 전라좌수영 복귀

　　　　　　　　　　　　　　　공직자 충무공

충무공의 2차 출정(1592년 5월 29일~6월 10일)

5월 29일 새벽 충무공은 전라좌수군을 이끌고 출정했다. 2차 출정에 나선 것이다. 지난 5월 9일 1차 출정에서 돌아온 지 불과 20일이 지난 시점이었다. 판옥선 23척, 군사 3,000여 명의 전라좌수영 함대는 전라좌수영에서 곧바로 동북쪽으로 항해해 하동과 남해도 사이에 있는 노량으로 향했다. 2차 출정에는 지난 4월 12일 건조를 마치고 실전 훈련까지 마친 거북선이 처음 참전했다. 충무공은 노량의 서쪽인 하동 선창(하동군 금남면 노량리)에서 원균의 경상우수영 전선 3척을 만나 연합함대를 꾸렸다. 전라좌수군 함선 1척, 경상우수군 함선 1척은 1차 출정의 승전 결과를 보고하기 위해 임금이 피란 간 평안도로 가는 바람에 2차 출정에는 참전하지 않았다. 뜻깊은 승리여서 조정에 대한 보고가 중요했다.

5월 30일 연합함대는 노량을 통과해 동쪽의 사천으로 향했다. 도중에 왜선 1척을 발견해 추격했고 왜군이 버리고 도주한 함선을 불태웠다. 연합함대는 사천만에 진입해 사천 선창(고성군 용현면 선진리 선진공원 부근)에 있던 왜선을 발견했다. 왜군의 일부는 산봉우리에서 조총을 쏘며 저항했다. 충무공은 거북선을 앞세우고 일제히 공격해 왜선 13척을 격침시켰다. 사천 해전이다.

전투 도중 충무공은 왼쪽 어깨 부위에 총탄을 맞았다. 자칫 위험할 수 있었다. 왜군은 높은 곳에서 조총을 쏘아댔고 충무공은 연합함대의 선두에 서서 전투를 지휘하다가 발생한 사건이었을 것이다. 날이 저물자 연합함대는 사천만을 빠져나와 모자랑포(사천시 남양동 선전마을)에 정박했다.

다음 날인 6월 1일 충무공은 사천 포구에 왜군이 없다는 것을 확인하고 연합함대를 사천 남동쪽 통영 사량도로 이동시켜 정박한 후 병사들에게 휴식을 취하게 했다.

6월 2일 아침 충무공은 왜군이 미륵도 당포(통영시 산양읍 삼덕리) 선창에 있다는 보고를 받았다. 사량도와 당포는 약 20킬로미터 거리로 매우 가까 웠다. 연합함대가 출동해 당포에 도착해 보니 대선 9척과 중선 12척 왜선 21척이 정박 중이었는데 판옥선 높이의 대장선에는 도요토미 히데요시가 신임하는 왜장 구루지마 미치유키(1557~1592)가 앉아 지휘하고 있었다. 충 무공은 거북선을 앞세우고 화포를 쏘며 먼저 대장선을 공격하게 했다. 다 른 아군 함선들도 왜군의 대장선을 집중 공격했다. 명궁인 순천부사 권준 이 활을 쏘아 구루지마 미치유키를 대장선에서 떨어뜨리자 사도첨사 김완 등이 바다에 떨어진 구루지마 미치유키를 건져 올려 목을 베었다. 왜장이 죽자 왜군은 전의를 상실하고 도주했다. 연합함대는 당포 선창에 있던 왜 선 21척을 격침시켰다. 왜군 수천 명이 수장되었을 것이다. 당포해전이다.

그사이 왜선 20여 척이 거제도 쪽에서 다가온다는 탐망선의 보고가 들 어왔다. 연합함대는 미륵도 주변 바다로 나와 왜선들을 발견했지만 서쪽 개도(통영시 산양읍 추도리 추도) 쪽으로 도주해 잡을 수 없었다. 연합함대는 일 단 멀리 서쪽으로 이동해 안전한 남해 창신도에 정박했다.

6월 3일 새벽 연합함대는 창신도를 떠나 개도까지 남동쪽으로 항해하 며 도주한 왜선을 수색했지만 왜선은 발견되지 않은 채 날이 저물었다. 연 합함대는 통영 미륵도의 서북쪽 고둔포(통영시 산양읍 풍화리 고둔개)에 정박 했다.

6월 4일 새벽 연합함대는 고둔포에서 미륵도를 따라 남쪽으로 항해해

공직자 충무공

다시 당포에 도착했다. 왜군은 이미 동쪽으로 도주하고 없었다. 6월 4일 전라우수사 이억기가 함선 25척과 3,000여 명의 군사를 이끌고 당포에 도착해 합류했다. 이제 26척, 4,000여 명의 연합함대는 51척, 7,000여 명으로 두 배 가까이 규모가 커졌다. 지난 5일 동안 전투와 수색, 항해 등으로 지친 연합함대 병사들의 사기가 올랐고 엄청난 자신감이 생겼다. 충무공과 이억기, 원균은 향후 작전을 논의했다. 해가 지는데도 연합함대를 당포에서 통영과 미륵도 사이 착포량(통영시 당동)으로 이동시켜 정박했다.

6월 5일 아침 개도에서 달아났던 왜군 함대가 고성 당항포(고성군 회화면 당항리)에 있다는 보고가 들어왔다. 연합함대는 착포량을 떠나 통영과 거제도 사이에 있는 견내량을 지나 북쪽으로 진격했다. 연합함대가 길고 좁은 당항포 입구에 이르자 대선 9척, 중선 4척, 소선 13척 등 왜선 26척이 당항포 안에 정박 중이었다. 연합함대가 당항포 안으로 진입했다가 후퇴하는 유인작전을 펴자 왜선들이 뒤따라 나왔다.

연합함대는 거북선을 앞세우고 좌우로 왜군 선단을 포위한 후 왜군의 대장선을 향해 집중적으로 총통과 불화살을 쏘며 공격했다. 왜장이 쓰러지자 왜군은 전투를 포기하고 도주를 시도했다. 연합함대는 왜선 26척 중 25척을 격침시키고 1척은 남겨두었다. 그리고 당항포 입구에 정박했다.

6월 6일 아침 왜군 100여 명이 남겨놓은 왜선을 타고 도주를 시도했다. 방답진첨사 이순신이 왜선을 공격해 왜장을 포함한 왜군 전원을 사살했다. 전라우수영 함대까지 합류한 아군 연합함대가 왜선 26척을 격파하는 완벽한 승리를 거둔 것이다. 당항포해전이다.

연합함대는 당항포 앞바다에서 잠시 쉬다가 저녁 무렵 고성 맛을간장

(고성군 동해면 내산리 전도마을로 추정)에 정박했다. 6월 7일 새벽 연합함대는 맛을간장을 떠나 동쪽으로 이동해 진해 앞바다인 웅천 증도(창원시 진해구 잠도)에 진을 치고 주변을 수색했다. 그날 오후 거제도 북쪽 영등포 앞바다에 이르렀다. 이때 대선 5척, 중선 2척 왜선 7척이 거제도 북동쪽 율포(거제시 장목면 율천리 율천마을)에서 나와 부산 쪽으로 가는 것이 발견되었다. 연합함대가 추격하자 왜선은 화물을 바다에 던지며 필사적으로 도주했다. 연합함대는 율포 근해에서 왜선을 따라잡아 7척을 모두 격침시켰다. 율포해전이다.

연합함대는 동쪽으로 항진해 가덕도 천성을 지나 부산 사하구 몰운대 부근까지 가 왜선을 수색했지만 발견하지 못했다. 연합함대는 뱃머리를 돌려 저녁 무렵 거제도 온천량(오늘날 칠천량) 송진포(거제시 장목면 송진포)에 정박했다. 6월 8일 충무공은 진해만과 가덕도, 안골포(진해시 안골동) 등지에 탐망선을 보내 왜선을 수색했지만 발견되지 않았다. 연합함대는 거제도 송진포에 정박했다. 이제 연합함대는 복귀할 때가 되었다.

6월 9일 연합함대는 송진포를 떠나 남서쪽으로 항해해 견내량을 지나 통영 당포에 도착해 정박했다. 하루에 약 50킬로미터 먼 거리를 이동했다. 왜군의 눈을 피한 이동이었을 것이다. 1592년 6월 10일 당포를 출발해 서쪽으로 항해해 남해도의 남쪽 미조항 앞바다에 도착했다. 그곳에서 연합함대를 해산하고 각자 본영으로 복귀했다.

1592년 5월 29일부터 6월 10일까지 12일 동안 진행된 2차 출정 중 사천, 당포, 당항포, 율포 네 곳에서 벌어진 해전에서 왜선 72척을 격파하고 왜군의 수급 300여 개를 벤 대승이었다. 수장된 왜군만 수천 명에 달할 것

공직자 충무공

이다. 특히 거북선이 맹활약하고 전라우수영 함대까지 가세해 조선 수군의 전력은 더 막강해졌다.

이제 다대포 서쪽 바다까지 아군의 제해권에 들어왔다. 하지만 아군도 13명이 전사하고 충무공 등 34명이 부상을 입는 피해가 있었다. 충무공은 전사자와 부상자의 이름과 소속, 직책을 상세히 적은 보고서를 조정에 보냈다. 충무공은 공을 세운 장병뿐만 아니라 희생당한 장병들까지 일일이 확인해 조정에 보고했다. 충무공이 보고한 기록이 지금까지 남아 있어 그의 따뜻한 마음과 철저하고 세심한 일처리를 엿볼 수 있다. 그런 충무공을 존경하지 않을 수 없다.

충무공은 전사자는 시신을 고향으로 보내 장례를 치르게 하고 유족에게는 토지를 주어 보상하도록 했다. 부상자들은 제대로 치료받게 할 것을 지시했다. 5관 5포로 복귀하는 수령과 장수들에게는 승리에 자만하지 말고 병사들을 위로하는 한편, 전선을 수리하고 정비해 통보받자마자 출정할 수 있도록 할 것을 명했다. 다음은 충무공이 조정에 보고한 2차출정 사상자 명부이다.

총탄에 의한 사망자 10명

- 대장선의 일반 병사인 정병 김말산金末山
- 우후선의 포를 쏘는 방포 장교인 진무 장언기張彦己
- 순천1호선의 활을 쏘는 사부, 절의 종 배귀실裵貴失
- 순천2호선의 노를 젓는 격군, 절의 종 막대莫大
- 순천2호선의 격군, 보자기* 내은석內隱石
- 보성1호선의 사부, 관노 기이리己伊

- 흥양1호선의 화살을 관리하는 전장 관노 난성難成
- 사도1호선의 사부 장교인 진무 장희달張希達
- 여도선의 배를 모는 사공인 지역 병사 토병 박고산朴古山
- 여도선의 격군 박궁산朴宮山

칼에 의한 사망자 1명
- 흥양1호선의 사부, 목동 손장수孫長水, 상륙 후 전투 도중 사망

화살에 의한 사망자 2명
- 순천1호선의 사부, 정병을 지원하는 보인 박훈朴訓
- 사도1호선의 사부, 진무 김종해金從海

총탄에 의한 부상자 13명
- 순천1호선의 사부 유귀희柳貴希
- 광양선의 격군인 보자기 남산수南山水
- 흥양선의 배를 관리하는 선장인 수군戌軍 박백세朴白世
- 흥양선의 격군인 보자기 문세文世
- 흥양선의 군사훈련 훈도인 정병 진춘일陳春日
- 흥양선의 사부인 정병 김복수金福水
- 흥양선의 흥양현 관아에서 일하는 노비 고붕세高朋世
- 낙안선의 배끼리 연락하는 통선 사부 조천군趙千君
- 낙안선의 수군 선진근宣進斤
- 낙안선의 노를 관리하는 무상인 사노 세손世孫
- 발포1호선의 사부인 수군戌軍 박장춘朴長春
- 발포1호선의 토병 장업동張業同
- 발포1호선의 방포 수군戌軍 우성복禹成福

● 바닷속에서 조개, 미역 등의 해산물을 채취하는 사람을 말한다.

공직자 충무공

화살에 의한 부상자 21명

- 방답첨사의 종 언용彦龍
- 광양선의 방포장 서천용徐千龍
- 광양선의 사부 백내은손白內隱孫
- 흥양선의 사부인 정병 배대검裵大檢
- 흥양선의 격군인 보자기 말질손末叱孫
- 낙안선의 통선인 장흥 조방 고희성高希星
- 낙안선의 통선인 능성 조방 최난세崔亂世
- 보성1호선의 군관 김익수金益水
- 보성1호선의 사부 오언용吳彦龍
- 보성1호선의 무상인 보자기 흔손欣孫
- 사도1호선의 군관 진무성陳武晟
- 사도1호선의 군관 임홍남林弘楠
- 사도1호선의 사부인 수군戍軍 김억수金億水
- 사도1호선의 사부인 수군戍軍 진언양陳彦良
- 사도1호선의 군에 처음 입대한 허복남許福男
- 사도1호선의 조방 전광례田光禮
- 사도1호선의 방포장 허원종許元宗
- 사도1호선의 토병 정어질금鄭於叱金
- 여도선의 사부 석천개石天介
- 여도선의 사부 유수柳水
- 여도선의 사부 선유석宣有石

　충무공은 2차 출정 사상자 47명의 명단을 신속하고 정확히 파악해 조
정에 올리는 보고서에 포함시켰다. 대단하고 치밀한 행정력이다. 5관 5포
수령과 장수에 대한 충무공의 지휘가 얼마나 구체적이고 치밀했는지 알
수 있다. 보고하는 순서와 형식도 체계적이고 완벽하다. 전사자를 먼저 보

고하되 총탄에 의한 사망자와 칼에 의한 사망자, 화살에 의한 사망자로 분류했다. 부상자도 총탄에 의한 부상자와 화살에 의한 부상자로 분류했다.

사람 순서는 본영, 순천·광양·흥양·낙안·보성 순의 5관, 사도·여도·발포진 순의 5포이고 이를 함선별로 구분했다. 명단은 장교부터 노비까지 전부 파악해 기재했는데 정작 부상을 입은 충무공 본인은 없다. 명단을 보면 장교인 군관軍官, 진무鎭撫, 군역을 수행하는 정병 외에 정병을 지원하는 보인, 배를 관리하는 선장, 화살을 관리하는 전장箭匠, 포를 관리하고 쏘는 방포장放砲匠, 화살을 쏘는 사부射夫, 배와 배 사이를 연락하는 통선通船, 훈련 조교인 훈도訓導, 사노寺奴·관노官奴·내노內奴 등 노비와 수군戍軍·토병土兵 등의 특수군사까지 다양한 업무를 수행하는 사람들이 포함된 것을 알 수 있다.

전투를 수행하기 위해 5관 5포에 있는 가능한 모든 사람을 최대한 소집해 투입했음을 엿볼 수 있다. 특히 왜군과의 전투에서 맨 앞에 위치했던 우척후장 사도첨사 김완이 지휘한 사도1호선에서 전사자 2명과 부상자 8명 등 가장 많은 사상자가 나왔고 연합함대의 선봉에서 싸운 전부장 흥양현감 배흥립이 지휘한 흥양선에서 사망자 2명, 부상자 7명의 사상자가 발생한 것을 알 수 있다. 또한, 적과 마주 보며 전투를 치른 사부射夫와 전장箭匠이 전사자 5명, 부상자 11명으로 가장 많은 16명의 사상자가 나왔다. 충무공의 상세한 보고가 있어 국가와 백성을 위해 희생한 장병들의 기록이 전해진다. 충무공의 위대함과 기록의 소중함이 심금을 울린다. 그래서 조금 장황하지만 정리해 보았다.

공직자 충무공

2차 출정의 공적으로 충무공은 정2품 자헌대부資憲大夫로 승진했고 승급 교지는 1592년 9월 중순 전달되었다. 전라좌수사 직책은 그대로였지만 이제 직급은 정3품 경상우수사 원균이나 전라우수사 이억기보다 높아졌다. 공직사회에서 승진은 가장 강력한 업무추진 동기 중 하나이다. 승진을 싫어하는 공직자는 없다. 충무공과 함께 2차 출정한 원균과 이억기에게는 아쉬움이 있었을 것이다.

　　어느 조직이든 승진을 놓고 시기와 질투가 있는 것은 당연하다. 검사도 비슷하다. 검사 시절 인사가 발표되면 동기 검사의 인사에 민감했다. 동기 검사가 요직에 배치되거나 나보다 먼저 승진하면 마음이 편치 않았다. 혹시 내가 인사와 승진에서 밀리고 있는 것은 아닌지 걱정했다. 다른 동기 검사들도 인사와 승진을 의식하며 근무했을 것이다. 충무공의 승진에 대해서는 나이가 적고 무과 급제도 늦은 전라우수사 이억기보다는 충무공보다 나이가 많고 무과 급제도 빨랐던 원균의 마음이 더 불편했을 것이다. 이런 충무공의 승진은 이후 충무공과 원균의 갈등과 대립의 원인으로 작용했을 것이다.

충무공의 2차 출정 지도

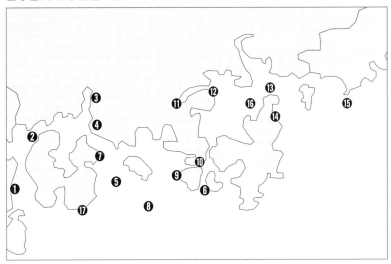

① 여수 전라좌수영 → ② 하동 선창 → ③ 사천 선창 → ④ 사천 모자랑포 → ⑤ 통영 사량도 → ⑥ 통영 당포 → ⑦ 남해 창신도 → ⑧ 통영 개도 → ⑨ 통영 고둔포 → ⑩ 통영 착량 → ⑪ 고성 당항포 → ⑫ 고성 맛을간장 → ⑬ 거제 영등포 → ⑭ 거제 율포 → ⑮ 부산 몰운대 → ⑯ 거제 송진포 → ⑥ 통영 당포 → ⑰ 남해 미조항 → ① 여수 전라좌수영

충무공의 2차 출정

○ 1592년 5월 29일~6월 10일(12일)

○ 5월 29일(여수 전라좌수영 출발)
  — 새벽 전라좌수영 함대 23척, 노량으로 출발
   ※ 해로 약 30km, 약 5시간 소요
  — 오전 하동 선창에서 원균 함대 3척 합류, 연합함대 구성
  — 오전 사천 선창(사천시 용현면 선진리)으로 출발
   ※ 해로 약 30km, 약 5시간 소요
  — 오후 사천 선창 도착, 사천해전: 왜선 13척 격침

— 저녁 모자랑포(사천시 송포동 선전마을)로 출발

　※ 해로 약 10km, 약 2시간 소요

— 저녁 모자랑포 도착 후 1박

○ 5월 30일(사천 모자랑포 출발)

— 오전 사천 포구 등 수색

— 오후 통영 사량도로 출발

　※ 해로 약 15km, 약 3시간 소요

— 오후 사량도 도착, 정박 후 휴식

○ 6월 1일(통영 사량도 정박)

○ 6월 2일(통영 사량도 출발)

— 새벽 당포(통영시 산양읍 삼덕리)로 출발

　※ 해로 약 15km, 약 3시간 소요

— 오전 당포 도착, 당포해전: 왜선 21척 격침

— 오후 창신도로 출발

　※ 해로 약 30km, 약 5시간 소요

— 저녁 창신도 도착 후 1박

○ 6월 3일(남해 창신도 출발)

— 새벽 개도(통영시 산양읍 추도)로 출발

　※ 해로 약 20km, 약 3시간 소요

— 오전 개도 도착, 왜군 함대 정찰

— 오후 고둔포(통영시 산양읍 풍화리)로 출발

　※ 해로 약 10km, 약 2시간 소요

— 오후 고둔포 도착 후 정박

○ 6월 4일(통영 고둔포 출발)

— 새벽 당포(통영시 산양읍 삼덕리)로 출발

　※ 해로 약 10km, 약 2시간 소요

— 오전 당포 도착, 전라우수영 함대 25척과 합류
— 오후 착량(통영시 미수동)으로 출발
　※ 해로 약 15km, 약 3시간 소요
— 저녁 착량 도착 후 정박

○ 6월 5일(통영 착량 출발)
— 새벽 당항포(고성군 회화면 당항리)로 출발
　※ 해로 약 60km, 약 10시간 소요
— 오후 당항포 도착, 당항포해전: 25척 격침, 약 3시간 소요
— 저녁 당항포 입구 정박

○ 6월 6일(고성 당항포 출발)
— 새벽 왜선 1척 격침
— 오후 맛을간장(고성군 동해면 내산리)으로 출발
　※ 해로 약 6km, 약 1시간 소요
— 맛을간장 도착 후 정박

○ 6월 7일(고성 맛을간장 출발)
— 새벽 웅천 증도(창원시 진해구 잠도)로 출발
　※ 해로 약 20km, 약 3시간 소요
— 오전 잠도 도착 후 주변 수색
— 오후 거제 영등포(거제시 장목면 구영리)로 출발
　※ 해로 약 5km, 약 1시간 소요
— 오후 영등포 앞바다 도착, 왜선 7척 발견
— 오후 율포해전: 왜선 7척 격침, 약 1시간 소요
— 오후 몰운대(부산시 사하구 다대동)로 출발
　※ 해로 약 30km, 약 5시간 소요
— 저녁 거제 송진포(거제시 장목면 송진포)로 회군
　※ 해로 약 35km, 약 6시간 소요
— 저녁 늦게 송진포 도착 후 정박

공직자 충무공

○ 6월 8일(거제 송진포 정박)

○6월 9일(거제 송진포 출발)
   ― 새벽 당포(통영시 산양면 삼덕리)로 출발
     ※ 해로 약 45km, 약 8시간 소요
   ― 오후 당포 도착 후 정박

○ 6월 10일(통영 당포 출발)
   ― 새벽 미조항(남해군 미조항)으로 출발
     ※ 해로 약 30km, 약 5시간 소요
   ― 오전 미조항 도착, 연합함대 해산 후 복귀
   ― 오후 전라좌수영으로 출발
     ※ 해로 약 20km, 약 3시간 소요
   ― 오후 전라좌수영 도착

충무공의 3차 출정(1592년 7월 6일~7월 13일)

6월 10일 2차 출정을 마치고 돌아온 충무공과 전라좌수군은 휴식을 취하며 다가올 3차 출정을 준비했다. 전라우수사 이억기, 경상우수사 원균과 자주 연락하는 한편, 사천해전에서 입은 총상을 치료하고 전라좌수군 전력을 보강하며 대비했다.

한편, 6월 초 도요토미 히데요시의 명령을 받은 왜장 고바야카와 다카카게가 왜군 1만여 명을 이끌고 전라도 공략에 나섰다. 고바야카와 다카카게는 도요토미 히데요시의 신임이 두터운 고위 왜장이었다. 전라도관찰사 이광은 왜군의 공격에 대비했다. 왜군이 전라도로 쳐들어올 것으로 예상되는 길목에 장수들을 보내 방어 진지를 구축했다. 전라방어사 곽영郭嶸을 금산에 배치하고 조방장 이유의李由義와 남원판관 노종령盧從齡을 팔

량치(해발 513미터, 남원시 인월면 성산리)에, 곤양군수 이계정李啟政을 육십령(해발 734미터, 전북 장수군 장계면 오동리)에, 장흥부사 장의현張儀賢을 지리산 부항령(해발 680미터, 전북 무주군 무풍면 금평리)에 각각 배치해 왜군을 막게 했다.

한편, 한양에서 전라도를 공략하기 위해 내려온 고바야카와 다카카게의 왜군은 6월 17일 무주를 점령한 후 6월 22일 금산군수 권종權悰과 전라방어사 곽영이 방어하는 금산성을 공격해 6월 23일 점령했다. 금산군수 권종이 전사했고 참패한 전라방어사 곽영은 이치를 넘어 고산현(전북 완주군 고산면)으로 퇴각했다. 금산이 고바야카와의 왜군 수중에 들어가면서 왜군은 전라도 공략을 위한 거점을 확보했다.

도요토미 히데요시는 충무공을 비롯한 조선 수군의 2차에 걸친 출정과 여러 해전에서의 승리로 왜선 142척이 격침되는 등 왜군이 연전연패하며 제해권을 조선 수군에게 빼앗기자 비로소 사태의 심각성을 깨달았다. 도요토미는 전쟁에서 승리하려면 강력한 왜 수군을 투입해 바다에서 조선 수군을 궤멸시킬 필요가 있다고 판단했다. 전라도를 공략하려는 고바야카와의 왜군을 지원하고 전라도 남해안을 돌아 서해로 북상해 평양성까지 올라간 왜군을 지원하려는 목적도 있었을 것이다.

도요토미는 육전에 투입했던 수군 장수 와키자카 야스하루, 가토 요시아키加藤嘉明(1563~1631), 구키 요시타카九鬼嘉隆(1542~1600), 와키자카 사효에脇坂左兵衛(?~1592) 등에게 남쪽으로 내려가 조선 수군을 공격할 것을 명령했다. 모두 일본에서 손꼽히는 이름난 수군 장수들이다. 이제 임진왜란의 승패를 놓고 충무공을 중심으로 하는 조선 수군과 강력한 왜 수군 사이에 전력을 쏟아붓는 해전이 불가피해졌다.

6월 23일 왜 수군 장수들은 부대를 이끌고 급히 경상도 남쪽 바다로 내려왔다. 7월 7일 왜장 와키자카 야스하루는 대선 36척, 중선 24척, 소선 13척 왜선 73척을 이끌고 통영과 거제도 사이 견내량을 향해 나섰다. 와키자카 야스하루는 6월 5일과 6월 6일 용인 광교산에서 1,600여 명의 병력으로 전라·충청·경상 삼도 근왕군 6만여 명을 와해시킨 장수였다. 그는 용인전투 이후 불과 1개월 만에 조선 수군과 싸우기 위해 견내량으로 출발한 것이다. 이동한 거리와 시간을 고려하면 최대한 빨리 내려온 것이다. 도요토미의 지시 때문이었을 것이다. 왜 수군은 해전에서 충무공의 조선 수군에게 연패하자 바다를 통한 이동과 물자 보급이 차단되었다. 전세가 바뀌는 것으로 보이자 도요토미 히데요시도 마음이 매우 다급했을 것이다.

왜 수군의 이런 움직임에 대처해 충무공은 그들의 움직임을 미리 파악하고 전라우수사 이억기, 경상우수사 원균과 긴밀히 연락하는 한편, 왜군을 공격하기 위한 포탄과 화살 등의 군기와 군량을 준비하는 등 3차 출정 준비를 모두 마쳤다.

7월 4일 미리 약속한 대로 전라우수사 이억기가 이끄는 25척의 전라우수군 함대가 전라좌수영으로 왔다. 충무공과 이억기는 왜 수군의 움직임과 아군의 대응 전술을 치밀히 논의했다. 학이 날개를 펼친 모습과 비슷한 학익진鶴翼陣으로 왜군 함대를 포위 공격하는 전투작전 내용도 당연히 포함되었을 것이다.

7월 6일 새벽 전라도 연합함대는 경상도 해역을 향해 출진했다. 전라좌수군 함대 판옥선 24척, 거북선 3척 27척을 포함하면 총 52척의 함대였을 것이다. 전라도 연합함대는 경상도 곤양과 남해도의 경계인 노량에서 경상우수사 원균이 이끄는 경상우수영 함선 7척과 합류했다. 이제 대선 59척, 소선 50여 척과 병력 1만여 명의 강력한 수군 연합함대가 구성되었다.

7월 7일은 역풍인 동풍이 불어 항해가 쉽지 않았다. 연합함대는 동쪽으로 항해를 계속해 고성 땅 당포(통영시 산양읍 당포리 52)에 도착했다. 당포는 연합함대가 출정할 때마다 정박하는 전진기지 역할을 했다. 연합함대가 질서 있게 체계적으로 이동해야 하는 힘든 항해였다.

해가 저물고 있었고 연합함대는 저녁 식사를 준비하고 있었다. 그때 미륵도 목동 김천손金千孫이 산에서 달려 내려왔다. 김천손은 대선과 중선, 소선 등 70여 척의 왜군 함대가 오후 2시 무렵 거제도 영등포 앞바다에서 서쪽으로 이동해 고성과 거제도의 경계인 견내량 동쪽에 머물고 있다는 급박한 정보를 전했다.

김천손은 미륵도에서 가장 높은 미륵산(해발 458.4미터)에 있다가 동쪽에서 견내량 쪽으로 이동해 오는 왜군 함대와 당포에 있는 아군 연합함대를 발견하고 산에서 달려 내려와 연합함대에게 왜군의 동향 정보를 알려준 것이다. 연합함대가 있는 당포에서 왜군이 있는 견내량은 약 30킬로미터로 매우 가까운 거리였다. 중대한 결전을 앞두고 적의 움직임을 먼저 아는 것은 승리에 결정적인 이점이다.

『손자병법孫子兵法』에 상대를 알고 나를 알면 백 번 싸워도 위험에 빠지지 않는다는 지피지기자 백전불태知彼知己者 白戰不殆라는 말이 있다. 연합함대는 정보에서 앞선 상태가 되었다. 적보다 먼저 정보를 입수했더라도 적절히 활용하지 않으면 아무 소용이 없다. 충무공은 전라우수사 이억기,

경상우수사 원균 등의 장수들을 소집해 구체적인 작전계획을 마련했다.

견내량 북쪽에 있는 왜군 함대를 육지로 도망치기 어려운 넓은 한산도 앞바다로 유인한 후 연합함대가 학익진을 전개해 왜군 함대를 포위해 각종 화포와 화살로 일시에 타격해 적을 몰살시킨다는 작전이었을 것이다. 이미 마련해 놓은 작전계획을 다시 한번 세부적으로 꼼꼼히 점검하고 확인하는 차원이었을 것이다.

7월 8일 새벽 연합함대는 당포를 출발해 견내량 남쪽에 도착했다. 이제 좁은 견내량을 사이에 두고 아군 연합함대와 와키자카가 지휘하는 73척의 왜군 함대가 대치했다. 그 73척에는 수천 명의 왜군이 타고 있었을 것이다. 함선과 병력 면에서는 우리가 모두 우세했다. 한산도 앞바다는 경상 우수영 관할이고 우리 수군이 1차 출정과 2차 출정을 하며 왕래했던 곳이니 바다의 특성과 조류, 지리도 익숙했다.

이미 연합함대는 1차 출정에서 44척, 2차 출정에서 72척 왜선 116척을 격침시켜 사기도 드높았다. 다만, 상대는 최강의 정예 왜 수군이다. 1개월 전 용인 광교산에서 수십 배가 넘는 조선의 전라·경상·충청 삼도근왕군을 물리치고 왔으니 사기도 연합함대 못지않았을 것이다. 이제 임진왜란 최초로 우리 수군과 왜 수군이 정면으로 넓은 바다에서 맞붙게 되었다. 쉽지 않은 전투가 될 것이 분명했다.

드디어 전투가 시작되었다. 먼저 우리 연합함대 함선 5~6척이 견내량을 지나 왜군 함대를 공격했다가 왜선이 뒤쫓아 오자 견내량을 지나 후퇴했다. 용인 전투의 승리로 와키자카의 왜군은 조선 수군을 얕잡아 보았을 것이고 연합함대의 전력과 전술을 제대로 파악하지도 못했을 것이다. 왜군 함대는 우리 함선들을 뒤쫓아 견내량을 통과해 넓은 한산도 앞바다로 나왔다.

충무공은 좁은 해협을 앞에 두고 싸우는 전략을 즐겨 사용했다. 한산도 해전, 명량해전, 노량해전 모두 좁은 해협이 앞에 있었다. 좁은 해협을 빠져나오느라 왜군의 행동 반경은 억제되는 반면, 아군은 시간적 여유를 가지고 충분히 준비하고 함선을 적재적소에 위치시켜 전투에 임할 수 있었기 때문일 것이다. 게다가 우리가 승리하면 왜군은 좁은 해협을 통해 급히 도주하다가 자기들 함선끼리 충돌해 깨지고 부서지기 십상이었다.

계획한 대로 왜군 함대를 끌어오는 유인작전이 성공했다. 왜군 함대가 한산도 앞바다로 나오자 기다리고 있던 연합함대가 미리 준비한 학익진을 전개해 순식간에 왜군 함대를 포위했다. 왜군 함대는 연합함대의 포위망 안에 갇혔다.

먼저 거북선이 왜군 함대로 돌진해 각종 화포를 쏘아 적을 혼란에 빠뜨렸다. 뒤이어 왜군 함대를 포위한 연합함대 함선들이 일제히 지자·현자·승자총통 등의 각종 총포와 불화살, 화살 등을 쏘아 왜선들을 격파하고 왜군들을 사살했다. 기습 공격을 받은 왜군 함대는 혼란에 빠져 우왕좌왕했다.

당시 해전에서도 지휘관이 있는 대장선이 집중 공격 대상이었을 것이다. 그 점은 우리 수군과 왜 수군 모두 같았을 것이다. 그러다 보니 지휘관들이 전사하거나 부상당하는 경우가 많았다. 한산도해전에서도 와키자카 야스하루가 탄 지휘선이 연합함대의 집중공격을 받았을 것이다. 왜군은 같은 지역에서 다이묘인 지휘관과 생활했고 전쟁이 끝나면 귀국해 그 지

공직자 충무공

휘관과 함께 살아야 했다. 거의 영구적인 관계에 가까웠다. 그러니 자신의 지휘관에 대한 왜군의 충성심은 각별할 수밖에 없었다. 와키자카 야스하루를 보호하기 위해 나선 많은 왜선이 격침되었을 것이다.

한산도해전은 치열했지만 아군의 일방적인 화포 공격이었고 전투 시간도 짧았다. 전투 시작 불과 1시간 만에 왜선 73척 중 66척이 격침되었다. 당연히 왜선에 타고 있던 수천 명의 왜군이 수장되었다. 나머지 왜선 7척은 포위망을 뚫고 견내량을 지나 동쪽으로 도주했는데 깨지고 부서진 채 겨우 도주했을 것이다. 조선 수군의 완벽한 승리였다. 집중공격을 받고 함선이 격침되어 바다에 빠진 왜장 와키자카 야스하루는 가까스로 무인도에 상륙했다가 탈출했다. 우리 수군을 얕보고 함부로 공격해 온 와키자카의 왜군을 치밀한 작전으로 포위 공격해 완벽하게 승리한 세계 해전사에서 빛나는 한산도해전이다. 특히 왜군 함대를 넓은 바다로 유인해 학익진으로 포위하고 거북선을 돌진시켜 적을 혼란에 빠뜨린 후 일제히 각종 화포와 불화살 등으로 공격해 섬멸하는 전술은 지금 보아도 치밀하고 완벽하다. 전투는 시작하기 전부터 연합함대가 이미 승리한 것이었다. 작전의 승리였다. 치열했지만 짧았던 전투가 끝난 후 연합함대는 견내량을 지나 견내량 북쪽 입구에 정박해 휴식을 취했다.

7월 9일 연합함대는 동쪽 가덕도로 이동해 왜군을 수색했다. 아군 척후선이 왜선 40여 척이 안골포(창원시 진해구 안골동)에 정박 중이라는 보고를 했다. 안골포는 가덕도 건너편 우리 수군이 부산포로 오가는 항로 옆에 있다. 1년 후인 2차 진주성전투 이후에는 왜군의 핵심 요새가 되어 부산포를 공격하려는 충무공과 우리 수군의 발목을 잡았다.

7월 9일 세찬 동풍이 불어 연합함대는 거제도와 칠천도 사이 온천량에 정박해 작전을 논의했다. 전라좌수영과 경상우수영 함대는 안골포에 있던 왜선을 공격하고 전라우수영 함대는 가덕도 인근에 매복한 채 혹시 부산 쪽에서 올지도 모를 적의 지원군을 견제하고 있다가 접전이 벌어지면 일부 함선을 남겨두고 전투에 참여하기로 했다.

　다음 날인 7월 10일 이른 새벽 연합함대가 출진했다. 안골포는 바다가 육지 안쪽으로 깊숙이 들어와 있다. 안골포는 부산포와 진해만을 연결하는 항로에 위치해 임진왜란 당시 부산포와 함께 왜군의 주요 근거지였다.

　안골포에는 도요토미로부터 우리 수군을 공격하라는 지시를 받은 구키 요시타가, 가토 요시아키가 이끄는 대선 21척, 중선 15척, 소선 6척 총 42척으로 구성된 함대가 정박 중이었다. 대선에 100명, 중선에 70명, 소선에 50명이 탔다고 가정하면 전체 병력은 3,000~4,000여 명이었을 것이다.

　구키 요시타가와 가토 요시아키는 와키자카 야스하루처럼 일본에서는 이름이 널리 알려진 수군 장수들이었다. 가토 요시아키는 이후 1597년 7월 칠천량해전에도 참전했다. 안골포의 왜선들은 지휘선으로 보이는 3층 대선과 2층 대선 2척을 중심으로 물고기 비늘처럼 나란히 정박 중이었는데 한산도에서 도주했던 왜선 7척을 통해 와키자카 함대의 참패 소식을 들었을 것이다.

　연합함대가 안골포 안으로 들어가 유인했지만 한산도에서 참패한 사실을 아는지 왜선들은 따라 나오지 않았다. 연합함대는 함선들이 장사진으로 안골포 안으로 들어가 왜선을 치고 빠져나오는 작전으로 변경했다. 우리 함선들이 차례로 안골포 안으로 들어가 총통과 화살 공격을 퍼붓고 나

공직자 충무공

오는 공격이 시작되었다. 포구 밖에서 대기하던 전라우수군 함대도 공격에 가세했다.

날이 저물자 연합함대는 잠시 물러났다. 왜군은 어둠을 틈타 부산포 방면으로 도주했다. 가토 요시아키는 육로로 도주했다고 한다. 7월 11일 새벽 연합함대가 안골포로 다시 진입했지만 왜군 함대는 없었다. 연합함대는 최정예 왜 수군과 두 번이나 정면으로 싸워 압도적으로 승리했다. 연합함대는 안골포에서 나와 동쪽으로 진격해 낙동강과 김해 포구, 부산 몰운대까지 수색하며 위용을 과시하고 회군했다.

7월 11일 밤 연합함대는 가덕도 천성보에서 잠시 머물다가 밤중에 서쪽으로 이동해 견내량을 지나 7월 12일 아침 한산도로 돌아왔다. 야간에 쉬지 않고 가덕도에서 한산도까지 약 70킬로미터의 먼 거리를 항해했다. 달빛이 있고 바람이 도와줘 가능했을 것이다. 연합함대가 한산도와 안골포에서 승리했지만 왜군 함대의 전력은 여전히 막강했다. 부산포에는 수백척의 왜선과 수만 명의 왜군이 여전히 건재했다.

반면, 연합함대는 두 번의 격전을 치르느라 군량과 화약, 포탄, 화살이 고갈되었다. 이제 진영으로 복귀해 피로를 회복하고 부족분을 채워야 했다. 한산도까지 이동한 것은 충무공다운 결정이었다. 5년 후인 1597년 7월 15일 원균이 이끄는 우리 수군이 칠천량에 정박하지 않고 견내량을 지나 한산도 통제영까지 곧바로 이동했다면 칠천량 패전은 없었을 것이다. 아쉬움이 남는다. 지휘관인 충무공과 원균의 차이라고 본다.

1592년 7월 13일 조선 수군은 연합함대를 해산하고 각자 본영으로 복귀했다. 한산도에 있던 왜군 패잔병은 경상우수사 원균이 처리하기로 했다. 8일 동안의 3차 출정이 끝났다. 3차 출정 후 충무공은 부하 병사들을 전공에 따라 1, 2, 3등급으로 분류해 조정에 보고했다. 3차 출정에서는 전사자 19명, 부상자 116명으로 꽤 많은 사상자가 발생했다. 최정예 왜 수군과 정면으로 맞붙은 전투였으니 우리도 피해가 불가피했지만 왜군과 비교하면 피해는 미미했다. 특히 우리 함선은 단 1척도 잃지 않았다. 사상자 명단은 종전과 같이 5관 5포 직제와 함선별로 분류해 조정에 상세히 보고했다.

충무공의 3차 출정 이후 왜 수군은 조선 수군과의 해전을 피하고 해안 주변에 성을 쌓아 본국에서 부산으로 오는 보급로를 지키는 데 급급했다. 평양과 한양 등지에 있는 왜군은 본국으로부터 군수품을 제대로 보급받지 못해 고립되기 시작했다.

전라좌수군은 3차에 걸친 출정으로 피로가 쌓였고 군량과 군기도 떨어졌다. 충무공은 순천과 흥양 고을의 군량 900석을 본영과 5포로 옮기고 함선을 추가로 건조하는 등 4차 출정을 준비했다. 1592년 8월 1일 전라우수군 함대가 전라좌수영으로 와 함께 훈련하며 전술 완성도를 높였다.

8월 26일 선조는 충무공을 신설한 종2품 삼도수군통제사에 임명하고 전라좌수사를 겸하게 했다. 효율적으로 전투를 수행하기 위해서는 정3품 전라우수사, 경상우수사, 충청수사를 총괄하는 지휘체계가 필요하기 때문이었다.

공직자 충무공

충무공의 3차 출정 지도

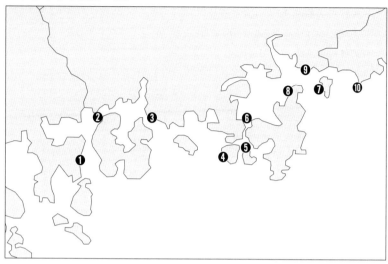

① 여수 전라좌수영 → ② 노량 → ③ 남해 창신도 → ④ 통영 당포 → ⑤ 통영 한산도 → ⑥ 견내량 → ⑦ 부산 가덕도 → ⑧ 거제 온천량 → ⑨ 진해 안골포 → ⑩ 부산 몰운대 → ⑦ 부산 가덕도 → ⑤ 통영 한산도 → ① 여수 전라좌수영

충무공의 3차 출정

○ 1592년 7월 6일~7월 13일(8일)

○ 7월 6일(여수 전라좌수영 출발)
　　— 새벽 전라좌·우수영 함대 52척, 노량으로 출발
　　　※ 해로 약 30km, 약 5시간 소요
　　— 오전 노량에서 원균 함대 7척 합류, 59척 연합함대 구성
　　— 오후 창신도(남해 창신도)로 출발
　　　※ 해로 약 15km, 약 3시간 소요
　　— 오후 창신도 도착 후 정박

○ 7월 7일(남해 창신도 출발)
 ― 오전 당포(통영시 산양읍 삼덕리)로 출발
  ※ 해로 약 30km, 역풍으로 약 10시간 소요
 ― 저녁 당포 도착, 왜군 함대 정보 입수 후 정박

○ 7월 8일(통영 당포 출발)
 ― 새벽 당포에서 견내량으로 출발
  ※ 해로 약 25km, 약 4시간 소요
 ― 오전 견내량 서쪽 입구 도착, 진영 전개 후 대기
 ― 오전 한산도 앞바다에서 왜선 73척과 한산도해전, 왜선 59척 격침
 ― 오후 견내량 동쪽 입구로 항진
  ※ 해로 약 5km, 약 1시간 소요
 ― 오후 견내량 동쪽 입구 정박

○ 7월 9일(통영 견내량 출발)
 ― 새벽 가덕도로 출발
  ※ 해로 약 40km, 약 7시간 소요
 ― 오전 왜선 40여 척 안골포 주둔 정보 입수
 ― 오후 온천량(거제도와 칠천도 사이)으로 회항
  ※ 해로 약 15km, 약 3시간 소요
 ― 오후 온천량 도착 후 정박

○ 7월 10일(거제 온천량 출발)
 ― 새벽 안골포(창원시 진해구 안골동)로 출발
  ※ 해로 약 15km, 약 3시간 소요
 ― 오전 안골포 도착, 왜선 42척 상대로 안골포해전, 20여 척 격침
 ― 저녁 안골포 앞바다로 이동 후 정박, 왜선들은 도주

○ 7월 11일(창원 안골포 앞바다 출발)
 ― 새벽 안골포 진입, 왜선 모두 도주 확인
 ― 오전 몰운대로 항진

　　　　　　　　　　　　　　　　　　　　공직자 충무공

※ 해로 약 20km, 약 3시간 소요
　— 오후 가덕도 천성보로 이동
　※ 해로 약 10km„ 약 2시간 소요
　— 저녁 한산도로 출발
　※ 해로 약 40km, 약 7시간 소요

○ 7월 12일(통영 한산도 정박)
　— 아침 한산도 앞바다 도착 후 휴식 취하며 정박

○ 7월 13일(통영 한산도 출발)
　— 오전 연합함대 해산 후 전라좌수영으로 출발
　※ 해로 약 80km, 약 13시간 소요
　— 저녁 여수 전라좌수영 복귀

전라도를 지킨 웅치·이치전투(1592년 7월 7일~8월 17일)

여기서 옆길로 조금 새겠지만 당시 전라도를 공격한 왜군을 살펴볼 필요가 있다. 도요토미 히데요시는 전쟁을 승리하려면 조선의 군사와 군량, 군수품의 근본인 전라도를 공략해야 한다고 판단한 것 같다. 이를 위해 도요토미 히데요시는 왜 수군 장수들을 동원해 조선 수군을 공격하는 한편, 제6군 고바야카와의 왜군 1만 6,000여 명에게 전라도를 공격할 것을 명령했다. 1592년 7월 초 와키자카, 가토, 구키 등이 지휘하는 왜 수군이 우리 연합함대를 공격하기 위해 경상도 바다로 오던 시점에 육지에서는 고바야카와의 왜군이 전라도 공격을 시작했다.

7월 7일 고바야카와의 부하 장수 안코쿠지 에케이安国寺惠瓊(1539~1600)의 왜군 수천 명이 진안에서 전주로 가는 고개인 웅치(해발 350미터, 전북 완주군 소양면 신촌리)를 공격하면서 웅치전투가 시작되었다. 안코쿠지의 왜군은 경상도 창원에서 서진해 남원을 거쳐 전주로 가려다가 경상도 의령 정암진에서 곽재우의 의병에게 저지당하자 북쪽으로 방향을 틀어 경상도 성주로 와 다시 서쪽으로 진군해 전북 진안을 거쳐 웅치로 왔다.

웅치는 익산에서 거병한 의병장 황박의 의병과 나주, 해남, 김제 등의 관군 등 1,500여 명이 방어하고 있었다. 우리 방어진은 3선으로 구축했는데 제1방어선은 황박 의병, 제2방어선은 나주판관 이복남李福男(1555~1597), 해남군수 변응정邊應井이 이끄는 관군, 제3방어선은 김제군수 정담鄭湛이 지휘하는 관군이었다. 군사훈련을 제대로 받지 못하고 무장 수준이 떨어지는 의병이 가장 중요한 제1방어선을 맡은 것이 조금 이상하다. 김제 군수 정담이 총지휘관으로 보이지만 방어군 전체의 유기적인 지휘체계와 협력은 부족했던 것 같다. 지휘관이 없으면 시시각각 상황이 변하는 전투에서 적절히 대응하기 어렵다. 웅치전투도 그런 면이 있었던 것 같다.

7월 7일 안코쿠지의 왜군이 웅치 고개를 향해 진격하면서 전투가 시작되었다. 그날은 한산도해전을 하루 앞둔 연합함대가 당포에 도착한 날이었다. 왜군은 제1방어선을 지키는 황박 의병의 반격을 받고 퇴각했다가 다음 날인 7월 8일 전력을 총동원해 공격했다. 공교롭게도 그날은 한산도에서 왜 수군과의 해전이 벌어진 날이다. 웅치 고개를 지키는 황박 의병은 사력을 다해 싸웠지만 왜군의 공격을 견디지 못하고 뒤로 밀려났다.

고개 중간에 자리 잡은 나주판관 이복남, 해남군수 변응정이 지휘하는 제2방어선에서 전투가 벌어졌다. 하지만 제2방어선도 곧바로 무너졌다. 제1방어선에서 후퇴한 의병들의 영향을 받아 관군의 사기가 떨어졌을 것이다. 마지막은 웅치 정상의 제3방어선이다. 김제군수 정담이 지휘하는 제3

방어선에서 치열한 전투가 전개되었다. 제3방어선의 관군은 규율이 잡히고 전투 의지도 높았던 것 같다. 지휘관인 김제군수 정담의 지휘 덕분이었을 것이다. 정담이 지휘하는 관군은 웅치 정상에서 죽기를 각오하고 해가 저물 때까지 왜군과 백병전을 벌였다. 하지만 정담 등 500여 명이 전사하고 웅치를 내주고 말았다.

웅치를 점령한 안코쿠지의 왜군도 큰 타격을 입었다. 그래도 안코쿠지의 왜군은 웅치를 넘어 전주성 외곽까지 진출했다. 전주성 근처 안덕원(전주시 산정동과 금상동)에는 웅치에서 후퇴한 나주판관 이복남이 병력을 수습해 방어선을 구축하고 있었다. 거기에 동복현감 황진이 지휘하는 관군이 합류했다. 황진이 지휘한 관군은 왜군의 공격 목표인 남원을 지키고 있다가 웅치전투 소식을 듣고 급히 안덕원으로 왔다.

황진은 용감한 장수였고 그가 이끄는 관군도 전투를 치르지 않아 기운이 남아 있었다. 황진의 부대는 안덕원에서 이복남 부대를 공격하는 안코쿠지 왜군의 측면을 공격했다. 웅치에서 심각한 타격을 입은 안코쿠지의 왜군은 용감한 황진 부대의 맹공을 견디지 못하고 패퇴했다. 안코쿠지의 왜군은 웅치를 넘어 진안을 거쳐 7월 17일 금산으로 가 고바야카와의 왜군과 합류했다. 이것이 웅치전투이다. 황진은 군사를 이끌고 광주목사 권율이 있는 이치 방어군에 합류했다.

한편, 금산성에 있던 고바야카와의 왜군은 7월 10일 금산성을 탈환하기 위해 공격해 온 전라방어사 곽영이 지휘하는 관군과 의병장 고경명高敬命이 이끄는 의병 6,000여 명에게 포위당했다. 하지만 고바야카와의 왜군은 취약한 곽영의 관군을 기습 공격해 포위망을 무너뜨렸고 관군은 도주했다. 마지막까지 자리를 지키며 버티던 고경명의 의병도 참패했다. 이 전투에서 의병장 고경명, 유팽로柳彭老 등이 전사했다. 1차 금산전투이다. 이로 인해 고바야카와 왜군의 전라도 공격이 지체되었고 이치를 지키는 조선 육군은 방어할 시간을 벌 수 있었다.

이후 전열을 재정비한 고바야카와의 왜군 1만여 명이 전주로 가기 위해 진산을 통과해 이치(해발 350미터, 전북 완주군 운주면 산북리)를 공격할 준비를 했다. 이치는 광주목사 권율이 1,000여 명의 관군과 함께 목책과 장애물을 설치하는 등 만반의 방어 준비를 해두었고 동복현감 황진까지 합세했다. 이치는 금산군 진산에서 완주군 고산을 지나 전주로 가는 고개이다.

8월 17일 드디어 고바야카와의 왜군이 이치를 공격했다. 이치를 지키는 권율과 황진 군은 화포와 화살로 반격하는 등 결사적으로 방어했다. 특히 안덕원에서 안코쿠지의 왜군을 격퇴하고 온 황진 부대가 맹활약했다. 황진 부대는 왜군의 공격로 측면에서 적을 공격해 큰 효과를 보았다. 그러자 왜군은 황진 부대를 공격하면서 지휘관인 황진에게 집중사격을 했고 황진은 조총 탄환을 맞고 잠시 혼절했다. 그 바람에 우리 군의 사기가 떨어졌고 이치를 넘겨줄 위기에 처했지만 광주목사 권율이 직접 군사를 지휘해 이치를 끝까지 사수했다.

날이 저물자 왜군은 공격을 중단하고 금산으로 후퇴했다. 전라도 바다로 향하던 왜 수군의 공격이 충무공과 연합함대의 활약으로 한산도와 안골포 등지에서 격파되었고 전라도 공략을 목표로 진격한 왜군의 공격도 권율과 황진 등이 지휘하는 전라도 육군의 활약으로 웅치와 이치에서 격퇴되었다.

공직자 충무공

충무공의 4차 출정(1592년 8월 24일~9월 2일)

8월 24일 충무공의 4차 출정이 시작되었다. 지난 7월 13일 3차 출정에서 돌아온 지 1개월 10일이 지난 시점이었다. 이번에는 77세의 백전노장 정걸이 참전했다. 꾸준히 전선 건조를 진행해 전라도 연합함대 함선은 25척이 증가한 74척이었다. 군사는 1만여 명이었을 것이고 합동훈련까지 마쳤다.

8월 24일 오후 4시 무렵 전라도 연합함대는 전라좌수영에서 동쪽으로 항진해 남해도 관음포에 도착해 휴식을 취했고 자정 무렵 달빛을 받으며 관음포를 출발했다. 전라도 연합함대는 노량을 통과해 8월 25일 새벽 사천 모자랑포(사천시 송포동)에 도착했다. 야간에 약 60킬로미터를 이동한 것이다. 부산포를 직접 공격하는 최고 작전을 앞두고 왜군의 감시망을 피하기 위한 이동이었을 것이다.

8월 25일 아침 전라도 연합함대는 모자랑포에서 다시 약 50킬로미터를 동진해 통영 당포에서 경상우수사 원균의 경상우수군을 만나 연합함대를 구성했다. 당포는 당시 우리 수군의 1차 전진기지였다. 당포에서 충무공은 이억기, 원균 등과 함께 왜군의 동향과 향후 작전을 논의했다. 이번 작전의 목표는 왜군의 소굴인 부산포 공격이었다. 연합함대는 당포에서 8월 25일 밤을 보냈다. 8월 26일은 항해하기에 날씨가 나빠 기다리다가 저녁 무렵 당포를 출발했다. 연합함대는 미륵도 남단을 돌아 북쪽으로 올라가 견내량을 지나 거제 땅 각호사(거제시 사등면 오량리 신광사) 앞바다에 정박했다. 80여 척, 1만 명이 넘는 거대한 연합함대가 야간에 거의 50킬로미터를 장거리를 이동한 것이다. 왜군의 감시망을 피하기 위한 신출귀몰한 이동이었을 것이다.

8월 27일 새벽 연합함대는 각호사 앞바다를 떠나 북동쪽으로 항해해 거제 칠천도에서 정박하며 휴식을 취했다. 그날 저녁 연합함대는 다시 북동쪽으로 이동해 제포(진해시 제덕동), 서원포西院浦(진해시 원포동)를 지나 가덕도에 도착해 정박했다. 이것도 왜군의 눈을 피해 야간에 이동한 것으로 보인다.

8월 28일 연합함대는 가덕도 천성보에서 머물렀다. 충무공은 방답진첨사 이순신과 광양현감 어영담을 동쪽으로 보내 낙동강 하구의 왜선 동향을 파악하도록 했는데 왜군의 흔적은 발견되지 않았다. 8월 29일 새벽 연합함대는 가덕도 천성보를 출발해 동쪽으로 출진했다. 연합함대는 동쪽으로 이동하면서 낙동강 하구 장림포에서 대선 4척과 소선 2척 총 6척의 왜선을 발견했는데 왜군이 배를 버리고 도주하자 왜선 6척을 모두 불태웠다.

연합함대는 낙동강을 거슬러 올라가려고 했지만 강폭이 좁아 판옥선이 기동하기에 불편해 포기하고 가덕도로 회군해 정박했다. 연합함대는 부산포를 공격하기 전 진해만과 낙동강 하구 등지에 왜군이 있는지 일일이 확인하고 있었다. 이제 부산포 공격 준비가 끝났다. 가덕도에서 낙동강 하구까지 부산포로 가는 항로에 왜군이 없어 배후를 걱정할 필요가 없었다. 부산포를 공격한 후 안전하게 돌아올 수 있다는 확신이 생겼다. 이것도 조심하고 또 조심하는 충무공다운 행보였다.

8월 30일 충무공은 가덕도에서 원균, 이억기 등과 부산포 공격을 논의하고 전투를 준비했다. 부산포 공격은 과거의 해전과 차원이 달랐다. 지난 1차 출정과 2차 출정은 포구에 머물며 노략질하는 왜군을 공격한 것이고

3차 출정은 정예 왜 수군과 바다에서 싸운 것이지만 우리 영역에서 압도적인 함선과 병력, 화력으로 일방적으로 공격해 승리한 것이었다. 하지만 부산포의 왜군은 다르다. 조선을 침략한 왜군의 본거지이고 그들이 지배하는 지역이다. 우리 수군보다 여섯 배나 많은 엄청난 왜선과 병력이 집결해 있다. 배후에서 왜군 함대가 연합함대의 배후를 언제 공격할지 알 수 없었고 전투를 마치고 복귀하는 것도 만만치 않았다. 그래서 충무공은 모든 주의를 기울여 부산포로 가는 항로를 점검했다. 그래도 수백 척의 왜선과 수만 명의 병력이 있는 왜군의 소굴인 부산포를 직접 공격하는 것이다. 충무공은 다시 한번 점검하고 빈틈없이 준비했을 것이다.

9월 1일 새벽 드디어 연합함대는 부산포를 공격하기 위해 출진했다. 가덕도를 출발해 낙동강 하구를 지나 동쪽으로 항진해 몰운대(부산시 사하구 다대동) 근처에 이르자 역풍인 동풍이 거세게 불고 파도가 높았다.

필자는 1999년 8월부터 2001년 6월까지 부산지검에서 근무하며 가족과 다대포 삼환아파트 23층에서 살았다. 멀리 수평선 너머로 대마도가 보이기도 했다. 몰운대는 매주 가족들과 놀러 갔고 다대포 어시장에서 싱싱한 생선회를 구입해 먹었다. 아름다운 추억이 있는 곳이다.

9월 1일 아침 연합함대는 가까스로 연안을 따라 동쪽으로 이동했다. 연합함대는 동진하다가 화준구미(다대포 어항 근처)에서 왜군의 대선 5척을 발견해 격침시키고 인근 다대포항에 정박 중인 왜군의 대선 8척을 공격해 역시 격침시켰다. 시간이 걸리더라도 안전한 회군을 위해 그대로 놔둘 수는 없었을 것이다.

연합함대는 계속 동진해 서평포(부산시 사하구 구평동 감천항)에 있는 왜군의 대선 9척을 공격해 격파하고 다시 동진해 절영도(영도)에서 왜군의 대선 2척을 공격해 격파했다. 모두 24척을 격침시켰다. 이틀 전인 8월 29일 장림포에서 격파한 6척을 합치면 30척이다. 연합함대는 절영도 근처를 수색했지만 왜군은 보이지 않았다. 연합함대는 탐망선을 보내 부산포에 있는 왜군을 정찰했다. 부산포에는 무려 470척에 이르는 왜군 함선이 정박해 있었고 대선 4척이 초량목으로 나오고 있었다.

날이 저물고 있었다. 약 40킬로미터를 이동했고 화준구미, 다대포, 서평포, 절영도 등지에서 왜선을 격파하느라 시간이 걸렸다. 그래도 그대로 회군할 수는 없었다. 연합함대는 부산포의 왜군 함선을 공격하기로 결정했다. 우부장 녹도만호 정운과 돌격장 이언량 등이 지휘하는 거북선이 앞장서 초량목으로 나오는 왜군의 대선 4척을 공격해 격침시켰다. 부산포에 있던 왜선들은 나오지 않고 그대로 정박해 있어 본격적인 해전은 쉽지 않았다.

연합함대는 안골포해전처럼 장사진으로 부산포의 왜선들을 공격하기로 결정했다. 연합함대 함선들이 차례로 교대하며 부산포 안으로 진격해 부산포 해안에 정박 중이던 왜선을 향해 각종 총통과 화살을 퍼붓고 빠져나왔다. 왜군은 부산포구 뒤편 산 여섯 곳에 진을 치고 각종 철환과 화살을 쏘며 저항했다. 연합함대 함선들은 죽음을 무릅쓰고 돌진해 각종 총통과 화살을 일제히 쏘며 공격을 계속했다. 부산포에 정박 중이던 왜선 100여 척이 격침되었다.

밤이 깊어지자 연합함대는 전투를 마치고 신속히 서쪽으로 회군해 가덕도에 도착해 정박했다. 다음 날인 1592년 9월 2일 충무공과 원균, 이억기는 연합함대를 해산하고 각자 진영으로 복귀했다. 왜군의 본진 소굴을 공격한 9일 동안의 부산포 공격작전이 종료되었다. 부산포해전이다.

충무공은 부산포해전을 가장 높이 평가했다. 아군보다 여섯 배나 많은 470척을 공격한 것이고 고지대에 방어 진지를 구축하고 각종 철환과 화살을 쏘아대는 왜군의 저항을 무릅쓰고 그때까지 가장 많은 100여 척 이상의 왜선을 격침시켰다. 특히 왜군의 본거지인 부산포를 직접 공격해 왜군의 간담을 서늘케 만들었기 때문이다. 이제 왜군은 남해의 제해권을 완전히 빼앗기고 자신들의 근거지까지 위협받는 처지에 놓였다. 근거지를 잃으면 본국으로 돌아갈 수 없다. 전국 각지에 있던 왜군의 사기가 땅에 떨어지고 전쟁의 분위기도 바뀌었다.

하지만 부산포해전을 위해 장거리를 이동하며 격전을 치른 아군의 피해도 작지 않았다. 녹도만호 정운이 왜군이 쏜 철환을 맞고 전사했고 파손된 아군 함선도 많았다. 특히 해전 때마다 선두에서 용감히 싸운 녹도만호 정운의 죽음은 크나큰 손실이었다. 충무공은 정운, 방답1호선 사부, 순천 수군 김천회金千回 등 전사자 5명과 대장선 격군, 절에서 일하는 절 노비 장개세張開世 등 부상자 25명의 명단을 기재한 4차 출정 보고서를 작성해 조정에 올렸다. 겨울이 다가오고 있었고 왜군과의 1592년 해전이 사실상 마무리되고 있었다.

1592년 5월 4일부터 9월 2일까지 네 번에 걸쳐 진행된 출정이 일단락되었다. 암울한 임진왜란 동안 우리 민족에게 기쁨을 안겨주고 자부심을 갖게 해준 빛나는 승리였다. 당시 조선 백성도 오늘날 우리와 같은 심정이었을 것이다. 충무공은 4개월 동안 진행된 네 번의 출정에서 모두 승리했다. 옥포, 합포, 적진포, 사천, 당포, 당항포, 율포, 장림포, 화준구미, 다대포,

서평포, 절영도, 초량목, 부산포 등 16회에 걸친 해전에서 왜선 320여 척을 격침시키고 왜군 2만여 명을 살상했다.

반면, 우리는 함선을 단 1척도 잃지 않았고 사상자 수도 200여 명에 불과했다. 세계 해전사에서 이런 승리는 없다. 풍전등화의 조선을 구한 빛나고 완벽한 승리였고 도요토미 히데요시의 헛된 야망을 좌절시킨 승리였다. 충무공은 철저한 준비와 전략으로 왜군을 압도했다. 정보와 전략, 전술과 화력에서 이긴 상태로 전투에 임했고 그 결과, 싸우면 승리했다. 이제 남해는 완벽히 우리가 지배하게 되었고 침략의 거점인 부산포까지 공격받아 조선으로 쳐들어온 왜군은 군수품 보급과 퇴로를 걱정해야 하는 처지로 몰렸다. 전체적인 전세도 아군의 우위로 바뀌었다.

충무공의 4차 출정 지도

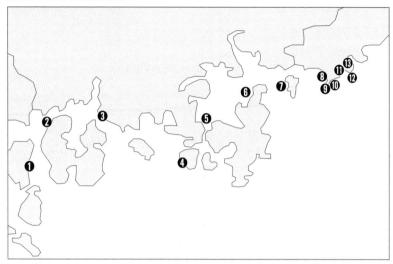

① 여수 전라좌수영 → ② 남해 관음포 → ③ 사천 모자랑포 → ④ 통영 당포 → ⑤ 거제 각호사 앞바다 → ⑥ 거제 칠천도 → ⑦ 부산 가덕도 → ⑧ 부산 장림포 → ⑦ 부산 가덕도 → ⑨ 부산 화준구미 → ⑩ 부산 다대포 → ⑪ 부산 서생포 → ⑫ 부산 절영도 → ⑬ 부산포 → ⑦ 부산 가덕도 → ① 여수 전라좌수영

충무공의 4차 출정

○ 1592년 8월 24일~9월 3일(10일)

○ 8월 24일(전라좌수영 출발)
 — 새벽 전라좌·우수영 연합함대 74척, 남해 관음포로 출발
  ※ 해로 약 30km, 약 5시간 소요
 — 오전 남해 관음포 도착 후 휴식
 — 자정 무렵 모자랑포(사천시 송포동 선전마을)로 출발
  ※ 해로 약 25km, 약 4시간 소요

○ 8월 25일(관음포 출발)

— 새벽 모자랑포 도착

— 오전 당포로 출발

  ※ 해로 약 40km, 약 7시간 소요

— 오후 당포 도착, 경상우수영 함대와 연합함대 구성 후 정박

○ 8월 26일(당포 출발)

— 저녁 각호사(거제시 사등면 오량리)로 출발

  ※ 해로 약 30km, 약 5시간 소요

— 저녁 견내량 지나 각호사 앞바다 도착 후 정박

○ 8월 27일(각호사 앞바다 출발)

— 새벽 칠천도로 출발

  ※ 해로 약 25km, 약 4시간 소요

— 오전 칠천도 도착 후 휴식

— 저녁 가덕도 출발

  ※ 해로 약 15km, 약 3시간 소요

— 저녁 제포(진해시 제덕동), 서원포(진해시 원포동) 지나 가덕도 도착 후 정박

○ 8월 28일(가덕도 천성보 정박)

— 연합함대 천성보 정박

— 방답진첨사 이순신, 광양현감 어영담 낙동강 하구까지 정찰

○ 8월 29일(가덕도 천성보 출발)

— 새벽 장림포로 출발

  ※ 해로 약 30km, 약 5시간 소요

— 오전 장림포(낙동강 하구) 왜선 6척 분멸(장림포해전)

— 오후 가덕도로 회군

  ※ 해로 약 20km, 약 3시간 소요

— 저녁 가덕도에서 전투 준비

공직자 충무공

○ 9월 1일(가덕도 천성보 출발)
　— 새벽 부산포로 출발
　　※ 해로 약 30km, 약 5시간 소요
　— 오전 몰운대 지나 화준구미(부산시 사하구 다대포항) 도착, 화준구미해전
　　※ 화준구미 왜선 5척, 다대포항 왜선 8척 격침
　— 오전 서평포(부산시 사하구 구평동 감천항) 도착, 왜선 9척 격침
　— 오후 절영도(부산시 영도) 도착, 왜선 2척 격침
　— 오후 부산포 도착 후 부산포해전
　　※ 주둔 중인 왜선 470척 공격해 100여 척 격침
　— 저녁 가덕도로 회군
　　※ 해로 약 30km, 약 5시간 소요
　— 늦은 저녁 가덕도 도착 후 정박

○ 9월 2일(가덕도 천성보 출발)
　— 오전 연합수군 해산 후 여수 전라좌수영으로 출발
　　※ 해로 약 150km, 약 25시간 소요

○ 9월 3일 여수 전라좌수영 복귀

10.
명군의 참전과 지루한 대치

명군의 참전과 행주대첩

1592년 12월 10일 이여송을 대장으로 하는 명나라 군사 4만여 명이 압록강을 건너 참전했다. 1593년 1월 6일 이여송의 명군은 도원수 김명원, 황해도 방어사 이시언李時彦(1557~1602), 승려 휴정과 유정이 지휘하는 2만여 명의 조선군과 연합해 평양성에 주둔 중이던 고니시 유키나가의 왜군을 공격했다. 3일간의 치열한 포격과 공성전 끝에 고니시의 왜군은 평양성을 내주고 후퇴했다.

1월 27일 명장 이여송은 소수의 정예 기병을 이끌고 고니시의 왜군을 추격해 개성을 탈환했다. 이여송은 그 여세를 몰아 한양을 수복할 욕심에 혜음령(고양시 벽제동)을 넘었다. 하지만 벽제관(경기도 고양시 벽제동) 근처에는 왜장 고바야카와 다카카게가 이끄는 왜군이 매복 중이었다. 고바야카와의 왜군은 1597년 7월과 8월 전라도를 공격했다가 웅치·이치전투에서 권

공직자 충무공

율·황진이 지휘하는 전라도 육군에게 패했다. 이후 금산성에서 올라와 개성에 있다가 벽제관 근처로 와 매복한 것으로 보인다.

고바야카와의 왜군은 이여송 부대의 기병이 나타나자 조총으로 집중사격을 가했다. 이여송은 기병 1,000여 명을 잃고 크게 패하고 개성을 지나 평양성까지 퇴각했다. 벽제관 전투이다. 벽제관 참패에 이어 명군의 말 1만 2,000여 필이 전염병으로 죽자 기병 위주이던 이여송의 명군은 사기가 크게 떨어지고 전력이 약해졌다.

한편, 이치전투에서 고바야카와의 왜군을 물리치고 전라도관찰사로 승진한 권율은 4개월 동안 군량과 무기를 확보하고 한양으로 진격할 준비를 마쳤다. 참전한 명나라 군대와 연합해 한양을 탈환할 생각이었다. 1592년 12월 전라도관찰사 권율은 군사 1만여 명을 이끌고 북상했다. 전라병사 선거이, 소모사 변이중邊以中(1546~1611), 의병장 변사정邊士貞(1529~1596), 의승 처영處英 등 유능한 장수와 의병장이 함께했다.

권율 부대는 우선 독성산성(경기도 오산시 양산동)에 근거지를 마련했다. 지난 6월 5일 광교산 전투의 참패를 거울삼아 확실한 근거지부터 먼저 마련한 것이다. 권율 부대는 독성산성에 주둔하며 평양성을 수복한 조·명연합군의 남진에 발맞추어 한양에 집결한 왜군을 공격할 채비를 갖추었다. 권율 부대가 독성산성에서 부산 쪽에서 올라오는 적의 보급로를 위협하자 한양에 주둔한 왜군은 독성산성을 공격했다. 하지만 권율 부대는 유능했다. 돌격전을 전개하거나 야습하는 것처럼 속이는 등 다양한 방법으로 반격해 왜군을 물리쳤고 결국 왜군은 한양으로 철수했다. 이제 한강 이남 경기도 지역이 우리 영향권이 되었다. 권율은 군사를 나누어 전라병사 선거이에게 독성산성을 지키게 하고 소모사 변이중에게는 시흥 방면을 지키게 한 후 나머지 군사를 이끌고 한강을 건너 행주산성으로 들어갔다.

1월 27일 벽제관 전투에서 이여송의 명군을 물리친 왜군은 그 여세를 몰아 행주산성에 주둔 중이던 권율 부대를 공격할 준비를 했다. 이에 대비해 행주산성에서는 권율 장군이 이끄는 군사와 처영이 이끄는 승병 등 3,000여 명이 산성 주변에 목책을 세우고 도랑을 깊이 파는 등 방어 진지를 구축했다. 산성 곳곳에는 화약을 이용해 많은 화살을 쏠 수 있는 화차와 신기전, 각종 화포, 기계장치를 이용해 돌을 날리는 수거석포, 오늘날 수류탄과 비슷한 비격진천뢰 등의 화약 신무기와 다양한 화살을 비치했다. 행주산성은 권율이 지휘하는 전라도 군사가 왜군과 일전을 치를 만반의 준비를 마쳤다.

행주산성 인근에는 우리 지원군이 포진했다. 강화도에는 의병장 김천일, 양주에는 고언백高彦伯, 광교산에는 선거이, 김포 통진에는 충청감사 허욱許頊, 경기도 양천에는 변이중이 각각 군사를 이끌고 행주산성에 있는 권율 부대를 응원했다.

2월 12일 새벽 한양에 주둔 중이던 왜군 총대장 우키타 히데이에는 왜군 3만여 명을 7대 부대로 나누어 행주산성을 공격했다. 제1대장 고니시 유키나가의 왜군이 행주산성을 향해 공격하면서 전투가 시작되었다. 지난 1월 고니시의 왜군은 조·명연합군에게 평양성을 빼앗기고 한양으로 철수해 왔는데 다시 1번대로 참전해 조총을 쏘며 거세게 공격했다. 하지만 고니시의 왜군은 화포와 화차 등을 동원한 권율 부대의 강력한 반격을 받고 격퇴당했다.

왜군은 제2대, 제3대, 제4대, 제5대, 제6대, 제7대를 차례로 투입하며 공격을 계속했다. 권율 부대는 다양한 화약무기를 이용한 포탄과 화살, 창과 칼, 돌과 횟가루까지 동원해 가며 싸웠다. 화살이 떨어지자 백병전까지 치르며 열 배가 넘는 왜군의 공격을 모두 물리쳤다. 치열한 전투가 진행되고 화살이 부족한 시점에 경기수사 이빈李蘋(1537~1603)이 김포 통진에서 배 2척에 화살을 가득 싣고 왜군의 배후를 찌를 듯이 한강을 거슬러 올라왔다. 권율 부대는 다시 힘을 얻었고 왜군은 사기가 꺾였다. 전투는 결국 우리의 승리로 끝났다. 권율이 이끈 전라도 군사는 8개월 전인 1592년 6월 5일과 6월 6일에 벌어졌던 용인 광교산전투의 참패를 통쾌하게 설욕했다. 이것이 임진왜란 3대 대첩 중 하나인 행주대첩이다.

행주대첩 이후 왜군과의 전투는 사실상 소강상태에 접어들었다. 벽제관에서 패배한 이여송의 명군은 전투할 의지가 없었다. 왜군도 마찬가지였다. 남해에서 충무공이 이끄는 우리 수군에게 왜 수군이 연패하고 웅치·이치에 이어 평양성과 행주산성에서도 연패하자 왜군도 더 이상 전투를 계속할 여력이 없었다. 조선은 우리 땅에서 침략자 왜군을 몰아내겠다는 의지만 강했을 뿐 이를 실행에 옮길 힘이 부족했다. 그나마 어렵게 마련한 병력과 군량 등은 참전한 명군을 지원하는 데 사용되어 더 이상 전투를 수행할 여력이 없었다.

충무공의 5차 출정(1593년 2월 6일~4월 3일)

1593년 1월 명군의 참전과 평양성 수복에 고무된 선조는 바다에서 도망치는 왜군을 공격할 것을 충무공에게 명했다. 하지만 거센 북서풍이 부는 추운 겨울에 차가운 바다로 출정하는 것은 쉬운 일이 아니었다. 충무공은 1월 30일 5차 출정을 준비했지만 날씨가 너무 추웠다. 결국 함선들을 집결시키기 어려워 연기했다. 8개월 넘게 지속된 전쟁과 추운 날씨 속에 탈영병이 속출하는 등 우리 수군의 사기도 떨어지고 있었다. 실제로 2월 3일 격군 80여 명이 도망치는 사건이 발생했다. 충무공은 그 중 70여 명을 잡아오게 했다. 뇌물을 받고 탈영한 격군을 붙잡지 않은 김호걸金浩乞, 김수남金水男을 처형했다. 그날은 비바람이 강해 함선을 겨우 보전했다.

1593년 2월 6일 새벽 충무공은 차가운 날씨 속에 전라좌수영 함대를 이끌고 5차 출정에 나섰다. 함선 30여 척, 병력은 5,000여 명이었을 것이다. 전라좌수영을 떠나 노량을 지나 동쪽으로 향했지만 정오 무렵부터 역풍인 동풍이 불었다. 항해하기 무척 어려웠다. 저녁 무렵 사량진에 도착해 정박했다. 2월 7일 새벽 전라좌수군은 동쪽으로 이동해 미륵도를 돌아 견내량으로 향했다. 그곳에서 경상우수사 원균, 소비포 권관 이영남李英男 등과 만나 정박했다.

2월 8일 전라우수사 이억기가 함선 40척을 이끌고 와 연합함대를 구성했다. 연합함대는 함선 약 80여 척, 병력 1만여 명이었을 것이다. 2월 8일 오후 연합함대는 견내량을 지나 동쪽으로 이동해 초저녁 거제도 칠천도에 도착해 정박했다. 2월 9일 새벽 연합함대가 출진하려고 했지만 종일 비가 내려 포기했다. 연합함대는 칠천도와 가덕도 근처에 진을 치고 대기하며 왜군이 조·명연합군에 쫓겨 바다로 도주하기를 기다렸다.

2월 10일 새벽 부산포로 가는 길목인 가덕도 북쪽 웅천(창원시 진해구 성내동)에 왜군이 있다는 첩보가 들어왔다. 연합함대는 웅포(진해시 남문동)로 이

공직자 충무공

동해 유인작전을 폈다. 하지만 웅포에 있던 왜군 함선들이 얕은 해안에 머물며 걸려들지 않아 성과를 거두지 못했다. 2월 11일은 날씨가 좋지 않고 병사들도 지쳐 있어 연합함대는 소진포(거제시 장목면 송진포리)로 이동해 휴식을 취하며 다음 전투를 준비했다. 2월 12일 새벽 연합함대는 다시 웅천과 웅포로 이동해 왜군을 공격했지만 좁은 포구에 틀어박혀 전투를 피하는 왜군을 섬멸하지 못하고 칠천도로 돌아왔다. 그날 밤새도록 비가 내렸다.

2월 13일도 비가 내려 연합함대는 출진하지 못했다. 충무공은 순천부사 권준, 광양현감 어영담, 방답첨사 이순신 등의 장수들과 작전을 논의했지만 적절한 공격 방법을 찾기 어려웠다. 2월 14일 충무공이 연합함대 지휘관 회의를 개최했는데 술에 취한 원균은 회의에 참석하지 않았다. 충무공은 칠천량에 계속 머물며 다음 전투를 고심했다.

그러는 사이 명군이 평양과 개성, 한양에서 승리했고 향후 명 수군이 참전할 예정이며 영의정 정철이 사은사로 명나라로 간다는 소식이 들어왔다. 충무공은 정철이 사용할 노자를 마련하고 그 명목을 적은 노비 단자를 정리해 보냈다. 일선에서 조정의 지원을 받아야 할 충무공이 오히려 조정에 있는 영의정의 여비를 챙겨준 것이다.

1593년 2월 17일 저녁 무렵 "왜군이 돌아가는 길목에 미리 가 도망치는 왜군을 막아 몰살시키라"라는 선조의 유지가 다시 도착했다. 명군이 전투에 소극적인 상황에서 별다른 방안이 없던 선조는 충무공에게 왜군을 공격하라는 지시만 계속 내리고 있었다. 어명이니 충무공은 따라야만 했다. 2월 18일 새벽 충무공의 연합함대는 웅천의 왜군을 치기 위해 칠천량을 떠나 웅천에 도착했다. 웅천의 왜군을 뒤에 두고 부산포를 공격할 수는 없었기 때문이다.

충무공은 사도진첨사 김완을 복병장으로 임명하고 여도만호 김인영, 녹도가장, 좌우 별도장, 좌우 돌격장, 광양2호선, 흥양대장선, 방답2호선 등을 거느리고 웅천 포구 서쪽 송도(진해시 송도)에 매복시켰다. 그리고 웅천의 왜선 10여 척을 유인해 맹공을 퍼부어 성과를 거두었다. 하지만 왜선들이 아군의 공격에 대응하지 않고 포구 안으로 도주하는 바람에 더 이상 성과를 거두지 못했다. 연합함대는 송도 서쪽에 있는 서원포(진해시 원포동)에서 물을 구하고 동쪽으로 이동해 사화랑(진해시 사화랑 봉수대 남쪽 명동) 앞바다에 머물며 웅천 포구에 있는 왜군을 고립시켰다.

2월 19일은 바람이 거세 함대 이동이 쉽지 않아 그대로 머물렀다. 2월 20일 연합함대는 다시 웅천의 왜군을 공격했지만 갑자기 거센 바람이 불어 함선을 통제하기 어려웠다. 흥양선, 방답선, 순천선, 전라좌수영 함선들이 서로 충돌해 깨지는 피해가 발생했다. 더 이상 공격은 무리였다. 충무공은 초요기를 흔들어 공격을 중지시키고 거제도 소진포(거제시 장목면 송진포)로 이동해 정박했다.

2월 22일 연합함대는 소진포를 떠나 웅천 입구 서쪽 사화랑 앞바다에 도착해 바람이 멈추기를 기다렸다. 충무공은 웅천의 왜군을 끌어내기 위해 승장 삼혜三慧와 의능義能, 의병장 성응지成應祉 등에게 군사를 이끌고 웅천 제포(진해시 웅천동)에 상륙하게 하고 전라우수군 장수들은 웅천 동쪽에서 상륙해 공격하도록 했다. 웅천에 있던 왜군은 혼란에 빠졌다. 그 틈을 타 연합함대가 웅천 포구 안으로 진입해 왜선을 공격해 심대한 피해를 입혔다. 하지만 발포 2선과 가리포 2선이 명령을 어기고 공격하다가 좌초

되며 서로 충돌했다. 함선 1척이 전복되면서 많은 수군이 전사했다. 충무공은 해전에서 처음으로 함선을 잃었다. 안타까운 상황이었다. 또한, 왜군을 공격하던 진도선이 왜선들에게 포위당했지만 이몽구가 지휘하는 우후선이 들어가 겨우 구해냈다. 연합함대는 치열한 전투를 마치고 거제 소진포로 이동해 정박했다.

좁은 웅천 포구 주변에 요새를 구축하고 도사리는 왜군을 공격하느라 우리 수군도 처음으로 함선을 잃고 소중한 군사들이 전사하는 등 적지 않은 피해를 입었다. 어명이어서 어쩔 수 없는 출정이었지만 완벽한 승리를 추구하는 충무공으로서는 무척 고통스러운 일이었다. 충무공은 상세한 전투 상황과 함께 본인에게 책임이 있다는 장계를 올렸다. 2월 22일 전투 이후에도 고통스러운 상황이 계속되었다.

2월 28일 연합함대가 소진포를 출발해 동쪽으로 사화랑, 가덕도, 독사리항(부산시 녹산동 서낙동강 하류)까지 진격했는데도 왜군은 전혀 대응하지 않았다. 연합함대는 웅천의 왜군을 감시하며 낙동강 서쪽 바다를 통제했다. 하지만 웅천에 왜군이 있는 상황에서 부산포를 공격했다간 앞뒤로 왜군에게 포위당할 위험이 컸다. 연합함대는 칠천량에 머물며 웅천의 왜군과 대치했다. 그러는 사이 웅천의 왜군을 의식해 부산포 공격에 신중한 충무공과 당장 부산포를 공격해야 한다는 원균의 관계는 점점 악화되고 있었다.

3월 6일 새벽 연합함대는 소진포를 떠나 다시 웅천의 왜군을 공격했다. 왜군은 산 중턱에 진지를 쌓고 화포와 조총, 화살을 쏘며 대응했다. 연합함대와 웅천의 왜군이 서로 화포와 화살을 쏘며 치열하게 싸웠지만 별다른 성과를 거두기는 어려웠다. 결국 연합함대는 거제도 칠천량으로 복귀해야 했다.

2월 6일 충무공이 출전한 지 한 달이 지났다. 이제 더 이상 버티기 어려웠다. 3월 7일 초저녁 연합함대는 칠천량을 출발해 서남쪽으로 이동했다. 견내량을 지나 3월 8일 새벽 한산도 건너편 걸망포(통영시 산양면 신전리)에 도착했고 한산도에서 아침을 먹었다. 이번에도 연합함대는 야음을 틈타 칠천량에서 한산도까지 약 40킬로미터를 한 번에 이동한 것이다. 충무공은 왜군과의 싸움에서 매사 신중하고 조심했다. 혹시 모를 왜군의 기습과 매복에 항상 대비했다. 적의 예상과 감시를 뛰어넘는 신출귀몰한 야간 이동과 모든 공격에 대응할 수 있는 준비와 신중한 태도를 반드시 견지했다.

충무공은 웅천의 왜군이 도사리는 상황에서 왜군과 가까운 칠천량 소진포보다 한산도를 전진기지로 선택한 것 같다. 한산도는 왜군과는 상대적으로 멀리 떨어져 있고 천혜의 요새인 견내량이 앞에 있다. 연합함대의 근거지인 전라좌·우수영과도 가까워 이동하거나 군량과 무기 등을 보급받기에도 유리했다. 그래도 연합함대가 여수와 해남에 있는 전라좌·우수영으로 복귀했다가 한산도로 오면 왜군에게 빈틈을 준다. 그곳까지 이동하는 것도 번잡하고 번거롭다. 그런 이유로 충무공은 한산도를 연합함대의 전진기지로 결정한 것이라고 생각한다.

『난중일기』에는 1593년 3월 10일 출항해 사량(통영시 사량도)으로 향했다는 기록이 있지만 이후 연합함대는 주로 한산도 주변에 주둔했다. 안전한 정박처를 확보하는 것이 공격과 수비, 휴식 등 모든 면에서 중요했다. 충무공은 1592년 네 번의 출정에서 뛰어난 성과를 거두었지만 왜군이 해상전

공직자 충무공

투를 피하고 공격하기 어려운 웅천 포구에 성을 쌓고 지키는 진지전으로 전환해 버티는 상황에서 아군의 피해가 크고 소모적인 웅천 포구 공격보다는 장기적인 전략이 필요하다고 판단했을 것이다. 전략의 핵심은 최전방인 한산도에 공격과 방어용 전진기지를 마련하는 것이었을 것으로 생각한다.

한산도에 주둔한 덕분에 연합함대의 5차 출정은 2개월가량 진행되었다. 1차 출정 5일, 2차 출정 12일, 3차 출정 8일, 4차 출정 9일과 비교하면 크게 늘었다. 1593년 4월 3일 충무공은 원균, 이억기와 논의해 연합함대를 해산했다. 도망치는 왜군을 바다에서 공격하라는 선조의 명령을 받고 2월 6일 출정한 지 벌써 두 달이 지나고 있었다. 왜군은 벽제관 전투에서 명군에 승리한 후 도망칠 생각을 하지 않고 여전히 한양에 주둔 중이었고 나머지 왜군은 경상도 남해안 부산포와 웅천 등지에 성을 쌓고 웅크리고 있었다.

충무공은 5차 출정을 마치고 소속 군사들이 교대로 농사를 지을 수 있도록 조치한 후 이를 조정에 보고했다. 2개월 가까이 바다에서 지내면서 장수와 군사들은 만성피로에 시달리고 전염병에 걸렸다. 3월 5일 전염병에 시달리던 순천부사 권준이 치료를 위해 순천으로 복귀해야 할 정도였다. 이제 군량을 마련하고 전선, 병장기 등을 수리하고 병든 군사를 치료하는 등 수군을 재정비해야 했다.

한편, 당시 확산된 전염병은 오랜 전쟁으로 사람과 동물이 죽어 부패한 상황에서 좁은 함선에서 집단생활을 하며 신선한 음식을 제대로 먹지 못하는 수군에게는 피할 수 없는 질병이었고 이는 왜군과 명군도 마찬가지였다.

1593년 봄부터 백성들 사이에 굶어 죽는 사람이 속출했다. 왜군을 피해 전국을 떠돌다가 굶어 죽은 사람이 곳곳에 널려 있었다. 먹을 것이 없는 백성들은 산나물과 소나무, 느릅나무 껍질 등으로 연명하고 심지어 사람까지 잡아먹기도 했다. 이런 참혹한 상황에서 조정의 명령에 따라 2개월 동안 진행된 연합함대의 5차 출정은 별다른 성과를 거두지 못하고 아쉽게 끝났다.

충무공의 6차 출정(1593년 5월 7일~7월 30일)

5월 7일 충무공은 다시 출전하라는 조정의 명령에 따라 전라좌수군 함대를 이끌고 경상도 해역으로 나섰다. 6차 출정이다. 4월 3일 5차 출정을 마치고 복귀했으니 불과 한 달이 지난 시점이었다. 충무공은 전라좌수영으로 온 전라우수군과 연합함대를 구성하고 동진해 남해도 남쪽 미조항에 도착했다. 이번에도 전체 함선은 70여 척, 병력은 1만여 명이었을 것이다. 강풍과 큰 파도가 일어 겨우 정박하고 휴식을 취했다.

5월 8일 연합함대는 북동쪽으로 이동해 사량도를 지나 종전에 연합함대가 머물렀던 미륵도 당포(통영시 산양읍 당포리)에 도착해 정박했다. 5월 9일 아침 연합함대는 미륵도를 돌아 북쪽으로 이동해 걸망포(통영시 산양읍 신전리 신봉마을)에 도착해 정박했고 그날 저녁 경상우수사 원균이 전선 2척을 이끌고 합류해 연합함대를 구성했다.

5월 10일 연합함대는 북쪽으로 이동해 견내량 남쪽에 도착했다. 충무공은 견내량 너머 거제도 북쪽 영등포(거제시 장목면 구영리)와 대금산(해발 438

미터, 거제시 장목면 대금리)에 정찰병을 보내 왜군의 움직임을 살폈다. 왜군은 별다른 움직임이 없었다. 5월 11일 거제도 영등포로 나간 정찰병이 가덕도 밖 바다에 적선 200여 척이 드나들며 머물고 있고 웅천의 왜군은 별다른 움직임이 없다는 보고를 했다.

5월 10일부터 5월 14일 사이 조정이 보낸 선전관 고세충高世忠, 성문개成文漑, 도언량都彦良, 박진종朴振宗, 예윤禮胤이 연합함대 진영으로 와 부산포로 진격해 달아나는 왜군을 무찌르라는 선조의 명령을 하달했다. 명군의 참전을 과대평가한 선조는 연합함대에게 당장 부산포로 가 달아나는 왜군을 공격하라는 명령만 연거푸 내리고 있었다. 일선 상황을 제대로 파악하지 못한 탁상공론에 기반한 명령이었다. 하지만 임금이 명령을 내리면 따르는 것이 신하의 의무이다.

5월 14일 저녁 충무공과 원균, 이억기 등은 선조의 명을 하달하기 위해 내려온 선전관 박진종과 예윤에게 주연을 마련했다. 그런데 술에 취한 원균이 술주정을 무척 심하게 했다. 자신은 빠지고 충무공만 승진한 데 대한 불만을 토하며 부산포를 즉시 공격해야 한다는 무모한 주장을 되풀이했을 것이다. 하지만 그 정도가 심했다. 충무공은 그 자리에서는 참고 분노를 삭였겠지만 『난중일기』 곳곳에 원균의 흉악한 언행을 직설적으로 비난하는 내용을 남겼다. 충무공과 원균의 갈등이 점점 커지고 있었다.

충무공은 선조의 명이 있더라도 웅천에 있는 왜군을 의식해 부산포 공격을 보류하지 않을 수 없었다. 웅천의 왜군이 접전을 피하고 안전한 포구의 높은 곳에 설치된 진지에 잔뜩 웅크리고 연합함대를 노려보는 상황에서 이를 무시하고 부산포를 바로 공격하면 웅천의 왜군을 배후에 두게 된다. 오히려 연합함대가 부산포와 웅천의 왜군에게 앞뒤에서 포위당할 수 있다. 지난 4차 출정에서 경험했듯이 부산포로 가는 길은 파도가 거칠고 마땅히 정박할 곳도 없다. 부산포의 왜군도 이미 포구 높은 곳에 방어 진지를 구축해 우리 함대가 공격하더라도 성과를 거두기 쉽지 않았을 것이다.

이제 해전은 방어는 쉽고 공격은 어려운 진지전으로 변질되었다. 충무공은 대금산과 영등포 정찰병으로부터 매일 보고를 받고 왜군의 그런 동태를 정확히 파악했다. 그럼에도 선조의 명을 어길 수는 없었다. 1593년 5월 21일 새벽 충무공은 연합함대를 견내량 너머 거제도 서쪽 유자도(거제시 신현읍 장평동 앞바다 귤도)로 이동시켜 정박했다.

5월 22일 기다리던 큰비가 내렸다. 연합함대는 조정에서 보낸 선전관, 전라도 도사, 명나라 관리 등을 영접하기 위해 유자도에서 북쪽으로 이동해 칠천량에서 정박했다. 5월 24일 충무공과 원균, 이억기는 연합함대를 칠천량 입구로 이동시켜 조정 선전관, 명나라 관리 등을 정중하고 극진히 영접했다. 명나라 관리는 우리 수군의 위용이 대단하다고 칭찬했다.

5월 25일 오후 명나라 관리 등이 떠나자 연합함대는 칠천량에서 남쪽 거제도 유자도 앞바다로 이동해 주둔했다. 1593년 5월 26일 장마가 시작되었다. 거제 유자도 앞바다에 머물던 연합함대는 비와 거센 바람 때문에 함선끼리 충돌해 파손될 수 있었다. 충무공은 5월 27일 연합함대를 유자도 안쪽 바다로 이동시켰다.

5월 30일 충무공은 명나라 경략 송응창宋應昌이 보낸 화전火箭(불화살) 1,530개를 독차지하려고 한 원균과 갈등을 빚었고 어린 여인을 배에 태운 원균의 부하 기효근奇孝謹을 보고는 심기가 불편했다. 충무공과 원균의 갈

등이 점점 더 커지고 있었다.

6월 3일 충무공은 전라도관찰사 권율, 순변사 이빈, 전라병사 선거이, 전라방어사 이복남 등으로부터 전개되는 상황이 모두 어렵다는 답신을 받았다. 전쟁이 1년을 넘기자 모두 힘들어하고 있었다. 1593년 6월 9일 드디어 장마가 끝났다. 충무공과 연합함대는 장마를 뚫고 부산포로 가 왜군을 무찌르라는 선조의 명령을 받고 거제 유자도에서 진격하지도 철군하지도 못하고 있었다.

6월 10일 저녁 갑자기 원균으로부터 다음 날 새벽 출전해 싸우자는 공문이 왔는데 충무공은 이를 무시했다. 6월 11일 충무공이 원균에게 왜군을 공격하자는 공문을 보냈지만 원균은 술에 취해 정신이 없다며 답장을 보내주지 않았다. 이제 두 사람의 갈등은 표면화되고 있었다.

6월 13일 충무공은 연합함대를 거제도 유자도에서 서쪽으로 이동시켜 견내량 주변 세포(거제시 사등면 성포리)에 정박했다. 왜군의 움직임이 심상치 않다고 판단해 견내량 주변으로 이동한 것이다. 한양에서 후퇴한 왜군은 진주성을 다시 공격할 준비 중이었다.

6월 16일 충무공은 경상도 함안에 있던 우리 장수들이 서쪽으로 이동해 진양과 의령으로 갔다는 소식을 들었다. 영등포와 대금산의 정찰병은 김해와 부산포 방면에서 왜선 500여 척이 안골포(진해시 안골동)와 웅포(진해시 성내동), 제포(진해시 제덕동) 등지로 이동 중이라고 보고했다. 명군과의 협상을 통해 한양에서 경상도 남해안으로 안전하게 철수한 왜군은 지난 1592년 10월 진주성의 참패를 설욕하겠다며 다시 진주성을 공격하게 되는데 충무공에게 보고된 대규모 왜선의 움직임은 2차 진주성전투를 위한 이동으로 보인다.

2차 진주성전투

1차와 2차 진주성전투를 살펴보자. 1592년 7월 한산도, 안골포에서 와키자카, 구키, 가토 등의 왜 수군이 충무공이 지휘하는 연합함대에게 참패하고 7월과 8월 웅치와 이치에서 전라도를 공격한 고바야카와가 이끄는 왜군은 권율, 황진 장군이 지휘하는 전라도 군사에게 격퇴당했다. 이에 격분한 도요토미 히데요시는 김해에 있던 왜장 우키타 히데이에에게 전라도로 가는 길목인 진주성을 공격할 것을 명했다.

1592년 9월 24일 김해에 모인 왜군 3만여 명은 기울어 가는 전세를 역전시키기 위해 진주성을 향해 출진했다. 당시 진주성에는 진주목사 김시민이 3,800여 명의 군사를 이끌고 지키고 있었다. 진주성 외곽에는 의병장 최경회, 임계영任啟英 등이 이끄는 전라도 의병 2,000여 명이 의병장 곽재우가 이끄는 경상도 의병, 맹장 정기룡鄭起龍 장군이 이끄는 관군과 함께 성안의 수성군을 지원했다.

10월 3일 드디어 우키타 히데이에의 왜군이 도착해 진주성을 포위했다. 10월 5일 왜군이 진주성을 공격하기 시작했다. 왜군은 진주성 동문을 목표로 사다리를 타고 성벽을 넘고 화공을 펼치는 등 10월 10일까지 6일 동안 다양한 방법으로 진주성을 공격했지만 김시민을 중심으로 똘똘 뭉친 수성군이 체계적으로 강력히 대응하고 진주성 북쪽의 곽재우 의병, 서쪽의 최경회 의병, 남강 건너편의 정유경鄭惟敬 의병 등이 왜군의 후방을 교란하자 결국 1만여 명의 사상자를 내고 퇴각했다. 하지만 이 전투에서 진

공직자 충무공

주목사 김시민이 전사했다. 진주대첩으로 불리는 1차 진주성전투이다.

1593년 2월 평양과 함경도 두만강까지 진출했던 왜군은 조·명연합군의 공격에 쫓겨 한양에 모였다. 명군과의 협상을 통해 안전한 퇴각을 보장받은 왜군은 4월 18일 한양을 떠나 경상도 남쪽으로 철수하기 시작했다. 도요토미 히데요시는 경상도 남해안으로 내려온 왜군에게 1592년 10월 진주성의 참패를 설욕할 것을 지시했다.

1593년 6월 왜군은 10만여 명의 병력을 모아 다시 진주성을 공격할 준비를 했다. 1차 진주성전투가 끝난 지 8개월이 지난 시점이었다. 왜군의 기세에 눌린 조·명연합군은 일단 진주성을 포기하려고 했다. 하지만 김해부사 이종인李宗仁, 충청병사 황진 등은 진주성을 사수할 결심을 굳히고 진주성에 입성했다. 앞에서 보았듯이 황진은 웅치·이치전투와 독성산성전투에서 왜군에게 승리한 맹장이었다.

여기에 전라도 의병장들까지 합세했다. 김천일은 한양에서 도망친 왜군을 추격해 상주를 거쳐 함안까지 왔다가 왜군이 진주성을 공격하려고 하자 6월 14일 300여 명의 의병을 이끌고 진주성에 입성했다. 의병장 최경회도 300여 명의 의병과 함께 합류했다. 금산전투에서 순국한 의병장 고경명의 장남 고종후高從厚가 이끄는 전라도 의병도 하동을 거쳐 진주성으로 들어왔다. 모두 죽음을 각오한 진주성 입성이었다.

6월 21일 왜군 10만여 명이 진주성 공격을 시작했다. 죽음을 각오한 치열한 공성전이 전개되었다. 6월 29일까지 9일 동안 진행된 2차 진주성 전투에서 관군과 전라도 의병 등 수성군 4,000여 명은 왜군의 공격에 맞서 죽음을 각오하고 처절하게 싸웠다. 하지만 1차 진주성전투와 달리 진주성을 지키는 수성군은 통일적인 지휘체계가 없었고 외부의 지원을 받지 못하고 고립된 채 왜군에 맞서 싸워야 했다.

6월 28일 전투를 지휘하던 맹장 황진이 전사했고 6월 29일 진주성은 마침내 함락되었다. 민·관군의 대장인 도절제사로 수성군을 지휘한 의병장 김천일은 남강 촉석루에서 몸을 던져 순국했고 의병장 양산숙, 최경회, 고종후 등도 남강에 투신해 순국했다. 진주성이 함락되자 왜군은 지난 1차 진주성전투의 참패를 복수한다며 성안에 있는 모든 사람을 학살했다. 왜군 일부는 서쪽으로 진출해 하동 악양과 화개, 구례 석주관, 연곡, 구례현, 남원 수지, 곡성 삼기 등에 침입해 닥치는 대로 민가를 불태우고 백성을 살상했다. 민가와 관아가 불타고 젊은 아녀자들이 잡혀갔다. 잔인하고 악랄한 행위였다. 전투가 끝나고 왜장들의 승전 연회에서 의병장 최경회의 부인으로 알려진 논개論介가 왜장을 안고 남강에 투신해 순절한 것으로 전해진다. 진주성에는 1차 진주성전투에서 전사한 진주목사 김시민, 2차 진주성전투에서 순절한 김천일, 최경회, 고종후 등을 모신 창렬사彰烈祠와 논개를 모신 사당이 있다.

1593년 6월 2차 진주성전투는 전쟁을 끝내려는 명과 왜의 강화교섭에 중대한 장애가 되었다. 그래도 명군과 왜군 모두 전쟁을 더 이상 지속하기는 어려웠다. 전쟁이 1년을 넘기면서 전염병의 창궐로 많은 병사와 군마가 죽고 군량과 무기도 제대로 보급받지 못했다. 명과 왜는 전투를 계속하기보다 강화교섭으로 전쟁을 끝내려고 했다.

반면, 조선 조정은 우리 땅을 침략한 왜군을 하루라도 빨리 몰아내고 싶었지만 힘이 부족했다. 수군에게 부산포로 가 왜군을 몰살시키라는 명령을 내리는 것이 사실상 전부였다. 그러는 사이 명과 왜 사이에서 조선을 배제한 강화교섭이 진행되었다. 하지만 양측이 생각하는 강화교섭의 조건은 처음부터 차이가 커 강화성립은 사실상 불가능했다. 강화교섭보다는 명과 왜 양측 모두 승산 없는 소모전을 피하며 시간만 끌고 있었다. 강화교섭이 시작된 1593년 8월부터 명군은 철군을 시작했다. 경상도 남해안에 성을 쌓고 주둔 중이던 왜군의 일부도 본국으로 돌아가기 시작했다.

뼈아픈 거제도 상실

2차 진주성전투를 앞둔 6월 17일 연합함대를 이끌고 거제도 근처 바다에 머물던 충무공은 경상우수사 원균, 전라우수사 이억기, 충청수사 정걸 등과 함께 향후 작전을 논의했다. 경상도 남해안에 집결한 왜군이 진주성을 공격할 움직임을 보이고 경상도 함안에 주둔한 우리 장수들이 진주로 물러나 지킨다는 말은 사실이었다.

2차 진주성전투를 앞둔 상황에서 충무공의 연합함대가 취할 수 있는 전략은 육지 전투는 조·명연합군에게 맡기고 바다를 굳게 지키며 왜군이 수륙 양쪽에서 진주성을 공격하지 못하게 막는 것과 견내량을 지나 왜군의 본거지인 김해와 부산포 등을 공격하는 것이었을 것이다.

충무공은 부산포를 함부로 공격했다가 웅천과 부산포에 웅크린 왜군에게 오히려 연합함대가 포위되어 전멸당할 위험을 고려해 견내량에서 바다를 통해 공격해 오는 왜군을 막자는 전자 입장이었고 조정의 부산포 공격 명령과 이에 호응한 원균의 주장은 후자 입장이었을 것이다.

충무공의 입장은 진주성에 포위된 우리 군사와 백성들이 처절한 전투를 치르고 학살당한 사실을 고려하면 아쉽다는 생각을 하지 않을 수 없다. 아마도 충무공은 진주성의 구체적인 상황까지는 정확히 파악하지 못했을 것이다. 실제로 왜군과의 전투에 소극적이던 명군의 영향 때문인지 조·명 연합군과 조선 관군은 2차 진주성전투를 방관하거나 소극적이었다. 그런 분위기가 충무공과 연합함대에까지 전달되었을 것으로 생각한다. 그리고 대국적인 관점에서 보면 이후 칠천량에서 참패한 원균처럼 연합함대가 위험을 무릅쓰고 부산포를 공격했다가 왜군에게 포위되어 전멸당하는 것보다 안전하게 수군 전력을 유지하면서 왜군의 공격에 대비한 충무공의 전략이 더 적절했다고 생각한다.

충무공은 거제도 세포에 머물던 연합함대를 견내량 북쪽 입구 오양역(거제시 사등면 오양리)으로 이동시켰다. 이후 오양역이 바람이 거세 연합함대가 정박하기 어려워지자 연합함대는 견내량을 지나 견내량 남쪽 입구인 고성 역포(통영시 용남면)로 이동했다. 무려 10만 명이 넘는 왜군이 서쪽으로 이동해 전라도로 가는 관문인 진주성 방면으로 다가오고 있었고 충무공은 왜군의 움직임에 따라 연합함대를 조금씩 서남쪽으로 이동시키고 있었다.

2차 진주성전투가 시작된 6월 21일 새벽 연합함대는 고성 역포에서 남쪽으로 이동해 한산도 북서쪽 망하응포(한산면 염호리 관암포)에 정박했다. 역포는 육로를 통해 왜군의 공격을 받을 가능성이 있었기 때문일 것이다. 이제 바다에서 왜군과의 경계는 견내량이 되었고 한산도는 왜군의 공격을 막는 연합함대의 최전방 기지가 되었다. 진주성에서 처절한 전투가 벌어지던 6월 22일과 6월 23일 충무공은 한산도에서 목수 214명을 동원해 함선

공직자 충무공

을 건조했다. 조금은 이상할 정도로 여유 있는 모습이다. 그날 거제도 영등포에서 온 정찰병이 왜선 2척이 칠천량으로 들어와 정탐하고 갔다고 보고했다.

당시 진주성에서 벌어진 처절한 전투를 돕기 위해 충무공과 연합함대가 할 수 있는 방법은 없었을까. 6월 24일 거제도 영등포와 대금산의 정찰병이 왜선 500여 척이 소진포(거제시 장목면 송진포)로 집결했고 선봉은 칠천량에 왔다고 보고했다. 이제 견내량 너머 바다에 엄청난 수의 왜선들이 준동하기 시작했다.

온종일 비가 내린 6월 25일 충무공은 왜군이 진주성을 포위했지만 비 때문에 제대로 공격하지 못하고 있다는 소문을 들었다. 6월 26일 아침 충무공은 정찰선으로부터 왜선 2척이 견내량 너머 오양역에 나타났다는 보고를 받았다. 오양역은 일주일 전인 6월 19일 연합함대가 정박했던 곳이다. 충무공은 연합함대를 지휘해 견내량과 한산도 사이 적도(거제시 둔덕면 술역리 화도)에 진을 쳤다. 방어에 유리한 견내량의 남쪽에서 왜군이 견내량을 넘어오지 못하게 하겠다는 의도였다.

충무공은 6월 26일자 『난중일기』에서 김붕만金鵬萬으로부터 큰비 때문에 진주성을 공격하는 왜군이 곤란한 처지라는 말을 들었다고 안도하며 바다에 있는 왜군은 500~600척이 오더라도 우리 군사를 당해낼 수 없을 거라며 자신감을 보이고 있다.

6월 27일 연합함대는 왜선 2척이 견내량에 나타났다는 보고를 받고 출동했지만 왜선은 이미 달아나고 없었다. 충무공은 연합함대를 적도 북쪽에 있는 견내량 쪽으로 이동시켜 불을도(거제시 둔덕면 술역리 방화도)에 진을 쳤다. 6월 28일 충무공은 지난밤 왜선이 견내량에 나타나 연합함대의 정찰선과 싸웠다는 보고를 받고 함대를 출동시켰지만 왜선은 도주했다. 연합함대는 견내량 남쪽 입구를 지키다가 새벽 무렵 불을도로 복귀했다.

6월 29일 충무공은 진주성이 함락되었고 진주성을 방어하던 황진, 최경회, 서례원徐禮元, 김천일, 이종인, 김준민金俊民이 전사했다는 소문을 들었다. 6월 29일 진주성이 함락되었으니 충무공은 거의 실시간으로 소식을 듣고 있었다. 그리고 7월 5일 진주성이 함락되었다는 공식적인 보고를 받았다.

왜군의 2차 진주성 공격으로 충무공과 연합함대가 견내량 남쪽으로 내려와 지키는 동안 왜군은 거제도 북쪽 요충지 영등포(거제시 장목면 구영리), 장문포(거제시 장목면 장목리), 소진포(거제시 장목면 송진포리) 등지에 왜성을 쌓았다. 그때부터 충무공과 연합함대는 진해만과 칠천량을 통제하는 영등포, 장문포, 소진포 등 전략적 요충지를 상실했고 임진왜란이 끝날 때까지 수복하지 못했다. 왜군의 성곽이 견고하고 왜군의 기세가 드셌기 때문이다.

7월 2일 충무공은 선전관 유형柳珩으로부터 선조의 유지를 받았고 김득룡金得龍으로부터 진주성이 불리하다는 말을 들었다. 1593년 7월 3일 왜선 수 척이 견내량을 지나 내려왔다가 연합함대가 공격하자 달아났다. 7월 4일 왜군 수만 명이 연합함대 주변에 늘어서서 위세를 자랑했다. 아마도 진주성을 함락시키고 부산 쪽으로 돌아가는 부대였을 것이다. 충무공은 연합함대를 불을도에서 남쪽 걸망포(통영시 산양읍 신전리 신봉마을)로 이동시켰다.

7월 5일 왜선 10여 척이 견내량을 지나 내려오자 연합함대가 출동해 내쫓고 인적이 끊긴 적도에서 말을 싣고 왔다. 그날 충무공은 섬진강변 두치(경남 하동읍 두곡리)를 지키는 의병장 성응지, 이승서李承緒로부터 진주성이 함락되었다는 보고를 받았다. 진주성이 함락된 지 6일 후였다.

7월 8일 충무공은 왜군이 전라좌수영 소속 광양에 침입했다는 소식을 들었고 7월 9일 왜군이 광양과 순천에 침입해 분탕질했다는 소식을 들었다. 충무공은 순천부사, 광양현감, 송희립, 김득룡, 정사립鄭思立 등을 보냈다. 다행히 그 사건은 영남 피란민이 왜군으로 가장해 저지른 것으로 밝혀졌다.

7월 10일 연합함대는 걸망포에서 이동해 한산도 북동쪽 비산도 세포(한산면 염호리)로 진을 옮겼다. 다분히 왜군의 공격을 의식한 이동이었다. 7월 11일 연합함대는 왜선 10여 척이 견내량을 내려온다는 첩보를 받고 출동했다. 왜선 5~6척이 견내량을 지나 세포의 연합함대 진영 앞까지 왔다가 연합함대가 추격하자 달아났다.

그날 저녁 연합함대는 한산도 서쪽 건너편에 있는 미륵섬 걸망포로 다시 이동해 정박했다. 역시 왜군의 공격을 의식한 이동이었다. 7월 12일 충무공은 전선 3척을 통영과 미륵도의 경계인 요충지 착량(통영시 당동)으로 보내 지키게 했다. 육지에 있는 왜군이 착량을 지나 걸망포의 연합함대 배후를 공격하는 것을 막기 위한 조치였다. 왜군의 공격을 피하기 위한 치밀한 이동과 조치였고 조금의 빈틈도 허용하지 않았다.

7월 14일 연합함대는 걸망포 건너편 한산도 두을포(통영시 한산면 두억리 의항)로 이동했다. 착량을 지나 공격해 올 가능성이 있는 왜군을 원천봉쇄하기 위한 차원으로 생각한다. 두을포는 왜군이 공격하기 쉽지 않은 한산도 서북쪽의 깊고 안전한 포구였다. 이후 두을포는 한산도 통제영으로 발전했다.

이후 왜군의 특별한 움직임은 포착되지 않았다. 7월 19일 충무공은 순천부사 권준, 소비포 권관 이영남 등으로부터 진주, 하동, 사천, 고성 등지에 있던 왜군이 철수했다는 보고를 받았다. 이제 숨 가쁜 위기를 넘겼다.

7월 21일 충무공은 경상우수사 원균, 전라우수사 이억기, 충청수사 정걸 등과 작전을 협의했다. 그때도 원균은 충무공의 신중한 행보를 비난하며 부산포 공격을 강력히 주장했을 것이다. 충무공은 『난중일기』에 원균의 주장이 매우 흉측하고 거짓되며 함께 추진하면 후환이 있을 것이라고 적고 있다. 그날 충무공은 정찰병으로부터 거제도 영등포에서 왜선들이 머물며 횡포를 부린다는 보고를 받았다.

이후 왜군과의 대치는 견내량을 사이에 두고 지루한 대치전과 탐색전으로 바뀌었다. 왜군은 경상도 남해안과 거제도 북서쪽의 요충지 곳곳에 성을 쌓고 견내량을 경계로 우리 수군과 대치했다. 7월 24일 충무공은 정찰병 오수吳水로부터 거제도 영등포의 왜선은 물러갔지만 장문포 왜성에는 여전히 왜군이 머물고 있다는 보고를 받았다.

이제 우리 수군이 견내량을 지나더라도 안심하고 머물거나 휴식을 취하며 물과 땔감을 구할 수 있는 칠천량, 소비포, 영등포, 가덕도 등의 기지를 잃었다. 견내량 너머로의 출정이 사실상 곤란해진 것이다. 왜군도 마찬가지였다. 견내량 남쪽의 방화도, 적도, 비산도, 걸망포, 한산도, 당포 등 곳곳에 우리 수군의 기지가 마련되어 왜군의 공격을 사전에 봉쇄했다.

그러는 사이 충무공과 원균의 갈등과 대립은 더 커지고 있었다. 보통 상대방에 대한 불신은 증오로 변하고 상대방이 추진하는 전략에 대한 불신과 공격으로 이어질 수 있다. 충무공과 원균의 관계가 그런 상황에 이른 것 같다. 원균은 철저한 준비와 완벽한 작전으로 결코 패하지 않는 충무공의 전략을 불신했다. 오히려 충무공을 겁쟁이라고 비난하며 적극적인 공격만이 최고라는 맹신으로 치달은 것 같다.

선조와 윤두수 등 일부 조정 대신의 공격 지상주의, 수군 만능주의가 원균의 맹신을 부추겼다. 원균의 이런 오판과 맹신은 이후 연합함대의 칠천량 참패와 본인의 죽음으로 귀결되었다. 2차 진주성전투의 여파로 충무공의 6차 출정은 5차 출정 때처럼 별다른 성과를 거두지 못했다. 이제 왜군과의 해상 전투는 견내량을 사이에 둔 진지전으로 변했기 때문이다.

11.
삼도수군통제사로서의 일

신설된 삼도수군통제사로의 취임

1593년 8월 1일 선조는 삼도수군통제사(종2품) 직책을 신설하고 전라좌수사 충무공에게 겸직하게 했다. 충무공이 전체 수군을 통솔하는 삼도수군통제사를 맡아 역량을 발휘하도록 한 것이다. 명과 왜의 강화교섭이 진행되는 가운데 삼도수군통제사는 다가올 전투에 대비해 수군의 군사력·전선·군기를 강화·유지해야 하는, 해전보다 더 어려운 임무를 수행해야 한다.

이제 조선 수군의 운명이 충무공의 두 어깨 위에 놓였다. 삼도수군통제사 임명과 관련해 충무공은 영의정 유성룡을 만나 대화를 나누는데 좌우에 사람들이 구름처럼 모여드는 꿈을 꾸었다고 『난중일기』에 적었다. 삼도수군통제사로 임명되는 것을 예고하는 예지몽이었다. 사실 충무공의 주도로 수군이 해전에서 연전연승하는 뛰어난 활약을 펼쳤지만 충무공, 원균, 이억기 등 동일한 직급의 수사들이 지휘하는 함선들이 연합함대를 구성해 작전을 수행하는 데는 한계가 있었다.

특히 충무공과 원균의 갈등과 대립은 공공연한 고질적인 문제였다. 원균은 1540년 1월 5일 출생해 충무공보다 나이가 5세 많고 1567년 무과에 급제했으니 충무공보다 9년이나 빨랐다. 임진왜란 1년 전인 1591년 전라좌수사로 임명되었다가 인사고과 점수가 나쁘다는 대간의 탄핵을 받아 파직되었다. 그 자리에 충무공이 임명되었으니 그것도 좋은 인연은 아니었다. 그래도 실력은 인정받았는지 임진왜란 3개월 전인 1592년 1월 전라좌수영보다 큰 경상우수영 지휘관으로 임명되었다.

경상우수영은 낙동강 서쪽부터 전라도 경계까지 경상도 남해안의 8관 16포를 관장한다. 75~100여 척에 이르는 전선과 1만여 명의 병력으로 조선 수영 중 함선과 병력이 가장 많다. 본영은 거제도 남서쪽 오아포(거제시 동부면 가배리 가배항)에 있었다. 임진왜란 발발 3개월 전에 경상우수사로 임명된 원균은 초기 대응에 문제가 많았다. 수많은 전선을 스스로 침몰시켰고 부하 수령과 장수, 군사 들을 결집시키지 못했다. 경상도 남쪽 바다조차 지키기 어려워지자 인근 전라좌수영 충무공에게 지원을 요청했다. 이후 6차에 걸쳐 출동해 충무공과 함께 경상도 해역에서 여러 번 해전을 치렀지만 경상우수군이 보유한 전선은 겨우 2~7척뿐이어서 충무공이 주도한 작전을 보조하는 데 불과했다.

해전에서도 왜선을 격침시키거나 왜군을 사살하는 것보다 죽은 왜군의 머리를 획득하는 것을 중시했다. 그래도 해전이 끝나면 충무공과 별도로 공적을 과장한 승전보고서를 조정에 올렸다. 성과와 인사에 민감했던 인물이다. 아군의 피해가 없는 완벽한 승리를 위해 모든 여건을 고려해 신중하고 철저히 준비하고 작전을 세운 후 실천하는 충무공과는 모든 면에서 대비되었다. 다만, 정치적 감각은 있었는지 선조와 조정의 의중을 파악해 거기에 맞게 처신했다.

선조와 조정이 부산포 공격에 신중한 충무공에게 비판적인 입장을 보이자 이에 동조해 무모한 부산포 공격을 주장하고 보고서를 통해 이를 표명하는 등 본인의 입지를 강화하기 위해 적극적으로 노력했다. 특히 1592년 9월 충무공이 2차 출정의 공적으로 본인보다 직급이 높은 정2품 자헌대부로 승진하자 원균은 노골적으로 불만을 표시하고 공사석에서 수시로 술에 취해 충무공을 비난해 충무공의 마음을 상하게 했다. 1593년 8월 1일 충무공이 상관인 삼도수군통제사로 임명되자 충무공에 대한 원균의 패악질은 인내의 한계를 벗어나 모두가 아는 공공연한 사실이 되었다.

삼도수군통제사는 전라도, 경상도, 충청도의 수군을 지휘·통솔하기 위해 신설된 직책이었다. 당시 전라좌·우수영은 전선과 병력이 유지되었지만 경상우수영은 전선과 병력이 평소의 약 10%였고 충청수영의 전선과 병력도 많지 않은 상태였다. 삼도수군통제사에 취임한 충무공에게는 어렵고 힘든 전쟁 상황에서 왜군과 싸우며 대치하는 한편, 조정의 지원 없이 조선 수군의 전선과 병력을 유지·보강해 다음 전투를 준비해야 하는 어려운 과제가 주어졌다.

충무공은 통제영을 신설하고 삼도수군통제사의 권한과 책임, 관련 규정과 관행을 새로 마련해야 했다. 충무공은 삼도수군통제사와 전라좌수사를 겸직했다. 전라좌수영의 제반 업무를 수행하면서 전라우수영, 경상우수영, 충청수영까지 지휘해야 했다. 왜군과의 전투에서 전략과 세부 전술을 준비하고 필요한 전선과 병력을 마련해 배치하며 무기와 군량을 확보하는 등 모든 업무를 총괄해야 했다.

전라좌수영 업무는 이미 2년 6개월 동안 수행하고 있었으니 정교하고 빈틈없이 수행하고 있었을 것이다. 하지만 전라우수영, 경상우수영, 충청수영 업무는 지휘·통솔이 쉽지 않았을 것이다. 처음 신설된 직책이어서 마땅한 세부 규정이나 관행이 없었기 때문이다. 1년 넘게 수사들끼리 협의해 업무를 수행해 온 관행에 익숙해 다른 수사들을 지휘·통솔하는 통제사 업무를 수행하는 것은 오히려 더 어려웠을 것이다.

충무공은 생각이 깊고 언행에 신중하지만 원칙과 기준에는 단호하고 엄정했다. 다른 수사들에 대한 지휘도 충무공은 종전 관행을 존중하되 통제사가 총괄해 지휘하는 새로운 원칙과 기준을 마련해 단호하게 시행했을 것이다. 수사들의 업무 영역은 인정하되 통제사가 지휘하는 부분과 내용을 분명히 해 수군의 전체 업무가 통일적인 단일체계 내에서 이루어지게 했을 것이다.

조선의 군사제도는 병력과 작전, 처우에서 육군 중심이었고 수군은 육군을 지원·보조하는 역할이었다. 충무공은 육군 위주로 운영되는 제도와 관행을 개선하는 한편, 수군이 제대로 평가받고 독자적으로 작전하는 제도와 관행을 만들기 위해 노력했다. 그 과정에서 전체 군을 지휘하는 도원수, 체찰사와 전라도를 관장하는 관찰사, 병마절도사 등 육군 지휘부와 대립하는 경우가 자주 발생했다. 충무공은 수군의 입장을 설명하는 보고서를 수시로 조정에 보내 수군의 독자성을 확보·강화하기 위해 노력했다.

수군이 왜군과의 해전에서 연전연승한 것이 든든한 기반이었다. 임진왜란 초기 패전을 거듭한 육전과 달리 수군은 해전에서 왜군을 격퇴해 낙동 강 서쪽 남해와 서해를 지배했고 이는 평양과 의주에 머물던 선조와 조정, 전국 각지에서 왜군에 맞서 싸우는 우리 군사들에게 바다를 통한 연락과 물자 보급을 가능케 해 전쟁 수행의 강력한 원동력이 되었다.

한산도 통제영 마련

앞에서 말했듯이 1593년 5월 7일 충무공은 부산포를 공격하라는 선조 의 명을 받고 6차 출정에 나섰지만 5차 출정 때처럼 부산포로 가는 길목 에 있는 웅천의 왜군을 효과적으로 공략하지 못했다. 연합함대는 가덕도 와 거제도 부근 진해만에서 비바람에 시달리며 웅천의 왜군과 힘든 공방 을 계속해야만 했다. 1593년 6월 조·명연합군에게 쫓겨 도주한다던 왜군 이 오히려 진주성을 공격해 함락시키자 바다의 분위기도 크게 바뀌었다.

6월 19일 충무공은 견내량 북쪽에 머물고 있던 연합함대를 견내량 남 쪽 고성 역포(통영시 용남면)에 정박시켰다. 연합함대가 견내량 남쪽으로 내 려온 것은 매우 중요한 의미가 있었다. 견내량이 왜군에 맞서 싸우는 사실 상 최전선이 되었기 때문이다. 무려 10만 명이 넘는 왜군이 경상도 남해안 을 따라 전라도로 가는 관문인 진주성으로 밀려오자 충무공은 연합함대 를 남쪽으로 이동시켰다.

2차 진주성전투가 벌어진 6월 21일 새벽 연합함대는 거제도 역포에서 남쪽으로 이동해 한산도 망하응포(통영시 한산면 염호리 비산도)에 정박했다. 이제 견내량이 왜군과의 경계선이 되었고 견내량을 앞에 둔 한산도가 왜 군을 막는 전방기지가 되었다. 미륵도 걸망포와 한산도 주변에 머물던 연합함대는 7월 14일 진주성을 공격한 왜군이 동쪽으로 물러나자 한산도 두을포(한산면 두억리 의항)로 이동해 정박했다. 두을포는 만이 깊은 포구였고 남쪽에는 해발 293미터의 망산이 있어 견내량을 내려오는 왜군을 감시할 수 있고 전라좌·우수영과 충청수영까지 안전하게 이동할 수 있는 천혜의 요새였다.

8월 1일 충무공이 삼도수군통제사에 임명되자 한산도 두을포는 자연스럽게 삼도수군통제사가 머무는 통제영이 되었다. 다른 지휘관과 장수, 군사들이 한산도 두을포 통제영 주변에 자리 잡았다. 처음에는 바다 위 함선에서 지냈지만 작전회의를 갖기 위한 운주당과 수루 등의 관아, 막사 등의 건물과 군량·무기 보관창고가 한산도에 건설되었고 전선이 정박할 수 있는 부두와 성곽, 해자, 망루, 봉화대 등 여러 방어시설이 들어섰다. 한산도는 삼도수군통제사와 삼도연합수군이 주둔하는 통제영으로 발전했다.

1593년 겨울 통제사로서 삼도 수군을 지휘하던 충무공은 왜군과의 대치가 소강 상태에 이르고 전황이 안정되자 여수 전라좌수영으로 향했다. 여수에는 모친과 가족이 살고 있었다. 1593년 5월 7일 6차 출정을 위해 전라좌수영을 떠나왔으니 벌써 7개월이 지난 시점이었다. 『난중일기』에는 한산도 통제영에서 전라좌수영으로 왔던 충무공이 전라좌수영을 떠나 한산도 통제영으로 복귀하는 과정만 남아 있다.

1594년 1월 17일 충무공은 여수 전라좌수영을 떠나 와두(남해군 고현면 관음포)에 도착해 잠시 쉬었고 오후 6시 무렵 노량을 지나 정박했다. 1월 18일 충무공은 남해 창신도를 지나 사량도에 도착해 정박했다. 1월 19일 충무공은 통영 당포를 지나 한산도 통제영으로 복귀했다. 충무공이 여수 전라좌수영에서 한산도 통제영으로 오는 데 꼬박 3일이 걸렸다. 충무공은 한산도 통제영으로 복귀해 1597년 2월 26일 부산포로 오는 가토 기요마사의 왜군을 공격하지 않았다는 이유로 파직당해 한양으로 압송될 때까지 3년 넘게 한산도 통제영에서 지냈다. 충무공은 견내량을 굳게 지키며 삼도수군통제사 업무를 수행했다. 충무공이 한양으로 압송되어 통제영을 떠나고 후임 삼도수군통제사로 부임한 원균은 1597년 7월 16일 칠천량에서 참패했다. 그 과정에서 탈출한 경상우수사 배설裵楔이 퇴각해 한산도 통제영을 불태웠다. 충무공이 마련한 한산도 통제영은 그렇게 흔적도 없이 사라지고 말았다.

수군 병력 확보

전투를 수행하려면 병력이 필요했다. 특히 수군의 핵심 전력인 판옥선을 운항하려면 많은 병력이 필요했다. 노를 젓는 격군, 화포와 화살을 쏘는 사부, 지휘관과 무관 등이다. 판옥선의 정원은 130명이다. 1592년 5월 4일 충무공이 처음 출정할 당시 전라좌수영의 판옥선은 24척이었고 탑승 병력은 약 3,000명이었다. 충무공은 수군 전력을 강화하기 위해 지속적으로 함선을 건조했다. 그러니 건조된 함선에 운용할 병력을 확보·유지하는 것이 매우 중요했다.

1594년 3월 삼도수군통제사 충무공이 조정에 올린 보고서를 보면 전라 좌·우수군이 1만 7,000명, 경상도와 충청도 수군이 2만 1,500명으로 전체 수군은 3만 8,000여 명이었다. 생각보다 많다. 힘든 전시 상황에서 충무공이 수군 병력을 유지하기 위해 얼마나 노력했는지 엿볼 수 있는 대목이다.

공직자 충무공

충무공은 수군 병력 확보를 위해 많은 관심과 노력을 기울였다. 특히 탈영병은 처형하고 효시하는 엄중한 형벌을 시행했다. 1592년 5월 3일 첫 출정을 앞두고 탈영병 황옥천을 처형했다. 1593년 2월 3일 선박을 타고 도주한 탈영병 80명 중 70명을 잡아오고 뇌물을 받고 탈영병을 도와준 2명을 처형했다. 하지만 전염병이 창궐하자 죽어가는 군사들 중 거동이 가능한 자는 귀향시키는 인간적인 모습도 보였다.

충무공은 삼도수군통제사로 취임한 이후 수군 병력 확보를 위해 육군 장수들과 대립하는 등 고군분투했다. 임진왜란이 발발하자 많은 백성이 죽거나 피란을 떠났다. 농사를 짓지 못하게 되자 식량이 부족해 굶어 죽는 백성이 속출했고 전염병까지 창궐해 많은 백성이 죽었다. 그런 열악한 상황에서 수군 병력 확보는 가장 어려운 일이었다. 충무공은 결원 군사가 발생하면 친척이나 이웃을 대신 징발하는 제도를 강력히 시행했다. 가혹하다는 비판도 있었지만 조정을 설득해 1593년 5월 28일 조정으로부터 "수군 일족을 징발하는 것은 그대로 하라"라는 승낙을 받고 계속 시행했다.

1594년 9월 23일 군사업무를 총괄하던 체찰사 윤두수가 충무공에게 군역 미필자 대신 잡아 가둔 친족과 이웃을 석방하라는 공문을 보냈지만 충무공은 체찰사에게 병력 확보를 위해 지시를 재고해 달라고 요청하는 한편, 오히려 수군에 속하는 군현에서 육군이 수령과 군사를 차출해 가지 않게 해달라고 강력히 요구했다. 전라도관찰사에게 차출되었던 순천부사 권준을 복귀시킨 것이 대표적인 사례이다.

1593년 11월 충무공은 연안의 병력과 군량, 병기 등을 수군에 전속시킬 것과 수군에 속한 고을 백성이 육군에 차출당하지 않게 해달라는 요청을 조정에 계속 올렸다. 1593년 8월 명나라 이여송 군대가 철군하자 조선에 남은 명장 유정은 부족한 병력을 보충하기 위해 하삼도의 병력 징발을 조정에 요구했다. 비변사는 전라도관찰사를 통해 전라좌·우도 수군에서 각각 2,000명씩 총 4,000명을 징발할 것을 명했다. 통제사 충무공은 그 명령을 따르면 수군을 포기할 수밖에 없다는 보고서를 올려 사태 해결을 요구했다.

충무공의 강력한 요구는 육군과 수군 지휘부의 갈등과 대립으로 비화되었다. 비변사는 육군을 총괄하는 도원수 권율이 육군과 수군을 모두 관장하되 수군에서 병력을 징발하는 것은 철회하는 것으로 결정했다. 조선 수군을 총괄하는 충무공다운 모습이다. 하지만 충무공이 완고하다는 평가는 피할 수 없게 되었다.

충무공은 수군의 병력 징발 지휘·감독에 직접 나서기도 했다. 1594년 1월 6일 600명의 병력 결원을 낸 전라도 남평지역 모병 책임자 도병방都兵房●을 처형했고 1594년 1월 8일 800명의 병력 결원을 낸 전라도 남원지역 모병 책임자 도병방을 처형했다. 1594년 2월 7일 입대하지 않은 격군을 잡아오도록 이경복을 보냈고 방답첨사 이순신, 낙안군수 김준계에게 수군에 입대하지 않은 죄인을 잡아올 것을 지시했다. 가혹하지만 엄정한 형벌은 병력 확보에 도움이 되었을 것이다. 하지만 충무공이 병력 확보를 위해 너무 가혹한 형벌을 시행한다는 비판은 감수해야만 했다.

충무공은 의병과 승병을 적극적으로 활용했다. 1592년 8월과 9월 승병과 의병 400여 명을 모집해 승려 삼혜, 의능과 의병장 성응지 등을 장수로

● 조선시대에 고을에서 군사에 관한 일을 맡아 하던 으뜸 구실아치를 말한다.

삼아 전라도와 경상도의 경계에 있는 구례 석주관, 광양 두치 등의 요충지를 지키게 한 것이 대표적이다. 특히 성응지와 삼혜에게 순천성 방어를 맡기고 의능에게 전라좌수영 방어를 맡겼으며 그들에게 전선을 나누어 주어 해전에도 참여하게 했다.

1594년 3월 10일 충무공은 이 3명에 대한 포상을 조정에 건의했는데 보고서에는 이들이 300명씩 거느리고 참전해 큰 공을 세운 것으로 기재되어 있다. 충무공은 조정의 승인을 얻어 경상도 등지에서 온 피란민들을 남해안과 섬 등지에 거주하게 하고 그들을 둔전에 투입했으며 피란민 중 일부는 전선의 격군으로 충원했다. 왜군의 재침이 우려되던 1596년 겨울 충무공은 바다에 접한 고을의 육군과 천민까지 모두 수군으로 징발하게 해달라고 조정에 건의해 실행했다.

수군 병력 확보 과정에서 충무공을 가장 괴롭힌 것은 창궐하는 전염병이었다. 굶주림과 직결된 전염병은 좁은 함선 안에서 집단생활을 하는 수군에게는 치명적이었다. 6차 출정 이후인 1593년 여름부터 창궐하기 시작한 전염병은 전라좌수영 병력 6,200명의 10%인 약 600명이 사망할 정도로 기승을 부리기 시작했고 1594년이 되자 더 심해졌다. 1594년 1월 21일 214명, 1월 22일 217명의 병사한 군사를 묻었다고 『난중일기』에 기록하고 있다. 하루 200여 명씩 사망할 정도였다. 그러자 입대 기피자와 부대에서 탈영하는 병사들이 속출했다. 1월 24일 충무공은 모집한 병사 144명을 붙잡아 오게 했다. 2월 1일 한산도 통제영에서 탈영병을 싣고 육지로 가는 배 8척을 붙잡아 왔다.

1594년 3월 충무공이 올린 보고서에 의하면 삼도 수군 전체 병력 3만

8,000여 명 중 전염병으로 죽은 군사가 1,900여 명, 감염자가 3,700여 명이었다. 2년이 지나 전염병이 창궐한 1595년 봄 삼도 수군 전체 병력은 4,000여 명으로까지 급감했다. 무려 3만 2,000여 명이 감소한 것이다. 당시 도원수 권율이 거느린 병력이 겨우 500여 명이었다. 충무공도 1594년 3월 6일부터 3월 27일까지 20여 일 동안 전염병으로 고생했다. 4월 9일 남해를 손바닥 보듯 꿰뚫고 있던 광양현감 어영담魚泳潭이 전염병으로 사망했다. 그의 나이 62세였다.

5월 13일 경상우수사 소속의 포작(어부)들이 격군을 싣고 탈영 시도를 도와 체포했는데 원균은 포작을 체포한 군사들을 결박하고 오히려 포작은 풀어주게 했다. 5월 23일 순천 격군을 배에 싣고 탈영시키는 남해 사람을 붙잡았고 5월 30일에는 왜군들과 결탁해 도주를 모의한 광양 수군과 경상도 어부 3명을 처벌했다. 6월 12일 전라좌수영의 격군 7명이 탈영했고 7월 26일 녹도만호 송여종이 탈영병 8명을 붙잡아 와 3명을 처형하고 5명은 곤장을 쳤다.

8월 3일 흥양 훈도(교관)가 탈영했고 8월 26일 장흥 군사 30명을 배에 싣고 탈영시킨 흥양 어부 막동莫同을 처형해 효시했다. 1597년 2월 1일에는 전염병을 피해 도망가는 군사를 실은 배 8척을 붙잡아 왔다. 충무공이 『난중일기』에 기록한 내용이다. 수군의 병력을 확보·유지하기 위해 충무공이 얼마나 힘겹고 눈물겨운 노력을 기울였는지 여실히 보여준다.

수군 병력 유지와 관련해 충무공이 해결한 과제는 군사를 지휘할 무관 문제였다. 군사들이 확보되어도 이들을 제대로 관리하고 지휘할 유능한 장교들이 없으면 조직을 관리해 전투를 제대로 치를 수 없다. 특히 수군은 독립된 함선 중심으로 전투가 전개되므로 유능한 무관은 필수적이었다.

광해군은 선조를 대신해 전주에서 조정의 분조인 무군사撫軍司를 이끌며 전쟁을 총괄했는데 1593년 12월 전주에서 무관 확보를 위한 무과시험을 실시했다. 그런데 충무공은 유능한 군사들이 무과를 치르기 위해 전주까지 가는 것은 최전선을 비우는 것이므로 부적절하고 한산도 현지에서 통제사 주관으로 수군만의 독자적인 무과를 실시하는 것이 바람직하다고 건의했다. 전라도관찰사 등이 이에 반대했지만 충무공은 여러 번 건의해 결국 뜻을 관철시켰다.

1594년 4월 6일부터 4월 9일까지 4일 동안 한산도 통제영에서 별시 무과 시험이 실시되었다. 충무공과 전라우수사 이억기, 충청수사 구사직具思稷이 시험관이었고 장흥부사 황세득黃世得, 고성현령 조응도趙凝道, 삼가현감 고상안高尙顔, 웅천현감 이운룡李雲龍이 참시관(시험감독관)이었는데 총 100명이 합격했다.

9월 13일 충무공은 홍패(과거 합격증) 97장을 받았고 9월 15일 무과 급제자들에게 나눠주었다. 충무공은 실전 경험이 있는 97명의 유능한 무관을 확보했다. 한산도 통제영 무과는 2년 후인 1596년 윤閏 8월 10일에도 실시되었고 충무공의 아들 회薈와 면葂, 조카들도 응시했다.

수군 병력 확보 문제는 통제사 충무공을 가장 괴롭힌 어려운 과제였다. 그럼에도 충무공은 전염병 등으로 가장 엄혹했던 1593년부터 1595년 사이에도 육군보다 오히려 많은 4,000~5,000명의 수군 병력을 유지했다. 1597년 2월 26일 충무공이 삼도수군통제사에서 파직되면서 충무공 휘하에 있던 수군 병력 2만여 명이 후임인 원균에게 인계되었다. 하지만 1597

년 7월 15일 원균이 칠천량에서 참패하면서 충무공이 확보해 놓은 소중한 병력은 대부분 와해되고 말았다.

전선 건조

충무공이 수군에서 가장 중요하게 생각한 것은 전선이었다. 어쩌면 병력보다 더 중시했는지도 모른다. 1592년 5월 4일 1차 출정 때는 충무공이 지휘한 전라좌수영 함선이 24척, 원균이 지휘한 경상우수영 함선이 4척으로 총 28척이었다. 1592년 5월 29일 2차 출정 때는 전라좌수영 함선 23척, 경상우수영 함선 3척, 전라우수영 함선 25척까지 총 51척의 판옥선에 전라좌수영의 거북선이 추가되었다. 1592년 7월 6일 3차 출정 때는 전라좌수영 함선 24척, 전라우수영 함선 25척, 경상우수영 함선 9척으로 7척이 늘어난 총 58척과 거북선으로 구성되었고 1592년 8월 24일 4차 출정 때의 함선은 80여 척이었다. 충무공은 왜군을 압도하는 최대한 많은 함선을 동원해 원거리에서 압도적인 화포의 화력으로 왜선을 일시에 타격하는 작전으로 해전을 승리로 이끌었다. 이런 작전을 위해서는 화포를 장착해 쏠 수 있는 많은 함선이 필요했다.

1592년 12월 10일 충무공은 전라좌수영 부하 수령과 장수에게 전선 건조를 명령하고 이를 조정에 보고했다. 그 결과, 충무공과 전라우수사 이억기, 경상우수사 원균, 충청수사 정걸 등이 출전한 1593년 5월 14일 6차 출정 당시의 함선 수를 보면 전라좌수영 함선이 42척, 전라우수영 함선이 52척, 경상우수영 함선이 20척으로 총 114척이다. 1년 사이에 두 배 이상 늘어난 것이다. 충무공은 전라좌수영 60척, 전라우수영 90척, 경상우수영

40척, 충청수영 60척 총 250척의 함선 건조를 조정에 건의하고 이를 적극적으로 실행했다.

1년 후인 1594년 2월이 되자 전라좌수영 함선은 60척, 전라우수영 함선은 기존 48척과 건조 중인 함선 21척을 합쳐 69척이었다. 1594년 3월 10일 충무공은 전라좌·우도 함선 110척, 충청도 함선 11척, 경상우도 함선 20여 척으로 수군 함선이 총 140여 척이라고 조정에 보고했다. 다시 엄청난 규모로 증가한 것이다.

1593년부터 1595년 사이 『난중일기』를 보면 전선을 만들 목재를 구해왔다는 내용이 수시로 나온다. 충무공은 전선 건조에 지속적인 관심을 보였다. 1593년 6월 22일 목수 214명과 전라좌수영 72명, 방답진 35명, 사도진 25명, 녹도진 15명, 발포진 12명, 여도진 15명, 순천 10명, 낙안 5명, 흥양과 보성 각 10명 총 209명의 인부를 동원해 전선을 건조하기 시작했다.

1593년 8월 17일 지휘선을 연기로 그을렸고 새로 만든 전선을 바다에 진수했다. 1593년 9월 6일 새벽 함선을 만들 목재를 운반해오기 위해 여러 척의 배를 보내고 부서진 배의 목재를 여러 척의 배로 끌고 왔다. 1594년 1월 24일 송덕일宋德馹이 목수 41명을 산에서 작업하기 위해 데려갔고 1월 25일 송두남宋斗男과 이상록李尙祿 등이 새로 만든 전선을 정박시키기 위해 사부와 격군 132명을 데려갔다. 1월 27일 새벽 배를 만들 목재를 끌어오도록 우후 이몽구李夢龜를 보냈고 오후에 목재를 실어 왔다. 2월 15일 아침 전선의 갑판을 지탱할 대들보로 사용할 큰 나무를 실어 오도록 거북선 2척과 보성배 1척을 보냈다. 3월 1일 저녁 장흥2호선이 화재로 불탔다. 3월 5일 광양 선소(광양시 진월면 선소리)에서 건조한 판옥선 3척이 한산도 통제영으로 들어왔다. 11월 8일 배를 만들 목재를 운반해 왔다.

1594년 전라좌수영 본영은 기존 7척과 추가 7척 총 14척, 순천 기존 10척과 추가 10척 총 20척, 흥양 기존 10척과 추가 10척 총 20척, 낙안 기존 3척과 추가 4척 총 7척, 광양 기존 4척과 추가 4척 총 8척, 보성 기존 8척과 추가 8척 총 16척, 방답 기존 4척과 추가 4척 총 8척, 여도 기존 3척과 추가 3척 총 6척, 발포 기존 3척에 추가 3척 총 6척, 사도 기존 4척과 추가 4척 총 8척, 녹도 기존 3척과 추가 3척 총 6척이라고 『난중일기』에 적혀 있다. 이를 모두 합치면 전라좌수영의 함선은 총 119척이나 된다. 아마도 충무공은 전선을 건조할 계획을 미리 적어놓았던 것 같다.

1595년 1월 11일 고성현령 조응도가 전선 건조를 감독하기 위한 보고를 마치고 돌아갔다. 1월 16일 여도진 전선에서 화재가 나면서 광양, 순천, 녹도의 전선 4척이 불에 탔다. 충무공으로서는 정말 안타까운 사건이었다. 2월 14일 전선을 만들어 오지 않은 진도군수, 무안현감, 함평현감을 처벌했다. 2월 15일 지휘선이 불에 그을렸다. 1595년 가을 충무공은 전선과 거북선 추가 건조를 결정하고 실행에 옮겼다. 9월 2일 충무공은 군사 1,283명을 동원해 배를 만들 목재를 끌어오게 했다.

1596년 2월 6일 목수 10명을 거제도로 내보내 전선을 만들도록 했다. 7월 21일 충무공은 옥포만호에게 전선을 만들도록 군량 20말을 주고 웅천현감과 당진포만호에게 배를 만들 철 15근을 주었다. 8월 20일 군관 송희립에게 배를 만들 목재를 끌어 내릴 전라우도 군사 300명, 경상도 군사 100명, 충청도 군사 300명, 전라좌도 군사 390명 등 총 1,090명을 거느리고 가게 했다.

공직자 충무공

충무공 본인도 전선을 만드는 선소를 수시로 찾았다. 1592년 2월 22일 전라좌수영 관내를 순시하면서 흥양 선소를 점검했고 1596년 8월 29일에는 사천 선소(사천시 용현면 선진리 선소마을)를 방문했다. 그 결과, 충무공이 삼도수군통제사에서 파직되고 후임인 원균이 통제사로 있던 1597년 5월 조선 수군은 180여 척의 함선과 거북선 3척을 보유했다. 함선 수가 엄청나게 증가했다. 충무공의 관심과 노력 덕분에 이루어진 성과였다. 하지만 1597년 7월 15일 충무공의 후임인 통제사 원균이 칠천량에서 참패하면서 함선 160여 척과 거북선이 상실되었고 겨우 탈출한 함선 12척만 남게 되었다.

화약과 총통, 화살 제작

충무공은 총통과 화약, 포탄, 화살 등의 마련에도 심혈을 기울였고 그 내용을 『난중일기』에 상세히 적어놓았다. 우리 수군은 함선에 총통을 장착해 왜선에 쏘았다. 당연히 총통은 포탄을 쏠 화약이 필요했다. 특히 해전에서는 다량의 화약과 포탄이 소모되었다. 그러니 충분한 화약을 제조해 확보해야만 했다. 1592년 5월 4일부터 9월 2일까지 진행된 네 번의 출정으로 준비했던 화약이 모두 소진되었다. 다행히 1593년 군관 이봉수 등이 화약의 재료인 염초 제조법을 알아내 화약 1,000여 근을 직접 제조했고 충무공은 그 화약을 본영과 각 포구에 공급했다.

충무공은 총통도 직접 제작해 사용했다. 1593년 5월 충무공은 왜군의 조총을 개량한 정철총통을 제작해 조정에 보냈고 천자·지자·현자·황자·승자총통 등 다양한 화포를 제작했다. 전선 1척에 최소 16문 이상의 화포를 장착했으니 전선을 추가 건조함에 따라 더 많은 화포가 필요했기 때문이다.

장병들에게는 추위를 피할 군복이 필요했다. 충무공은 군복을 만들어 장병들에게 제공했다. 1594년 1월 20일 충무공은 매서운 날씨에 배에서 군복이 없는 군사와 격군이 거북이처럼 웅크린 채 추위에 떠는 소리를 차마 들을 수 없다고 적었다. 1월 23일 아침 충무공은 군복이 없는 군사 17명에게 군복을 주었고 여벌로 한 벌씩 더 주었다.

우리 수군의 가장 중요한 개인용 무기는 활이었다. 활은 적에게 쏠 화살이 반드시 필요했는데 화살은 왜군과의 전투에서 다량 사용되는 소모품이어서 수시로 만들어 확보해 놓아야만 했다. 2월 15일 충무공은 화살을 만들 화살대 265개를 받았다. 2월 18일 황득중黃得中이 화포를 만들 철을 가져왔고 2월 22일 충청수사 선거이가 화살대를 보내왔다.

5월 6일 화재가 발생해 화포와 숯을 보관한 창고가 모두 불에 탔다. 5월 9일 부안 전선에서 화재가 발생했지만 많이 불타지는 않았다. 5월 24일 박옥朴玉, 옥지玉只, 무재武才 등이 화살대를 만들 대나무 150개를 바쳤고 5월 24일 화살대 150개를 만들었다. 5월 25일 박옥 등이 화살 1,870개를 만들고 있었고 6월 5일 화살 150개를 만들었다.

충무공은 3만여 명의 수군이 먹을 군량을 확보하고 전선과 각종 화포, 화약과 포탄, 활과 화살, 창칼, 군복 등 다양한 군수품을 직접 마련했다. 오늘날은 정부에서 장병들에게 필요한 물품을 보급해주지만 피란을 떠난 당시 조정은 그럴 여력이 없었다. 오히려 충무공이 식량과 종이 등의 생필품을 마련해 조정에 보냈다. 1592년 9월 18일 조정에 큰 종이 10권을 보냈고 9월 25일 곡식을 배에 실어 조정에 보냈으며 1596년 8월 9일 충무공은 하동에서 만든 종이인 도련지 20권, 주지 32권, 장지 31권을 조정에 보냈다. 수시로 곡식과 종이 등의 생필품을 조정에 보내준 것이다.

1597년 2월 26일 충무공은 삼도수군통제사에서 파직되면서 화약 4,000근, 화포 300문을 후임인 원균에게 넘겨주었다. 지방 군현과 진영에 있는 화약과 전선에 비치된 화포는 제외한 수치였다. 어려운 상황에서도 충무공이 얼마나 철저하고 완벽히 함선과 군량, 군수품을 확보했는지 놀라지 않을 수 없다.

군량 확보

다음은 군량 확보이다. 수군도 먹어야 싸울 수 있다. 전쟁이 벌어지고 농사 짓는 백성이 피난을 떠나거나 군사로 차출된 상황에서 군량 부족은 당연했다. 당시 선조와 조정은 피난을 떠난 상태여서 최전선에 있는 수군에게 군량을 보급하거나 대책을 마련해 줄 형편이 아니었다. 오히려 조정은 조선에 온 명군의 식량과 말먹이를 마련하느라 고생해야 했다. 게다가 1592년부터 3년 연속으로 흉년과 가뭄, 저온현상 등이 계속되어 군량 확보는 더 어려웠다.

그러니 수군은 자체적으로 군량을 마련해야만 했다. 충무공이 군량을 확보하기 위해 활용한 것은 군사들이 직접 농사를 짓는 둔전이었다. 충무공이 임진왜란 발발 5년 전인 1587년 함경도 두만강변 조산보만호로 근무하며 녹둔도 둔전관을 겸한 적이 있어 둔전을 이미 경험해 본 상태였다. 충무공은 둔전 전문가인 종사관 정경달丁景達(1542~1602)의 도움을 받아 전라도 남해안 돌산도, 고흥, 해남, 강진 등지의 버려진 땅에 늙고 허약한 군사를 투입해 농사를 짓게 해 군량을 마련했다.

충무공은 군사들이 바다에서 잡은 생선이나 바닷물을 끓여 제조한 소금을 곡식과 교환해 군량을 마련하기도 했다. 충무공은 군량 확보와 관리, 적절한 보급을 위해 다양한 조치를 취하고 고심한 일들을 『난중일기』에 상세히 적어놓았다. 힘든 시기를 견디며 노심초사한 충무공의 기록을 시간 순으로 살펴보자.

먼저 1593년 기록이다. 6월 3일 충무공은 전라도순찰사 권율, 순변사 이빈, 병사 선거이, 방어사 이복남 등으로부터 군마가 많아봤자 5,000필을 넘지 못하고 군량도 거의 떨어졌다는 편지를 받았다. 전쟁이 1년을 넘기면서 준비했던 군마와 군량이 바닥난 것이다. 6월 23일 충무공은 낙안군수에게 군량 130섬 9말을 나누어 주었다. 순천부사가 군량 200섬을 바쳤고 그 중 150섬 9말을 6월 26일 승장 의능宜能의 함선에 실었다. 6월 27일 흥양현감에게 군량 3섬을 빌려주고 7월 6일 흥양현감이 군량을 싣고 왔다. 9월 13일 송두남宋斗男이 군량미 300섬과 콩 300섬을 싣고 왔다. 9월 15일 둔전 대포에서 세 섬지기를 타작해 133섬 5말을 수확했다. 1594년 1월 19일 소비포 권관 이영남李英男이 충무공에게 영남 여러 배의 사부와 격군이 대부분 굶어 죽어간다고 보고했다.

다음은 1594년 기록이다. 2월 9일 충무공은 고성현령 조응도에게 굶주린 백성들이 서로 잡아먹는 참담한 상황에서 어떻게 목숨을 보전해 살 것인지 물었다. 2월 14일 전라좌수영에서 군량미 20섬을 실어 왔다. 3월 18일 남해현령 기효근奇孝謹이 씨를 뿌리는 파종 일 때문에 복귀했다. 3월 23일과 3월 24일 미역 113동을 채취했다. 5월 3일과 5월 4일 창고 군량을 헤아려 점검해 보니 군량 349섬 14말 4되와 무명을 팔아 마련한 쌀 총 432섬 14말 4되 중 남아 있는 것은 65섬 12말 4되였다. 5월 26일 이인원 李仁元과 토병 23명을 전라좌수영에 보내 보리를 수확하게 했다. 6월 23일 군량을 독촉하도록 우후 이몽구를 보냈다. 7월 9일 낙안의 군량 200섬을 받았다. 7월 10일 낙안 벼를 도정하고 광양 벼 100섬을 점검했다. 9월 17일 우후 이몽구가 둔전 곡식을 타작하기 위해 나갔다. 9월 20일 체찰사 윤두수로부터 수군이 관할하는 고을로부터 받은 조세는 수군의 군량으로 사용하게 해주겠다는 공문을 받았다. 11월 5일 별시위 송한련宋漢連이 대구 10마리를 잡아 바쳤다. 11월 23일 흥양과 순천의 군량을 받았다. 11월 26일 콩으로 메주 10섬을 쑤었다. 도양(고흥군 도양읍) 목장에 딸린 전답에서 벼 34섬 8말 3되와 콩 1섬 7말을 거두었다.

다음은 1595년 기록이다. 2월 11일 둔전을 점검하라는 선조의 유지가 당도했다. 2월 13일 도양 둔전에서 나온 벼 300섬을 신고 와 각 포구에 나누어 주었다. 2월 13일 도양(고흥군 도양읍)의 둔조(둔전에서 조세로 거둔 벼) 300섬을 통제영으로 신고 와 각 진영에 나누어 주었다. 2월 19일 물고기를 잡아 군량으로 바꿨다. 2월 29일 경상우수사 배설과 둔전 만드는 일을 이야기 나누었다. 3월 1일 삼도 수군에게 선조가 하사한 무명을 나누어 주었다. 3월 20일 경상우수사 배설이 밀포(한산도 두억리 연안)에 둔전을 만들 곳을 살펴보겠다고 보고했다. 4월 12일 군량을 독촉하기 위해 순천, 광양, 광주, 나주, 흥양, 보성, 구례, 곡성에 군관 4명을 내보냈다. 경상우수사 배설은 밀포로 갔다. 4월 17일 배설이 해평장(통영시 봉평동 해평마을) 논밭을 일구는 곳으로 갔다. 4월 29일 미역 99동을 땄다. 5월 11일 광양 두치 군량과 함께 남원, 순창, 옥과 등에서 군량 68섬을 통제영으로 실어 왔다. 5월 17일, 5월 19일, 5월 24일 소금을 굽는 가마솥 3개를 만들었다. 충무공은 이렇게 소금을 굽는 솥을 제작해 바닷물을 끓여 소금을 만들어 팔아 군량을 마련했다. 6월 6일 도양장 둔전 농사 형편이 괜찮다는 보고를 받았다. 흥양현감과 군량 지원 업무를 하는 계원유사 임영林英이 수고해 준 덕분이었다.

6월 9일 도원수 권율에게 수군 1명이 매일 식량 5홉, 물 7홉씩 배급받는다는 모함이 들어갔다. 육군보다 수군의 형편이 좋았던 것 같다. 6월 10일 광주의 군량 39섬을 받았고 6월 19일 신홍헌申弘憲 등이 보리 76섬을 바쳤다. 7월 8일 전라우수군에게 군량 20섬을 빌려주었다. 7월 10일 전라우수사가 군량이 떨어졌다고 보고했는데 마땅한 방법이 없었다. 9월 3일 도양장 추수할 일로 강응호姜應虎를 내보냈다. 9월 5일 순천, 광양, 낙안, 흥양에서 지난해 조세로 받은 곡식을 실어 오게 하라는 체찰사의 공문을 받았다. 10월 17일 진주 하응구河應龜와 유기룡柳起龍 등이 쌀 20섬을 바쳤고 11월 13일 도양장 둔전에서 벼와 콩 820섬을 거두었다. 11월 21일 군사들이 잡아 말린 청어 1만 3,240두름(26만 4,800마리)을 곡식과 교환했다. 11월 30일 체찰사에게 전세와 군량 30섬을 보냈다. 12월 4일에도 말린 청어 7,000여 두름(약 14만 마리)을 곡식과 교환했다.

이어서 1596년 기록이다. 1월 4일 별시위 송한련宋漢連 등이 청어 1,000여 두름(2만여 마리)을 잡아 말리고 1,800여 두름(3만 6,000여 마리)을 잡았다. 1월 6일 청어 2,299두름(4만 5,980마리)을 확보해 군량 500여 섬을 마련했다. 1월 20일 콩으로 메주를 만들고 낙안군수가 둔전에서 거둔 벼를 실어 왔

공직자 충무공

다. 2월 6일 송한련이 숭어를 잡아 올려 먹었다. 2월 7일 군사들에게 음식을 제공했다. 흥양 둔전에서 추수한 벼 352섬을 받았다. 군량을 조달하는 보성의 계향유사 임찬林燦에게 곡식과 바꾸도록 소금 50섬을 주었다. 2월 14일 흥양유사 송상문宋象文이 쌀과 벼 7섬을 바쳤다. 순천 둔전에서 추수한 벼를 받았다. 2월 17일 박춘양, 오수가 조기 잡는 곳으로 갔다. 2월 19일 낙안의 군량선이 바람에 막혀 사량에 정박했다.

　2월 23일과 2월 24일 둔전의 벼를 다시 점검해 337섬을 창고에 보관했다. 처음보다 78섬이 줄었다. 2월 27일 둔전 벼 22섬을 점검해 창고에 보관했다. 3월 23일과 3월 24일 미역을 채취했다. 5월 20일 웅천현감 김충민金忠敏이 양식이 떨어졌다길래 벼 20말을 주었다. 6월 19일 발포 보리밭에서 보리 26섬을 수확했다. 8월 8일 승장 의능宜能이 생마 120근, 8월 9일 승장 수인守仁이 생마 330근을 바쳤다. 8월 10일 송한련에게 고기 잡는 그물을 만들도록 생마 40근을 주었고 밀가루와 팥으로 상화병을 만들어 먹었다. 윤 8월 7일 보리 78섬, 생선과 바꾼 벼 23섬 14말이 들어왔다. 10월 2일 전라좌수영에 청어선이 들어왔다. 10월 9일 진무성陳武晟이 전라좌수영에 청어 4,400두름(8만 8,000마리)을 싣고 왔다. 충무공은 이렇게 확보한 말린 청어를 배에 실어 보내 곡식과 교환했고 지역별 군량 조달 책임자를 두고 수시로 그들을 독촉해 군량을 확보했다. 충무공을 돕는 의병과 승병은 스스로 의곡義穀을 모아 군량 확보에 기여했다.

　1593년부터 1597년 2월까지 충무공은 한산도 통제영에서 1만여 명이 넘는 수군 병력을 유지했는데 당연히 군사들을 먹일 군량이 필요했다. 그 군량은 『난중일기』에 적힌 충무공의 그런 고통과 세심한 노력으로 확보되었다. 1597년 2월 충무공이 한양으로 압송된 후 후임 통제사로 부임한 원균은 1597년 7월 15일 칠천량에서 참패당하고 전사했다. 칠천량에서 탈출한 배설은 한산도 통제영을 불태웠는데 충무공이 힘들게 마련한 군량도 함께 불에 탔을 것이다.

12.
길고 험난했던 왜군과의 대치

1593년 8월부터 1594년까지의 전황

충무공은 한산도에 삼도수군 통제영을 마련하고 병력과 전선, 군량, 무기를 확충하면서 선조의 명령에 따라 출정해 견내량을 경계로 대치한 왜군과 수시로 싸웠다. 앞에서 보았듯이 충무공은 선조의 명을 받고 1593년 2월부터 4월까지 2개월가량 5차 출정을 감행했고 1593년 5월부터 그해 겨울까지는 한산도 주변에 머물며 견내량을 경계로 왜군과 대치했다.

8월 30일 원균은 충무공에게 견내량을 지나 거제 영등포로 출정할 것을 독촉했는데 충무공은 받아들이지 않았다. 충무공은 『난중일기』에서 원균이 경상우수영 함선 25척은 모두 내보내고 겨우 7~8척만으로 그런 주장을 한다며 흉악하다고 비난하고 있다.

11월 왜군의 근거지인 부산포 공격에 적극적인 윤두수가 육군과 수군 등 군사 관련 업무를 총괄하는 삼도체찰사가 되었다. 1593년 『난중일기』

공직자 충무공

는 9월 16일부터 12월 31일까지의 부분이 빠져 있다. 충무공은 한산도에 통제영을 마련하는 한편, 왜군과 대치하며 추운 겨울을 보내다가 1593년 12월 전라좌수영으로 복귀한 것 같다. 1594년의 『난중일기』가 여수 전라좌수영에서 시작되기 때문이다.

1593년 5월 7일 충무공이 전라좌수영 함선과 군사를 이끌고 경상도 해역으로 6차 출정에 나섰으니 벌써 7개월이 지났다. 명과 왜 사이에 강화교섭이 진행 중이었고 왜군은 성을 쌓고 해전을 피하는 바람에 연합함대는 왜군과 직접 전투를 치르기도 쉽지 않았다. 오랜 기간 본영과 집을 떠난 지휘관과 수령, 장수, 군사들은 왜군과의 장기 대치로 피로가 누적되었고 영양부족과 전염병으로 건강이 악화되어 죽어가고 있었다.

1594년 1월 1일 충무공은 전라좌수영 옆 고음천(여수시 웅천동 송현마을) 집에서 모친, 가족과 함께 설날을 맞았는데 다행한 일이라고 적었다. 1월 3일 충무공은 고음천 집에서 전라좌수영으로 복귀해 병력 동원, 군량 확보 등 밀린 공무를 처리했다. 충무공은 삼도수군통제사이지만 전라좌수사를 겸직해 전라좌수영 업무도 소홀히 할 수 없었다. 1월 11일 아침 충무공은 배를 타고 고음천 집으로 가 모친, 가족과 함께 시간을 보냈다. 1월 12일 충무공은 모친으로부터 나라의 치욕을 제대로 씻어야 한다는 당부를 듣고 가족과 작별하고 전라좌수영으로 복귀했다.

1월 15일 충무공은 당시 전주에서 분조를 이끌던 광해군으로부터 군사를 거느리고 왜군을 토벌하는 일을 감독하라는 명을 받았다. 임진왜란 직후인 1592년 6월 세자로 책봉된 광해군은 평안도, 함경도, 강원도에서 분조를 이끌며 민심을 수습하고 군량을 확보하는 등 백성의 신망과 지지를 받고 있었다. 한양 수복 후인 1593년 12월 전주에서 좌의정 도체찰사 윤두수, 좌찬성 정탁鄭琢(1526~1605), 분 호조판서 한준, 분 병조판서 이항복李恒福(1556~1618) 등과 비변사를 나눈 무군사撫軍司를 이끌고 있었다. 무군사는 1594년 3월 폐지된 것으로 보인다.

1594년 1월 17일 충무공은 한산도 통제영으로 복귀하면서 전주 무군사에 있는 광해군에게 장계를 올렸고 1월 19일 한산도 통제영에 도착했다. 1월 21일 충무공은 추위에 시달리는 전라좌수영 격군 742명에게 술을 내려 마시게 했다. 2월 1일 선조는 충무공에게 삼도 수군을 결집해 왜군을 초멸하라는 유지有旨를 보냈다. 2월 2일 광해군으로부터 장계에 대한 회신이 왔고 2월 4일 명령서가 왔다. 2월 9일 충무공은 광해군의 명령에 답신을 보냈다. 한산도 통제영에서 무과를 치르는 것과 관련된 명령과 회신이었을 것이다. 2월 13일 왜선 8척이 견내량 북쪽 고성 춘원포에 출현했다는 보고를 받았다. 이후 왜선이 많아 나오기를 기다렸다가 무찌르기로 했다.

2월 16일 흥양현감 배흥립이 충무공에게 암행어사 유몽인柳夢寅(1559~1623)의 비밀 장계 초본을 가져왔다. 장계 초본에 낙안군수 신호를 파직하고 순천부사 권준을 탐관오리로 지명하고 충무공은 수군 일족과 장정 4명 중 2명을 수군에 입대하도록 했다고 비난하는 내용이 들어 있었다. 선조는 충무공이 부산포를 공격하라는 명령을 따르지 않자 암행어사 등을 동원해 정치공세를 편 것으로 보인다. 먼저 충무공의 부하 장수들이 대상이었을 것이다. 충무공을 직접 대상으로 삼기에는 해전에서 연전연승해 쌓은 명성 때문에 여의치 않았을 것이다. 권준, 신호, 배흥립, 김완 등 충무공의 부하 장수에게 비리 혐의를 뒤집어씌워 파직과 압송을 자행해 충무공

공직자 충무공

에게 타격을 주는 방법을 사용한 것 같다.

물론 최종 목표는 충무공이었을 것이다. 배흥립이 충무공에게 보고한 암행어사 유몽인의 비밀 장계 초본을 보면 선조의 그런 악의적 의도가 엿보인다. 그런 배경과 사정을 아는 충무공이었지만 별다른 방법은 없었을 것이다. 충무공은 선조와 조정이 일선의 위급한 상황을 전혀 고려하지 않고 부산포 공격만 명해 부당하다고 판단했지만 어쩔 수 없어 부하들과 활을 쏘았다고 『난중일기』에 적고 있다.

2월 21일 오후 5시~7시 무렵 정찰군관 제한국諸漢國이 구화역(통영시 광도면 노산리)에 왜선 8척이 정박해 있고 2월 22일 새벽 1시~3시 무렵 왜선 10척이 구화역에 도착했으며 6척은 춘원포에 나타났다고 보고했다. 제한국은 매우 유능한 정찰군관이었던 것 같다. 충무공은 수군을 출동시켰지만 날이 새는 바람에 미처 따라가 쳐부수지는 못했다. 충무공은 왜선을 계속 정찰할 것을 지시했다. 2월 29일 왜선 16척이 소소포(고성군 마암면 두호리)에 진입했다는 보고를 받았다. 3월 1일 저녁 충무공이 함대를 출동시키려고 했지만 왜선이 모두 도망간 뒤였다.

3월 3일 오후 6시 무렵 충무공은 왜선 6척이 오리량과 당항포 등지에 나타났다는 제한국의 보고를 받고 연합함대 함선 124척을 이끌고 출동했다. 연합함대는 견내량을 지나 견내량 북쪽 입구 흥도(거제시 사등면 오량리 고개도)에 진을 쳤다가 초저녁 북쪽으로 이동해 지도(통영시 용남면 지도리) 앞에 진을 쳤다. 견내량은 함선 20척을 보내 지키게 했다. 연합함대가 견내량을 지나 출정한 것이다. 3월 4일 새벽 우조방장 어영담이 함선 30척을 거느리고 출진해 진해 앞바다에서 왜선 10척을 발견하고 격침시켰다. 충무공은 왜선 14척이 소소강(고성군 회화면 당항리)에 있다는 보고를 받고 어영담과 경상우수사 원균에게 공격을 지시하고 연합함대를 당항포 입구 고성 자음포(고성군 동해면 양촌리 법동마을)로 이동시켜 진을 쳤다.

3월 5일 어영담과 원균이 당항포에서 달아난 왜군이 남겨놓은 왜선 21척을 불태웠다. 3월 6일 충무공은 왜선 40여 척이 견내량 북쪽 입구인 청슬(거제시 사등면 청곡리 청곡마을 일대)로 온다는 정찰병의 보고를 받았다. 자칫 연합함대가 한산도 통제영으로 내려가는 길목인 견내량이 봉쇄당할 우려가 있었다. 충무공은 함대를 이끌고 바람을 거슬러 남쪽 흉도(고개도)에 이르렀다. 2차 당항포해전이다.

충무공이 흉도에 이르자 명군 2명이 명나라 도사부 담종인譚宗仁이 작성한 금토패문禁討牌文을 가져왔다. 명과 왜가 강화교섭 중이니 왜군을 공격하지 말라는 것이었다. 3월 7일 충무공은 담종인에게 금토패문에 대한 답서를 보내고 오후 2시 무렵 출발해 밤 10시 무렵 한산도 통제영으로 돌아왔다. 3월 16일 충청수사 구사직具思稷이 전선 9척을 이끌고 통제영으로 왔다. 3월 22일 도원수 권율이 명나라 담종인과 왜장의 금토패문 등과 관련해 조정에 보고했다는 공문을 보내왔다.

4월 3일 충무공은 군사들에게 술 1,080동이를 내려보내 마시게 했다. 그날 도원수 권율이 무과 급제자들에게 수여하는 홍패(과거 합격증)를 보내왔다. 충무공은 4월 6일 별시를 실시해 4월 9일 시험을 마치고 합격자 100명을 발표했다. 전투에서 핵심 역할을 하는 초급장교 100명을 확보한 것이다.

4월 9일 조방장 어영담이 전염병으로 세상을 떠났다. 1532년생으로 충무공보다 17세나 많은 어영담은 당시 63세였다. 남해안 바다를 손바닥 보듯 잘 아는 경험 많고 용맹한 백전노장 어영담은 1차, 2차, 3차, 4차 출정과 2차 당항포해전에서 충무공을 도와 큰 공을 세웠다. 그런 장수가 전염병으로 죽었으니 충무공은 무척 안타깝고 상심이 컸을 것이다.

4월 13일 충무공은 한산도 주변 죽도(한산면 염호리 상죽도)에서 순무어사 서성徐渻에게 연합함대의 시범을 보여주었다. 4월 15일 충청수사 구사직이 파직되었고 후임으로 충무공과 이름이 같은 이순신李純信이 임명되었다. 4월 16일 충무공은 지휘에 불응하고 왜군의 동향을 신속히 보고하지 않은 책임을 물어 경상우수사 원균의 군관과 부하들에게 곤장을 내렸다. 4월 17일 거제현령 안위安衛가 왜선 100여 척이 왜국에서 출발해 부산 절영도를 향해 오고 있다고 보고했다.

거제현령 안위는 1563년생으로 당시 31세였다. 정여립의 5촌 조카로 1589년 기축옥사 당시 유배되었지만 임진왜란이 발발하자 복권되었고 무과에 급제해 무관이 되었다. 1594년 거제현령으로 충무공의 부하 장수가 되었고 1594년 2차 당항포해전, 1597년 부산 왜영 방화사건과 명량해전 등에서 공을 세웠다. 부산 왜영 방화사건은 충무공을 곤경에 빠뜨리기도 했다.

4월 18일 충무공은 왜군에게 붙잡혔다가 탈출한 사람들로부터 고니시 유키나가가 웅포(진해시 남문동)에 있고 대마도주 소 요시토시가 웅천 땅 입암(진해시 제덕동)에 있다는 첩보를 입수했다. 4월 29일 충무공은 군사들에게 술을 내려 마시게 했다.

5월 8일 도원수 권율로부터 수군이 거제로 진격해 왜군을 위협하고 당황시켜 왜국으로 달아나게 하라는 공문을 받았다. 실행하기 어려운 공문이었다. 도원수 권율은 그것을 알면서도 선조의 명대로 보냈을 것이다. 5월 10일 새벽 충무공은 통제영 앞바다에 가득 찬 우리 함선을 바라보며 왜군이 침범하더라도 섬멸할 수 있다고 『난중일기』에 적었다. 거제도나 부산포의 왜군을 직접 공격하기보다 견내량을 굳건히 지키며 왜군과 대치하는 것이 당시 상황에서는 최선이라고 판단한 충무공의 전략과 강한 의지를 보여준다.

5월 20일 충무공은 전라도관찰사 이정암李廷馣이 왜군과의 화친을 주장한다는 소식을 듣고 한탄했다. 이정암은 1592년 8월 28일 황해도 연안성에서 의병을 이끌고 3일 동안 싸워 구로다 나가마사의 왜군을 물리쳤고 1593년 전라도관찰사가 되었다. 최전선에서 왜군과 직접 싸우며 첨예하게 대치 중인 충무공과 수군으로서는 침략자인 왜군과의 화친 주장은 도저히 용납하기 어려웠을 것이다.

6월 1일 수군의 여러 장수와 경주의 여러 장수가 서로 협력하라는 선조의 유지를 받았다. 당시 수군과 육군은 병력 차출, 군량 징발, 무기 배정 등으로 갈등과 대립 양상을 보였는데 그 사실을 보고받은 선조가 서로 협력하라는 지극히 상식적인 지시를 내린 것으로 보인다.

7월 2일 충무공은 군사와 군량 등 관리업무를 소홀히 처리한 순천과 광양 관리를 처벌했고 흥양 관리들을 붙잡아 오게 했다. 업무를 적절히 처리하지 못한 측면도 있겠지만 충무공은 전라좌수영 부하 장수를 대상으로 비위 등을 트집 잡아 공격하려는 선조와 조정의 움직임을 보며 선제 대응한 것으로 보인다.

공직자 충무공

7월 12일 영의정 유성룡이 세상을 떠났다는 소문이 떠돌았지만 거짓으로 밝혀졌다. 유성룡은 충무공을 추천하고 후원했던 인물이다. 유성룡이 세상을 떠나는 것은 선조와 조정의 일부 세력으로부터 충무공의 보호막이 사라졌음을 의미한다. 충무공에 대한 위협이 계속되었던 것 같다.

7월 17일 명나라 장수 장홍유張鴻儒가 통제영에 왔다가 7월 20일 떠났다. 충무공은 도원수 권율에게 이를 보고했다.

8월 13일 오전 10시 무렵 충무공은 여러 장수를 거느리고 견내량으로 출동했고 사도진첨사 김완에게 견내량 너머 춘원포(통영시 광도면 황리) 등지로 가 왜군을 수색해 무찌르게 했다. 8월 14일 사도첨사 김완이 춘원포로 가 왜선 1척을 공격해 조선인 남녀 15명을 구출하고 왜선을 나포해왔다. 충무공은 오후 2시 무렵 함대를 이끌고 한산도로 복귀했다.

8월 15일 충무공은 도원수 권율을 만나기 위해 원균을 데리고 사천으로 출발해 월명포(통영시 산양면 풍화리 월명도)에서 휴식을 취했다. 8월 16일 새벽 월명포를 출발해 서쪽으로 항해해 소비포(고성군 하일면 동화리)에서 아침을 먹은 후 사천 선창(사천시 용현면 통양리)에 도착했다. 8월 17일 충무공은 원균과 사천현감의 처소에서 도원수 권율을 만나 전황을 의논했다. 충무공은 2차 진주성전투 이후 왜군이 웅천 외에도 거제도, 가덕도 등지에 성을 쌓고 주둔해 부산포의 왜군에 대한 공격은 곤란하다는 점을 설명했다.

반면, 부산포 공격을 주장했던 원균은 권율의 질책을 받고서는 고개를 들지 못했다. 다음 날인 8월 18일 충무공은 도원수 권율과 향후 작전을 논의했다. 충무공은 수군이 부산포를 공격하면 자칫 왜군의 포위망에 걸려들 위험이 있고 웅천과 거제도의 왜군이 걸림돌이라는 점을 설명했을 것이다.

　충무공은 그날 뱃머리를 돌려 삼천포 앞바다에 정박했다. 8월 19일 사량도를 경유해 당포(거제시 산양읍 삼덕리)에 도착해 정박했고 8월 20일 한산도 통제영으로 복귀했다. 8월 29일 충무공은 유성룡으로부터 편지를 받았는데 원균이 충무공에 대해 머뭇거리며 앞으로 나아가지 않는다고 비난한다는 내용이 있었다. 그날 저녁 충무공은 심란한 마음에 쉽게 잠들지 못했다. 도원수 권율과의 면담과 유성룡이 보낸 편지를 보면 원균은 충무공이 부산포 공격에 소극적이라며 비난하는 보고를 선조와 조정에 지속적으로 보냈던 것 같다. 원균은 사악하고 음흉한 인물이었다.

　9월 3일 충무공은 선조로부터 비밀 유지를 받았는데 수군과 육군의 여러 장수가 팔짱만 끼고 서로 바라만 보며 한 가지 계책이라도 세워 적을 치려고 하지 않는다고 비난하는 내용이었다. 정말 억울하고 답답한 노릇이었다. 충무공은 지난 3년 동안 바다에서 장병들과 목숨을 걸고 원수를 갚겠다는 일념으로 보냈다. 다만, 거제도와 웅천, 가덕도 등 험한 곳에 웅거한 왜군 때문에 쉽게 나가지 못하고 있을 뿐이었다.

　'상대를 알고 나를 알면 백 번 싸워도 위험에 처하지 않는다'라는 격언도 있지 않은가. 충무공은 일선 상황을 전혀 모르는 선조가 답답했을 것이다. 9월 7일 거제도로 사냥하러 나간 부하들이 왜군에게 붙잡혔다고 순천부사 권준이 보고했다. 왜군은 통제영 너머 거제도 산야에서 준동하고 있었다. 9월 20일 충무공은 체찰사 윤두수로부터 수군에게 군량을 계속 공급해 주겠다는 공문을 받았다. 일단 수군의 군량 문제를 해결할 수 있어 다행이었다.

9월 하순 선조는 체찰사 윤두수를 중심으로 조선군 단독으로 왜군이 점령한 거제도를 수복할 작전을 전개하기로 했다. 선조와 조정은 명과 왜가 우리를 배제한 채 강화교섭을 벌이며 전투에 소극적인 상황에서 우리 수군이 왜군의 본거지인 부산포를 공격해 왜군을 내쫓을 생각이었다. 하지만 충무공과 우리 수군이 거제도 등지에 성을 쌓고 주둔 중인 왜군을 이유로 들며 부산포 공격에 소극적이자 부산포 공격을 방해하는 거제도의 왜군부터 먼저 몰아내기로 했다. 앞에서 보았듯이 1593년 6월 2차 진주성전투 이후 왜군은 거제도 북서쪽 영등포, 장문포, 소비포(송진포) 등지에 성을 쌓고 농성 중이었다. 거제도로 사냥하러 나간 순천 군사들이 왜군에게 붙잡힐 정도로 거제도는 왜군의 소굴이었다.

9월 25일 조선 육군과 수군을 동원한 거제도 수복작전이 개시되었다. 도원수 권율 진영의 첨지 김경로金敬老가 군사 70명, 첨지 박종남朴宗男이 군사 600명을 거느리고 왔고 9월 26일 의병장 곽재우, 김덕령金德齡 등이 견내량에 도착했다. 9월 27일 충무공은 연합함대를 이끌고 한산도 통제영을 출발해 견내량 남쪽 적도(거제시 둔덕면 술역리 화도) 앞바다에 진을 치고 의병장 곽재우, 김덕령, 한명련韓明璉, 주몽룡朱夢龍 등을 군사들과 함께 배에 태워 그들이 원하는 거제도의 왜군 공격 지점에 내려주었다. 그날 저녁 전라병사 선거이가 도착해 전라좌수영 배에 탔고 체찰사의 군관들도 도착했다.

1594년 당시 조선에서 이름이 널리 알려진 장수와 의병장 대부분이 거제도 수복작전에 참가했다. 그만큼 조정의 관심과 기대가 컸을 것이다. 9월 28일 충무공과 삼도 수군은 견내량을 지나 견내량 북쪽 흥도(거제시 오량리

고개도) 근처에 정박했다.

9월 29일 아침 수군 함대는 거제 장문포 앞바다로 진격했다. 장문포의 왜군은 험준한 산 위에 자리 잡고 있었는데 양쪽 봉우리에 보루를 쌓고 밖으로는 전혀 나오지 않았다. 수군이 장문포 앞에 있는 왜선 2척을 격파하자 왜군은 육지로 달아났다. 수군 함대는 칠천량에서 밤을 보냈다. 10월 1일 새벽 수군 함대는 거제도 영등포를 향해 진격했지만 왜군은 바닷가에 배를 정박시킨 채 성안에 머물며 대응하지 않았다.

해가 저물었다. 수군 함대가 어쩔 수 없이 장문포 앞바다로 돌아와 해변에 함선을 정박시키려고 하자 왜군의 작은 배가 달려와 우리 함선에 불을 던졌다. 불은 껐지만 우리 함대는 칠천량으로 이동해 밤을 보내야 했다. 10월 2일과 10월 3일 수군 함대는 이번에는 장문포의 왜군을 공격했지만 그들도 영등포의 왜군들처럼 성안에 있으면서 항전하지 않아 성과는 없었다.

10월 4일 곽재우, 김덕령 등 육군 장수들이 약조한 대로 군사 수백 명과 함께 육지에 상륙해 산에 올라 장문포의 왜성을 공격하고 우리 수군은 바다에서 장문포를 공격했다. 수륙 합동작전을 편 것이다. 처음에는 왜군이 당황하는 듯 보였지만 왜군이 칼을 휘두르며 공격해 오는 것을 본 우리 육군이 함선으로 내려오는 바람에 성과를 거두지 못했다. 수군 함대는 칠천량으로 이동해 정박했다.

10월 6일 수군 함대가 다시 장문포로 진격했다. 그러자 왜군은 명나라와 강화교섭이 진행 중이니 싸움을 금한다는 패문을 땅에 박아놓았다. 충무공은 어쩔 수 없이 흉도(고개도)로 함대를 옮겨 진을 쳤다. 10월 7일 전라병사 선거이, 의병장 곽재우, 김덕령 등이 차례로 떠났다. 10월 8일 충무공은 함대를 이끌고 장문포로 갔지만 왜군은 여전히 대응하지 않았다. 수군 함대는 왜군에게 위세만 보이고 흉도로 왔다가 견내량을 지나 심야에 한산도 통제영으로 복귀했다. 결국 거제도 수복작전은 별 성과 없이 실패로 끝났다.

10월 25일 순천부사 권준이 공물 절취 혐의로 의금부에 체포되었다. 권준은 1589년 충무공이 전라도관찰사 군관으로 재직할 때부터 알고 지냈고 1591년 2월 전라좌수사로 부임한 후부터는 3년 넘게 충무공과 함께 근무한 가장 가까운 부하 장수 중 한 명이었다. 선조는 충무공을 공격하는 것이 여의치 않자 부하 장수 권준을 비리 혐의로 체포한 것으로 보인다. 지난 2월 16일 암행어사 유몽인의 비밀 장계 초안에 있던 내용이 현실이 된 것이다. 충무공은 자신이 아끼는 권준이 체포되자 마음이 불편했다. 하지만 충무공이 권준을 보호해 줄 뾰족한 방법은 없었다.

10월 30일 충무공은 왜군을 토벌하기 위해 견내량 너머로 전선을 출동시키고 싶었지만 경상도의 전함이 없어 다른 배들이 오기를 기다렸다. 11월 2일 충무공은 사도첨사 김완, 우후 이정충李廷忠, 미조항 첨사 성윤문成允文을 견내량 너머의 왜군을 수색해 토벌하도록 내보냈다. 그들은 11월 3일 밤 복귀했다. 11월 5일 항복한 왜군 13명을 순변사 이일에게 보내고 11월 7일 항복한 왜군 17명을 남해로 보냈다. 11월 13일 항복한 왜군 14명을 도원수 권율에게 보내고 11월 14일 항복한 왜군 7명을 남해로 보냈다. 전쟁이 2년을 넘기면서 투항하는 왜군이 늘고 있었다.

11월 체찰사 윤두수가 거제도 수복작전 실패의 책임을 지고 물러났다. 후임은 우의정 이원익李元翼이었다. 이원익은 1547년생으로 충무공보다 2세 적고 22세 때인 1569년 별시 문과에 급제해 벼슬길에 올라 우의정, 좌의정, 영의정을 역임하고 87세 되던 1634년 사망했다.

임진왜란 때는 체찰사가 되어 충무공, 도원수 권율 등과 정유재란을 승리로 이끌었다. 전란 후 백성의 부담을 덜어주기 위해 공납을 쌀로 통일하는 대동법을 경기도에서 시행하는 등 제도와 실무에 밝은 합리적이고 실용적인 정치가였다. 이원익은 충무공을 신뢰하고 높이 평가했다. 충무공도 거제도 공략 실패의 책임을 지고 삼도수군통제사직에서 물러나게 해달라고 요청했지만 반려되었다. 사실 거제도 공략 실패의 책임보다 경상우수사 원균과의 갈등이 사직 요청의 더 큰 이유였다.

11월 25일 충무공은 수군의 고을과 포구에 육군 병장기를 배정해 독촉하는 순변사 이일에게 따지는 꿈을 꾸었다. 이일은 1587년 8월 충무공이 함경도 조산보만호 겸 녹둔도둔전관으로 재임할 당시 상관인 함경도 북병사였는데 여진족과 싸운 녹둔도전투의 패전 책임을 충무공에게 떠넘겨 파직시키고 백의종군하게 했고 임진왜란 초기 상주와 탄금대에서 패전했던 인물이다. 이번에는 충무공과 수군이 어렵게 마련한 병장기를 육군에게 넘기도록 해 충무공과 수군이 반발했고 충무공은 이를 이일에게 항의하는 꿈을 꾼 것이다. 이일은 여전히 충무공과는 악연이었다. 11월 27일 충무공은 항복한 왜군 50여 명을 소집해 사격 연습을 시켰다.

1595년(을미년) 전황

1595년 1월 10일 순천부사 권준의 후임으로 박진朴晉이 왔다. 1월 14일 진주목사 배설이 충청수사로 부임했다. 1594년 11월 충청수사로 부임했다가

병으로 사직한 선거이의 후임이었다. 1595년 1월 21일 장흥부사 배흥립으로부터 보고를 받았는데 이일이 수군 소속의 고을과 진에서 병사를 차출하고 군량을 징발하는 한편, 충무공을 해치려고 한다고 했다. 배흥립은 정보에 무척 빨랐던 장수 같다. 그날 충무공은 이일이 한양에서 첩들을 데리고 일선에 온 사실을 『난중일기』에 적었다. 이일은 수군과 충무공에게 매우 적대적이었고 충무공도 이일에게 매우 비판적이었던 것 같다.

2월 2일 의금부에서 흥양현감 황세득을 붙잡아 갔다. 흥양은 전라좌수영 고을이다. 전쟁이 길어지고 전투가 뜸해지자 선조와 조정은 충무공의 부하 장수인 권준, 배흥립, 황세득 등을 감시하며 괴롭혔다. 아무래도 지휘관인 충무공을 우회 공격한 차원으로 보인다. 충무공이 선조의 부산포 공격 명령을 고분고분 따르지 않은 것이 이유일 것이다.

2월 16일 저녁 충무공은 수군 함대를 이끌고 한산도 남서쪽 춘원도(통영시 한산면 추봉도)에 정박했고 2월 17일 아침 경상우수영(거제시 동부면 가배항) 앞바다에 도착했는데 경상우수영 안에서 왜군 포로 7명이 도망쳐 함대를 돌려 바다로 나왔다. 지휘관인 원균의 감시가 소홀한 틈을 타 왜군이 한산도 너머 경상우수영까지 들어온 것이다.

2월 27일 경상우수사 원균이 충청병사로 승진하고 후임으로 충청수사 배설이 경상우수사에 임명되었다. 사사건건 충무공과 갈등을 빚고 충무공에 대해 모함을 일삼던 원균이 결국 떠났다. 원균이 떠나면서 충무공의 삼도 수군 지휘권이 확립되었다.

3월 16일 순천부사 권준이 석방되었다. 1594년 10월 25일 의금부에 체포된 지 5개월이 지난 시점이었다. 권준은 충무공을 돕는 전라좌수사 동지사(종4품)에 임명되어 전라좌수영으로 온 이후로 한산도 통제영에서 조방장으로 충무공을 도왔다. 다행스러운 일이었다. 3월 17일 배설의 후임인 충청수사 이계정이 한산도 통제영으로 이동해 오다가 함선에 화재가 발생해 익사하고 군관과 격군 140여 명이 불에 타 죽었다. 너무나 안타까운 사고였다.

4월 7일 저녁 충무공은 왜군이 준동한다는 보고를 받자 수군 함대를 이끌고 견내량 앞에 정박했다. 왜군은 모두 달아났다. 4월 8일 수군 함대는 견내량에서 침도(거제시 둔덕면 술역리 방화도)로 내려와 머물다가 통제영으로 복귀했다. 4월 10일 충무공은 왜선 3척이 구화역(통영시 광도면 노산리)에 나타났다는 보고를 받고 삼도 중위장 김완, 성윤문, 이응표李應彪에게 각각 함선 5척씩 총 15척을 이끌고 견내량을 지나 무찌르게 했다. 4월 12일 중위장들이 견내량에서 복귀해 왜군이 물러갔다고 보고했다. 4월 19일 왜군 수색과 토벌을 위해 조방장 박종남이 함선을 이끌고 출동했다. 4월 24일 항복했다가 도주하는 왜군을 모두 잡아와 처형시켰다. 4월 25일 왜선 50여 척이 웅천에서 나와 진해로 향한다는 보고를 받고 4월 26일 전라우수사 이억기와 조방장 신호가 각각 20척씩 총 40척의 함선을 이끌고 견내량을 지나 수색했지만 왜군의 흔적을 발견하지 못하고 4월 27일 저녁 복귀했다. 충무공은 중위장들이 각각 5척의 전선을 이끌고 견내량 남쪽을 지키도록 조치했다.

5월 18일 사망한 이계정의 후임으로 선거이가 충청수사로 다시 임명되어 한산도 통제영으로 왔다. 선거이는 1545년생으로 충무공과 동갑이었다. 1587년 함경도에서 함께 근무했고 임진왜란이 발발하자 전라우수사 이억기 휘하 진도군수로 충무공과 함께 2차, 3차, 4차 출정에 참전해 승리했다. 1592년 12월 전라병사로 승진해 전라도관찰사 권율을 도와 독성산성 전투와 1593년 2월 행주산성전투에서 활약한 유능한 장군이었다.

6월 13일 경상우수사 배설이 파직되었고 후임으로 조방장 권준이 임명되었다. 아마도 충무공의 강력한 요청이 반영된 인사였을 것이다. 삼도 수군 지휘관에는 전라우수사 이억기, 충청수사 선거이, 경상우수사 권준으로 충무공이 신뢰하는 유능한 장군들이 배치되었다. 그 휘하 부하 장수들도 비슷했을 것이다.

6월 24일 충무공은 전라우수영의 각 관청과 포구에 있는 전선을 조사해 음탕한 여자 12명을 처벌했다. 7월 7일 왜군과 접촉하고 사통하는 경상우병사 김응서金應瑞를 질책하는 선조의 유지가 내려왔다. 전쟁이 장기화되고 전투가 소강상태에 빠지자 함선에 여자를 끌어들이는 등 수군의 기강이 해이해지고 심지어 왜군과 사통하는 일까지 발생했던 것 같다.

7월 14일 충무공은 군사들에게 휴가를 주고 녹도만호 송여종에게는 전사한 군사들의 넋을 위로하는 제사를 지내도록 백미 2섬을 주었다. 7월 16일 견내량을 지키던 중군장 미조항첨사 성윤문과 사도첨사 김완에게 휴가를 가도록 했다. 전투가 소강상태에 빠지고 여유가 생기자 충무공도 장병들에게 휴가를 주고 전사한 장병들의 넋을 위로하며 사기를 북돋아 주었다.

7월 17일 충무공은 거제현령 안위로부터 거제도에 있던 왜군이 철수했다는 보고를 받았다. 7월 18일 오후 충무공은 함대를 이끌고 견내량을 지나 지도(통영시 용남면 지도리)에 정박해 그날 밤을 보냈다. 7월 19일 새벽 거제현령 안위가 장문포 왜군의 소굴이 거의 비어 있으며 왜군 30여 명만 남아 있다고 보고했다. 지난 1594년 9월 25일부터 10월 8일까지 조선 수군과 육군이 수복작전을 폈다가 실패한 거제도 장문포 왜성의 왜군이 철수한 것이다.

7월 19일 충무공은 함대를 이끌고 견내량을 지나 한산도 통제영으로 복귀했다. 7월 28일 어사 신식申湜이 통제영으로 와 8월 5일까지 머물며 함선을 점검했다. 8월 7일 도원수 권율로부터 삼도 수군을 이끌고 즉시 적의 소굴을 공격하라는 서신을 받았다. 아마도 선조의 지시였을 것이다. 여기서 적의 소굴은 부산포를 말하는데 충무공과 삼도 수군으로서는 여전히 쉽지 않은 일이었다.

8월 19일 충무공은 군무에 대한 이야기를 나누고자 하니 8월 21일 진주로 오라는 연락을 체찰사 이원익으로부터 받았다. 이원익은 윤두수의 후임이었다. 8월 20일 충무공은 심야에 한산도 통제영을 출발해 미륵도를 돌아 곤이도(통영시 산양읍 곤리도)에 이르렀다. 8월 21일 곤이도를 출발해 소비포(고성군 하일면 동화리)에 늦게 도착해 전라우수사 이억기, 경상우수사 권준, 조방장 박종남, 신호에게 편지를 보내고 저녁에 침도(사천시 신수도)에 도착해 잠을 잤다. 약 40킬로미터를 이동한 것이다.

8월 22일 아침에는 각종 공문을 작성해 체찰사에게 보내고 사천현을 지나 오후에 진주 남강(대평면)에 도착했다. 체찰사는 이미 진주에 도착해 있었다. 충무공은 남강을 건너 체찰사의 거처로 향했다. 8월 23일 충무공은 전라도관찰사 홍세공洪世恭과 함께 체찰사를 만나 대화를 나누었다. 체찰사는 어려운 백성을 위하는 마음이 있었지만 전라도관찰사 홍세공은 충무공과 수군을 헐뜯는 발언을 함부로 했다. 병력 차출과 군량 징발, 병장기 배정 등 육군과 수군이 서로 다투는 문제를 주로 거론했을 것이다.

8월 23일 오후 진주 촉석루에서 2차 진주성전투에서 전사한 장수와 군사들을 위로하는 위령제가 체찰사 주관하에 열렸다. 충무공은 경상우병사 김응서와 함께 참석했다. 위령제 직후 충무공은 한산도 통제영을 방문하겠다는 체찰사의 제안에 따라 8월 24일 새벽 소비포(고성군 하일면 동화리)에 먼저 도착했고 곧바로 체찰사 일행도 소비포에 도착해 휴식을 취했다.

8월 25일 아침 충무공은 체찰사 일행을 배에 태우고 소비포를 출발해 한산도 통제영으로 향했다. 통제영으로 가면서 충무공은 체찰사에게 우리 수군이 왜군에 맞서 싸운 장소를 일일이 가리키며 설명했다. 사천, 당포, 한산도 등이었을 것이다. 또한, 체찰사에게 수군 병력이 부족해 가까운 진들을 합병하는 것을 건의해 승낙을 받았다. 남해 곡포(남해군 이동면 화계리)는 평산포(남해시 남면 평산리)에, 상주포는 미조항에, 적량(남해군 창선면 진동리)은 사천 삼천진(사천시 동서동 삼천포)에 합치고 소비포는 사량(통영시 사량도)에, 가배량(거제시 동부면 가배리)은 당포(통영시 산양읍 삼덕리)에, 지세포(거제시 일운면 지세포리)는 조라포(거제시 일운면 구조라리)에 합치고 웅천 제포(진해시 웅천1동과 제덕동)는 웅천에, 율포(거제시 장목면 율천리)는 옥포에, 안골포(창원시 진해구 안골동)는 가덕진(가덕도)에 합친다는 내용이었다. 왜군이 차지하고 있거나 백성 수가 부족한 현실을 반영해 진을 조정한 것이다.

8월 25일 저녁 충무공 일행은 한산도 통제영에 도착했고 다음 날은 휴식을 취하며 통제영 공문을 결재했다. 8월 27일 충무공은 체찰사를 모시고 수군 5,480여 명에게 특식을 제공했다. 저녁에는 체찰사와 함께 통제영

뒤편 상봉(해발 295.6미터, 통영시 한산면 하소리 망산)에 올라가 왜군이 있는 곳과 왜군의 항로를 설명해 주었다.

8월 28일 충무공은 체찰사, 부체찰사 김륵, 종사관 남이공 등과 통제영 누대에 앉아 여러 문제를 논의했다. 바다에서 싸우는 수군의 열악한 상황과 육군과 갈등을 빚는 병력 차출과 군량 문제 등을 상세히 설명하고 수군 소속의 고을에서 징수한 조세는 수군이 사용하는 것을 건의했을 것이다. 충무공은 체찰사 일행을 함선에 태우고 견내량을 직접 시찰했다. 현장을 중시한 체찰사는 한산도 통제영까지 와 수군의 현실과 문제점을 직접 확인하고 떠났다. 문제의 핵심을 직접 파악하고 현장을 중시하는 훌륭한 정치인이었다.

9월 3일 충무공은 거제도 북쪽 영등포 왜성에서 왜군이 떠나고 누각 등이 불탔다는 보고를 받았다. 9월 5일 충무공은 전라좌수영 소속 고을인 순천, 광양, 낙안, 흥양에서 지난해 걷은 전세를 전라좌수영에서 사용하는 것을 허락한다는 체찰사의 공문을 받았다. 지난 8월 28일 충무공이 체찰사에게 건의한 내용이 관철된 것이다. 전세를 둘러싼 육군과 수군의 갈등이 해결되었다.

9월 15일 충청수사 선거이가 황해병사로 임명되어 떠났다. 선거이가 충청수사로 온 지 5개월이 지났다. 충무공은 선거이와 이별주를 나누며 북과 남의 최전선에서 생사를 함께한 전우 선거이를 떠나보내는 시를 남겼다. 선거이는 병환이 심해 황해병사로 부임하지 못하고 고향인 보성으로 귀향했다. 9월 27일 안골포의 왜군에게 부역한 우리 백성 230여 명이 22척의 배를 나누어 타고 들어왔다. 10월 16일 전라우수사 이억기, 임치진첨

공직자 충무공

사, 목포진만호 등이 통제영으로 복귀했다.

11월 3일 견내량 북쪽 지도에 주둔하던 조방장 황득중이 들어와 왜선 2척이 청등(거제시 사등면 청곡리)을 거쳐 흉도(고개도)에 왔다가 견내량을 지나 해북도(거제시 둔덕면 해간도)까지 내려와 불을 지르고 다시 견내량을 지나 춘원포 등지로 갔다고 보고했다. 당시 견내량 북쪽에 있던 왜선이 견내량을 넘어와 불을 지르고 다시 견내량을 지나 도주했다는 보고였다. 삼도 수군에 대한 왜군의 간헐적인 공격이 이어지고 있었다.

11월 18일 충무공은 웅천에 있던 고니시 유키나가가 군사들을 이끌고 바다로 나갔다는 보고를 받았다. 11월 20일 충무공은 송희립을 견내량으로 내보내 왜선이 있는지 조사하게 했다. 12월 13일 충무공은 왜선 4척이 거제도 남쪽 망산 앞바다에서 창원 합포(창원시 마산 합포구 월영대 근처)로 와 정박했다는 보고를 받았다. 경상우수사 권준, 방답첨사 등이 함대를 이끌고 출동해 12월 14일 왜군들에게 철수하라고 타일러 쫓아 보냈다. 왜군들에게 철수하라고 타일러 보낼 정도이니 이제 왜군과의 전투는 사실상 중단된 상태나 다름없었다.

12월 15일 충무공은 체찰사 이원익으로부터 12월 18일 삼천포에서 만나자는 연락을 받았다. 충무공은 12월 16일 새벽 달빛을 받으며 통제영을 출발했다. 당포에 도착해 아침을 먹고 사량도를 거쳐 12월 17일 삼천진 앞에 이르러 체찰사 일행이 사천에 도착했다는 소식을 들었다. 12월 18일 정오 무렵 충무공은 삼천진에서 체찰사 이원익을 만나 이야기 나누고 체찰사의 요청으로 밤에도 논의를 계속하다가 12월 19일 새벽에 헤어졌다.

지난 8월 28일 한산도 통제영에서 만난 지 4개월 만에 다시 체찰사를 만난 것이다. 왜군의 재침이 우려되는 상황에서 적을 어떻게 막을지 충무공은 체찰사와 깊은 대화를 나누었을 것이다. 충무공은 아침 식사를 마치고 공무를 본 후 군사들에게 음식을 먹게 했다. 체찰사 이원익이 먼저 떠났다. 바람이 불었고 충무공은 삼천진에서 밤을 보냈다. 삼천진에서 서쪽으로 항해해 노량을 지나면 여수반도가 나온다. 여수반도를 따라 남쪽으로 내려가면 전라좌수영이고 근처 고음내에는 사랑하는 모친과 가족이 있다.

12월 20일 충무공은 전라좌수영으로 갔던 것 같다. 법령에 따른 연가였을 것이다. 충무공은 1594년 1월 17일 통제영으로 복귀한 후 2년 가까이 전라좌수영에 가지 못했다. 왜군과 대치하는 최전선인 한산도 통제영을 비울 수 없었기 때문일 것이다. 당시 공직자들은 그렇게 공직을 최우선시하며 살았던 것 같다. 선공후사先公後私이다.

1596년(병신년) 상황

1596년 1월 1일 새벽 2시 무렵 충무공은 여수 고음내 집에서 모친에게 세배를 올리고 전라좌수영으로 갔다. 전라좌수영으로 복귀한 지 10일쯤 지났을 것이다. 1월 2일 아침 전라좌수영의 병기를 점검했고 1월 3일 새벽 전라좌수영을 출발해 한산도 통제영으로 향했다. 남해 곡포(남해군 이동면 화계리), 상주포를 지나 밤 12시 무렵 통영 사량도에 도착해 묵었다. 1월 4일 새벽 사량도를 출발했다. 미륵도 남단을 돌아 걸망포(통영시 산양읍 신전리 신봉마을) 근처에서 마중 나온 경상우수사 권준 등을 만나 통제영으로 복귀했다. 그렇게 1595년 연말의 충무공의 연가가 끝났다.

1월 8일 가덕도에 주둔한 왜장 시마즈 요시히로의 부하 5명이 투항했다. 1월 12일 왜선 14척이 거제도 금이포(거제시 사등면 성포리)에 있다길래 1월 13일 경상우수사 권준이 함대를 이끌고 견내량으로 출동했다. 1월 18일 동래현령으로부터 명나라 유격 심유경沈惟敬이 고니시 유키나가, 겐소 등과 1월 16일 새벽 바다를 건너갔다는 긴급보고가 왔다. 1월 19일 부산 적진에 갔던 4명으로부터 심유경, 고니시, 겐소, 데라자와 등이 1월 16일 새벽 바다를 건너갔다는 보고를 받았다. 명과 왜의 강화교섭이 한창 진행 중이었는데 충무공은 거의 실시간으로 상황을 파악하고 있었다.

2월 3일 부산의 왜놈 3명이 성주에서 투항한 백성들과 함께 견내량 우리 수군이 매복한 곳에 와 물품을 교환하는 장사를 할 것을 제안했다. 장흥부사 배흥립에게 타일러 내쫓도록 했다. 전선의 기강이 해이해지고 장병들의 긴장이 풀어지고 있었다.

2월 6일 사도진첨사 김완이 조도 어사의 장계로 파직되었다고 해 김완을 사도진으로 보냈다. 조도 어사는 나라에서 필요한 비용을 마련하기 위해 임금이 지방에 내려보낸 관리이다. 김완은 1591년부터 5년 동안 함께 전투를 치른, 충무공이 매우 신뢰하는 용맹스러운 부하 장수였다. 아마도 권준과 마찬가지로 선조의 지시를 따르지 않는 충무공 대신 곤욕을 치르고 있었을 것이다.

2월 9일 견내량과 부산에 있던 왜선 2척이 나타났다는 보고를 받았다. 웅천현감 김충민과 우후 이정충을 내보냈다. 2월 10일 복귀한 김충민 등은 왜군들이 겁에 질려 두려워했다고 보고했다.

2월 18일 충무공은 체찰사 이원익의 비밀공문을 받았다. 제주에서는 수군을 계속 지원하도록 했고 영등포 만호 조계종을 조사할 예정이며 진도의 전선은 아직 소집하지 말라는 내용이었다. 충무공과 수군의 입장을 배려하면서 영등포 만호 조계종 문제는 정치적인 것이 아니라 통상적인 조사이니 오해하지 말라는 취지로 보인다. 이원익은 정치적 탄압을 받는 충무공의 입장을 헤아려 배려해 주었다.

장흥부사 배흥립이 수군 업무를 수행하기 어려운 것은 전라도관찰사 홍세공의 방해 때문이라는 보고를 했다. 체찰사의 지시가 있었음에도 육군을 관장하는 전라도관찰사 등은 충무공이 지휘하는 수군의 병력과 군량, 무기 등을 계속 탐냈던 것으로 보인다.

2월 26일 견내량을 지키던 복병이 왜선 2척이 견내량을 지나 내려와 해평장(통영시 봉평동 해평마을)에 정박하려고 해 머물지 못하게 했다고 보고했다. 해평장은 견내량을 남쪽으로 내려오면 미륵도 북동쪽에 있다. 왜군과 싸우지 말라는 명나라의 지시 때문에 벌어진 일이었다.

2월 28일 전라우수군이 한산도 통제영에서 벗어나 전라도의 좌도와 우도를 왕래하며 제주와 진도를 성원하라는 체찰사의 지시가 있었지만 충무공은 반대했다. 전라우수군은 전체 수군 전력의 약 40%를 차지했다. 전라우수군이 떠나면 견내량을 방어하는 수군의 핵심 전력이 이탈하는 것이다. 그럼에도 2월 30일 전라우수사 이억기는 전라우수군 함대를 거느리고 전라우수영으로 복귀하겠다고 보고했다. 하지만 충무공은 이를 수락하지 않았다.

이억기 대신 이억기의 군관과 도훈도에게 곤장 70대를 쳤다. 이억기나 전라우수군 입장에서는 멀리 떨어진 한산도 통제영보다 집과 가족이 있는 해남 전라우수영으로 복귀하고 싶었을 것이다. 하지만 한산도 통제영에서

공직자 충무공

왜군과 대치하며 최전선인 견내량을 지키는 충무공으로서는 전라우수군의 이탈은 절대로 받아들일 수 없는 문제였다.

3월 3일 결국 이억기가 충무공의 뜻에 따르기로 했다. 3월 5일 충무공은 배를 타고 이억기가 매복 중인 견내량으로 찾아갔고 이억기는 충무공에게 사과했다. 충무공은 이억기와 화해주를 마셨다. 3월 10일 충무공은 경상좌수사로 승진한 옥포만호 이운룡을 전송했다. 이운룡은 원균의 부하였지만 충무공을 믿고 따랐다. 3월 12일 체찰사 이원익은 충무공에게 전라우수군의 전라우수영 복귀 지시는 철회한다고 통보했다. 다행히 전라우수군 복귀 문제는 충무공의 뜻대로 한산도 통제영에 잔류하는 것으로 관철되었다.

1596년 3월 13일 충무공은 왜선들이 계속 출몰한다는 보고를 견내량 복병으로부터 받고 여도만호 김인영, 금갑도만호 이정표李廷彪를 견내량으로 출동시켰다. 3월 14일 견내량 북쪽 세포(거제시 사등면 성포리)에 왜선 5척, 고성에 왜선 5척이 정박했다는 보고를 받고 전선 5척을 추가로 출동시켰다.

3월 23일 충청수군의 전선 8척이 도착했다. 3월 26일 충무공은 전라우수군을 복귀하라고 한 것은 체찰사의 오해 때문이라는 통보를 다시 받았다. 3월 28일 충무공은 충청수군이 한산도 통제영에서 장기간 주둔할 수 있도록 목책 설치작업을 시작해 4월 4일 마쳤다. 3월 29일 경상도 성주에 머물던 체찰사가 한산도 통제영으로 온다는 통지를 받았다.

4월 7일 왜국으로 가기로 한 명나라 사신 이종성李宗城이 달아났다는 황당한 소식을 들었다. 4월 10일 암행어사가 통제영에 와 3일 동안 있다가 4월 13일 떠났다. 4월 15일 충무공은 유성룡, 정탁, 김명원, 윤자신, 남이

공, 조경, 신식에게 편지를 썼다. 4월 19일 투항한 왜병 남녀문南汝文이 도요토미 히데요시가 죽었다는 소문을 보고했다. 하지만 헛소문이었다. 4월 22일 부산에서 활동하는 정보원 허내은만許內隱萬이 왜국으로 가기로 한 명나라 사신 이종성이 달아났고 부사 양방형은 왜군 진영에 그대로 있다고 보고했다. 4월 30일 허내은만이 고니시가 군사를 이끌고 돌아갈 것 같다고 보고했다.

5월 12일 김해부사 백사림白士霖이 도요토미 히데요시가 곧 화친을 결정하고 군사를 철수시키려고 한다는 첩보가 입수되었다고 긴급연락을 해왔다. 5월 13일 허내은만이 가토 기요마사는 5월 10일 군사를 거느리고 바다를 건너 왜국으로 철수했고 나머지 왜군도 장차 철수할 것으로 보인다고 보고했다. 전쟁이 장기화되면서 온갖 정보가 난무하고 있었다. 충무공도 부산에 허내은만을 정보원으로 두고 정보를 파악하고 있었다.

1596년 5월 15일 충무공은 한산도 상봉에 올라가 다섯 섬과 대마도를 보고 내려왔다. 임진왜란을 일으킨 원흉 도요토미 히데요시가 죽고 전쟁이 그대로 종결되어 전투가 재발하지 않길 바라는 마음이 간절했을 것이다. 5월 24일 부산의 정보원 허내은만이 경상도 각 진영의 왜군이 모두 왜국으로 철수했고 부산의 왜군만 남았다고 보고했다. 소중한 정보였다. 충무공은 허내은만에게 쌀 10말과 소금 10말을 보냈다.

5월 25일 충무공은 동국東國 • 역사를 읽고 개탄스럽다고 『난중일기』에

• 우리나라를 가리키는 별칭. 중국의 동쪽에 있는 나라라는 뜻으로 해동海東이라는 별칭에서 파생된 것으로 보인다.

공직자 충무공

적었다. 아마도 충무공은 외적을 물리치고 우리 민족을 구한 고구려 을지문덕, 연개소문, 고려의 강감찬과 양규 장군 등과, 나라를 멸망에 빠뜨린 임금과 간신들에 대해 읽고 개탄했을 것이다. 5월 28일 전라도관찰사 홍세공이 파직되었다. 그동안 홍세공은 전라좌수군과 갈등을 빚어왔는데 참으로 다행스러운 일이었다. 그날 왜장 가토 기요마사가 부산으로 돌아왔다는 소문을 들었다.

5월 30일 충무공은 편지를 보냈던 유성룡, 김명원, 정탁, 윤자신, 조경, 신식, 남이공 등으로부터 답신을 받았다. 충무공은 한산도 통제영에 있으면서 조정 대신들과 수시로 소통했다. 6월 10일 부산의 허내은만이 통제영으로 와 대마도주 소 요시토시平義智(1568~1615)가 대마도로 떠났다고 보고했다. 6월 15일 충무공은 허내은만에게 양식을 주어 부산으로 떠나보냈다. 6월 20일 군관 임달영이 소를 거래한 서류와 함께 제주목사 이경록李慶祿의 편지를 가져왔다. 1587년 충무공이 조산보만호 겸 녹둔도 둔전관으로 있을 때 이경록은 경흥부사로 있으면서 녹둔도를 공격한 여진족과 싸운 전우였다. 그때 이경록도 충무공과 함께 녹둔도전투에서 패했다는 이유로 파직되어 백의종군해야 했다.

7월 1일 경상우순찰사 서성이 방문해 전황을 논의하고 7월 4일 떠났다. 7월 10일 전령이 체찰사의 지시를 전달했다. 황신, 권황權愰이 명나라 사신을 따라 왜국으로 가게 되었으니 부산포에 배 3척을 준비하라는 것이었다. 그날 왜선 1척이 한산도의 남동쪽 춘원도(추봉도)에 정박해 아군 함선을 출동시켰다. 7월 11일 충무공은 경상우수사 권준과 왜국으로 갈 격군과 양식에 대해 논의하고 부산으로 보낼 군량 백미 20섬과 중미 40섬을 다음 날 권준에게 주었다. 7월 13일 충무공은 왜국에 사신으로 갈 황신 등이 이용할 함선 3척을 정비해 보냈다. 엄선된 단정하고 위엄 있는 함선이었을 것이다.

7월 17일 충청도 홍산에서 이몽학李夢鶴이 백성, 승려 수백 명과 난을 일으켜 홍산현감 윤영현尹英賢, 임천군수 박진국朴振國을 사로잡았다는 소식이 들려왔다. 7월 20일 충무공은 전라좌수영 탐후선을 통해 반란을 일으킨 이몽학이 죽었다는 소식을 들었다. '이몽학의 난'이다. 이후 조정은 이몽학과 연루되었다는 누명을 씌워 전라도 의병장 김덕령 등을 처형하는 한편, 충청병사 원균을 전라병사로 임명했다. 원균은 충무공 근처인 전라도로 내려왔다. 7월 22일 순천부사가 이몽학의 난을 일으킨 충청도의 도적들이 참수되고 점령된 홍주 등이 수복되었다고 보고했다.

7월 29일 체찰사 이원익으로부터 한산도 통제영에 무과 과거를 치를 시험장을 설치하라는 공문이 내려왔다. 8월에 부체찰사 한효순이 한산도 통제영으로 와 무과 과거를 주관했다. 충무공은 수군이 최전선을 지키며 한산도 통제영에서 무과를 치를 수 있게 해달라고 조정에 건의해 왔는데 받아들여진 것이다.

8월 11일 저녁 8시 무렵 거제현령 안위가 왜선 1척이 등산(거제시 남부면 저구리 망산)에서 나와 송미포(거제시 남부면 다대리 다대포로 추정)로 왔다고 보고해 전선을 출동시켰다. 왜선은 아자포(거제시 둔덕면 법동리와 어구리 일대)에 머물다가 견내량을 지나 올라갔다고 했다. 왜선이 통제영 남쪽 거제도 남단에서 한산도와 거제도 사이 바다를 지나 견내량으로 올라갔다는 것이니 통제영의 배후가 뚫린 셈이었다. 충무공은 견내량을 지키는 복병장을 잡아

공직자 충무공

와 신문했다. 전선의 분위기가 이완되고 군사들의 긴장이 풀린 것을 짐작케 하는 내용이다.

8월 18일 저녁 구례현감 이원춘李元春이 임금의 사문(특별사면장)을 가지고 왔다. 구례현감 이원춘은 이후 충무공이 백의종군할 때 많은 도움을 주었고 정유재란이 발발하자 왜군의 공격이 예상되는 구례 석주관을 지켰다. 이후 왜군의 공격 목표인 남원성에 들어가 성을 지키며 왜군과 치열하게 싸우다가 성이 함락되자 전라병사 이복남 등과 함께 순국했다.

8월 26일 새벽 충무공은 체찰사 이원익을 만나기 위해 함선을 타고 한산도 통제영을 출발해 사천 앞바다에서 그날 밤을 보냈다. 8월 27일 아침 일찍 출발해 사천에서 점심을 먹고 진주성으로 들어가 체찰사를 만나 온종일 대화를 나누었다.

8월 28일 충무공은 이른 아침부터 체찰사를 만나 온종일 논의하고 다양한 현안을 결정했다. 왜군의 재침 움직임에 대한 대처, 부산포 공격, 전라우수군의 한산도 통제영 지속 주둔, 수군 소속 고을의 병력과 군량 징발, 수군 과거의 한산도 통제영 시행 등이 주요 주제였을 것이다. 충무공과 체찰사는 현안들을 충분히 논의해 오해도 풀었을 것으로 보인다. 특히 두 사람 모두 현장을 중시하니 향후 왜군의 재침이 예상되는 전라도 지역 여러 고을의 방비 태세와 지리를 직접 확인해 보기로 결정했을 것이다.

8월 29일 충무공은 아침 일찍 진주성을 떠나 사천에 도착했다. 충무공은 전선을 만드는 사천 선소(사천시 용현면 선진리 선소마을)를 둘러보고 망산(각산, 해발 408.4미터) 아래 구라량(사천시 대방동 해변)에서 묵었다. 윤 8월 1일 일식日蝕이 있었다는데 충무공은 새벽 무렵 구라량을 출발해 비망진(사천시 선구동 삼천포항 일대)에서 아침을 먹었다. 오후 늦게 한산도 통제영으로 복귀했고 체찰사와 논의한 내용을 전라우수사 이억기에게 전달했다. 윤 8월 10일 한산도 통제영에서 무과 과거가 실시되었고 충무공의 아들인 회, 예僾[•], 면과 조카 완莞이 응시했다.

전라도 고을 순시(1596년 윤 8월 11일~10월 10일)

고난과 시련으로 점철된 충무공의 『난중일기』에서 가장 흥겹고 정겨운 내용은 지역을 순시하는 장면이다. 충무공은 많은 사람을 만나고 새로운 지역의 산과 들판, 강과 바다, 풍광을 살펴보는 여정을 무척 좋아했던 것 같다. 그 장면을 보노라면 여정에 푹 빠져 지역의 산수와 풍광, 고을을 주의 깊게 관찰하다가 더 멀리 자세히 보고 싶은 마음에 한걸음에 높은 산에 오르고 새로운 사람을 만나 반주를 곁들여 밝고 다정한 얼굴로 상대방을 바라보며 진지하게 긴 밤이 다 가도록 이야기를 나누는 충무공의 순수한 모습이 떠오른다. 저절로 기분이 좋아지는 장면이다.

이번 여정은 지난 8월 28일 체찰사와 약속한 전라도 지역 순시이다. 충무공은 1589년 2월 전라도관찰사 군관부터 시작해 7년 넘게 전라도 지역에서 근무해 전라도 지역을 잘 알고 있었을 것이다. 윤 8월 11일부터 10월 10일까지 충무공은 두 달 동안 체찰사 이원익을 모시고 전라도 곳곳을 순시했다. 향후 왜군이 재침하면 전라도가 0순위 공격 목표가 될 것이 분명

[•] 이순신의 차남. 『난중일기』에서는 열蔚 또는 울蔚이라고도 쓰지만 이 책에서는 혼동을 막기 위해 '예'로 통일했다.

공직자 충무공

했다. 지역 상황을 미리 살피고 다가오는 왜군과의 전투에 대비할 필요가 있었다.

정말 절묘하다고 생각되는 것은 충무공 일행이 순시한 곳들이 충무공이 1년 후 궤멸된 수군을 수습하며 명량해전을 치른 여정과 연결된다는 것이다. 여정 이후 파직되어 백의종군 중이던 충무공은 1년 후인 1597년 8월 3일 궤멸된 삼도 수군의 통제사로 복귀한다. 충무공은 전라도 남해안을 이동하며 병력과 무기, 군량을 마련하고 1597년 9월 16일 명량해전에서 승리했다. 수군을 보전하기 위해 서해안을 따라 북상했다가 10월 9일 전라우수영으로 복귀했다. 그 기간은 약 2개월로 이번 1596년 전라도 순시 기간과 비슷하다.

체찰사 이원익이나 충무공은 앞날을 내다보는 선견지명이 있었던 분들 같다. 1591년 2월 임진왜란을 1년여 앞두고 충무공의 전라좌수사 임명이 있었다면 1596년 윤 8월 정유재란을 1년 앞두고 충무공의 전라도 지역 순시가 있었다고 생각한다. 전라도 순시 내용이 『난중일기』에 상세히 남아 있으니 따라가 보자.

1596년 윤 8월 11일이다. 충무공은 한산도 통제영을 출발해 당포(통영시 산양읍 삼덕리)에서 쉬었다. 당포는 우리 수군이 자주 이용하는 중요한 포구였다. 체찰사 이원익과 전라도를 순시하기 위한 출발지였다. 체찰사는 윤 8월 14일 하동 두치(하동읍 두곡리 두곡마을)에서 만나자고 했다. 3일 동안의 여유가 있었다. 빠듯하지만 충무공은 전라좌수영에 들러 모친과 가족을 보기로 했다. 모친의 팔순 잔치를 상의하기 위한 방문으로 보인다.

윤 8월 12일 충무공은 아침 일찍 당포를 출발했다. 중간에 쉬지 않고 길을 재촉해 밤 10시 무렵 고음천 집에 도착해 모친과 아내 등 가족을 만났다. 약 100킬로미터가 넘는 강행군이었다. 그 덕분에 정겨운 가족을 만났고 모친의 팔순 잔치 준비도 이야기 나누었을 것이다. 1595년 12월 연가를 내고 집에 온 지 벌써 8개월이 지난 시점이었다.

윤 8월 13일 아침 충무공은 고음내 집에서 모처럼 모친, 가족과 식사를 하고 전라좌수영으로 가 밀린 공무를 처리했다. 그날 오후 6시 무렵 작은 배를 타고 여수 전라좌수영을 출발했다. 전날 저녁에 도착했으니 20시간 만에 전라좌수영을 떠난 셈이다. 밤새 노를 저어 윤 8월 14일 새벽 하동 두치에 겨우 도착했다. 약 50킬로미터를 이동했다. 그날 만나기로 한 체찰사와 부체찰사는 벌써 두치에 도착해 잠을 자고 있었다. 충무공도 잠시 잠을 잤다. 이제 충무공은 체찰사 일행과 함께 본격적으로 전라도 순시를 시작할 참이다.

그날 아침 충무공은 먼저 서쪽으로 출발한 체찰사 일행을 뒤따라 전라도 광양으로 갔다. 광양은 충무공이 책임자로 있는 전라좌수영 소속 고을이다. 전쟁이 난 지 벌써 4년이나 지나 마을과 전답은 황량하고 참혹했다. 충무공은 전선 정비를 면제해 주어 군사와 백성들의 마음을 달래주기로 마음먹었다. 광양에 도착한 충무공과 체찰사 일행은 광양 관아에 머물며 공무를 처리하고 휴식을 취했다.

윤 8월 15일 일행은 아침 일찍 광양현을 출발해 서쪽 순천부로 향했다. 순천부도 전라좌수영 소속 고을이다. 체찰사 일행은 순천 관아에 머물고 충무공은 부하 장수 정사준鄭思竣의 집(순천시 서면 학구리)에서 머물렀다. 당시 지방 순시를 가면 상급자가 관아에서 쉬고 하급자는 적당한 다른 장소

공직자 충무공

에서 묵은 것 같다. 적당한 장소는 넓고 청결해 고위직 관리가 지낼 수 있는 전직 관리나 유력자의 집이었건 것으로 보인다. 호텔이나 여관 등 마땅한 숙박시설이 없던 시절이니 불가피했을 것이다. 집주인은 다른 곳에서 지냈다. 충무공은 정사준의 집으로 찾아온 신임 전라도관찰사 박홍로朴弘老와 이야기를 나누었다. 윤 8월 16일에도 충무공은 순천부의 병력, 군사, 무기 점검 등 순시 업무를 처리하며 정사준의 집에서 묵었다.

윤 8월 17일 충무공과 체찰사 일행은 순천부를 출발해 오후 늦게 순천부 서쪽 낙안현에 도착했다. 낙안도 전라좌수영 소속 고을이다. 충무공은 낙안현에서 순시 공무를 처리하고 지역 선비인 이호문李好問, 이지남李智男 등을 만나 이야기를 나눈 후 휴식을 취했다.

윤 8월 18일 일행은 낙안현을 떠나 남쪽 흥양현을 향해 길을 나섰다. 도중에 일행은 양강역(고흥군 남양면 남양리)에 도착해 점심을 먹었다. 점심을 마친 충무공은 체찰사와 함께 양강역 인근 산성(남양리 산성, 남양리 산 75-1)에 올랐다. 당시 충무공은 51세, 체찰사는 49세였다. 당시 나이로 보면 적지 않았음에도 두 사람은 거침없이 산성에 올랐다. 충무공은 멀리 내려다보이는 여러 포구와 섬을 손가락으로 가리키며 체찰사에게 설명해 주었다. 일행은 양강역을 출발해 해가 질 무렵 흥양현(고흥읍 옥하리)에 도착했다. 충무공은 흥양현 향소청에 묵었다. 체찰사는 관아에서 묵었을 것이다. 흥양현은 4년 전인 1592년 2월 21일 전라좌수사로 있었던 충무공이 순시했던 고을이다. 당시 흥양현감은 배흥립이었다.

윤 8월 19일 흥양현 순시를 마친 충무공 일행은 남쪽 녹도(고흥군 도양읍 봉암리 녹동마을)를 향해 출발했다. 녹도진도 전라좌수영 소속이다. 초급 지휘관 만호가 있다. 1592년 2월 22일 충무공이 순시할 때 지휘관으로 있었던 녹도만호 정운은 1592년 9월 1일 부산포해전에서 전사했다. 충무공 일행은 녹도진으로 가던 도중 도양 둔전을 둘러보았다. 체찰사는 넓은 둔전을 보며 무척 기뻐했다. 둔전은 우리 수군의 군량으로 사용될 벼 이삭이 가득 여물고 있었을 것이다. 녹도진에 도착한 충무공 일행은 순시 업무를 처리한 후 휴식을 취했다.

윤 8월 20일 충무공 일행은 녹도진에서 아침 일찍 배를 타고 서쪽 바다 건너 장흥부 백사정(보성군 회천면 벽교리 명교마을)으로 출발했다. 백사정에 가려면 득량만 바다를 건너야 한다. 충무공은 배를 타고 가며 체찰사 일행에게 왜군과 싸운 여러 해전을 설명해 주었다. 자신이 직접 작전을 세워 왜군을 무찔렀으니 전투에 대한 생생하고 상세한 내용을 말했을 것이다. 그사이 충무공 일행이 탄 배는 득량도를 지나 백사정에 도착했고 일행은 백사정에서 점심을 먹었다.

윤 8월 20일 점심을 마친 충무공과 체찰사 일행은 백사정을 출발해 서쪽 장흥부(장흥읍 남동리)로 향했고 장흥부에 도착해 관아에서 유숙했다. 장흥은 필자가 검사 시절 두 번이나 근무했고 1996년 사랑하는 딸이 태어난 곳이다. 아내와 아들딸이 함께 지냈던 단독주택 관사는 장흥부 관아 터 옆에 있었다.

우리 가족이 정확히 400년 전 충무공과 체찰사 일행이 묵었던 곳에서 1년을 보냈으니 그것도 묘한 인연이다. 백사정을 떠난 충무공 일행은 득량만 옆 해변길을 따라 내려와 장흥군 안양면을 거쳐 사자산(해발 668미터)과 억불산(해발 518미터) 사잇길로 장흥부로 들어왔을 것이다.

공직자 충무공

윤 8월 21일 일행은 장흥부에서 순시 업무를 수행하며 머물렀는데 충무공은 정경달丁景達을 만났다. 정경달은 임진왜란 당시 종사관으로 충무공과 함께 왜군에 맞서 싸웠는데 특히 둔전 경영으로 군량을 마련하는 업무를 수행해 충무공의 승리를 도왔던 인물이다.

윤 8월 22일 충무공 일행은 장흥부를 떠나 오후 늦게 서쪽 전라병영(강진군 병영면)에 도착했다. 병영은 장흥에서 약 12킬로미터 거리로 필자가 장흥지청에 근무하며 자주 방문했던 곳이다. 병영 뒤에는 늠름한 바위가 일품인 수인산(해발 564미터)을 중심으로 수인산성이 있었다.

당시 전라병사는 지난 1596년 7월 9일 임명된 원균이었다. 충무공은 전라병영에서 원균과 밤새 이야기를 나누었다. 두 사람의 관계는 좋지 않았지만 경상도 바다에서 함께 싸워 서로 잘 알고 있었으니 대화를 나눌 공통 경험과 화제는 많았을 것이다. 윤 8월 23일 체찰사는 전라병영에서 순시 업무를 수행했다. 전라병영은 육군 소속의 핵심 거점이었다. 반면, 수군을 지휘하는 충무공은 시간적 여유가 있었다.

윤 8월 24일 충무공은 부체찰사 한효순과 함께 전라병영을 출발해 남쪽 가리포(완도읍 군내리)로 향했다. 전라병영에서 가리포까지는 약 70킬로미터나 되는 먼 거리였다. 아마도 충무공은 전라병영에서 강진읍으로 내려가 강진읍에서 배를 이용해 탐진강과 강진만을 따라 가리포로 가고 올 때도 가리포에서 배를 타고 강진읍까지 와 전라병영으로 돌아왔을 것이다. 충무공은 배를 쉽게 이용하는 수군사령관이고 전라병영에서 가리포까지는 하루 만에 걸어 왕래할 수 있는 거리가 아니기 때문이다. 가리포에 도착한 충무공은 가리포 뒤 남망산(완도읍 망석리 남망봉, 해발 152미터)에 올랐다. 틈만나면 높은 산에 올라 주변 지리를 관찰하는 충무공다운 모습이다.

충무공은 왜군이 다닐 수 있는 주변 바닷길과 여러 섬들을 두루 살펴보았다. 가리포진은 요충지였지만 형세가 외롭고 위태로워 이진(해남군 북평면 이진리)에 합쳐졌다. 충무공 일행은 가리포를 떠나 병영으로 돌아왔다. 그런데 전라병사 원균의 행동이 또 흉악했다. 틀림없이 술에 만취해 체찰사 앞에서 충무공을 겁쟁이라고 비난하며 부산포를 직접 공격해야 한다는 종전 주장을 되풀이했을 것이다.

윤 8월 25일 충무공 일행은 아침 일찍 전라병영을 출발해 남쪽 이진에서 점심을 먹었다. 아마도 강진군 강진읍, 도암면, 신전면과 해남군 북일면을 지나갔을 것이다. 아니면 강진읍에서 배를 타고 탐진강을 따라 강진만을 지나 이진까지 갔을지도 모른다. 이진에서 점심을 먹고 체찰사 일행은 충무공과 헤어져 배를 타고 진도로 들어간 것 같다. 충무공은 서북쪽 해남현으로 향했다. 이진에서 해남현으로 가려면 대둔산과 달마산 사이에 있는 닭골재를 넘어 현산면을 지나가야 한다. 도중에 날이 저물었고 충무공 일행은 횃불을 들고 쉬지 않고 길을 재촉했다. 밤 10시 무렵 충무공은 해남현에 도착했다. 이진에서 체찰사와 점심을 먹느라 생각보다 시간이 많이 걸렸을 것이다.

윤 8월 26일 아침 일찍 충무공 일행은 해남현을 출발해 서쪽 전라우수영(해남군 문내면 서상리)으로 향했고 황산면을 경유해 전라우수영에 도착했다. 전라우수영은 삼도 수군 중 규모가 가장 컸고 전라우수사는 35세의 젊고 총명한 장군 이억기였다. 충무공은 전라우수영 순시 업무를 수행하고 대평정에서 묵었다. 관아는 체찰사를 위해 비워두었을 것이다.

　　　　　　　　　　　　　　　　　　공직자 충무공

윤 8월 27일 진도를 순시한 체찰사가 전라우수영에 도착했다. 윤 8월 28일 충무공과 체찰사 일행은 전라우수영에 머물며 순시 업무를 수행했다. 충무공은 1년 후인 1597년 9월 16일에 치른 명량해전의 중요한 거점인 전라우수영에서 3일을 보냈다. 자신의 전라도 순시 일정에서 가장 중요한 시간이었다.

윤 8월 29일 충무공과 체찰사 일행은 전라우수영을 출발해 다시 해남현으로 향했다. 중간에 남녀역(해남군 황산면 남리리)에서 점심을 먹고 해남현에 도착해 묵었다. 윤 8월 30일 충무공과 체찰사 일행은 해남현에서 순시 업무를 처리하고 그날 밤을 보냈다.

9월 1일 충무공과 체찰사 일행은 아침 일찍 해남현을 출발해 북쪽 영암으로 향했다. 일행은 가는 도중 석제원(강진군 성전면 월평리 원기마을)에서 점심을 먹고 월출산 풀티재를 넘어 밤 10시 무렵 영암에 도착했다. 충무공은 관아가 아닌 향사당(향촌 자치기구 청사)에서 묵었다. 관아에서는 체찰사가 묵었을 것이다. 9월 2일 충무공 일행은 영암에서 순시 업무를 처리했다.

9월 3일 아침 충무공과 체찰사 일행은 영암을 떠나 북쪽 나주목으로 향했다. 가는 도중 신원(나주시 왕곡면 신원리)에서 점심을 먹었고 저녁 무렵 나주목에 도착했다. 충무공은 나주목 별관에 묵었다. 9월 4일 아침 충무공은 체찰사와 함께 나주목 공자 사당에 인사를 올리고 나주목에서 머물렀다. 그날 저녁 나주목사 이복남이 찾아와 술을 권했다. 이복남은 지난 1592년 7월 나주판관으로 있을 때 웅치전투에서 왜군에게 승리를 거둔 인물이었다. 1년 후인 1597년 8월 16일 왜군이 재침한 정유재란 때 전라병사로 남원성에서 왜군에 맞서 싸우다가 순국했다. 9월 5일 충무공과 체찰사 일행은 나주목에서 순시 업무를 처리하며 보냈다.

9월 6일 충무공은 체찰사 이원익에게 보고하고 먼저 나주목을 떠났다. 체찰사와 헤어진 후 충무공의 독자적인 순시였다. 충무공은 서쪽 무안현으로 향했다. 도중에 고막원(나주군 문평면 옥당리 구고막원)에서 점심을 먹고 나주 감목관 나덕준羅德駿을 만나 한참 동안 이야기를 나누었다. 해가 저물 무렵 충무공은 무안현에 도착해 휴식을 취했다.

9월 7일 충무공은 무안현에서 무안현감 남언상, 나주 감목관 나덕준 등과 백성들에게 부담을 끼치는 민폐에 대한 이야기를 나누었다. 선비 정대청鄭大淸이 방문해 함께 이야기를 나누었다. 오후 늦게 충무공은 무안현을 출발해 서남쪽 운남반도 끝 다경포(무안군 운남면 성내리)에 도착했다. 그곳에서 영광군수 김상준金尙寯을 만나 밤 10시 무렵까지 이야기를 나누고 휴식을 취했다.

9월 8일 아침 충무공은 다경포를 떠나 무안 북서쪽 해제반도 임치진(무안군 해제면 임수리)으로 향했다. 임치진으로 가는 도중 영광군수 김상준, 감목관 나덕준과 말을 사육하는 목장(무안군 망운면 목동리)을 둘러보고 술을 마셨다. 나덕준은 목장 책임자였다.

해가 질 무렵 충무공은 목장을 떠나 해제반도 동산원(무안군 현경면 용정리 봉대제 일대)에서 잠시 쉬며 말에게 먹이를 먹였다. 다시 길을 재촉해 임치진에 도착해 쉬었다. 명량해전 직후인 1597년 9월 17일 충무공과 조선 수군이 이동해 정박한 어의도(신안군 지도읍 어의리)가 임치진 앞바다에 있다. 당시 임치진첨사는 홍견洪堅(1535~1610)이었다.

9월 9일 아침 충무공은 임치진첨사 홍견에게 왜군을 어떻게 막을 것인

공직자 충무공

지 물었다. 홍견은 제대로 대답하지 못했을 것이다. 아침 식사를 마친 충무공은 임치진 북쪽 봉대산성(해발 198미터, 무안군 해제면 신정리)에 올랐다. 봉대산성에서 밑을 내려다보면 어의도가 서쪽 바다에 있다. 봉대산성에서 충무공은 바다와 주변 지리를 살피고 내려왔다. 틈나는 대로 주변 지형을 관찰하는 충무공다운 모습이다.

충무공의 봉대산성 지형 관찰은 명량해전 직후 조선 수군의 항해에 큰 도움이 되었을 것이다. 봉대산성에서 내려온 충무공은 임치진을 출발해 동쪽 동산원에서 점심을 먹고 함평현에 도착해 휴식을 취했다. 동산원과 함평현은 가까운 거리이다. 9월 10일 충무공은 함평현에서 순시 업무를 처리하고 지난 9월 7일에 만났던 정대청 등 지역 선비들을 만나 여러 이야기를 나누고 휴식을 취했다.

9월 11일 아침 충무공은 함평현을 떠나 북쪽으로 올라가 영광군에 도착했다. 함평과 영광은 가까운 거리이다. 영광은 필자의 고향이다. 중학교까지 다녔고 광주와 서울로 유학을 떠나 다른 곳에서 살고 있지만 마음의 고향은 언제나 영광이다. 충무공은 영광군에서 영광군수 김상준, 법성포에 거주하는 기생 내산월來山月과 밤늦게까지 술을 마시며 이야기를 나누었다.

내산월은 한양에 있던 유명한 기생으로 동료 기생 낙빈선洛濱仙과 함께 법성포로 내려와 지냈던 모양이다. 법성포에는 조세를 모아 한양으로 실어 나르는 조창이 있었고 조기 등의 해산물과 농산물이 풍부했다. 당시도 유명한 한양 기생들이 내려와 살 정도로 부유하고 번성했던 것 같다. 정유재란에 대비한 순시 여정이지만 영광에서 충무공은 모처럼 풍류를 즐기며 여유로운 시간을 보냈다.

9월 12일 충무공은 진눈깨비가 흩날리는 궂은 날씨에도 늦게 영광을 떠나 북쪽 무장현(고창군 무장면)으로 향했다. 가는 도중 노령산맥 줄기인 고산(해발 528미터), 고성산(해발 547미터), 태청산(해발 593미터)에서 발원한 넓이가 10리쯤 된다는 와탄천을 건너고 법성포와 고창군 공음면을 지나갔을 것이다. 해가 질 무렵 충무공 일행은 무장현에 도착해 휴식을 취했다.

9월 13일과 9월 14일 충무공은 무장현에서 순시 업무를 처리했다. 9월 15일 체찰사 이원익 일행이 무장현에 도착해 합류했다. 지난 9월 6일 나주목에서 헤어진 지 벌써 9일이 흘렀다. 충무공은 자신이 직접 보고 들은 전라도 지역의 현안을 체찰사에게 보고했을 것이다.

9월 16일 충무공과 체찰사 일행은 무장현을 출발해 동남쪽 장성으로 향했다. 도중에 고창에서 점심을 먹고 노령산맥 줄기인 솔재(해발 283미터)를 넘어 장성에 도착해 그날 밤을 보냈다.

9월 17일 체찰사 이원익 일행은 입암산성(장성군 북하면 신성리)을 향해 출발했다. 입암산성은 노령산맥 줄기인 입암산(654미터)에 있다. 육군 소속 산성이어서 충무공은 체찰사와 동행하지 않았을 것이다. 체찰사와 함께한 순시 일정은 장성에서 끝났다. 충무공은 입암산성 인근 진원현(장성군 진원면 진원리)으로 가 진원현감, 종사관 정경달 등을 만나 현안을 논의하고 그곳에서 그날 밤을 보냈다.

9월 18일 충무공은 진원현을 출발해 광주목으로 향했다. 광주목에서 목사 최철견崔鐵堅을 만나 대화를 나누고 휴식을 취했다. 9월 19일 아침 식사를 하고 쉬는데 능성현령 조공근趙公瑾이 광주목 관아로 찾아와 창

공직자 충무공

고를 봉하고 체찰사가 광주목사를 파직했다고 말했다. 소위 말하는 봉고파직封庫罷職이었다. 9월 20일 충무공은 광주목의 색리色吏들을 단죄하고 명나라 관리 2명을 접대했다. 오후에는 광주목의 남동쪽에 있는 화순에 도착해 쉬었다.

9월 21일 충무공은 아침 일찍 화순을 출발해 남쪽 지석강이 흐르는 능성현(화순군 능주면)에 도착했다. 충무공은 능성현의 명소인 최경루(화순군 능주면 관영리 지석강 옆 영벽정)에 올라 지석강 건너 연주산(해발 268.6미터)을 감상하고 능성현감 조공근과 술을 마신 후 능성현에서 그날 밤을 보냈다. 모처럼 충무공은 여유롭게 아름다운 남도 산천의 풍광을 즐기고 있다.

9월 22일 오전 충무공은 능성현 공무를 처리하고 능성현을 출발해 남쪽 보성군으로 향했다. 보성으로 가는 도중에 이양원(화순군 이양면 이양리)에서 조세를 감독하는 해운판관海運判官을 만나 이야기를 나누었다. 다시 출발해 해가 질 무렵 보성군에 도착해 그날 밤을 보냈다. 보성군은 전라좌수영 소속이었다.

9월 23일은 나라 제삿날이어서 공식 휴일이었다. 충무공은 보성에서 머물며 쉬었다. 9월 24일 충무공은 아침 일찍 보성군을 출발해 오랜 전우인 선거이의 집을 방문했다. 선거이는 1595년 9월 15일 황해병사로 임명되었지만 병환이 심해 부임하지 못하고 고향집에서 요양 중이었다. 선거이는 병세가 매우 위중해 혹시 잘못될까 봐 걱정되었다. 충무공은 선거이의 집을 떠나 동쪽 낙안군에 도착해 쉬었다. 낙안도 전라좌수영 소속으로 한 달 전인 윤 8월 17일 충무공이 체찰사와 함께 순시했던 고을이다.

9월 25일 충무공은 낙안군 색리와 선중립宣中立을 단죄하고 낙안을 떠나 동쪽 순천부에 도착했다. 지난 윤 8월 15일 체찰사와 함께 순시했던 순천부도 전라좌수영 소속이다. 충무공은 부하 장수 순천부사 배응경裵應褧과 이야기를 나누었다. 아마도 모친의 팔순 잔치와 관련된 이야기였을 것이다. 9월 26일 충무공은 순천부에서 공무를 처리하고 그날 밤을 보냈다.

9월 27일 아침 일찍 충무공은 순천을 떠나 모친과 아내, 가족이 있는 남쪽 여수 고음내에 도착했다. 지난 윤 8월 12일 잠시 급히 들렀는데 이제는 조금 시간적 여유를 갖고 전라좌수영에 머물기로 했다. 모친에게 팔순 잔치를 베풀어 드리기 위해서였다. 낙안부터 순천, 전라좌수영까지 충무공의 여정은 지난 윤 8월의 순시 여정과 겹친다. 9월 28일 충무공은 여수 고음내 집에 갔다가 전라좌수영으로 갔고 이후 전라좌수영에서 공무를 수행했다.

10월 3일 충무공은 모친의 팔순 잔치를 위해 모친을 고음내 집에서 전라좌수영으로 모셔 왔다. 10월 5일 순천부사 배응경이 충무공 모친의 팔순 잔치를 돕기 위해 방문해 석보창(여수시 여천동 868번지)에서 머물렀다. 10월 6일 거센 비바람에 예정했던 팔순 잔치를 열지 못하고 다음 날로 연기했다. 순천부사와 흥양현감이 찾아왔다. 10월 7일 충무공은 모친의 80세 수연을 베풀었다. 충무공은 『난중일기』에 모친이 매우 즐거워하니 참으로 다행이라고 적고 있다. 모친에 대한 효성이 지극했던 충무공은 모친의 팔순 잔치를 위해 최선을 다했다. 10월 8일 순천부사 배응경이 순천으로 떠났다. 10월 9일 충무공은 좌수영에서 모친과 함께 지내며 온종일 공무를 처리했다.

10월 10일 충무공이 한산도 통제영으로 떠날 날이 되었다. 충무공은 모친에게 하직 인사를 올렸다. 그것이 충무공이 모친에게 생전에 올린 마지막 인사가 되었다. 10월 10일 오후 2시 무렵 충무공은 전라좌수영을 출발해 한산도 통제영으로 향했다. 돛을 달고 밤새도록 노를 재촉해 동쪽으로 향했다. 3일가량 걸리니 충무공은 아마도 10월 12일 무렵 한산도 통제영에 도착했을 것이다. 충무공의 보람차고 정겨운 전라도 순시 여정이 이렇게 끝났다. 충무공의 인생에서 가장 행복한 시간이었을 것이다.

10월 11일부터 12월까지의 기록은 『난중일기』에 빠지고 없다. 충무공은 이후 한산도 통제영에서 4개월 동안 공무를 수행했다. 1597년 2월 26일 충무공은 파직되어 한양으로 압송되었다. 부산포의 왜군을 공격하라는 선조의 명을 따르지 않은 것이 핵심 이유였다. 충무공이 모친을 뵌 것은 1596년 10월 10일이 마지막이었다. 효자였던 충무공은 모친에게 팔순 잔치를 베풀어 드리고 한산도 통제영으로 복귀했는데 그 팔순 잔치가 마지막 효도가 되었다.

전라도 순시 여정 지도

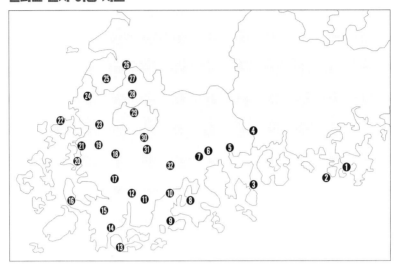

① 한산도 통제영 → ② 통영 당포 → ③ 여수 전라좌수영 → ④ 하동 두치 → ⑤ 광양 → ⑥ 순천 → ⑦ 낙안 → ⑧ 흥양 → ⑨ 고흥 녹도 → ⑩ 보성 백사정 → ⑪ 장흥 → ⑫ 전라병영 → ⑬ 가리포 (완도) → ⑫ 전라병영 → ⑭ 해남 이진 → ⑮ 해남 → ⑯ 전라우수영 → ⑮ 해남 → ⑰ 영암 → ⑱ 나주 → ⑲ 무안 → ⑳ 무안 다경포 → ㉑ 무안 감목원 → ㉒ 무안 임치진 → ㉓ 함평 → ㉔ 영광 → ㉕ 무장 → ㉖ 고창 → ㉗ 장성 → ㉘ 진원 → ㉙ 광주 → ㉚ 화순 → ㉛ 화순 능성 → ㉜ 보성 → ⑦ 낙안 → ⑥ 순천 → ③ 여수 전라좌수영 → ① 한산도 통제영

충무공의 전라도 순시 여정

○ 1596년 윤 8월 11일~10월 11일(61일)

○ 윤 8월 11일(한산도 통제영 출발)
　　— 오후 당포(통영시 산양읍 삼덕리)로 출발
　　　※ 해로 약 20km, 약 3시간 소요
　　— 오후 당포 도착 후 정박

○ 윤 8월 12일(당포 출발)

공직자 충무공

— 새벽 여수 전라좌수영으로 출발

　　　　※ 해로 약 100km, 16시간 소요

　　　— 밤 10시 무렵 여수 고음내 집 도착 후 1박

○ 윤 8월 13일(전라좌수영 출발)

　　　— 아침 전라좌수영으로 가 공무 수행

　　　— 저녁 6시 무렵 두치(하동읍 두곡리)로 출발

　　　　※ 해로 약 50km, 약 8시간 소요

○ 윤 8월 14일(하동 두치 출발)

　　　— 새벽 두치 도착

　　　— 아침 광양현으로 출발

　　　　※ 육로 약 30km, 약 8시간 소요

　　　— 저녁 광양현 도착 후 1박

○ 윤 8월 15일(광양 출발)

　　　— 아침 순천부로 출발

　　　　※ 육로 약 30km, 약 8시간 소요

　　　— 오후 순천 도착 후 1박

○ 윤 8월 16일(순천 체류)

○ 윤 8월 17일(순천 출발)

　　　— 오전 낙안현으로 출발

　　　　※ 육로 약 20km, 약 5시간 소요

　　　— 오후 낙안 도착, 업무 수행 후 1박

○ 윤 8월 18일(낙안 출발)

　　　— 아침 흥양현(고흥읍)으로 출발

　　　　※ 약 45km 육로, 약 11시간 소요

　　　— 오전 양강역(고흥군 남양면 남양리) 도착 후 오찬

　　　　※ 양강역 근처 산성에 올라 지형 관찰

— 저녁 흥양현 도착 후 1박

○ 윤 8월 19일(흥양 출발)
　— 오전 흥양현 점검 후 녹도진으로 출발
　　※ 약 20km 육로, 약 5시간 소요
　— 오후 도양 둔전 시찰
　— 오후 녹도진 도착 후 1박

○ 윤 8월 20일(녹도진 출발)
　— 아침 백사정(보성군 회천면 벽교리)으로 출발
　　※ 약 15km 해로, 약 3시간 소요
　— 오전 백사정 도착 후 오찬
　— 오후 장흥부로 출발
　　※ 약 20km 육로, 약 6시간 소요
　— 저녁 장흥부 도착 후 1박

○ 윤 8월 21일(장흥부 체류)

○ 윤 8월 22일(장흥부 출발)
　— 오후 전라도 병영(강진군 병영면)으로 출발
　　※ 약 12km 육로, 약 3시간 소요
　— 저녁 병영 도착, 전라병사 원균과 대화 후 1박

○ 윤 8월 23일(전라병영 체류)

○ 윤 8월 24일(가리포 방문)
　— 새벽 가리포(완도읍 군내리)로 출발
　　※ 병영에서 강진 포구까지 육로 약 10km, 약 2시간 소요
　　※ 강진 포구에서 가리포까지 해로 약 30km, 약 5시간 소요
　　※ 총 40km, 약 7시간 소요
　— 오후 가리포 도착, 남망산에 올라 지형 관찰 후 병영으로 출발

※ 가리포에서 병영까지는 역순으로 약 7시간 소요

— 저녁 병영 복귀 후 1박

○ 윤 8월 25일(전라병영 출발)

— 새벽 해남 이진 포구로 출발

※ 병영에서 강진 포구까지 육로 약 10km, 약 2시간 소요

※ 강진 포구에서 이진까지 해로 약 30km, 약 5시간 소요

※ 총 약 40km, 약 7시간 소요

— 이진 도착, 오찬 후 해남으로 출발

※ 육로 약 30km, 약 7시간 소요, 체찰사 일행은 진도로 출발

— 밤 10시 무렵 해남현 도착 후 1박

○ 윤 8월 26일(해남현 출발)

— 새벽 전라우수영으로 출발

※ 육로 약 32km, 약 8시간 소요

— 오후 우수영 도착, 업무 수행 후 1박

○ 윤 8월 27일(전라우수영 체류)

— 체찰사 일행 진도에서 합류

○ 윤 8월 28일(전라우수영 체류)

○ 윤 8월 29일(전라우수영 출발)

— 아침 해남현으로 출발

※ 육로 약 32km, 약 8시간 소요

— 오전 남녀역(해남군 황산면 남리리) 도착 후 오찬

— 오후 해남현 도착 후 1박

○ 윤 8월 30일(해남 체류)

○ 9월 1일(해남 출발)

　　― 아침 영암으로 출발

　　　※ 육로 약 40km, 약 10시간 소요

　　― 오전 석제원(강진군 성전면 월평리 원기마을) 도착 후 오찬

　　― 밤 10시 무렵 영암 도착 후 1박

○ 9월 2일(영암 체류)

○ 9월 3일(영암 출발)

　　― 아침 나주목으로 출발

　　　※ 육로 약 30km, 약 8시간 소요

　　― 오전 나주 신원(나주시 왕곡면 신원리) 도착 후 오찬

　　― 저녁 나주목 도착 후 1박

○ 9월 4일(나주 체류)

○ 9월 5일(나주 체류)

○ 9월 6일(나주 출발)

　　― 아침 체찰사 일행과 헤어지고 무안으로 출발

　　　※ 육로 약 30km, 약 8시간 소요

　　― 오전 고막원(나주시 문평면 옥당리 구고막원) 도착 후 오찬

　　― 저녁 무안현 도착 후 1박

○ 9월 7일(무안 출발)

　　― 오후 다경포(무안군 운남면 성내리)로 출발

　　　※ 육로 약 20km, 약 5시간 소요

　　― 저녁 다경포진 도착 후 1박

○ 9월 8일(다경포진 출발)

　　― 아침 임치진(무안군 해제면 임수리)으로 출발

※ 육로 약 30km, 약 8시간 소요

　　― 오전 감목장(무안군 망운면 목동리) 도착 후 오찬, 감목장 점검

　　― 오후 감목장에서 동산원(무안군 현경면 용정리)으로 출발

　　　※ 육로 약 8km, 약 2시간 소요

　　― 오후 늦게 동산원 도착, 휴식 후 임치진으로 출발

　　　※ 육로 약 13km, 약 3시간 소요

　　― 저녁 임치진 도착 후 1박

○ 9월 9일(임치진 출발)

　　― 아침 봉대산성(무안군 해제면 신정리, 해발 197m) 등정

　　　※ 육로 약 4km, 약 1시간 소요

　　― 오전 봉대산성에서 어의도 등 지형 관찰 후 하산

　　― 오전 임치진에서 함평현으로 출발

　　　※ 육로 약 30km, 약 8시간 소요

　　― 동산원 도착, 오찬 후 함평현으로 출발

　　― 오후 함평현 도착 후 1박

○ 9월 10일(함평현 체류)

○ 9월 11일(함평현 출발)

　　― 아침 함평현에서 영광군으로 출발

　　　※ 육로 약 30km, 약 8시간 소요

　　― 오후 영광군 도착 후 1박

○ 9월 12일(영광 출발)

　　― 오전 영광군에서 무장현(고창군 무장면 성내리)으로 출발

　　　※ 육로 약 30km, 약 8시간 소요

　　― 오후 와탄천(영광읍 덕호리) 도착 후 휴식

　　― 저녁 무장현 도착 후 휴식

○ 9월 13일(무장 체류)

○ 9월 14일(무장 체류)

○ 9월 15일(무장 체류)
    ※ 나주에서 헤어진 체찰사 이원익 일행과 합류

○ 9월 16일(무장 출발)
   — 아침 무장에서 장성으로 출발
     ※ 육로 약 40km, 약 10시간 소요
   — 고창 도착 후 오찬
   — 오후 장성현 도착 후 1박

○ 9월 17일(장성 출발)
   — 오전 진원현(장성군 진원면 진원리)으로 출발
     ※ 육로 약 10km, 약 3시간 소요
     ※ 체찰사 일행은 입암산성으로 출발
   — 오후 진원현 도착, 휴식 후 1박

○ 9월 18일(진원현 출발)
   — 아침 광주목으로 출발
     ※ 육로 약 25km, 약 6시간 소요
   — 오후 광주 도착 후 1박

○ 9월 19일(광주 체류)
   — 체찰사가 광주목사 파면

○ 9월 20일(광주 출발)
   — 오후 화순으로 출발
     ※ 육로 약 12km, 약 3시간 소요
   — 오후 화순 도착, 휴식 후 1박

공직자 충무공

○ 9월 21일(화순 출발)

　— 오전 능성현(화순군 능주면 관영리)으로 출발

　　※ 육로 약 12km, 약 3시간 소요

　— 오후 최경루(능주면 관영리 지석천변 영벽정) 방문

　— 오후 능성현 도착 후 1박

○ 9월 22일(능성현 출발)

　— 오전 보성군으로 출발

　　※ 육로 약 35km, 약 9시간 소요

　— 오후 이양원(화순군 이양면 이양리) 도착 후 휴식

　— 저녁 보성현 도착 후 1박

○ 9월 23일(보성 체류)

○ 9월 24일(보성 출발)

　— 아침 동료 선거이 집에 찾아가 문병

　— 오전 낙안(순천시 낙안면 낙안읍성)으로 출발

　　※ 육로 약 36km, 약 9시간 소요

　— 오후 늦게 낙안현 도착 후 1박

○ 9월 25일(낙안 출발)

　— 오전 낙안군 공무 처리

　— 오전 순천으로 출발

　　※ 육로 약 20km, 약 5시간 소요

　— 오후 순천 도착 후 1박

○ 9월 26일(순천 체류)

○ 9월 27일(순천 출발)

　— 아침 여수 고음내 집(여수시 송현동)으로 출발

　　※ 육로 약 32km, 약 8시간 소요

― 오후 여수 고음내 집 도착 후 1박

○ 9월 28일(고음내 집 출발)
　　　― 아침 전라좌수영으로 출발
　　　　※ 해로 약 6km, 약 1시간 소요
　　　― 오전 전라좌수영 공무 수행

○ 9월 29일~10월 2일(전라좌수영 체류)

○ 10월 3일(전라좌수영 체류)
　　　― 새벽 고음내 집에서 모친을 전라좌수영으로 모셔 옴

○ 10월 3일~10월 6일(전라좌수영 체류)

○ 10월 7일(전라좌수영 체류)
　　　― 모친 초계 변 씨의 팔순 잔치 거행

○ 10월 9일(전라좌수영 체류)

○ 10월 10일(전라좌수영 출발)
　　　― 오후 한산도 통제영으로 출발
　　　　※ 해로 약 100km, 약 17시간 소요
　　　― 10월 12일 한산도 통제영 도착

13.
압송과 투옥, 백의종군

압송과 투옥

1596년 9월 도요토미 히데요시는 명과의 강화교섭을 중단한 후 재침을 공언했고 이는 조선 조정에 즉시 보고되었다. 왜군 재침의 기본전략은 수륙병진과 전라도 공략이었다. 여기에 대해 조선 조정은 수군을 활용해 왜군의 재침을 바다에서 저지하고 육군은 산성으로 들어가 수성전으로 응전하기로 했다. 체찰사 이원익이 충무공과 전라도 지역 곳곳을 순시하며 입암산성 등을 점검한 것도 그런 차원이었을 것이다.

1596년 11월 9일 예조판서 윤근수尹根壽(1537~1616)가 선조에게 전라병사 원균을 경상우수사 및 경상도 통제사로 임명하고 충무공은 전라도 통제사로 삼아 요충지인 거제도를 점령하게 할 것을 건의했고 선조도 이에 긍정적이었다. 선조는 부산포 공격에 신중한 충무공보다 적극적인 원균을 높이 평가하고 있었다. 1596년 11월 17일 조정의 이런 분위기 속에서 결국

공직자 충무공

체찰사 이원익도 마지못해 윤근수의 의견에 동의했다. 통제사 충무공의 입지가 흔들리고 있었다.

1596년 12월 12일 부산 왜군 진영에서 대형 화재가 발생해 가옥 1,000여 채와 군량 창고, 무기 등이 불에 탔다. 이와 관련해 군공을 요청하는 1597년 1월 1일 충무공의 보고서와 1월 2일 체찰사 이원익의 포상 건의가 동시에 올라왔다. 사실 부산 왜군 진영의 방화사고는 충무공의 부하 장수인 거제현령 안위와 군관 김난석, 신명학, 김득 등이 주도한 것으로 보인다.

그런데 체찰사 이원익의 지시에 의한 것이라는 이조좌랑 김신국의 장계가 올라오자 선조는 충무공이 공을 세우기 위해 허위보고를 한 것으로 의심했던 것 같다. 하지만 충무공의 보고서는 일시, 장소, 관여자와 경위 등이 명확했고 안위는 선조가 싫어하는 역적 정여립의 5촌 조카였으니 그런 안위가 허위보고를 한다는 것은 상상하기 어렵다. 반면, 김신국의 장계는 일시, 장소, 주체, 경위 등이 추상적이고 불명확했다고 한다. 결국 부산 왜군 진영의 방화사고는 충무공에 대한 선조의 오해로 보인다.

게다가 1596년 가을 왜장 고니시 유키나가의 부하인 대마도주 소 요시토시와 요시라要時羅가 경상우병사 김응서를 통해 가토 기요마사가 왜국에서 왜군을 이끌고 부산포로 온다는 역정보를 조정에 흘렸다. 당시 김응서는 왜군과 사통하던 인물이었다. 선조는 가토 기요마사가 부산포에 도착하기 전 바다에서 공격할 것을 충무공에게 명했다.

하지만 충무공은 왜군의 역정보일 가능성이 크고 부산포 해역은 파도가 높아 항해가 쉽지 않으며 우리 함대의 움직임이 적에게 고스란히 노출된 상황에서 정박할 곳이 없다는 등의 합리적인 이유를 들어가며 신중한 태도를 보였다. 그러자 선조는 "한산도의 장수는 편안히 누워 어떻게 해야 할 줄 모른다. 우리나라는 끝났다"라고 공개적으로 충무공을 비난하며 충무공에 대한 불신을 노골적으로 표시했다.

인사권자의 불신은 결국 불행한 결과를 낳는다. 1597년 1월 12일 가토 기요마사가 왜선 150여 척을 이끌고 울산 서생포에 도착했다는 고니시의 말이 조정에 전해졌다. 선조는 충무공을 잡아들이고 원균을 삼도수군통제사로 삼는 것을 논의할 것을 비변사에 명했다. 어렵고 중대한 논의였다.

비변사는 1597년 2월 6일까지 1개월 가까이 논의를 진행했고 결국 선조의 뜻을 따르기로 했다. 왕조국가에서 왕의 뜻을 수용하지 않을 수 없었다. 1개월 가까이 버틴 것도 대단한 일이었다. 그날 선조는 즉시 충무공을 파직하고 한양으로 압송할 것을 명령했다. 충무공에게 적용된 혐의는 임금을 속이고 적을 쫓지 않아 나라를 저버렸으며 다른 사람의 공을 빼앗고 다른 사람을 죄에 빠뜨렸다는 것 등이었다. 충무공이 선조의 부산포 공격 지시를 따르지 않았고 부산 왜군 진영의 방화사고와 원균이 육군에 전출된 것까지 모두 충무공의 잘못이라는 의미였다. 충무공을 불신하는 선조의 독단에서 비롯된 근거 없고 일방적인 누명이었다.

1597년 2월 26일 부산 해역에 출전 중이던 충무공은 통제영으로 복귀해 후임인 원균에게 인수인계하고 한양으로 압송되었다. 압송된 지 8일 만인 1597년 3월 4일 저녁 충무공은 의금부에 투옥되었다.

충무공에게 잔인한 정유년의 시련이 시작되었다. 1597년 1월 1일부터 3월 30일까지의 기록은 『난중일기』에 없다. 충무공을 극도로 불신했던 선조는 충무공을 처형하려고 했다. 하지만 우의정 정탁, 영의정 유성룡, 체찰사 이원익, 전라우수사 이억기, 종사관 정경달 등의 적극적인 구원 노력 덕분에 처형은 피할 수 있었다. 충무공을 잘 알고 발탁한 유성룡과 일선에서 충무공을 자주 만나고 전라도를 함께 순시했던 체찰사 이원익은 적극적으로 나서주지 못했다. 오히려 우의정 정탁이 적극적으로 나서 충무공을 구명해 주었다.

충무공은 의금부에 투옥된 지 28일이 지난 1597년 4월 1일 석방되었다. 다행히 고문은 받지 않아 건강을 잃지는 않았다. 도원수 권율 휘하에서 백의종군하라는 명이 충무공에게 내려졌다. 충무공은 4월 1일부터 삼도수군통제사로 재임명된 1597년 8월 3일까지 4개월 동안 다시 백의종군했다. 백의종군은 직위해제 정도에 해당한다. 직급은 없지만 존경과 예우는 받을 수 있고 여비 정도는 지급되었다. 주요 임무는 도원수에게 조언하고 조력하는 것이었고 그 외 시간은 비교적 자유롭고 여유 있게 사용할 수 있었던 것으로 보인다.

백의종군 여정

충무공이 백의종군 임무를 수행하려면 도원수 권율이 있는 도원수 진영으로 가야 했다. 당시 도원수 진영은 경상도 합천군 초계에 있었다. 초계는 북쪽으로는 황강, 남쪽으로는 멀리 남강이 흐르고 동쪽은 낙동강을 경계로 왜군과 대치하는 육군의 최전방 요충지였다. 한양 옥에서 석방된 충무공은 남쪽 초계 도원수 진영으로 가 백의종군해야 했다. 그 여정이 『난중일기』에 상세히 기록되어 있다. 충무공을 따라 함께 떠나보자.

1597년의 『난중일기』는 4월 1일 충무공이 옥에서 나오는 내용부터 시작한다. 4월 1일 옥에서 나온 충무공은 남대문 밖 윤간尹侃의 종 집에서 묵었다. 윤간, 조카 봉菶과 분芬, 아들 예가 함께했고 윤자신尹自新, 이순신李純信 등이 방문했다. 이순신은 충무공과 이름이 같은 부하 장수였다. 영의정 유성룡, 우의정 정탁, 판서 심희수沈喜壽, 참판 이정형李廷馨, 대사헌 노직盧稷, 동지同知 최원崔遠과 곽영郭嶸 등은 사람을 보내 위로했다. 모두 충무공을 구명하는 데 발 벗고 나선 사람들일 것이다.

4월 2일 저녁 충무공은 성안에 들어가 유성룡 대감을 만나 밤새 대화를 나누다가 새벽닭이 울 무렵 유성룡과 헤어져 성을 나왔다. 충무공과 유성룡은 아마도 충무공의 진로와 앞으로 다가올 왜군과의 전쟁 등에 대한 깊은 이야기를 나누었을 것이다.

4월 3일 충무공은 백의종군 장소인 경상도 합천 초계에 있는 도원수 진영을 향해 길을 나섰다. 의금부 소속 금오랑 이사빈李士贇 등 3명이 미리 수원으로 가 기다렸다. 충무공은 인덕원에서 잠시 멈추어 말을 쉬게 하고 해가 저물 무렵 수원에 도착해 경기 감영 소속의 이름 모르는 군졸 집에서 잤다. 매우 빠른 이동 속도였다. 백의종군 중이지만 충무공은 말을 타고 이동했던 것으로 보인다. 하인 등 다른 일행은 걸어서 이동했을 것이니 이동 속도는 도보 이동과 비슷했을 것으로 추정된다. 1시간에 약 4킬로미터를 이동했을 것이다. 그날 신복룡慎伏龍과 수원부사 유영건柳永健이 충무공을 찾아와 만나고 갔다.

4월 4일 아침 일찍 충무공은 수원을 출발해 독성(독성산성, 오산시 양산동)에서 판관 조발趙撥을 만나 위로주를 마셨다. 다시 길을 재촉해 진위(평택시 진위면 봉남리)의 옛길을 지나 냇가(진위천)에서 말을 쉬게 했다. 오산 황천상

黃天祥의 집에서 점심을 먹은 후 다시 출발해 수탄(안성천 상류)을 건너 평택현(팽성읍 객사, 팽성읍 부용산 남쪽) 이내은손李內隱孫의 집에서 묵었다.

4월 5일 충무공은 아침 일찍 평택현을 떠나 부친의 묘소가 있는 선산(아산시 음봉면 삼거리 어라산 아래)에 가 참배했다. 충무공은 1589년 2월 전라도관찰사 군관으로 임명되어 아산 고향을 떠난 지 8년이 지나 아산 고향집에 백의종군하는 몸으로 돌아왔다.

지난 1587년 가을 충무공은 녹둔도전투에서 패했다는 이유로 백의종군해 1588년 6월 아산 고향집으로 내려와 약 8개월 동안 지냈는데 백의종군하기 위해 남녘으로 내려가는 길에 다시 찾아온 것이다. 그날 저녁 충무공은 외가로 내려가 사당에 인사드리고 장조카 뇌蕾의 집에서 조상을 모신 사당에 참배했다. 충무공은 1597년 4월 6일부터 4월 12일까지 고향집에 머물며 고향 친척과 친구들을 만나 잠시 회포를 풀었다.

4월 7일 충무공을 도원수 진영으로 데려갈 금오랑이 아산현에서 왔다. 금오랑은 충무공의 외사촌인 변존서의 집에 머물다가 4월 11일 온양으로 갔다. 4월 12일 충무공은 여수 고음내에 살고 있던 모친과 가족들이 4월 9일 안흥량(태안군 근흥면 정죽리와 신진도 사이 해협)에 왔다는 소식을 들었다. 아산에서 안흥은 약 80킬로미터 떨어진 가까운 거리였다. 모친을 비롯한 여수 고음내 가족들은 1597년 2월 26일 충무공이 파직되어 한양으로 압송되자 집을 정리하고 아산 고향집으로 오고 있었을 것이고 충무공은 초계 도원수 진영으로 가기 전 모친과 가족들을 만나기 위해 아산 고향집에서 기다렸을 것이다.

4월 13일 충무공은 모친을 만나기 위해 안흥항으로 가다가 모친이 돌아가셨다는 청천벽력 같은 소식을 들었다. 하늘이 무너지는 소식이었을 것이다. 충무공이 아산 곡교천 해암(아산시 인주면 해암리)으로 갔더니 모친의 시신을 실은 배가 벌써 도착해 있었다.

4월 14일 전라좌수영에서 모친의 관을 준비해 왔고 4월 15일 오종수吳終壽의 정성스러운 도움을 받아 모친 입관식을 했다. 천안군수 이유청李幼淸이 관을 옮기는 행상을 준비해 주고 전경복全慶福이 상복을 만들어 주는 등 도움을 주었다. 4월 16일 충무공은 모친의 관을 실은 배를 끌고 곡교천 상류 중방포(아산시 염치읍 중방리 포구) 앞까지 이동했다. 그곳에서 모친의 영구를 상여에 올려 싣고 아산 본가로 돌아와 빈소를 차렸다. 충무공은 울부짖으며 통곡했다. 그날 정성껏 장례 준비를 도와준 천안군수 이유청이 돌아갔다. 4월 17일 금오랑과 서리 이수영李壽永이 찾아와 도원수 진영으로 떠나야 한다며 충무공을 재촉했다. 4월 18일 충무공은 모친의 빈소에서 곡을 하고 나왔다.

필자도 2006년 2월 하순 충무공처럼 하늘이 무너지는 슬픈 일을 당했다. 사랑하는 모친이 80세로 세상을 떠난 것이다. 인천지검 특수부장 발령을 받은 지 일주일쯤 지났을 때였다. 모친은 배우지는 못했지만 현명하고 공정한 분이셨다. 엄하고 고집 센 부친과 생활하며 어렵고 힘든 살림을 운영하셨고 우리 5남 2녀 자식들을 키우며 깊고 따뜻한 사랑을 고루 베풀어 주셨다.

모친 덕분에 세상을 알았고 다른 사람을 배려하고 사랑하는 법을 배웠다. 모친은 큰형님 집에서 본가로 돌아오시다가 집 앞에서 넘어져 세상을 뜨셨다고 한다. 마지막 순간까지 누워 계시지 않고 걸어가다가 세상을 떠난 것이다. 장례는 조문객의 편의를 위해 영광종합병원 장례식장에서 치렀다. H 2차장이 권유해 4일장을 했는데 자식들이 수고했지만 마지막 가시는 길이니 잘한 일이라고 생각한다.

모친 장례에 많은 분이 조문해 주셨다. 인천지검에서 J 검사장과 H 2차장 등이 왔고 검사들과 직원들도 많이 왔다. 특히 직전에 장흥지청장으로 근무해 장흥과 강진에서 많은 분이 조문해 주어 지금까지도 정말 감사하게 생각하고 있다. 모친은 돌아가시기 전 교회를 열심히 다녀 고향마을 교회 목사님과 교인들이 정성껏 도와주었다. 모친은 교회 의식에 따라 마지막 예배를 마치고 고향집 근처 선산 부친 곁에 묻히셨다.

모친이 땅에 묻히실 때 막내 여동생과 모친 슬하에서 어린 시절을 보낸 조카들이 서럽게 울어 우리 자식들 모두 눈시울이 뜨겁고 가슴이 먹먹했다. 모친 장례를 치르며 생각해 보니 모친이 돌아가시기 직전 고향집 근처 광주지검 공판부장과 장흥지청장으로 근무한 것은 나라가 베풀어 준 가장 큰 특혜였다. 그 덕분에 돌아가시기 전까지 2년 동안 모친과 가까운 곳에서 근무하며 모친을 자주 찾아뵐 수 있었다. 감사하게 생각한다. 부족하지만 모친에게 자식으로서 도리를 조금이라도 해서인지 지금 모친을 생각하면 아쉽지만 다행이라는 생각이 든다. 존경하고 사랑하는 모친이 부디 저 세상에서 더 행복하시길 기원드린다.

1597년 4월 19일 이른 아침 충무공은 모친의 영정과 조상을 모신 사당에 인사드리고 도원수 진영을 향해 길을 나섰다. 충무공 일행은 금곡(아산시 배방읍 신흥리)을 지나 보산원(천안시 광덕면 보산원리)에 도착해 천안군수 이유청을 만나 풍서천 냇가에서 잠시 휴식을 취했다. 임천군수 한술韓述이 지나가다가 충무공을 조문했다. 그곳 보산원에서 충무공을 따라온 아들 회, 예, 면과 조카 해, 분, 완, 외사촌 변존서가 아산으로 돌아갔다. 충무공은 말을 타고 이동해 금강변에 있는 일신역(공주시 신관동 신관초등학교 근처)에 도착해 휴식을 취했다.

4월 20일 충무공 일행은 아침을 먹고 출발해 금강을 건넜고 저녁 무렵 이산(논산시 노성면 읍내리)에 도착했다. 충무공은 고을 원님의 극진한 대접을 받고 동헌에서 밤을 보냈다.

4월 21일 충무공 일행은 아침 일찍 길을 나서 은원(논산시 은진면 연서리)을 거쳐 저녁 무렵 여산(익산시 여산면 여산리)에 도착했다. 충무공은 여산 관아에서 일하는 노비의 집에서 잤다.

4월 22일 충무공 일행은 아침 일찍 출발해 만경강변에 있는 삼례역(완주군 삼례읍 삼례리)을 거쳐 저녁 무렵 전주에 도착했다. 충무공은 남문 밖 이의신李義臣의 집에서 묵었다. 전주부윤 박경신朴慶新이 후한 대접을 해주었다.

4월 23일 충무공 일행은 아침 일찍 전주를 출발해 오원역(임실군 관촌면 섬진강변 사선대)에서 아침을 먹었다. 오원역을 출발해 해 질 무렵 임실현에 도착했다. 임실현감 홍순각洪純慤이 예의를 갖추어 대접해 주었다.

4월 24일 충무공 일행은 아침 일찍 임실현을 떠나 남원에 도착했다. 충무공은 이희경李喜慶의 종 집에서 묵었다.

4월 25일 충무공 일행은 아침을 먹고 남원을 떠나 운봉에 도착했다. 충무공은 박롱朴龍의 집에서 쉬었다. 운봉현감 남간南侃은 병환 때문에 오지 않았다. 운봉에서 충무공은 도원수 권율이 순천으로 향했다는 소식을 들었다. 그 소식을 듣고 충무공은 경상도 초계보다 도원수가 있는 순천으로 여정을 수정한 것 같다. 운봉에서 초계로 가려면 동쪽인 함양으로 가야 하는데 순천으로 가려면 남원으로 되돌아갔다가 남쪽 구례로 내려가야 한다.

4월 26일 충무공은 아침 일찍 밥을 먹고 운봉을 떠나 남쪽 구례현에 도착했다. 아마도 남원을 경유해 구례현에 도착했을 것이다. 충무공은 손인필孫仁弼의 집을 거처로 정했다. 이후 손인필의 집은 충무공이 구례에 오면 머무는 집이 되었다. 손인필과 아들 손응남은 이후 정유재란 때 충무공 휘하에서 활약했고 노량해전에서 전사했다. 구례에서는 구례현감 이원춘이 충무공 일행을 정성껏 대접해 주었다. 이원춘은 1596년 8월 18일 선전관으로 임금의 사문을 가지고 충무공이 있는 한산도 통제영으로 왔던 사람인데 충무공에게 따뜻하고 친절하게 대해주었다.

4월 27일 충무공 일행은 아침 일찍 구례현을 떠나 남쪽 송치(순천시 월등면 계월리)에 도착했다. 마음이 따뜻한 구례현감 이원춘이 사람을 송치로 보내 점심을 지어 먹고 가도록 배려했다. 충무공 일행은 송치를 출발해 순천 송원(순천시 서면 운평리)을 지나 저녁 무렵 정원명鄭元明의 집에 도착했다. 정원명은 동생 정상명과 함께 충무공을 도와 한산도대첩 등을 치른 부하 장수였다. 충무공에게 집을 빌려주었을 뿐만 아니라 이후 초계 도원수 진영에서 백의종군하는 충무공을 옆에서 모셨다. 도원수 권율이 군관 권승경權承慶을 충무공에게 보내 조문하고 걱정하며 안부를 물어주었다. 저녁에는 순천부사 우치적禹致績과 옛 부하 정사준이 방문했다. 우치적은 지난 1592년 임진년 영등포만호로 있으면서 충무공과 함께 왜군에 맞서 싸운 원균의 부하 장수였지만 충무공을 존경하고 따랐고 이후에도 충무공에게 많은 도움을 주었다.

4월 28일 도원수 권율이 군관 권승경을 보내 상중에 지치고 피곤할 테니 피로가 회복되면 천천히 나오게 하고 한산도 통제영에서 잘 아는 군관을 데려와 간호하게 하라는 편지와 공문을 전달했다. 도원수가 따뜻하고 세심하게 충무공을 배려해 주고 있다. 이후에도 충무공에 대한 그런 배려는 계속되었다.

4월 29일 충무공은 부하 장수 신정愼定과 방응원方應元을 만났고 전라병사 이복남이 도원수 권율과 의논하기 위해 순천에 왔다는 소식을 들었다. 충무공은 지난해 9월 3일 체찰사와 함께 전라도를 순시하며 나주목에서 나주목사 이복남을 만났는데 이복남은 충무공 대신 삼도수군통제사가 된 원균의 후임으로 전라병사가 되었던 것 같다. 4월 30일 이복남이 충무공을 찾아왔다. 도원수를 찾아온 전라도관찰사 박홍로가 군관을 보내와 안부를 물었다.

5월 1일 충무공은 신정과 이야기를 나누었다. 전라도관찰사 박홍로와 전라병사 이복남은 도원수가 임시 거처로 사용 중인 정사준의 집에 모였다는 소식을 들었다. 정사준은 충무공 휘하에서 활약한 부하 장수였다. 지난해 윤 8월 15일 전라도를 순시할 때 충무공은 정사준의 집에서 묵었다.

5월 2일 도원수는 보성으로 떠나고 전라병사 이복남은 전라병영으로 갔다. 전라도관찰사 박홍로는 담양으로 가면서 충무공을 만나고 갔다. 그날 순천부사 우치적이 찾아와 만났다. 5월 3일 신정과 방응원이 돌아갔고 부하 장수 이기남李奇男이 찾아와 만났다. 저녁에는 순천부사 우치적이 다시 찾아와 만났다. 1592년 바다에서 함께 싸운 전우였으니 할 말이 많았을 것이다. 백의종군 중이지만 충무공은 끊임없이 부하 장수 등을 만나 소통하고 있었다.

5월 4일 모친의 생신이어서 충무공은 슬픈 마음으로 돌아가신 모친을 생각했다. 정사준이 온종일 함께 있어주었다. 5월 5일 한산도 통제영에서 충청우후 원유남이 충무공을 찾아왔다. 원유남은 원균의 흉폭함과 패악함을 말하면서 진중의 장졸들이 이탈해 반역하니 걱정된다는 말을 전했다. 신임 통제사 원균은 부하들의 신망을 얻지 못하고 있었다.

5월 6일 한산도 통제영에서 정원명이 돌아와 원균의 소행과 부체찰사 한효순이 전라좌수영에서 병환 때문에 치료받고 있다는 이야기를 전했다. 그날 전라우수사 이억기가 편지를 보내 조문했다. 5월 7일 서산군수 안괄安适이 한산도에서 찾아와 원균의 소행을 이야기했다.

5월 8일 원균이 편지를 보내 조문했다. 도원수 권율의 명에 의한 것이었다. 옛 부하 이경신李敬信이 한산도에서 찾아와 원균의 소행을 말했다. 5월 9일 충무공은 정원명의 집에서 보냈다. 5월 10일 전라좌수영에서 치료 중인 부체찰사 한효순이 글을 보내 조문했다. 녹도만호 송여종宋汝悰이 삼과 종이, 전라도관찰사 박홍로가 쌀 한 가마와 콩과 소금을 보내왔다. 5월 11일 전 광양현감 김성金惺이 원균의 소문을 전했고 집주인 정원명이 보리밥을 지어 내왔다.

5월 12일 남해현령 박대남이 조문 편지와 쌀, 참기름, 꿀, 조, 미역 등을 보내왔다. 그날 저녁 충무공은 전라좌수영에서 온 부체찰사 한효순을 만나 밤늦게까지 이야기를 나누었다. 지난해 체찰사 이원익과 함께 전라도를 순시했으니 할 이야기가 많았을 것이다. 5월 13일 한효순이 충무공에게 "체찰사 이원익이 충무공의 일에 대해 탄식하는 편지를 보냈다"라고 말했다. 정사준이 떡을 만들어 오고 우치적이 노자를 보내왔다. 전우와 부하 장수들이 살뜰하게 충무공을 챙겨주고 있었다.

5월 14일 우치적이 충무공을 만나고 돌아갔고 한효순은 군량 창고가 있는 부유창(순천시 주암면 창촌리 창촌마을)으로 떠났다. 충무공은 아침 식사 후 정사준, 정사립, 양정언 등과 구례를 향해 떠났다. 도원수 권율은 구례, 남원, 운봉을 거쳐 초계(경남 합천군 초계면) 도원수 진영으로 복귀한다고 했고 충무공은 도원수를 뒤따라 가기 위해 길을 떠났다.

충무공 일행은 송치(순천시 서면 학구리) 밑에서 말을 쉬게 하고 바위에서 곤하게 낮잠을 잤다. 오후에 충무공 일행은 다시 출발해 황전천을 따라 내려가다가 해 질 녘에 찬수강(구례읍 신촌리 부근 섬진강)에 도착했고 섬진강을 건너 구례현 손인필의 집에 도착했다. 구례현감 이원춘李元春이 바로 찾아왔다. 그날 밤 충무공은 손인필의 집에서 밤을 보냈다. 충무공이 구례에 오면 묵었던 곳이다.

5월 15일 충무공 일행은 손인필의 집에 파리가 많아 구례현 관아 모정으로 거처를 옮겼다. 구례현감 이원춘의 깊은 배려가 있었을 것이다. 충무공은 이원춘과 이야기를 나누고 휴식을 취했다.

5월 16일 충무공은 체찰사 이원익이 곡성을 거쳐 구례현에 왔다가 전주로 간다는 소식을 들었다. 구례현감이 융숭하게 차린 음식상을 대접했다. 저녁 무렵 순천에서 정상명이 찾아왔다. 5월 17일 도원수 권율이 남원 운봉 길로 가지 않고 명나라 총병 양원楊元을 영접하기 위해 전주로 갔다는 소식을 들었다. 도원수 권율의 일정이 변경되었다. 굳이 충무공이 서둘러 초계 도원수 진영으로 갈 필요가 없어졌다.

5월 18일 충무공은 구례현에 머물며 체찰사 이원익을 기다렸다. 충무공은 구례에서 체찰사를 만난 후 초계로 가기로 일정을 변경한 것 같다. 5월 19일 충무공은 체찰사가 온다길래 거처를 동문 밖 장세호張世豪의 집으로 옮겼다. 구례 관아는 체찰사를 위해 비워주었을 것이다. 그리고 근처 명협정蓂莢亭에서 이원춘을 만났다. 그날 저녁 체찰사 이원익이 구례현에 도착했다.

5월 20일 체찰사가 충무공에게 군관 이지각李知覺 등을 보내 조문하고 저녁에 보자고 연락했다. 저녁에 충무공이 체찰사를 찾아가니 체찰사는 모친상을 당한 충무공을 위해 소복을 입고 기다리고 있었다. 이원익은 충무공을 세심하고 사려 깊이 배려했다. 충무공은 밤이 깊도록 체찰사와 이야기를 나누었다. 체찰사는 원균 일은 사실이 전혀 다른데도 선조가 올바로 살피지 못한다며 개탄했다.

5월 21일 박천군수 유해柳海가 한양에서 충무공을 찾아와 이야기를 나누었는데 한양은 바치는 물건의 많고 적음에 따라 죄의 경중이 정해진다며 돈으로 죽은 귀신을 살게 한다고 개탄했다.

5월 22일 아침 충무공은 손인필 부자를 만났고 전라우수사 이억기, 경상우수사 배설, 가리포첨사 이응표에게 문안 편지를 보냈다. 저녁에는 동지 배흥립과 구례현감 이원춘을 만났다.

5월 23일 정사룡鄭士龍과 이사순李士順이 한산도 통제영에서 찾아와 원균 일을 전했고 배흥립은 한산도로 돌아갔다. 다시 체찰사를 만나 이야기를 나누었는데 체찰사는 잘못된 시국에 분노하며 오직 죽을 날만 기다린다고 말했다. 충무공이 초계 도원수 진영으로 떠난다고 말씀드리자 체찰사는 쌀 두 섬을 보냈다.

5월 24일 광양사람 고언선高彦善이 충무공을 방문해 한산도 상황을 전했다. 그날 체찰사 이원익이 군관 이지각을 보내 경상우도의 바다 지도를 그려 보내달라고 부탁했다. 충무공은 경상우도 바다 지도를 직접 그려 보내주었다. 5년 동안 전투를 치르며 보낸 곳이니 손바닥 보듯 훤했을 것이다.

5월 25일 충무공이 초계 도원수 진영으로 가려는데 비가 많이 내렸다. 충무공은 착잡한 마음으로 비가 그치기를 기다렸다.

5월 26일 온종일 큰비가 내렸다. 충무공은 더이상 지체하기 어려워 초계를 향해 출발했다. 구례현에서 섬진강을 따라 내려가다가 석주관(구례군 토지면 송정리 석주관성)에 도착하니 비가 너무 많이 내려 잠시 쉬었다가 다시 비를 맞으며 출발했다. 섬진강을 따라 내려가 간신히 악양(하동군 악양면 평사리) 이정란李廷鸞의 집에 도착했다.

이정란은 문신으로 1592년 7월 웅치·이치전투 당시 안코쿠지의 왜군이 웅치를 넘어 공격해 오자 전주성을 굳게 지킨 인물이다. 하지만 충무공 일행은 출입을 거절당해 들어가지 못했다. 충무공은 아들 예를 보내 사정해 억지로 승낙을 받고 집에 들어가 잤다. 행장이 다 젖었다.

5월 27일 충무공 일행은 젖은 옷을 바람에 말리고 늦게 이정란의 집을 출발했다. 섬진강을 따라 내려가 두치(하동읍 읍내리 두곡 포구) 최춘룡崔春龍

의 집에서 묵었고 사량만호 이종호를 만났다.

5월 28일 충무공 일행은 늦게 출발해 섬진강을 따라 내려가다가 하동현(하동군 고전면 고하리)에서 하동현감 신진申蓁을 만났다. 신진은 성안 별채에서 충무공을 대접하며 원균의 소행 등을 이야기해 주었다.

5월 29일과 5월 30일 충무공은 몸이 불편해 하동현에서 묵었는데 하동현감이 정겹게 대해주었다. 무척 고마웠을 것이다.

6월 1일 비가 내리는 가운데 충무공 일행은 아침 일찍 하동을 출발해 초계로 향했다. 충무공 일행은 북쪽으로 길을 잡아 청수역(하동군 옥정면 정수리) 시냇가 정자에서 말을 쉬게 했다. 충무공 일행은 덕천강을 건너 해 질 무렵 단성(산청군 단성면 성내리)과 진주 사이에 있는 박호원朴好元의 농사짓는 종의 집에서 밤을 보냈다. 하동현감 신진이 종이와 백미, 참깨, 들깨, 꿀, 소금, 황소 5마리를 보내주었다.

6월 2일 충무공 일행은 아침 일찍 길을 나서 경호강을 건너 북쪽으로 가다가 단계(산청군 신등면 단계리) 시냇가에서 아침밥을 먹었다. 다시 출발해 단계를 따라 올라가 가회면을 지나 북동쪽으로 그믐재를 넘었고 밤 늦게 삼가현(합천군 삼가면 금리)에 도착했다. 삼가현감 박몽득朴夢得이 인근 백악산성으로 떠난 후여서 빈 관사에서 묵기로 하고 삼가현 홰나무 정자(삼가면 두모리)에서 잠시 쉬었다.

6월 3일 비가 내렸고 도원수의 군관 유홍柳泓이 흥양에서 찾아왔다. 그날 삼가현에서 보냈는데 충무공은 함께 가는 종이 백성에게서 밥을 얻어먹었다길래 혼을 내주고 쌀을 돌려주었다. 충무공은 백의종군 중에도 옆에 종이 있었으니 생활은 여유가 있었던 것 같다.

6월 4일 충무공은 삼가현을 출발해 유구천을 거슬러 올라가 초계 도원수 진영으로 향했다. 백악산성에 있던 삼가현감 박몽득이 충무공에게 문안 편지와 노자를 보내왔다. 충무공은 쌍백면을 지나 고개를 넘어 그날 낮 괴목정(합천군 대양면 대목리)에서 늦은 아침밥을 먹었다. 식사를 마친 충무공은 황강을 건너 합천으로 가지 않고 황강 우측의 초계로 가는 길을 따라 10리쯤 갔다. 멀리 도원수 진영이 보여 잠시 쉬면서 졸았다. 충무공이 황강 변 개연(합천군 율곡면 문림리와 영전교 사이 절벽)을 따라 걸으니 기암절벽과 깊은 강물 사이의 길이어서 길목만 지키면 1만 명의 군사도 지나가기 어려울 것 같았다.

6월 4일 충무공은 백의종군할 도원수 진영(합천군 율곡면 영전리 385번지)에 도착했다. 도원수 진영은 명과 왜의 강화교섭이 진행되고 전쟁이 소강상태이던 1593년 12월 27일 도원수 권율이 설치했으니 3년이 지났다. 충무공이 지난 1597년 4월 3일 한양을 떠났으니 벌써 2개월이 지났다. 한양, 경기도, 충청도, 전라도, 경상도까지 600킬로미터가 넘는 여정이었다. 존경과 위엄이 뒤따르는 삼도수군통제사가 아니라 임금의 신뢰를 잃은 백의종군 신분이었다. 여정 도중 충무공은 모친을 여의었고 금오랑의 재촉을 받으며 이 집 저 집을 떠돌며 밥을 얻어먹고 잠자리를 구해야만 했다. 그래도 많은 사람을 만나 이야기를 나누고 환대와 냉대를 함께 경험했다.

세상인심은 자주 바뀌는 조변석개朝變夕改라지만 많은 사람의 따뜻한 배려와 위로는 실의와 분노로 가득 찬 충무공의 마음을 어루만져 주고 나라와 백성을 위해 다시 일하겠다는 의지와 신념을 갖게 해주었을 것이다. 충무공이 초계 도원수 진영으로 온 길은 4개월 후인 1597년 8월 3일 충무공이 궤멸된 수군을 재건하기 위해 초계 도원수 진영에서 전라도로 가는 여정과 상당 부분 겹친다. 그것도 묘한 인연이다. 하늘과 역사가 백성과 나라를 위해 충무공을 배려해 주는 것 같다.

충무공의 백의종군 여정 지도

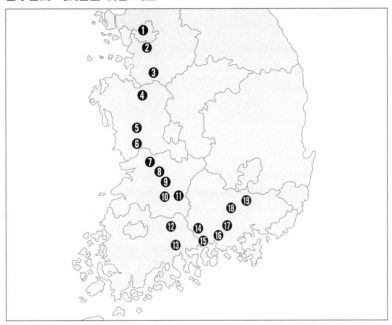

① 한양 → ② 수원 → ③ 평택 → ④ 아산 → ⑤ 공주 일신역 → ⑥ 논산 이산 → ⑦ 여산 → ⑧ 전주 → ⑨ 임실 → ⑩ 남원 → ⑪ 운봉 → ⑫ 구례 → ⑬ 순천 → ⑫ 구례 → ⑭ 하동 악양 → ⑮ 하동 두치 → ⑯ 하동 → ⑰ 단성 → ⑱ 합천 삼가 → ⑲ 초계 도원수 진영

충무공의 백의종군 여정

○ 1597년 4월 1일~6월 4일(64일)

○ 4월 1일(한양 의금부 감옥 출옥)
  ─ 남대문 밖 윤간의 종 집에서 1박

○ 4월 2일(한양 출입)
  ─ 저녁 성안으로 들어가 유성룡 대감과 밤새도록 대화

○ 4월 3일(한양 출발)
  ─ 아침 수원으로 출발
    ※ 육로 약 50km, 약 13시간 소요
  ─ 오전 인덕원 도착 후 휴식
  ─ 오후 늦게 수원 도착 후 감영병사 집에서 1박

○ 4월 4일(수원 출발)
  ─ 아침 평택현(평택시 팽성읍 객사리)으로 출발
    ※ 육로 약 50km, 약 13시간 소요
  ─ 오전 독성(오산시 세마동 독산성)에서 휴식
  ─ 오전 진위천(평택시 진위면 봉남리)에서 휴식
  ─ 오전 황천상 집에서 오찬 후 출발
  ─ 오후 수탄(안성천 상류)을 거쳐 평택현 도착 후 이내은손 집에서 1박

○ 4월 5일(평택현 출발)
  ─ 아침 아산 고향(아산시 음봉면 삼거리 어라산 아래)으로 출발
    ※ 육로 약 20km, 약 5시간 소요
  ─ 오후 아산 고향 도착 후 선산 참배
  ─ 저녁 외가 사당과 조상 사당에 인사 후 1박

○ 4월 5일~4월 19일(15일 동안 아산 고향 체류)

○ 4월 13일(아산 고향 출발)
  ─ 아침 모친 마중을 위해 안흥항(태안군 근흥면 신진도리)으로 출발
    ※ 육로 약 100km, 약 24시간 소요

공직자 충무공

※ 모친 초계 변 씨 별세
　— 오전 모친의 부음 소식 듣고 해암(아산시 인주면 해암리)으로 변경
　　※ 육로 약 20km, 약 5시간 소요
　— 오후 해암 도착 후 1박

○ 4월 14일(아산 해암 체류)
　— 전라좌수영에서 준비한 관 도착, 장례 준비

○ 4월 15일(아산 해암 체류)
　— 입관 및 행상, 상복 준비

○ 4월 16일(아산 해암 출발)
　— 중방포(아산시 염치읍 중방리 포구)로 출발
　　※ 곡교천 수로 약 10km, 약 3시간 소요
　— 오전 중방포에서 모친의 영구를 상여에 싣고 고향집으로 출발
　　※ 육로 약 10km, 약 3시간 소요
　— 오후 음봉면 삼거리 고향집 도착

○ 4월 17일~4월 18일(아산 고향집 체류)

○ 4월 19일(아산 고향집 출발)
　— 아침 일신역(공주시 신관동)으로 출발
　　※ 육로 약 55km, 약 14시간 소요
　— 오전 보산원(천안시 광덕면 보산원리) 풍서천 냇가에서 휴식
　— 오후 공주 일신역 도착 후 1박

○ 4월 20일(일신역 출발)
　— 아침 이산(논산시 노성면 읍내리)으로 출발
　　※ 육로 약 26km, 약 7시간 소요
　— 오후 이산 도착 후 동헌에서 1박

○ 4월 21일(이산 출발)

　— 아침 여산(익산시 여산면 여산리)으로 출발

　　※ 육로 약 30km, 약 8시간 소요

　— 오전 은원(논산시 은진면 연서리) 경유

　— 오후 여산 도착 후 관노 집에서 1박

○ 4월 22일(여산 출발)

　— 아침 전주로 출발

　　※ 육로 약 40km, 약 10시간 소요

　— 오후 삼례역(완주군 삼례읍 삼례리) 경유

　— 저녁 전주 도착 후 남문 밖 이의신 집에서 1박

○ 4월 23일(전주 출발)

　— 새벽 임실현으로 출발

　　※ 육로 약 30km, 약 8시간 소요

　— 아침 오원역(임실군 관촌면 섬진강변 사선대) 도착 후 아침 식사

　— 오후 임실현 도착 후 1박

○ 4월 24일(임실 출발)

　— 아침 남원으로 출발

　　※ 육로 약 35km, 약 9시간 소요

　— 오후 남원 도착 후 이희경의 종 집에서 1박

○ 4월 25일(남원 출발)

　— 아침 운봉으로 출발

　　※ 육로 약 20km, 약 5시간 소요

　— 오후 운봉 도착 후 박롱 집에서 1박

　　※ 도원수 권율이 순천으로 가고 있다는 소식 들음

○ 4월 26일(운봉 출발)

　— 새벽 구례로 출발

※ 육로 약 50km, 약 12시간 소요

　　※ 순천으로 가기 위해 다시 남원을 경유해 구례로 향한 것으로 보임

　─ 오후 구례 도착 후 손인필 집에서 1박

○ 4월 27일(구례 출발)

　─ 아침 순천으로 출발

　　※ 육로 약 35km,약 9시간 소요

　─ 오전 송치(순천시 월등면 계월리)에서 오찬 후 출발

　─ 오후 도원수 권율이 있는 순천 도착 후 정원명 집에서 1박

　　※ 도원수 권율이 군관을 보내 조문

○ 4월 28일~5월 13일(16일 동안 순천 체류)

　　※ 도원수가 순천에 머물러 충무공도 순천 체류

○ 5월 14일(순천 출발)

　─ 오전 구례로 출발

　　※ 육로 약 35km, 약 9시간 소요

　　※ 도원수 권율이 경상도 초계 도원수 진영으로 복귀함에 따라 이동

　─ 오전 송치(순천시 월등면 계월리)에서 휴식 후 출발

　─ 오후 찬수강(구례읍 신촌리 강변 섬진강) 경유

　─ 저녁 구례 도착 후 손인필 집에서 1박

○ 5월 15일~5월 25일(11일 동안 구례 체류)

　─ 손인필 집은 파리가 많아 구례현 모정으로 옮김

　　※ 도원수는 명나라 총병 영접을 위해 초계 도원수 진영이 아닌 전주로 이동

　─ 5월 19일 동문 밖 장세호의 집으로 옮겨 체류

　─ 5월 20일 저녁 체찰사 이원익과 면담

　─ 5월 23일 체찰사 이원익과 면담

　─ 5월 24일 체찰사 이원익에게 경상도 연안 지도 제공

○ 5월 26일(구례 출발)

　— 오전 악양(하동군 악양면 평사리)으로 출발

　　※ 육로 약 25km, 약 6시간 소요

　— 오전 석주관(구례군 토지면 송정리 석주관성)에서 휴식

　— 오후 악양 도착 후 이정란 집에서 1박

○ 5월 27일(악양 출발)

　— 오전 두치(하동읍 두곡 포구)로 출발

　　※ 육로 약 10km, 약 3시간 소요

　— 오후 두치 도착 후 최춘룡 집에서 1박

○ 5월 28일(두치 출발)

　— 오전 하동현(하동군 고전면 고하리 산 151)으로 출발

　　※ 육로 약 20km, 약 5시간 소요

　— 오후 하동현 도착 후 성안 별채에서 1박

○ 5월 29일~5월 30일(건강 악화로 2일 동안 하동현에서 체류)

○ 6월 1일(하동현 출발)

　— 아침 단성현(산청군 단성면 성내리)으로 출발

　　※ 육로 약 45km, 약 11시간 소요

　오전 청수역(하동군 옥종면 정수리) 시냇가에서 휴식

　오후 단성 도착 후 박호원의 종 집에서 1박

○ 6월 2일(단성 출발)

　— 아침 삼가현(합천군 삼가면 금리)으로 출발

　　※ 육로 약 30km, 약 8시간 소요

　— 오전 단계(산청군 신등면 단계리) 시냇가에 도착, 아침 식사 후 출발

　— 오후 늦게 삼가현 도착 후 빈 관사에서 1박

　— 홰나무 정자(삼가면 두모리)에서 휴식

○ 6월 3일(삼가현 체류)

○ 6월 4일(삼가현 출발)
　— 아침 도원수 진영(합천군 율곡면 영전리)으로 출발
　　※ 육로 약 30km, 약 8시간 소요
　— 오전 괴목정(합천군 대양면 대목리) 도착, 아침 식사 후 출발
　— 오후 개연(합천군 율곡면 문림리에서 영전교까지의 절벽) 경유
　— 오후 늦게 도원수 진영 도착

초계 도원수 진영에서의 백의종군

1597년 6월 4일 도원수 진영에 도착하자 충무공은 도원수 진영 근처 마을 모여곡(율곡면 낙민리 매실마을) 이어해李魚海의 집에 거처를 마련해 지낸 것 같다. 6월 5일 아침 초계군수 정이길鄭以吉이 모여곡으로 충무공을 찾아와 이야기를 나누었고 오후에는 도원수 진영의 중군中軍 이덕필李德弼이 찾아와 이야기를 나누었다.

중군은 도원수를 돕는 정2품 또는 정3품 장군이다. 충무공은 점심 식사 후 잠잘 방을 도배했고 구례현감 이원춘과 하동현감 신진이 보내준 종과 말을 돌려보냈다. 충무공은 말을 타고 종의 도움을 받으며 도원수 진영까지 왔을 것이다.

6월 6일 잠잘 방의 도배를 마쳤고 충무공을 보좌하는 군관이 쉴 대청두 칸을 만들었다. 집에 살던 이어해의 모친은 다른 집으로 옮겼다. 초계도원수 진영 옆에 충무공의 거처가 마련되었다.

6월 7일 도원수의 군관 박응사朴應泗와 유홍柳洪 등이 찾아와 만났고도원수 종사관 황여일黃汝一(1556~1622)이 사람을 보내 문안 인사를 했다.

종사관從事官은 도원수를 보좌하는 종6품 벼슬이고 황여일은 충무공보다 11세나 적은 문관 출신이었다. 이후 황여일은 도원수 진영에서 충무공과 각별하게 지냈다. 그날 충무공은 이어해의 집 안방에서 잤다. 안방에서 지냈던 이어해의 모친이 다른 집으로 옮겼기 때문에 가능했을 것이다.

6월 8일 아침 충무공은 도원수 권율을 마중 나갔다. 지난 5월 17일 도원수는 명나라 총병 양원을 영접하기 위해 전주로 갔는데 그 일을 마치고 초계 도원수 진영으로 돌아오고 있었을 것이다. 충무공은 점심을 먹은 후 도원수 진영으로 가 종사관 황여일과 함께 도원수를 만났다. 권율은 충무공을 각별히 배려해 주었는데 백의종군 중에 충무공이 권율을 만난 것은 그날이 처음이었다.

권율은 1537년생으로 충무공보다 8세가 많았다. 3년 전인 1594년 8월 17일 통제사 충무공은 사천에서 경상우수사 원균과 도원수 권율을 만나 부산포 공격을 논의한 적이 있었다. 도원수는 충무공과 인사를 나누고는 형조정랑 박성朴惺이 사직하면서 도원수의 처사가 허술하다고 지적한 것을 해명하는 글을 작성해 체찰사 이원익에게 보냈다. 충무공은 복병을 내보내는 상황을 살펴보고 해 질 무렵 모여곡 이어해의 집으로 돌아왔다.

6월 9일 충무공은 정상명을 도원수와 종사관에게 보내 문안 인사를 했다. 옛 부하인 정상명은 충무공의 비서 역할을 수행했다. 그날 도원수 진영에서 보낸 노비와 말의 유지 비용인 노마료를 처음 받았다. 충무공은 백의종군 중이었지만 최소한의 비용은 받고 있었다. 노비와 말이 있었으니 충무공은 생활하는 데 불편은 없었을 것 같다. 그날 충무공은 마을 뒤 골짜기에서 숫돌을 캐 왔다.

공직자 충무공

6월 10일 충무공은 말 네 필의 편자를 교체했다. 당시 말 한 필 가격은 오늘날 중형 승용차만큼 비쌌다는데 충무공은 그런 말을 최소한 네 필 이상 소유하고 있었다. 그날 건천동 시절의 죽마고우인 서철徐徹이 율진(율곡면 율진리)에서 황강을 건너 찾아와 만났다. 저녁에는 종사관 황여일이 찾아와 충무공이 임진년에 왜군을 토벌한 일이 정말 훌륭하다는 것과 황강 건너편 백마산성(율곡면 항곡리)에 험준한 요새를 설치하지 않아 방비가 허술한 것 등을 언급하며 도원수가 백마산성을 살펴보기 위해 갈 것이라고 말했다.

6월 11일 충무공은 전라우수사 이억기, 충청수사 최호崔湖, 경상우수사 배설, 가리포첨사 이응표, 녹도만호 송여종, 여도만호 김인영, 사도첨사 황세득, 동지 배흥립, 조방장 김완, 거제현령 안위, 영등포만호 조계종趙繼宗, 남해현령 박대남朴大男, 하동현감 신진, 순천부사 우치적에게 보내는 편지 14통을 썼다. 백의종군하는 처지이지만 충무공은 수시로 한산도 통제영 등 주변 사람들에게 편지를 보내 소통했다. 특히 그중 12통이 한산도 통제영 지휘관과 부하 장수들에게 보내는 편지였다.

지난 1595년 2월 2일 의금부에서 붙잡아 간 흥양현감 황세득이 사도진 첨사로, 1596년 2월 6일 조도어사에 의해 파직된 사도진첨사 김완이 조방장으로 있고 1596년 2월 18일 체찰사가 조사를 받을 것이라고 알려준 영등포만호 조계종은 그대로 남아 있었다. 충무공 때문에 부하 장수들을 괴롭혔다가 충무공이 파직되어 압송당하자 모두 복귀시켜 준 것으로 보인다.

6월 12일 충무공은 사내종 경京과 인仁에게 전날 작성한 편지를 주어 한산도 통제영으로 보냈다. 저녁 늦게 행주산성에서 권율과 함께 싸웠던 승장 처영이 충무공을 찾아와 왜군의 사정과 원균의 소행을 이야기했다. 오후에 중군장中軍長 이덕필李德弼이 군사를 거느리고 나갔다고 했다. 경상우병사 김응서로부터 도원수에게 부산의 왜군이 창원 등지로 출발하려고 하고 울산 서생포西生浦의 왜군은 경주로 진영을 옮긴다고 하므로 매복군을 보내 왜군의 길목을 막고 우리 군의 위세를 과시했다는 보고가 왔다. 6월 13일 경상우수영 우후 김자헌金自獻이 충무공을 찾아와 이야기를 나누었다. 6월 14일 충무공은 아산 고향집 소식을 들었다.

6월 15일 종사관 황여일로부터 도원수가 백마산성으로 간다는 연락을 받았다. 충무공은 도원수를 뒤따라 황강까지 갔다가 혹시 보안이 필요한 다른 논의를 할 수 있겠다는 생각이 들었다. 충무공은 정상명을 도원수에게 보내 병에 걸린 것을 전하게 하고 귀가했다. 백의종군하는 충무공은 주변을 살피며 신중히 처신했다.

6월 16일 충무공은 아들 예와 이원룡李元龍에게 외가인 변 씨 족보를 작성하게 했다. 6월 17일 아침 충무공은 식사를 마치고 도원수를 찾아갔다. 도원수는 원균의 정직하지 못한 점을 지적하고 비변사에서 도원수에게 내린 공문과 비변사의 공문에 대해 도원수가 올린 공문을 보여주었다.

비변사는 도원수에게 "원균은 수군과 육군이 함께 안골포의 왜군을 공격한 후 수군이 부산포를 공격하겠다고 한다. 육군이 안골포의 왜군을 먼저 토벌할 수 없는가?"라는 공문을 보냈다. 이에 대해 도원수는 "원균이 부산포로 나가려고 하지 않고 우선 안골포의 왜군을 먼저 토벌해야 한다지만 수군의 여러 장수는 대부분 원균과 다른 생각입니다. 원균은 안에

공직자 충무공

들어가 나오지 않고 여러 장수와 협의해 계획하지 못할 것이니 일을 그르칠 것을 예상할 수 있습니다"라는 공문을 비변사에 보냈다. 원균은 종전 주장을 번복하고 충무공과 같은 주장을 하고 있으며 도원수는 그런 원균을 비난하고 있다. 충무공은 도원수와 헤어져 종사관의 임시숙소로 가 종사관과 한참 이야기를 나누고 귀가했다.

6월 18일 명나라 사람 섭위葉威가 충무공을 찾아와 "왜군 10만 명이 이미 대마도에 당도했다. 고니시 유키나가는 의령을 거쳐 곧바로 전라도를 침범하고 가토 기요마사는 경주, 대구 등을 거쳐 안동 땅으로 가려고 할 것이다"라고 말했다. 해 질 무렵 충무공은 도원수가 수군 문제로 사천에 간다는 말을 들었다.

6월 19일 새벽 충무공이 도원수 진영에 가니 도원수와 종사관이 앉아 있었다. 도원수는 충무공에게 "원균은 조정에 청해 안골포와 가덕도의 왜군을 토벌한 후 수군이 부산포의 왜군을 토벌해야 한다고 한다. 이는 일을 미루다가 공격하지 않으려는 의도에 불과하다. 사천으로 가 경상우수사 배설, 전라우수사 이억기, 충청수사 최호에게 독촉할 것이다. 통제사는 내가 지휘할 것도 없다"라고 말했다. 선조가 도원수에게 내린 유지를 보니 "안골포의 왜군을 경솔하게 공격해서는 안 된다"라는 것이었다. 도원수가 떠난 후 충무공은 종사관과 함께 이야기를 나누었다.

6월 20일 충무공은 서철徐徹, 문익신文益新 등 여러 사람과 이야기를 나누고 두 번째 노마료를 받았다. 6월 21일 영덕현령 권진경權晉慶이 도원수를 찾아왔다가 충무공을 방문해 경상좌도의 일을 많이 전해주었다. 경상좌병사 성윤문이 편지를 보내와 곧바로 답장을 써 보냈다. 6월 22일 아침 초계군수 정이길이 충무공에게 연포국을 가져와 권했다. 6월 23일 아침 충무공은 큰 화살을 수리했고 경상우병사 김응서가 보내준 서신과 크고 작은 환도를 받았다.

6월 24일 충무공은 황강 건너 무밭(율곡면 제내리 둔전마을) 가꾸는 일을 감독하는 감관으로 이원룡, 이희남, 정상명, 문림수 등을 정해 보냈다. 그들은 충무공 옆에 있었던 옛 부하 장수들이다. 오후에 합천군수 오운吳澐이 사람을 보내와 안부를 물었다.

6월 25일 충무공은 다시 무를 심도록 했다. 백의종군하는 충무공은 옛 부하들과 군사들이 먹을 무밭을 가꾸는 일을 감독했다. 종사관 황여일이 찾아와 해전에 대해 많이 말했다. 도원수는 곧 진영으로 돌아온다고 했다. 저녁에 지난 6월 12일 한산도 통제영으로 편지를 가져갔던 종 경이 돌아왔다. 통제영을 오가는 데 12일이 걸렸다. 종 경은 왜군의 총탄에 보성군수 안홍국安弘國이 죽었다고 전했다. 거제현령 안위가 미역을 보냈는데 아마도 종 경을 통해 보냈을 것이다.

6월 26일 충무공은 아산 소식과 모친의 장례일을 8월 4일로 정했다는 소식을 들었다. 체찰사 이원익은 경상우병사 김응서로부터 아산 이방李昉과 청주 이희남이 매복하기를 싫어한다는 보고를 받고 도원수에게 관련 공문을 보내왔는데 도원수가 격노해 공문을 보냈다고 한다.

6월 27일 이희남과 이방 등이 체찰사 행차가 당도한 곳으로 찾아가 자초지종을 해명했다. 종사관이 충무공을 찾아와 한참 이야기 나누었다. 6월 28일 황해도 배천 별장別將, 조신옥趙信玉, 홍대방洪大邦이 찾아와 만났다. 6월 29일 도원수는 남원으로 출발했다. 외사촌 변존서邊存緒가 모여곡에서 조금 떨어진 마흘방(적중면 두방리 두방마을)으로 갔다. 이희남과 이방이 체찰사에게 해명하고 돌아왔다. 명나라 총병 양원陽元이 왜와 강화교섭을 벌이던 유격 심유경을 경상도 삼가현에서 결박해 압송했고 체찰사가 초계 역에 도착했다는 소식을 들었다.

6월 30일 충무공은 정상명을 체찰사에게 보내 문안 인사를 했다. 옛 부 하였던 송대립宋大立, 송득운宋得運이 찾아왔고 초계사람 안각安珏이 찾 아와 만났다. 7월 2일은 충무공 부친의 생신이었다. 초계에 사는 변덕수卜 德壽가 찾아왔고 옛 부하였던 신제운과 평해사람 정인서鄭仁恕가 찾아왔 다. 7월 3일 도원수가 정읍 군사 이량李良, 최언환崔彦還, 건손巾孫 3명을 심부름시키라며 충무공에게 보내왔다. 세심하고 고마운 배려였다. 합천군 수 오운이 찾아와 백마산성 일을 이야기 나누었고 오후에는 종사관 황여 일과 이야기 나누었다.

7월 4일 도원수 진영의 수비군으로 전라도 흥양 자원군 양점梁霑, 찬續, 기紀 등이 왔다. 무과 급제한 변여량卜汝良, 변회보卜悔寶, 황언기黃彦己 등 이 찾아왔고 변사증卜師曾, 변대성卜大成, 안극가安克家가 찾아왔다. 7월 5일 초계군수가 체찰사 종사관 남이공南以恭을 만나기 위해 왔다. 변덕수 가 오고 변존서는 마흘방으로 갔다. 7월 6일 이방李昉이 찾아와 만나고 변 존서가 마흘방에서 왔다. 안각安珏 형제도 변존서와 함께 왔다. 이렇게 충 무공은 끊임없이 주변 사람들을 만나 이야기를 나누고 세상 흐름과 정보 를 파악하고 교환했다.

7월 7일 원균의 부하 박영남朴永男이 한산도에서 와 원균의 잘못 때문 에 대신 벌을 받기 위해 도원수에게 붙잡혀 왔다고 말했다. 권율은 부산포 공격을 주저하는 통제사 원균 대신 군관 박영남을 붙잡아 와 곤장을 쳤다. 그날 초계군수 정이길이 계절 특산물을 보내왔다. 안각 형제가 왔고 흥양에서 박응사가 왔다. 7월 8일 충무공은 지난 6월 29일 남원에 갔던 도원수가 구례를 지나 곤양에 도착했다는 소식을 들었다. 집주인 이어해와 최태보崔台輔가 찾아와 만났다. 송대립, 유홍, 박영남 등도 찾아왔다.

7월 9일 충무공은 아산 고향집으로 가는 아들 예와 변존서에게 줄 과일을 쌌다. 7월 10일 아들 예와 변존서 등이 아산 고향집으로 갔다. 종사관 황여일이 찾아와 한참 이야기를 나누었다. 7월 11일 늦게 옛 부하였던 변홍달卜弘達, 신제운申霽雲, 임중형林仲亨 등이 찾아와 만났다.

7월 12일 합천군수 오운이 햅쌀과 수박 등을 보내왔다. 옛 부하였던 방응원, 현응진玄應辰, 홍우공洪禹攻, 임영립林英立이 찾아와 함께 밥을 먹었다. 방응원 등 4명은 칠천량 패전 직후인 7월 18일 수군의 상황을 살피기 위해 충무공과 함께 바다로 갔던 군관 9명 중에 있었다. 충무공은 백의종군하면서도 왜군에 맞서 싸울 인재들을 끊임없이 만나 이렇게 활발히 소통했다.

7월 13일 남해현령 박대남이 서신과 함께 많은 음식을 보내왔다. 이태수李台壽, 조신옥, 홍대방이 충무공을 찾아와 왜군 토벌에 대한 이야기를 나누었다. 옛 부하였던 송대립과 장득홍張得洪이 찾아왔다. 충무공은 흥양에서 찾아온 장득홍에게 곡식 두 말을 주었고 칡을 캤다.

7월 14일 방응원, 윤선각, 현응진, 홍우공 등과 이야기를 나누었다. 윤선각과 현응진도 7월 18일 충무공과 함께 가는 군관 9명에 속했다. 종사관이 왜군 진영에 있던 김억金億으로부터 들은 내용을 적은 문서를 보여

주었다. "1597년 7월 7일 왜선 500여 척이 부산에서 나오고 7월 9일 왜선 1,000여 척이 합세해 우리 수군과 절영도에서 싸웠다. 우리 전선 5척이 표류해 두모포(부산시 기장읍 죽성리)에 댔고 7척은 온데간데 없었다"라는 내용이었다. 삼도 수군의 전투 상황이 거의 실시간으로 도원수 진영에 보고되고 있다.

7월 15일 충무공은 조신옥, 홍대방, 윤선각 등 9명을 불러 함께 떡을 먹었다. 중군 이덕필이 우리 수군 20여 척이 왜군에게 패했다는 소식을 전했다.

7월 16일 영암군 송진면에 사는 사내종 세남世男이 서생포(울주군 서생면 서생리)에서 알몸으로 찾아왔다. 세남은 "우후 이의득이 탄 전선의 격군으로 7월 4일 출전했습니다. 7월 5일 칠천량에 도착해 정박하고 7월 6일 옥포에 들어갔다가 7월 7일 말곶(가덕도, 부산시 강서구 천가면 성북리 고직말)을 거쳐 다대포에 갔더니 왜선 8척이 정박해 우리 전선이 공격하려고 하자 왜군들은 육지로 올라가고 빈 배만 있길래 불을 지르고 부산 절영도 바깥 바다로 향했습니다. 그때 대마도에서 온 왜선 1,000여 척을 만나 서로 공격하려고 했지만 왜선이 어지럽게 흩어져 피하는 바람에 초멸할 수 없었습니다. 제가 탄 배와 다른 배 6척은 배를 제어하지 못해 서생포 앞바다까지 표류했는데 뭍으로 오르다가 모두 몰살당하고 저만 혼자 숲속으로 들어가 기어가 살아 간신히 여기까지 왔습니다"라고 말했다. 충무공은 『난중일기』에 우리 수군의 사정을 들으니 가슴이 찢어지는 심정이라고 적었다. 종사관에게 세남이 한 말을 전했다.

7월 17일 초계군수 정이길이 벽견산성(합천군 대병면 성리 악견산성)에서 돌아와 만나고 갔다. 군관 송대립, 유황, 유홍, 장득홍 등이 찾아와 만나고 갔다.

7월 18일 도원수 진영의 중군 이덕필, 변홍달 등이 찾아와 7월 16일 새벽 우리 수군이 적의 기습을 받아 통제사 원균과 전라우수사 이억기, 충청수사 최호와 여러 장수들이 큰 피해를 입었고 수군이 대패했다는 소식을 전했다. 도원수는 일이 이미 이 지경에 이르렀으니 어쩔 수 없다고 충무공에게 말했다. 충무공은 도원수와 이야기를 나누었지만 마음이 안정되지 않았다. 충무공이 연해 지방으로 가 듣고 본 후 결정하겠다고 도원수에게 말하자 도원수는 매우 기뻐했다. 충무공은 송대립, 유황, 윤선각, 방응원, 현응진, 임영립, 이원룡, 이희남, 홍우공 9명의 군관을 데리고 길을 나섰다.

1597년 6월 4일부터 시작된 44일 동안의 초계 도원수 진영에서의 백의종군 생활이 끝나가고 있었다. 이후 충무공은 초계 도원수 진영으로 복귀하지 않았다. 초계 도원수 진영에서 충무공은 많은 사람을 만나 소통하고 정보를 수집했다. 지난날을 되새기며 다시 바다로 나가면 반드시 왜군을 격멸해 나라와 백성의 치욕과 원한을 씻겠다고 다짐했다.

원균의 칠천량 참패

1597년 6월 하순 왜군의 재침이 가시화되고 있었다. 1597년 7월 8일 도원수 권율은 명나라 장수 양원을 만나기 위해 남원으로 갔다가 직후 삼도수군통제사 원균에게 부산포 출정을 독촉하기 위해 곤양으로 이동했다.

한편, 1597년 2월 삼도수군통제사로 원균이 임명된 후 경상우수사 배흥립은 배설로 교체되었고 나주목사 권준은 부임하지 못한 채 교체되었다. 배흥립과 권준은 1591년 2월부터 6년 동안 충무공 휘하에서 옥포, 당포, 당항포, 한산도, 부산포 등에서 연전연승한 경험 많고 실력이 검증된 가장 유능한 장수들이었다. 그들이 교체된 것은 충무공과 가까웠기 때문일 것이고 신임 통제사 원균의 의중이 반영되었을 것이다.

하지만 전라우수사 이억기, 충청수사 최호 등 충무공과 가까웠던 지휘관과 장수 대부분은 유임되었는데 이들은 신임 통제사 원균을 신뢰하지 않았다. 원균은 수군을 장악하지 못하고 있었다. 원균은 부하 장수 외에도 직속상관인 체찰사 이원익, 도원수 권율의 신뢰도 받지 못하고 있었다.

1597년 3월 29일 원균은 육군이 안골포와 가덕도의 왜군을 먼저 공격하면 바다로 쫓겨 나온 왜군을 수군이 섬멸할 수 있다는 보고서를 조정에 올렸다. 수군이 독자적으로 직접 부산포를 공격할 수 있다는 자신의 종전 주장과 달랐다. 충무공 대신 통제사로 임명된 원균이 자신의 종전 주장을 스스로 번복한 것이다. 이에 대해 도원수 권율은 안골포와 가덕도 모두 해안 깊은 곳에 있어 육군도 함부로 공격하기 어렵다는 의견을 냈다. 결국 비변사에서는 수군 단독으로 부산 앞바다로 가 건너오는 왜군을 공격할 것을 명했다. 원균의 주장이 묵살되었다.

1597년 5월 삼도수군통제사 원균은 부산 앞바다는 아군 함대가 정박할 곳이 없고 왜군에게 앞뒤로 포위당할 위험이 있다며 종전 충무공의 주장과 같이 수륙병진 작전을 다시 주장했지만 수용되지 않았다. 원균이 종전 주장을 바꾼 이유는 명확하지 않다. 아마도 전체 수군을 책임지는 통제사가 된 이후 뒤늦게 위험한 현실을 깨달았거나 다른 수사와 장병들이 부산포 공격을 극구 반대했기 때문일 수도 있다. 하지만 조정의 결정은 이미 내려졌고 원균은 따라야만 했다. 무조건 부산포 공격이라는 본인의 종전 주장에 대해 책임지지 않을 도리가 없었을 것이다.

1597년 6월 19일 원균은 수군 함대를 둘로 나누어 절반은 통제영에 남기고 나머지 절반의 함대를 이끌고 부산포를 공격하기 위해 출정했다. 견내량을 지나 안골포와 가덕도에서 소규모 해전이 있었는데 안골포에서 왜선 2척을 나포하고 가덕도에서 왜선을 추격해 여러 척을 포획했다. 그러나 수군 함대는 돌아오는 도중 안골포에 있던 왜군의 기습을 받고 격렬한 전투를 치렀다. 평산포만호 김축金軸이 총상을 입었고 보성군수 안홍국이 전사했다. 충무공이 예견했던 대로 안골포의 왜군이 우리 수군의 배후를 공격한 것이다. 5일 후인 6월 24일 충무공은 도원수 진영에서 종 경을 통해 그 소식을 들었다.

7월 4일 원균은 통제영에 잔류한 함대 절반을 투입해 다시 부산포를 공격하도록 출정시켰다. 우리 함대는 견내량을 지나 출동해 왜선 10여 척을 격침시켰다. 부산포 쪽으로 계속 항진하다가 왜선 수백 척을 만나자 일단 물러났다. 왜선 수백 척은 재침하기 위해 바다를 건너오는 중이었을 것이다. 우리 함대는 물러나다가 거센 풍랑을 만나 함선 5척은 기장군 두모포(부산시 기장읍 죽성리)로, 다른 함선 7척은 울산 서생포(울주군 서생면 서생리)까지 떠내려갔다. 서생포에 상륙한 우리 수군은 매복해 있던 왜군에게 전멸당했다. 충무공은 그 소식도 12일 후인 7월 16일 도원수 진영에서 구사일생으로 살아 돌아온 사내종 세남에게서 들을 수 있었다.

원균은 1차 출정에 이어 2차 출정에서도 별 성과를 못 내고 피해만 늘고 있었다. 사실상 모두 패한 것이다. 잦은 패배는 지휘관에 대한 부하 장수들의 불신을 낳고 이는 결국 조직을 망친다. 특히 조정의 명령과 부하들의 생각이 다른 상황에서 원균은 장병들을 제대로 설득하지 못하고 조정의 명에 따라 전투에 나섰는데 전투하기 전부터 패배는 이미 예정된 것이었다.

원균은 진퇴양난의 어려운 처지에 놓였다. 조정의 명에 따라 부산포를 공격하면 전투에서 패해 수군 전체가 전멸 위험에 빠지고 조정의 명을 어기고 견내량을 지키면 충무공처럼 처벌받게 된다. 원균은 두 번의 출정에서 이것을 직접 경험했다. 우리 함대가 견내량을 지나면 곧바로 왜군의 영향권이다. 왜군의 본거지인 안골포와 부산포는 말할 것도 없고 왜군은 거제도와 가덕도 곳곳에 성을 쌓고 우리 수군을 호시탐탐 노려보고 있었다.

부산포로 가는 것은 스스로 왜군의 포위망에 들어가는 것과 같았다. 유일한 탈출로는 견내량뿐이었다. 그래서 충무공은 견내량의 길목을 목숨을 걸고 지켰던 것이다. 게다가 충무공은 거제도 대금산과 영등포에 정찰병을 파견해 왜군의 움직임을 항상 철저히 파악했다. 함대는 야간과 새벽에 쥐도 새도 모르게 기동했다. 왜군의 움직임을 우리가 먼저 잡아내고 우리 움직임은 적에게 노출하지 않았다. 하지만 원균은 전혀 달랐다. 견내량을 지나면서 우리 함대는 왜군에게 고스란히 노출되었지만 반대로 우리는 왜군의 움직임을 전혀 파악하지 못했다.

7월 8일 도원수 권율은 사천 곤양에서 원균을 소환해 직접 출전하지 않고 왜군 함대를 보고도 물러났다는 이유로 곤장을 때렸다. 원균 대신 휘하 군관인 박영남이 맞았을 것이다. 지난 7월 7일 원균 진영의 군관 박영남이 초계 도원수 진영에 온 것도 그 일 때문이었다. 이제 원균과 조선 수군은 점점 막다른 골목으로 몰리고 있었다.

6일 후인 7월 14일 원균은 모든 수군 함대를 이끌고 부산포 앞바다로 향했다. 우리가 싸움을 걸어보았지만 부산포의 왜군은 피하면서 전투에 응하지 않았다. 우리 함대는 왜선을 추격해 부산포 안으로 들어갔다가 전선의 운영이 어려운 지점에 이르렀다. 그때 세찬 풍랑이 일면서 우리 함선의 일부가 표류하다가 흩어졌다.

원균은 함대를 겨우 수습한 후 서쪽으로 회군하기 시작했다. 우리 함대가 가덕도에 도착했을 때는 오후 늦은 시간이었다. 해상 날씨가 좋지 않아 항해하기 힘들었다. 군사들 모두 장시간 항해와 풍랑에 시달려 지쳐 있었다. 가덕도에 도착해 우리 군사들이 물을 구하려고 상륙하자 매복해 있던 왜군이 기습공격을 가했다. 순식간에 우리 수군 400여 명이 죽었다. 가덕도는 전에 우리 수군이 정박했던 곳이지만 상황은 이미 변해 있었다. 우리 수군은 큰 피해를 입었다. 우리 함대는 물도 구하지 못한 채 가덕도에서 서쪽으로 이동해 거제도 북쪽 영등포 앞바다에서 그날 밤을 보냈다.

다7월 15일 날씨는 더 나빠졌다. 비바람 때문에 우리 수군이나 왜군 모두 이동하지 못한 채 서로 대치만 했다. 그날 오후 원균은 수군 함대를 거제도와 칠천도 사이에 있는 칠천량으로 이동시켰다. 우리 수군이 정박한 칠천량 인근 소진포에는 가덕도처럼 왜군이 성을 쌓고 주둔 중이었다. 그때라도 원균이 수군 함대를 이끌고 견내량을 지나 한산도로 후퇴했다면 참패는 면했을 것이다. 충무공이라면 당연히 그렇게 했을 것이고 부하 장수들도 그렇게 판단했을 것이다.

하지만 원균은 달랐다. 도원수에게 곤장을 맞았고 부산포를 공격하기 위해 출정한 지 겨우 2일이 지난 시점이었다. 견내량 입구나 한산도 통제영으로 후퇴하는 것은 원균의 입장에서 수용하기 어려웠을 것이다. 인근 거제도 장문포, 영등포, 소진포의 왜성에서 우리 수군을 감시하고 있었고 왜군 함대는 인근 안골포에서 여유 있게 풍랑을 피해가며 우리 수군을 공격할 기회를 엿보았다. 결국 원균은 참패를 피할 마지막 기회까지 놓치고 말았다.

7월 15일 밤 우리 수군의 움직임을 간파한 왜군 함대가 칠천량을 향해 출진했다. 도도 다카도라, 가토 요시아키, 구키 요시타가, 와키자카 야스하루 등이 이끄는 최정예 수군이었다. 그들은 1592년 옥포, 한산도, 안골포 등에서 충무공이 지휘하는 우리 수군에게 참패했다. 밤 10시 무렵 칠천량 안쪽에 정박해 경계를 서던 아군 함선 4척이 왜군의 기습을 받고 모두 불에 탔다. 우리 수군이 왜군의 움직임을 파악할 방법이 사라졌다.

왜군은 멀리서 조용히 우리 함대를 포위하더니 7월 16일 새벽 공격을 시작했다. 왜군은 근거리에서 우리 함선에 돛대를 사다리처럼 걸치고 그 위에 올라타 칼을 휘두르며 우리 함선에 진입했다. 적선에 올라타 창칼로 육박전을 벌이는 등선육박 전술이었다. 우리 함선 위에서 단병전이 벌어지자 우리 수군은 곧 수세에 몰렸고 도망치기에 급급했다.

도망친 우리 함대는 왜군의 포위망을 겨우 뚫고 칠천량을 빠져나왔지만 통제영으로 내려가는 길목인 견내량은 왜군 함대가 이미 가로막고 있었다. 우리 함선들은 우왕좌왕하다가 일부는 견내량 근처 가조도로, 일부는 추원포(춘원포, 통영시 광도면 황리 임외촌)로, 일부는 고성 앞바다로 도주했다가 추격해 온 왜군 함대의 공격을 받고 모조리 격파되었다.

전라우수사 이억기, 충청수사 최호 등은 끝까지 싸우다가 전사했고 조방장 김완은 필사적으로 싸웠지만 결국 패해 바다에 빠졌다가 포로가 되고 말았다. 경상우수사 배설은 전선 10여 척을 이끌고 칠천량을 빠져나와 왜군의 포위망을 뚫고 견내량을 내려와 한산도 통제영까지 후퇴했다. 배설은 한산도 통제영과 군량 창고, 무기창고 등을 불태우고 남해도 방면으로 후퇴했다.

충무공이 통제사로 있으면서 확보해 놓았던 2만여 명의 병력, 160여 척의 함선과 거북선 3척, 많은 군량과 화약, 포탄, 화살 등이 물거품처럼 사라졌다. 원균은 추원포에 도착해 함선을 불태우고 상륙했다가 왜군에게 살해되었다. 하지만 다른 첨사나 만호 등 대부분의 장수들은 살아남았다. 그동안 남해안을 지배해 온 조선 수군은 흔적도 없이 사라졌다. 이제 왜군은 아무 저항도 받지 않고 바다와 육지를 통해 조선을 재침할 절호의 기회를 얻었다. 치욕스러운 칠천량해전이다.

다시 바다로 향하는 충무공

1597년 7월 18일 도원수 진영에 칠천량 패전 소식이 날아들었다. 충무공은 거의 실시간으로 한산도 통제영의 수군 소식을 듣고 있었다. 전임 통제사로서 당연했을 것이다. 충무공은 도원수의 허락을 얻어 송대립, 유황, 방응원, 윤선각, 현응진, 임영립, 이원룡, 이희남, 홍우공 9명의 군관과 함께 도원수 진영을 출발해 남쪽으로 향했다.

그들은 도원수 진영에서 충무공과 함께 지냈던 사람들로 이후 충무공이 수군을 재건하는 과정에서 핵심적인 역할을 했다. 수군 재건을 위한 충무공의 여정이 다시 시작되었다. 충무공 일행이 남쪽으로 길을 잡아 삼가현에 도착하자 신임 삼가현감 신효업申孝業이 기다리고 있었다. 부체찰사 한효순의 아들인 한치겸韓致謙이 찾아와 이야기를 나누었다.

7월 19일 비가 내렸다. 충무공 일행은 삼가현을 출발해 남쪽 바다를 향해 떠났다. 가는 도중 충무공은 경호강 근처 동산산성(산청군 신안면 중촌리 백마산성)에 올라 형세를 살펴보았다. 산성은 매우 험준해 왜군이 쉽게 공략하기 어려워 보였다. 충무공 일행은 산성을 내려와 덕천강을 건너 단성현(산청군 단성면 성내리)에서 밤을 보냈다.

7월 20일 비가 내리는 가운데 단성현감 안륵安玏이 찾아와 만났다. 충무공 일행은 단성현을 출발해 덕천강을 건넜고 낮에 진주 정개산성(하동군 옥종면 종화리) 아래에 있는 강정(하동군 옥종면 문암리)에 도착했다. 충무공은 강정에서 찾아온 진주목사 나정언羅廷彦을 만나 이야기를 나누었다. 저녁에 충무공 일행은 강정 근처 굴동(하동군 옥종면 문암리) 이희만李希萬의 집에 도착해 그날 밤을 보냈다.

7월 21일 충무공 일행이 아침 일찍 굴동을 떠나 남쪽으로 길을 잡아 곤양에 이르자 곤양군수 이천추李天樞는 고을에 있었고 백성들은 농사일을 하느라 바빴다. 충무공 일행은 곤양에서 점심을 먹었다. 남쪽으로 향해 노량에 이르자 거제현령 안위와 영등포만호 조계종 등 10여 명이 찾아와 통곡하고 피란 나온 군사들과 백성들도 울부짖으며 곡을 했다. 경상우수사 배설은 보이지 않았다.

충무공이 우후 이의득 등에게 패전한 상황을 묻자 "통제사 원균이 왜군을 보고 먼저 달아나 육지로 올라가자 여러 장수도 모두 원균을 뒤따라 육지로 올라가 이 지경이 되었다. 원균의 잘못을 입으로 표현할 수 없을 정도이고 그의 살점이라도 뜯어먹고 싶다"라고 보고했다. 충무공은 거제현령 안위의 배에서 자면서 안위와 이야기를 나누며 칠천량해전 상황을 들었는데 새벽 2시 무렵까지도 잠을 이루지 못해 눈병이 났다.

7월 22일 충무공은 노량에서 유일하게 12척을 이끌고 탈출한 경상우수사 배설을 만나 전투 경위를 듣고 남해현령 박대남을 만났다. 이제 패전 경위와 상황을 정확하고 소상히 확인했다. 충무공은 도원수 권율에게 보낼 공문을 작성했다. 그날 오후 충무공은 초계 도원수 진영으로 복귀하기 위해 노량을 떠나 곤양(사천시 곤양면)에 도착해 그날 밤을 보냈다.

7월 23일 충무공은 먼저 출발해 노량에서 자신이 작성한 공문을 도원수에게 보고할 것을 군관 송대립에게 지시했다. 충무공이 송대립을 뒤따라 곤양 십오리원(사천시 곤명면 봉계리 봉계원)에 갔더니 충무공의 부하였던 배흥립의 처가 기다리고 있었다. 충무공 일행은 휴식을 취하고 북쪽으로 향해 진주 운곡(하동군 옥종면 문암리 굴동) 이희만李希萬의 집에 도착해 그날 밤을 보냈다. 3일 전 노량으로 내려오면서 묵었던 곳이었다. 그날 저녁 배흥립이 찾아와 합류했다. 배흥립은 칠천량에서 용감하게 싸우다가 중상을 입었지만 살아남았다.

『선조실록』을 보면 선조는 1597년 7월 22일 선전관 김식金軾의 칠천량 패전 소식을 보고받자마자 충무공을 전라좌수사 겸 삼도수군통제사로 명하고 7월 23일 복직 교서를 내렸다고 되어 있다. 통제사 재임명 소식은 충무공에게 신속히 전달되었을 것이다. 하지만 선조의 교지는 충무공에게 내려오지 않았다. 임금의 교지를 받지 않으면 통제사 업무를 수행할 수 없

공직자 충무공

다. 충무공은 초계로 가지 않고 진주 근처에서 선조의 교지가 도착하기를 기다린 것 같다.

7월 24일 식사를 마친 충무공은 이희만의 집에서 인근 이홍훈李弘勛의 집(하동군 옥종면 청룡리 338-1번지)으로 거처를 옮겼다. 이제 삼도수군통제사로 재임명될 것이니 수행 인원이 늘어났을 것이고 거기에 맞는 큰 집이 필요했을 것이다. 이홍훈은 임진왜란 때 왜군에 맞서 싸운 무관으로 크고 넓은 집을 가지고 있었던 것 같다.

군관 방응원이 정개산성에서 찾아와 종사관 황여일에게 바다 사정을 보고 들은 대로 전해주었다고 보고했다. 방응원은 쌀 2섬과 콩 2섬을 가져왔다. 저녁에 조방장 배경남裵慶男이 찾아와 만났다. 7월 25일 황 종사관이 문안 편지를 보냈다. 전라우수사 조방장 김언공金彦恭이 찾아와 만나고 도원수 진영으로 갔다. 집주인 이홍훈이 찾아와 만났다. 배흥립은 상처 때문에 고통이 심했다. 충무공은 군관 송득운을 종사관 황여일에게 보내 문안 인사를 전했다.

7월 26일 충무공은 아침 일찍 정개산성 아래에 있는 송정으로 가 황 종사관과 진주목사 나정언을 만나 이야기를 나누었다. 와해된 수군을 재건하는 문제 등을 논의했을 것이다. 해가 저물자 거처인 이홍훈의 집으로 돌아왔다.

7월 27일 비가 내렸다. 충무공은 이홍훈의 집에서 덕천강 건너 손경례孫景禮의 집(진주시 수곡면 원계리)으로 다시 거처를 옮겼다. 이홍훈의 집보다 손경례의 집은 더 크고 덕천강 근처에 있어 군사를 점검하고 말을 달릴 수 있고 임금의 교지를 받는 의식을 거행할 수 있었기 때문일 것이다. 그날 동지 이천李薦과 판관 정제鄭霽가 체찰사의 지시로 찾아와 전령을 전했다. 통제사로 임명한다는 교지가 갈 것이니 대기하라는 내용이었을 것이다. 7월 28일 저녁 동지 이천과 진주목사 나정언, 소촌찰방 이시경李蓍慶 등이 충무공을 찾아와 이야기를 나누고 돌아갔다.

7월 29일 아침 충무공은 동지 이천을 체찰사에게 보냈다. 손경례의 집에서 통제사 임명 교지를 받기 위해 대기하겠다는 말을 체찰사에게 전하라고 했을 것이다. 그날 늦은 오후 충무공은 덕천강으로 나가 군사를 점검하고 말을 달렸다. 이제 임명 교지를 받고 남쪽으로 가는 일만 남았다. 머지않아 왜군이 동쪽에서 밀려올 것이다. 충무공은 군사를 점검하고 말을 달리며 다급한 마음을 달랬을 것이다. 저녁에 동지 배흥립과 남해현령 박대남을 만났다.

8월 1일 충무공은 찰방 이시경을 만났고 조신옥과 홍대방 등이 찾아와 만났다. 8월 2일 밤 충무공의 꿈에 선조의 명을 받을 징조가 있었다. 7월 23일부터 충무공은 도원수 진영이 있는 초계와 남쪽 바다의 중간인 덕천강 근처 손경례의 집에서 10여 일 동안 머물며 선조의 임명 교지를 기다렸다. 충무공은 비록 도원수부 백의종군 신분이었지만 선조의 삼도수군통제사 재임명 결정이 이미 내려진 상태였고 충무공의 마음은 바다를 향하고 있었다.

공직자 충무공

14.
삼도수군통제사 재임명과 명량해전

삼도수군통제사 재임명과 정유재란 발발

1597년 8월 3일 진주시 수곡면 원계리 손경례의 집에서 충무공은 선전관 양호梁護로부터 전라좌수사 겸 삼도수군통제사로 임명한다는 교서敎書와 유서諭書를 받았다. 1597년 2월 26일 삼도수군통제사에서 파직된 지 5개월 만에 다시 삼도수군통제사에 임명된 것이다. 충무공의 통제사 재임명은 칠천량 패전 소식이 조정에 전해진 7월 22일 결정되었으니 교지를 마련해 충무공에게 전달되기까지 불과 10일이 걸린 것이다. 충무공이 하동과 진주 일대에서 머문 10일이 그 기간이었다. 직속상관 권율과 체찰사 이원익의 사전 양해가 있었을 것이다.

2021년 6월 1일 필자는 충무공처럼 제44대 검찰총장에 임명되어 다시 공직에 복귀했다. 2020년 4월 28일 법무부 차관을 그만둔 지 1년 1개월 만이었다. 공직생활을 마치고 4개월 동안 자유롭게 보냈고 8개월 동안 변

공직자 충무공

호사 업무를 했다. 모처럼 여유로운 생활을 하다가 검찰총장이 되었는데 그것도 운명이라고 생각한다.

검찰총장은 어렵고 힘들다. '검찰총장은 임명받은 날만 좋고 그 이후는 항상 힘들고 어렵다'라는 말을 자주 들었다. 전국의 현안 사건을 파악하고 수사와 수사지휘, 공소 유지, 형 집행 등을 지휘해야 한다. 대검찰청을 비롯해 전국 74개 검찰청에 근무하는 2,200여 명의 검사와 8,000여 명의 수사관·실무관·행정관을 통솔해야 한다. 검사를 비롯해 검찰 구성원에 대한 인사권과 검찰에 대한 정책·예산권, 검사에 대한 일반 수사지휘권과 징계권, 검찰총장에 대한 구체적 수사지휘권이 있는 법무부 장관과 긴장 관계를 유지하며 소통해야 한다.

검찰총장과 검사의 임명권자이자 행정부 수반으로 국민을 대표하는 대통령, 법사위 활동과 국정감사 등으로 검찰을 견제하는 국회의원들이 있는 국회도 중요하다. 검찰청과 가까운 곳에서 각종 영장과 재판을 통해 검찰을 통제하는 법원도 있다. 여론을 대표하는 언론은 또 어떤가? 법조 기자단을 중심으로 300여 명 가까운 기자들이 서초동 법원과 검찰청에 포진해 있다. 기자가 1명인 인터넷 언론사도 있지만 6~7명의 기자가 있는 대형 언론사까지 다양하다. 이런 환경 속에서 신속하고 정확히 판단해 결정해야 한다. 결정은 작게는 검찰 자체와 당사자들에게 영향을 미치지만 크게는 기업과 경제계, 시민사회, 정치권에까지 영향을 미치는 경우가 많다. 잘못 내린 결정은 대검찰청과 산하 검찰청에 엄청난 파장을 일으키는 부메랑이 되어 돌아온다.

1948년 8월 15일 대한민국 초대정부 출범 이후 초대 권승렬 검찰총장부터 2024년 10월 현재 제46대 심우정 검찰총장까지 역대 검찰총장은 46명이다. 윤석열 대통령은 제43대 검찰총장, 필자는 제44대 검찰총장이었다. 정부 수립 이후 현 검찰총장까지 76년 동안 46명의 검찰총장이 있었고 평균 재직기간은 약 1.7년이었다. 최장기 재직자는 7년 6개월의 11대 신직수 검찰총장(1963.12.7.~1971.6.3.)이고 최단기 재직자는 24대 김두희 검찰총장(1992.12.6.~1993.3.7.)으로 약 3개월이다. 정권이 장기간 유지되고 여야 정권교체가 거의 없었던 제5공화국 이전 검찰총장은 영향력은 크지 않았지만 상대적으로 덜 힘들었을 것으로 생각한다.

하지만 1987년 '6월 항쟁'의 성과로 1987년 10월 29일 9차 개정헌법에 따라 1988년 2월 25일 출범한 노태우 정부 이후 제6공화국 체제는 5년마다 정권이 교체된다. 검찰의 정치적 중립과 독립을 지켜야 하는 검찰총장의 업무는 힘들고 어려워졌다. 설상가상으로 대통령 임기 말에 임명되어 검찰총장 임기가 신구 정부에 겹치면 더 힘들다. 떠나는 정부와 새로운 정부 사이에서 정치적 중립과 독립을 지키며 2년 임기를 채우는 것은 구조적으로 더 힘들고 어렵다.

가장 중요하고 어려운 대통령 선거를 공정하게 치러야 한다. 새로 들어서는 정부와의 낯설고 긴장된 관계를 견뎌야 한다. 당연히 진행되는 전 정부에 대한 수사를 지휘해야 한다. 노태우 정부 김두희 검찰총장을 비롯해 문민정부 김태정 검찰총장, 국민의 정부 김각영 검찰총장, 참여정부 임채진 검찰총장, 이명박 정부 한상대 검찰총장, 박근혜 정부 김수남 검찰총장, 문재인 정부 필자까지 대통령 임기 말에 임명된 검찰총장 7명 중 임기를 채운 사람이 없었다. 대부분 1년 미만이었다. 2년 임기를 거의 채운 김

공직자 충무공

태정 검찰총장은 대통령 선거 진행 도중 제기된 김대중 대통령 후보자에 대한 비자금 수사를 유보하는 어려운 결정을 내렸다.

김각영 검찰총장은 노무현 대통령이 검사와의 대화에서 언급한 불신임 발언으로 사퇴했다. 임채진 검찰총장은 이명박 정부에서 자신을 임명한 노무현 전 대통령을 수사하다가 노무현 전 대통령이 서거하는 바람에 결국 사퇴했다. 이명박 정부에서 임명된 한상대 검찰총장은 검사들의 비위 사건이 속출하는 가운데 대검 중수부 폐지를 추진하다가 후배 검사들의 반발로 결국 사퇴했다. 박근혜 정부에서 임명된 김수남 검찰총장은 촛불 혁명 와중에 국정농단 수사를 지휘해 자신을 임명한 박근혜 전 대통령을 구속하고 문재인 정부가 출범하자 사퇴했다. 문재인 정부에서 임명된 필자도 소위 '검수완박'을 추진하는 정치권에 반대하다가 결국 사퇴했다.

필자도 대통령 임기 말에 임명된 전임 검찰총장들의 역사를 알고 있었다. 전임 검찰총장이 정권과 대립하다가 검수완박 추진을 반대하면서 사퇴하고 정계에 진출해 유력한 야권 대통령 후보로 나서는 상황이었다. 필자는 검찰총장이 되면서 마음을 비웠다. 검찰의 정치적 중립과 독립을 지키고 대통령 선거와 지방선거를 공정하고 투명하게 치르는 것이 가장 중요하다고 보았다. 임기 2년을 채우겠다는 생각은 하지 않았다. 정치적 중립과 검찰의 독립을 지키기 위해 고군분투하는 검사들도 있다는 것을 국민에게 보여주고 싶었다. 그것만이 2022년 6월 1일 제44대 검찰총장에 취임하며 마음에 품은 가장 중요한 목표이자 욕심이었다. 전라좌수사 겸 삼도수군통제사로 다시 임명된 충무공의 마음도 그랬을까?

충무공이 전라좌수사 겸 삼도수군통제사로 재임명된 시점인 1597년 8

월 초 왜군은 전라도 점령을 목표로 재침을 개시했다. 사실 왜군이 1597년 7월 16일 칠천량에서 조선 수군을 궤멸시키자마자 서쪽으로 진격하지 않은 것은 매우 이상하다. 칠천량해전은 왜군이 전혀 예상하지 못한 승리였던 것 같다. 왜군은 미처 전투준비를 마치지 못했거나 도요토미 히데요시의 전쟁 허락을 받지 못한 것으로 생각된다.

이후 왜군은 총대장 우키타 히데이에의 지휘하에 경상도 남해안을 따라 진격하는 좌군 5만여 명과 양산, 창녕, 합천, 거창 등 경상도 내륙을 지나 육십령을 넘어 전주로 진격하는 우군 7만여 명 둘로 나누어 전라도 점령을 목표로 진군했다. 왜 좌군은 8월 4일 고니시 유키나가 부대가 사천과 남해에, 8월 5일 시마즈 요시히로 부대가 곤양과 노량에 각각 도착했고 선봉은 두치진(하동읍 읍내리 두곡 포구)까지 왔다. 그곳은 충무공이 머물던 진주 손경례의 집에서 불과 40킬로미터쯤 떨어진 무척 가까운 거리이다.

칠천량에서 조선 수군을 궤멸시킨 왜 수군은 견내량을 지나 한산도 통제영을 분탕질한 후 서쪽으로 진출해 사천과 노량을 지나 왜 좌군과 함께 남원성을 공격하기 위해 섬진강을 거슬러 올라갔다. 왜군은 가는 곳마다 무자비한 약탈과 학살을 저질렀다. 왜군의 공격 목표가 된 남원성은 풍전등화의 위기에 놓였다.

8월 11일 전라병사 이복남이 남원성을 포위한 왜군이 지켜보는 가운데 군사를 거느리고 당당히 남원성에 입성했다. 이복남은 고을과 군량 창고를 함부로 불태우는 잘못된 청야작전을 과도하게 벌여 전투 수행에 지장을 주었지만 그가 남원성에 입성하는 모습은 모습은 왜군이 감탄할 정도로 용감하고 당당했다.

공직자 충무공

8월 12일 왜 좌군과 수군이 남원성을 포위 공격했다. 8월 16일까지 진행된 5일 동안의 치열한 공성전 끝에 남원성은 함락되었다. 남원성이 함락되자 전라병사 이복남, 구례현감 이원춘, 조방장 김경로, 방어사 오응정吳應鼎, 남원부사 임현任鉉 등은 자진해 순국했다. 백의종군하던 충무공을 따뜻하고 각별히 배려해 준 이원춘도 여기서 순국했다.

항전한 병사 1,000여 명과 명군 3,000여 명, 성안 백성 6,000여 명 등 총 1만여 명이 전사하거나 학살당했다. 왜군은 전사자 등의 코 3,726개를 베어 수집하고 남은 백성을 붙잡아 노예로 팔아넘겼다. 잔인하고 야만적인 행위였다. 전투 도중 명나라 부총병 양원은 남원성을 탈출해 도주했다. 남원성을 함락시킨 왜군은 8월 19일 전주성에 무혈입성했다. 왜군은 전주성에서도 남원성에서처럼 잔인하고 야만적인 학살을 다시 자행했다.

한편, 가토 기요마사, 구로다 나가마사 등이 이끄는 왜 우군 7만 5,000여 명은 경상도 내륙 고령을 지나 함양 황석산성(함양군 서하면 봉전리)에 도착했다. 황석산성은 경상도에서 전라도로 가는 길목으로 왜군의 재침에 대비해 경상도 육군이 산성에 들어가 항전하기로 계획한 핵심 거점이었다. 거창좌수 유명개, 안의현감 곽준, 전 함양군수 조종도 등이 지휘하는 수천 명의 관군과 의병이 왜군에 맞서 싸우기 위해 굳게 지키고 있었다.

1597년 8월 14일부터 8월 18일까지 5일 동안 황석산성에서 치열한 공성전이 벌어졌고 왜군 4만여 명이 살상당했지만 결국 황석산성은 함락되고 말았다. 왜군은 황석산성에서도 남원성에서처럼 잔인한 학살과 포로 노예 매매 등의 만행을 저질렀다. 전투 이후 이동 가능한 왜 우군 2만 7,000여 명은 소백산맥 줄기인 육십령(해발 734미터)을 넘어 장수, 진안을 거쳐 왜 좌군이 점령한 전주성에 합류했다.

수군 재건을 위해 전라도로

1597년 8월 3일 아침 충무공은 일행과 함께 수군 재건을 위해 전라도를 향해 길을 나섰다. 동쪽에서 남해안을 따라 왜군이 밀려오고 있었고 바다를 따라서는 왜 수군이 다가오고 있었다. 남해안 고을과 진영은 모두 피란을 떠나거나 철군해 인적 없는 적막강산이었다. 충무공 일행은 덕천강을 건너 남쪽으로 방향을 틀었다. 운곡(하동군 옥종면 문암리 굴동)을 지나고 북천면 작전리 계산마을에 도착한 후 그곳에서 서쪽 전라도로 방향을 틀었다.

8월 3일 저녁 8시 무렵 충무공 일행은 서쪽 행보역(하동군 횡천면 횡천리 횡보마을)에 도착해 잠시 쉬고 밤 12시 무렵 행보역을 출발해 섬진강변 두치(하동읍 두곡 포구)에 도착했다.

8월 4일 날이 밝아오고 있었다. 남해현령 박대남은 길을 잃고 강가 정자로 잘못 들어갔다. 숨 가쁜 일정에 피로가 쌓였기 때문일 것이다. 8월 4일 아침 두치를 떠난 충무공 일행은 섬진강을 따라 북쪽으로 이동해 구례로 향했다. 동쪽에서 왜군이 몰려와 공격 목표가 될 수 있는 서쪽 광양이나 순천보다 북쪽 구례로 이동했을 것이다. 충무공 일행은 중대리 계곡과 화개천 계곡이 합류하는 쌍계동(하동군 화개면 탑리 일대)에 도착했다. 뾰족한 암석들이 솟아 있고 물이 많아 충무공 일행은 어렵게 화개천을 건넜다.

8월 4일 충무공 일행은 섬진강을 따라 계속 이동해 석주관(구례군 토지면 송정리 석주관성)에 도착했다. 그곳에서 충무공은 군사를 거느리고 지키는 구례현감 이원춘과 박천군수 유해를 만나 반갑게 인사를 나누고 왜군에 맞서 싸우는 문제에 대해 많은 이야기를 나누었다. 이원춘은 백의종군하는 충무공을 따뜻하게 챙겨주었던 사람이다. 충무공과 헤어진 직후 이원춘은 남원성으로 들어가 왜군에 맞서 싸우다가 순국했다. 석주관은 지난 5월 26일 충무공이 백의종군하기 위해 초계 도원수 진영으로 향하며 지나갔던 곳이었다.

8월 4일 해 질 무렵 이원춘 일행과 헤어진 충무공 일행은 구례현에 도착했다. 구례현 성안은 적막했다. 충무공은 장세호의 집에서 묵었다. 백의종군하던 충무공이 지난 5월 19일부터 5월 왜군은 지냈던 곳이었다. 충무공은 군관 송대립을 순천과 전라좌수영으로 보내 상황을 살피고 올 것을 지시했다. 옛 부하였던 손인필이 찾아왔는데 고맙게도 곡식을 지고 왔다.

8월 5일 아침 식사를 마친 충무공 일행은 구례현을 출발해 섬진강을 따라 서쪽으로 가 보성강과 섬진강이 만나는 압록강원(곡성군 오곡면 압록리)에 도착했다. 그곳에서 충무공은 점심을 먹고 말의 병을 치료했는데 고산현감 최철강崔鐵剛이 찾아와 만났다. 최철강은 전라병사 이복남에게 군사를 인수인계하기 위해 왔다가 건네줄 곳이 없어 왔다고 했다. 이복남의 경솔했던 후퇴가 한탄스러웠다.

전라병사 이복남은 소속 군사를 제대로 결집시키지 못했다. 적은 군사만 이끌고 8월 11일 남원성에 입성했다가 8월 16일 순국했다. 충무공은 정유재란과 수군 상황에 대해 최철강과 많은 이야기를 나누었다. 최철강과 헤어진 충무공 일행은 섬진강을 따라 북쪽으로 향해 그날 오후 곡성에 도착했다. 곡성 관아와 마을은 왜군의 재침에 대비해 미리 피란을 떠나 텅텅 비어 있었다. 그날 저녁 충무공 일행은 곡성에서 묵었다. 충무공의 일행이던 남해현령 박대남은 남원성을 방어하기 위해 떠났다.

충무공 일행이 곡성을 향해 구례현을 떠난 8월 5일 왜군은 노량에 도착해 두치(하동읍 두곡 포구)를 향해 진격할 준비를 하고 있었다. 8월 5일 저녁 곡성에 도착한 충무공은 왜군이 두치에 도착했고 구례 석주관을 지키던 우리 군사들이 철수를 준비한다는 소식을 들었다. 충무공이 구례를 떠난 지 2일 후인 8월 7일 왜군은 구례에 들어와 약탈과 살육을 자행했다. 충무공 일행은 아슬아슬하게 이틀 앞서 왜군을 피해 이동하고 있었다.

8월 6일 충무공은 곡성 서쪽의 옥과로 떠났다. 괴티재를 넘고 삼기 삼거리에 이르자 순천과 낙안에서 온 피란민을 만났다. 피란민 중에 옛 부하였던 이사관李思寬과 그의 아들 이기남이 있었다. 충무공은 길옆 대괴정(곡성군 겸면 괴정리 괴정마을)에서 잠시 쉬었다. 충무공은 옥과에 도착해 정사준, 정사립 형제를 만났다. 순천에서 백의종군하던 충무공을 충심으로 챙겨 준 옛 부하 장수들이었다. 옥과현감 홍요좌洪堯佐는 병환을 핑계로 나오지 않다가 곤장을 치려고 하자 뒤늦게 나타났다. 충무공은 옥과현 관아인 설산관에서 그날 밤을 보냈다.

8월 7일 새벽닭이 울 무렵 순천과 전라좌수영을 살피고 오라고 보낸 군관 송대립이 돌아와 순천과 전라좌수영에는 왜군이 침입하지 않았다고 보고했다. 정말 다행스러운 일이었다. 순천부와 전라좌수영에서 수군 재건에 필요한 자원을 얻을 수 있을 것이다. 8월 7일 충무공 일행은 아침 일찍 옥과현을 출발했다. 충무공 일행은 이제 방향을 남쪽으로 틀어 순천으로 향했다. 곡성군 삼기를 다시 지나 석곡(곡성군 석곡면 석곡리)에 도착해 대황강변에 있는 강정(능파정)에서 그날 밤을 보냈다.

8월 8일 새벽 충무공 일행은 석곡을 떠나 보성강을 건너 부유창이 있던 부유(순천시 주암면 창촌리)에 도착했다. 그런데 부유창 창고는 전라병사 이복남이 불을 놓아 참혹한 잿더미만 남아 있었다. 충무공 일행은 길을 재촉해 점심 무렵 구치(순천시 주암면 행정리)에 도착했다. 조방장 배경남, 나주판관 원종의元宗義, 광양현감 구덕령具德齡이 군사를 거느리고 지키고 있었다.

　해 질 무렵 충무공 일행은 순천에 도착해 그날 밤을 보냈다. 전라병사 이복남과 순천부사 우치적은 떠나고 없었다. 순천은 전라좌수영의 으뜸 고을이니 충무공은 감회가 더 깊었을 것이다. 다행히 순천에는 화포와 활과 화살을 비롯한 무기가 남아 있었다. 충무공은 활과 화살 등의 병장기를 수습하고 총통 등 운반하기 어려운 물품은 땅에 파묻고 표시해 두었다. 충무공은 찾아온 흥국사 승병장 혜희惠熙에게 승병을 모아 훈련시킬 것을 당부했다.

　그러는 사이 남원성은 하동 두치진으로 올라온 왜군이 구례를 거쳐 오고 육로로 진격한 왜군은 운봉을 짓밟고 다가오고 있었다.

　8월 9일 충무공 일행은 아침 일찍 순천을 떠나 서쪽 낙안에 도착했다. 낙안현은 전라병사 이복남의 지시로 관아와 창고가 모두 불에 탔다. 순천부사 우치적과 김제군수 고봉상高琫相이 산에서 내려와 이복남의 실책을 지적했다. 점심을 먹은 충무공 일행은 낙안현을 떠나 서쪽 보성군으로 향했다.

　길을 가는데 시골 늙은이들이 충무공에게 술병을 바치고 받지 않으면 울면서 권했다. 충무공에 대한 백성들의 존경과 신뢰가 심금을 울린다. 충무공 일행은 밤늦게 조양(보성군 조성면 우천리 고내마을)에 도착했다. 조양 창고에는 군량이 가득 남아 있었다. 충무공은 정말 반갑고 힘이 났을 것이다. 이것이 이후 이곳의 지명이 군량을 얻었다는 뜻의 득량得糧으로 불린 연유이다. 충무공은 순천에서 왜군에 맞서 싸울 병기를 얻었고 보성에서는 소중한 군량을 얻었다. 충무공은 군관 4명에게 군량 창고를 지키게 하고 김안도金安道의 집 사랑채에서 묵었다.

8월 10일 충무공은 몸이 불편해 조양에서 하루 휴식했다. 8월 3일 손경례의 집을 떠나 왜군의 추격을 의식하며 7일 동안 쉬지 않고 이동했으니 휴식이 필요했을 것이다. 배흥립이 충무공과 함께 머물렀다.

8월 11일 충무공은 조양창 근처 박곡(보성군 득량면 송곡리 박실마을) 양산항梁山杭의 집에서 3일 동안 머물렀다. 집주인은 피란을 떠났고 곳간에는 곡식이 가득 차 있었다. 옛 부하였던 송희립과 최대성崔大晟이 찾아왔다. 충무공의 소식을 전해 들은 부하 장수들이 집결하고 있었다. 충무공은 그곳에서 바다로 나갈 군사와 군관, 군량과 무기를 점검하고 경상우수사 배설의 함대를 수소문했다.

8월 12일 거제현령 안위와 발포만호 소계남蘇季男 등이 충무공을 찾아와 배설의 함대가 벽파진(전남 진도군 고군면 벽파리)에 있다고 보고했다. 충무공은 배설의 함대를 장흥 회령포로 이동시킬 것을 안위에게 지시했다. 보성군수가 충무공을 찾아왔다.

8월 13일 안위와 소계남이 충무공의 지시를 받고 떠났다. 그날 우후 이몽구李夢龜가 전령을 받고 들어왔는데 전라좌수영의 무기와 군량을 가져오지 않았다. 전라좌수영에는 충무공이 마련해 놓은 많은 군량과 무기가 있었는데 그냥 온 것이다. 충무공은 너무 실망스럽고 화가 나 이몽구에게 곤장 80대를 쳐 보냈다. 하동현감 신진이 찾아와 진주 정개산성과 벽견산성이 모두 피폐해 흩어지고 스스로 불태웠다고 말했다. 비통한 일이었다. 신진은 백의종군하던 충무공을 각별히 배려해 주었던 사람이다.

8월 14일 충무공은 어사 임몽정任蒙正을 만나기 위해 보성으로 가 관아 누각인 열선루列仙樓에서 잠을 잤다. 8월 15일 추석날 아침이 밝았다. 충무공은 선전관 박천봉朴天鳳을 만나 선조가 8월 7일 작성한 유지를 받았다. 수군을 해산하고 육군에 합류해 싸우라는 내용이었다. 충무공은 수군에게 아직 12척의 함선이 남아 있으니 있는 힘을 다해 싸우겠다는 장계를 올려 반대의 뜻을 분명히 했다. 충무공은 장계와 별도로 영의정 유성룡에게 수군이 반드시 필요하다는 본인의 의지를 담은 편지를 써 전하게 했다.

8월 16일 선전관 박천봉이 돌아갔고 오후에 활을 만드는 궁장 이지李智, 태귀생太貴生, 대남大男, 선의先衣가 찾아왔다. 충무공은 그들에게 살상력이 매우 뛰어난 화살인 편전片箭(애기살)과 편전을 넣어 쏘는 통아桶兒를 만들게 했다. 충무공은 향후 벌어질 왜군과의 대격전을 준비하고 있었다.

8월 17일 경상우수사 배설이 보낸 배를 근처 군영구미(보성군 회천면 전일리 군학마을)에서 타기로 약속한 날이었다. 충무공 일행은 그날 새벽 군영구미를 향해 출발했다. 중간에 백사정(보성군 회천면 벽교리 명교마을 535번지)에서 잠시 쉬었다. 백사정은 1596년 윤 8월 20일 충무공이 체찰사와 전라도를 순시하며 고흥 녹도진에서 배를 타고 왔던 곳이다.

1년 전 순시했던 곳에 다시 왔으니 충무공은 만감이 교차했을 것이다. 충무공 일행은 백사정을 떠나 득량만 바닷가 군영구미에 도착했다. 그런데 배가 보이지 않았다. 경상우수사 배설이 지시를 어기고 배를 보내지 않은 것이다. 충무공은 군량을 훔친 사람을 붙잡아 와 곤장을 내리고 날이 저물자 군영구미에서 그날 밤을 보냈다.

12척의 함선 확보와 벽파진으로의 이동

1597년 8월 18일 아침 드디어 기다리던 함선이 군영구미에 도착했다. 군영구미에서 장흥 회령포까지는 약 30킬로미터로 가까운 거리이다. 충무공 일행이 함선을 타고 회령포에 도착해 보니 경상우수사 배설은 멀미를 핑계로 나오지 않았다. 충무공은 함선 12척과 1,000여 명의 장병, 상당한 군량과 무기를 확보했다.

8월 19일 충무공은 회령포에 머물며 불손한 배설을 대신해 이방과, 영리와 규정을 지키지 않은 회령포만호 민정붕閔廷鵬에게 곤장을 내렸다. 그날 밤 충무공은 회령포 관아에서 묵었다.

8월 20일 충무공은 회령포 입구가 좁다고 판단해 함대를 서쪽으로 이동시켜 마량항과 고금도 사이의 좁은 해협과 강진만을 지나 해남과 완도 사이의 창사(해남군 북평면 남창리)에 주둔했다. 회령포의 입구가 좁다고 했지만 다분히 왜군의 공격을 의식한 이동이었을 것이다.

창사는 회령포에서 서쪽으로 약 40킬로미터 떨어진 곳이다. 바다 남쪽에 완도가 보이는 좁은 해협 옆에 있다. 1년 전인 1596년 윤 8월 24일 충무공은 부체찰사 한효순과 함께 전라병영을 출발해 가리포(완도읍 군내리)로 가는 길에 창사를 지나간 적이 있고 윤 8월 25일에는 근처 이진에서 체찰사와 함께 점심을 먹었다. 그때 충무공은 가리포를 이진에 합쳤다.

8월 21일 충무공은 창사에서 토사곽란으로 혼수상태에 빠졌고 그곳에

공직자 충무공

서 3일 동안 앓았다. 왜군의 추격을 의식하며 와해된 수군을 재건하느라 충무공의 고질병인 위장병이 도진 것으로 보인다.

8월 24일 기운을 회복한 충무공은 창사에서 다시 남서쪽으로 수군 함대를 이동시켜 해남반도 남단 갈두(해남군 송지면 갈두리)를 돌아 북상해 어란포(해남군 송지면 어란리 어란진항) 앞바다에 정박했다. 어란포는 창사에서 서쪽으로 약 30킬로미터 떨어진 곳이다. 충무공과 수군은 왜군이 바짝 추격해 와 마음이 조급했을 것이다.

8월 25일 충무공은 왜군이 왔다는 허위 소문을 낸 2명을 처형했다. 칠천량해전의 참패와 잔인한 왜군에 대한 두려움이 병사들 사이에 퍼지고 있었다. 배설은 이미 도망갔다. 8월 26일 수군 함대는 어란진 앞바다에 머물렀다. 그날 신임 전라우수사 김억추金億秋가 찾아왔다. 칠천량에서 전사한 이억기의 후임이었다. 그런데 김억추가 데려온 것은 격군과 군사, 무기를 제대로 갖추지 못한 전선 1척이 전부였다. 매우 실망스러웠다. 이제 수군 함대는 13척이 되었다. 왜군의 동향을 정탐한 군관 임준영任俊英이 말을 타고 와 해남 이진에 왜선이 진입했다고 보고했다. 이진은 우리 함대가 정박 중인 어란포와 매우 가까웠다. 2일 전에 떠나온 창사 바로 옆이다.

남원성 공격에 가담한 왜 수군은 1597년 8월 16일 남원성이 함락되자 다시 바다로 나왔다. 왜 수군은 육지와 바다에서 함께 공격하는 수륙병진水陸竝進 전략에 따라 전라도를 침략하는 육지의 왜군과 함께 전라도 남해안을 따라 서진해 오고 있었다.

8월 27일 경상우수사 배설이 찾아와 만났는데 두려움에 떠는 기색이 역력했다. 충무공은 피란을 떠난 것이 아니었냐고 배설에게 추궁했다.

8월 28일 새벽 6시 무렵 왜선 8척이 나타났다. 우리 함선들은 겁을 먹고 후퇴하려고 했다. 충무공은 나팔을 불고 깃발을 휘두르며 뒤쫓게 했다. 여러 함선이 회피하지 못하고 일시에 출진해 갈두까지 왜선을 추격하고 돌아왔다. 이후 충무공은 함대를 어란진에서 북쪽으로 이동시켜 장도(송지면 내장리 갈도 근처)에 진을 쳤다. 왜군의 야습을 감안한 이동이었을 것이다.

8월 29일 충무공은 수군 함대를 장도에서 서북쪽으로 다시 이동시켜 벽파진(진도군 고군면 벽파리)에 진을 쳤다. 벽파진은 해남과 진도 사이의 좁은 해협인 명량 동남쪽에 있다. 벽파진에서 충무공은 병력과 화포 등을 점검하며 왜군과의 결전을 준비했다.

8월 30일에도 충무공은 벽파진에 머물며 정탐군을 나누어 내보냈다. 배설은 수많은 왜군이 몰려올 것을 걱정하며 도망가기 위해 병환이 위중하니 치료하겠다고 했고 충무공은 이를 허락해 주었다. 배설은 명량을 지나 우수영(해남군 문내면 학동리)으로 갔다가 9월 2일 고향인 경상도 선산으로 도망쳤고 임진왜란이 끝난 1599년 3월 체포되어 처형되었다.

9월 1일 제주에서 온 점세占世가 소 5마리를 싣고 와 바쳤다. 왜군과의 일전을 앞둔 충무공과 우리 수군에게 눈물이 날 정도로 힘을 주는 일이었다. 9월 3일부터 5일까지 벽파진에 거센 북풍이 불었다. 마땅한 장애물이 없는 벽파진에서 함선을 보전한 것은 천행이었다. 왜선들도 우리와 마찬가지로 기동하지 못해 다행이었다. 9월 6일 바람이 조금 약해졌다. 하지만 여전히 추위가 심해 격군들이 걱정되었다.

9월 7일 탐망 군관 임중형任仲亨이 왜선 55척 중 13척이 우리 함대가 머물렀던 어란포에 도착해 우리 함대를 노리고 있다고 보고했다. 어란포와 벽파진은 약 30킬로미터 거리로 매우 가깝다. 충무공은 여러 장수에게 지시해 타이르고 경계했다.

그날 오후 4시 무렵 왜선 13척이 벽파진 앞바다까지 다가와 우리 함대를 공격했다. 충무공이 우리 함선들을 동원해 반격하자 왜선들은 뱃머리를 돌리고 달아났다. 우리 함대는 왜선을 추격하다가 멈추고 복귀했다. 충무공은 왜군의 야습을 예상하고 여러 장수에게 대비를 지시했다. 그날 밤 10시 무렵 왜선들이 대포를 쏘며 공격했다. 우리 수군이 적을 두려워하는 기색을 보였지만 충무공이 대장선에 올라타 왜선들을 향해 지자포를 쏘자 강산이 진동했다. 왜선들은 네 번이나 나왔다가 물러나기를 반복하며 화포만 쏘다가 밤 12시 무렵 후퇴해 달아났다.

9월 8일 충무공은 여러 장수들을 소집해 회의를 개최하고 우리 수군의 문제점과 향후 대책을 논의했는데 전라우수사 김억추는 수사로서 처신이 부적절해 실망스러웠다.

9월 9일은 중양절이었다. 왜군과의 결전의 시간이 다가오고 있었다. 충무공은 제주에서 가져온 황소 5마리를 잡아 군사들에게 먹였다. 거센 북풍에 시달리고 왜군과 격렬한 전투를 치르느라 고생하는 군사들을 격려하고 사기를 높이는 조치였다. 그날 오후 왜선 2척이 우리 함대를 정탐하기 위해 벽파진 앞 감보도(진도군 고군면 벽파리 감부도)까지 진입했다가 영등포 만호 조계종에게 쫓겨 달아났다.

9월 10일 적선이 먼 곳으로 달아났다. 충무공은 벽파진에서 결전을 준비했다. 충무공은 모친을 생각하며 슬픔에 잠기기도 했다. 9월 13일과 9월 14일 거센 북풍이 불고 날씨가 추워졌다.

9월 14일 왜군의 움직임을 정탐하고 돌아온 임준영이 왜선 200척이 몰려오고 55척은 벌써 어란진 앞바다까지 왔다고 보고했다. 임준영은 왜군에게 포로로 잡혔다가 풀려난 김중걸金仲乞로부터 들은 왜군 소식도 추가로 보고했다. 왜군이 각처의 배를 집결시키고 합세해 조선 수군을 공략한 후 서해를 통해 곧바로 한양까지 진격하자고 말했다는 것이다. 어란진은 벽파진과 가까운 거리이다. 충무공은 바다에 있는 피란민들을 육지로 올라가게 할 것을 지시했다. 왜군과의 결전의 시간이 점점 다가왔다.

9월 15일 충무공은 조수를 이용해 벽파진에 머물던 함대를 명량을 지나 전라우수영 앞바다로 이동시켰다. 전라우수영은 1년 전인 1596년 윤 8월 26일 충무공이 체찰사 이원익과 함께 3일 동안 머물며 순시했던 곳이다. 그래서 충무공은 주변 바다와 지형을 이미 파악한 상태였을 것이다. 충무공은 함선과 병력 면에서 압도적으로 열세인 우리 수군이 명량을 뒤에 두고 왜군을 막는 것은 부적절하다고 판단했을 것이다. 오히려 명량이라는 천혜의 장애물을 앞에 둔 전라우수영 앞바다가 왜군의 자유로운 공격을 억제하고 우리 수군이 일전을 치르는 데 최적의 장소라고 판단했을 것이다.

지난 1592년 7월 8일 한산도 앞바다에서 우리 연합함대가 좁은 견내량을 앞에 두고 와키자카 함대와 싸운 것과 비슷하다. 반면, 원균은 사방이 탁 트인 칠천량에 머물다가 기습을 받고 참패했다. 칠천량은 우리 수군에게는 제약이 큰 반면, 왜군에게는 자유롭게 우리 수군의 앞뒤를 포위 공격할 수 있는 장소였다. 전라우수영 앞바다에서는 바다 폭이 좁고 물살이 거센 명량이 우리 수군이 왜군에 맞서 싸우는 데 매우 유리할 것이다.

충무공과 우리 수군은 1597년 8월 18일 장흥 회령포 → 8월 20일 해남 창사 → 8월 24일 해남 어란포 → 8월 29일 진도 벽파진 → 9월 15일 전라 우수영까지 한 달 가까이 왜군의 눈을 의식하며 서쪽으로 이동해 왔고 드디어 왜군과 사생결단 결전을 치를 바다에 왔다.

9월 15일 충무공은 여러 장수들을 소집해 "병법에 이르기를 반드시 죽고자 하면 살고 반드시 살려고 하면 죽는다고 했다. 한 사람이 길목을 지키면 능히 1,000명도 두렵게 할 수 있다. 조금이라도 명령을 어기면 즉시 군법으로 다스리겠다"라고 엄중히 말했다. 충무공이 언급한 '필사즉생 필생즉사必死則生必生則死'는 충무공과 우리 수군이 마주한 절박한 상황에서 마지막 선택이었다. 임진왜란 때보다 더 잔인무도한 왜군의 기세를 여기서 반드시 꺾어야 했다. 그러지 않으면 도저히 살아남을 수 없다는 백성들의 절박한 희망이었다.

결전을 앞둔 9월 15일 저녁 충무공은 꿈에 신인神人이 나타나 작전을 알려주었다고 『난중일기』에 적었다. 간절히 바라면 반드시 이루어진다는 말처럼 명량에서 벌어질 왜군과의 일전에 충무공이 얼마나 마음 졸이며 노심초사했는지 잘 보여주는 일화이다.

필사즉생 명량해전

1597년 9월 16일 이른 아침 정찰하는 별망군이 수많은 왜선들이 명량을 지나 우리 수군이 진을 친 양도 앞 전라우수영 앞바다로 다가오고 있다고 충무공에게 보고했다. 명량은 길이가 약 2킬로미터, 가장 좁은 곳의 폭이 약 300미터인 좁은 해협이다. 수심이 가장 얕은 곳은 1.9미터, 물살은 최대 시속 약 21킬로미터로 매우 빠르며 좁은 해협 곳곳에 암초가 숨어 있다. 그래서 대형 함선이 지나가는 것은 어렵다. 그런 조건 때문에 우리 수군을 공격하기 위해 나온 왜선은 무려 300여 척이었지만 정작 우리 함대를 공격하기 위해 명량을 통과한 왜선은 소형 함선 130여 척이었다.

수심이 얕고 물살이 빠른 지리적 특성 때문에 대형 왜선은 명량 동쪽 입구에서 대기했고 소형 왜선 130여 척만 명량을 지나 우리 수군과 싸우게 된 것이다. 그것이 충무공이 명량을 지나는 우수영 앞바다를 결전의 장소로 선정한 이유였을 것이다. 그렇다고 왜선 130여 척이 결코 약한 것도 아니었다. 130여 척에 나누어 승선한 수천 명의 왜군은 칠천량에서 조선 수군을 궤멸시켰고 얼마 전에는 남원성까지 함락시켜 기세가 하늘을 찔렀다. 게다가 우리 함선은 10분의 1에 불과한 겨우 13척에 병력은 1,000여 명에 불과했다.

이날 해전 결과에 결정적인 영향을 미친 것은 조류였다. 명량은 그날 오전 7시 무렵 물살이 잠시 멈추었다가 이후 4시간 동안 동쪽에서 서쪽으로 흘렀다. 어란포의 왜군 함대는 동쪽에서 서쪽으로 흐르는 오전의 조류를 이용해 명량을 지나 전라우수영 앞바다로 나왔다. 우리 함대는 전라우수영 앞바다로 나가 왜군 함대에 맞서기 위해 진을 쳤지만 조류 때문에 뒤로 밀리기 시작했다. 물살을 겨우 버티던 우리 함선들이 다가오는 왜선들에게 포위당할 위험에 처했다.

전투가 시작되자 우리 함선들은 열 배가 넘는 왜선들의 포위를 피해 주춤주춤 뒤로 밀렸지만 충무공이 탄 대장선은 역류에 맞서며 버텼다. 그러자 대장선만 우리 함선 300~400미터 앞에서 왜선에 포위되어 홀로 싸우게 되었다. 전라우수사 김억추가 승선한 함선은 아득히 먼 곳에 떨어져 있었다. 대장선까지 물러난다면 우리 함대는 전체가 무너지고 패퇴할 것이다.

충무공은 대장선에서 굳건히 버티며 왜군에 맞서 싸웠다. 대장선에서 지자포와 현자포 등 각종 화포를 이리저리 쏘았고 군관들은 배 위에 빽빽이 들어서서 화살을 빗발처럼 쏘았다. 왜선들은 다가오지 못한 채 나왔다가 물러가기를 반복했다. 그렇게 1시간 가까이 왜선들과 외롭게 싸우면서 충무공은 대장기와 초요기를 올려 부하 장수들에게 앞으로 나와 왜선들을 공격하라는 신호를 보냈다.

거제현령 안위와 중군장인 미조항첨사 김응함의 함선이 대장선 쪽으로 전진해 와 왜선들과 싸우기 시작했다. 그러자 나머지 함선 10척도 전진해 화포를 쏘며 왜선들과 싸웠다. 그러다가 안위의 함선이 왜장이 탄 배를 포함한 왜선 3척에게 포위되었다. 왜군들은 안위의 함선에 달라붙어 기어올랐다. 칠천량에서 우리 수군을 참패시킨 자신들의 장기인 등선육박을 하기 위해서였다.

안위와 그 배에 승선한 장병들은 있는 힘을 다해 능장(나무 방망이), 장창(긴 창), 수마석(둥근 돌) 등으로 배에 기어오르는 적을 때리고 찌르고 타격했다. 안위와 군사들의 힘이 다해갈 때쯤 충무공이 탄 대장선이 뱃머리를 돌려 곧바로 안위의 함선을 포위한 왜선들 쪽으로 돌진해 화포와 화살을 난사했다.

녹도만호 송여종과 평산포대장代將 정응두丁應斗의 함선이 대장선과 협력해 왜군을 사살했다. 안위의 배를 포위했던 왜선 3척에 탄 왜군은 1명도 살아남지 못했다. 그때 항왜降倭인 준사俊沙가 죽어 바다에 떠 있는, 붉은 비단옷을 입은 자를 가리키며 안골포에 있던 왜장 마다시라고 말했다. 왜장 구루시마 미치후사来島通総(1561~1597)가 죽었다.

구루시마 미치후사는 왜 수군 장수로 1592년 6월 2일 당포해전에서 조선 연합함대에게 사살당한 구루시마 미치유키의 동생이었다. 충무공은 김돌손金乭孫에게 갈고리로 왜장을 끌어 올려 시체를 토막 내 뱃머리에 걸게 했다. 그 모습을 본 왜군의 사기가 꺾였다. 우리 함선이 일시에 지자포, 현자포 등을 발사하고 화살을 빗발치듯 쏘아 적선 31척을 격침시켰다. 나머지 왜선들은 뒤로 물러나 다시는 가까이 오지 못하고 우리 함대와 대치하다가 서쪽에서 동쪽으로 흐르는 조류를 타고 달아났다. 무려 열 배가 넘는 왜선들에 맞서 사력을 다해 싸운 우리 수군도 더 이상 왜군을 추격할 여력이 없었다.

전투가 끝난 후 충무공은 『난중일기』에 "정말 하늘이 도왔다"라고 적었다. 함선 수와 병력 면에서 열 배나 차이나는 왜군에 맞서 힘겹게 승리했다. 전투에서 승리했지만 왜군의 주력 부대는 명량 동쪽에 그대로 남아 있었다. 충무공은 조류를 타고 달빛을 받으며 함대를 신속히 북쪽으로 이동시켜 약 40킬로미터 떨어진 당사도(전남 신안군 암태면 당사리)에서 그날 밤을 보냈다. 길고 힘든 하루였다.

충무공은 명량해전의 승리로 왜군의 서해 진출을 저지했다. 이 승리를 통해 수군의 사기를 끌어올리고 충무공과 조선 수군이 여전히 건재하다는 것을 왜군과 명나라, 우리 조정과 백성에게 널리 알렸다. 게다가 이 승리는 칠천량에서 궤멸된 조선 수군이 부활하는 기반이 되었다.

충무공의 수군 재건 여정 지도

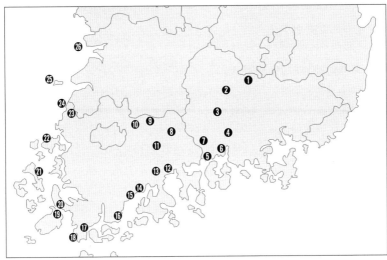

① 초계 도원수 진영 → ② 합천 삼가 → ③ 산청 단성 → ④ 진주 → ⑤ 노량 → ⑥ 사천 곤양 → ④ 진주 → ⑦ 하동 두치 → ⑧ 구례 → ⑨ 곡성 → ⑩ 곡성 옥과 → ⑪ 곡성 석곡 → ⑫ 순천 → ⑬ 순천 낙안 → ⑭ 보성 조양 → ⑮ 보성 군영구미 → ⑯ 장흥 회진 → ⑰ 해남 남창 → ⑱ 해남 어란진 → ⑲ 진도 벽파진 → ⑳ 해남 우수영 → ㉑ 신안 당사도 → ㉒ 신안 어의도 → ㉓ 영광 법성포 → ㉔ 영광 홍농 → ㉕ 부안 위도 → ㉖ 군산 고군산열도 → ㉓ 영광 법성포 → ㉒ 신안 어의도 → ⑳ 해남 우수영

충무공의 수군 재건 여정

○ 1597년 7월 18일~10월 9일(82일)

○ 7월 16일 칠천량해전 참패로 원균이 이끄는 조선 수군 궤멸

○ 7월 18일(초계 도원수 진영 출발)
 ― 오전 삼가현(합천군 삼가면 금리)으로 출발
  ※ 육로 약 30km, 약 8시간 소요

― 삼가현 도착 후 1박

○ 7월 19일(삼가현 출발)

　― 아침 단성현(산청군 단성면 성내리)으로 출발

　　※ 육로 약 30km, 약 8시간 소요

　― 오후 동성산성(산청군 신안면 중촌리 백마산성)에 올라 지형 관찰

　― 오후 늦게 단성현 도착 후 1박

○ 7월 20일(단성현 출발)

　― 아침 정개산성(하동군 옥종면 종화리)으로 출발

　　※ 육로 약 16km, 약 4시간 소요

　― 오전 강정(江亭)(하동군 옥종면 문암리)에서 진주목사 나정언과 면담

　― 오후 굴동(하동군 옥종면 문암리) 이희만 집에서 1박

○ 7월 21일(굴동 이희만 집 출발)

　― 새벽 노량(하동군 금남면 노량항)으로 출발

　　※ 육로 약 45km, 약 12시간 소요

　― 오전 곤양에서 곤양군수 이천추와 면담, 오찬 후 출발

　― 오후 노량 도착, 거제현령 안위, 영등포만호 조계종 등과 면담 후 1박

○ 7월 22일(노량 출발)

　― 오전 경상우수사 배설, 남해현령 박대남과 면담

　― 오후 초계 도원수 진영으로 출발

　　※ 육로 약 100km, 약 24시간 소요

　― 저녁 곤양 도착 후 1박

　　※ 선조는 7월 22일 삼도수군통제사에 재임명하고 7월 23일 임명 교지 송부

○ 7월 23일(곤양 출발)

　― 아침 진주 운곡(하동군 옥종면 문암리)으로 출발

　　※ 육로 약 25km, 약 6시간 소요

　　※ 군관 송대립을 시켜 도원수에게 보내는 현지 시찰 보고서 송부

— 오전 곤양 십오리원(사천시 곤양면 봉계리 봉계원) 도착 후 휴식

— 배흥립의 처 조우

— 오후 진주 운곡 이희만 집 도착 후 1박

— 이후 8월 3일까지 11일 동안 진주에서 체류

○ 7월 24일(진주 이홍훈 집 체류)

— 오전 선비 이홍훈 집(하동군 옥종면 청룡리 338-1)으로 거처를 옮김

○ 7월 25일(진주 이홍훈 집 체류)

○ 7월 26일(진주 이홍훈 집 체류)

— 아침 송정松亭(하동군 옥종면 종화리 정개산성 아래)으로 출발

※ 육로 약 6km, 약 1시간 30분 소요

— 송정 도착 후 도원수의 황여일 종사관, 진주목사 나정언과 면담

— 저녁 이홍훈 집으로 귀가 후 1박

○ 7월 27일(진주 손경례 집으로 이동)

— 아침 덕천강을 건너 손경례 집(진주시 수곡면 원계리)으로 이동

※ 육로 약 8km, 약 2시간 소요

— 체찰사의 동지와 판관이 찾아와 체류 지시 전달

○ 7월 27일~8월 2일(6일 동안 진주 손경례 집 체류)

○ 8월 3일(진주 손경례 집 출발)

— 아침 손경례 집에서 삼도수군통제사 임명 교지와 유서 수령

— 오전 구례현으로 출발

※ 육로 약 70km, 약 18시간 소요

— 저녁 8시 무렵 행보역(하동군 횡천면 횡보마을) 도착

※ 육로 약 22km, 약 6시간 소요

— 저녁 두치(하동읍 두곡 포구)로 출발

※ 육로 약 12km, 약 3시간 소요

— 자정 무렵 두치 도착

○ 8월 4일(하동 두치 출발)
　— 자정 무렵 구례로 출발
　　※ 육로 약 35km, 약 9시간 소요
　— 오전 쌍계동(하동군 화개면 탑리 일대) 도착
　— 오후 석주관(구례군 토지면 송정리) 도착 후 구례현감 이원춘 등과 면담
　— 오후 구례현 도착 후 장세호 집에서 1박

○ 8월 5일(구례현 출발)
　— 아침 곡성으로 출발
　　※ 육로 약 30km, 약 8시간 소요
　　※ 순천부와 전라좌수영 상황을 파악하도록 군관 송대립 파견
　— 오전 압록강원(곡성군 오곡면 압록리) 도착 후 오찬, 휴식
　— 오후 곡성현 도착 후 1박

○ 8월 6일(곡성 출발)
　— 아침 옥과(구례군 옥과면)로 출발
　　※ 육로 약 20km, 약 5시간 소요
　— 오전 삼기 삼거리(곡성군 삼기면 괴소리)에서 피란민 조우
　— 오전 대괴정(곡성군 겸면 괴정리 괴정마을) 도착 후 휴식
　— 오후 옥과현 도착 후 관아 설산관에서 1박

○ 8월 7일(옥과 출발)
　— 새벽 순천과 전라좌수영으로 정찰 보낸 군관 송대립이 왜군 침입이 없다고 보고
　— 아침 순천으로 출발
　　※ 순천까지 육로 약 70km, 약 18시간 소요
　— 오후 석곡(곡성군 석곡면) 도착
　　※ 옥과에서 석곡까지 육로 약 25km, 약 6시간 소요
　— 보성강변 강정(능파정)에서 1박

○ 8월 8일(석곡 출발)

　— 새벽 순천부로 출발

　　※ 육로 약 40km, 약 10시간 소요

　— 오전 부유창(순천시 주암면 창촌리) 도착

　— 오후 구치(순천시 주암면 행정리) 도착

　— 저녁 순천부 도착 후 1박, 군량, 활과 화살 등의 무기 확보

○ 8월 9일(순천 출발)

　— 아침 낙안으로 출발

　　※ 육로 약 20km, 약 5시간 소요

　— 오전 낙안 도착, 점심 식사 후 휴식

　— 오후 조양(보성군 조성면 우천리 고내마을)으로 출발

　　※ 육로 약 25km, 약 6시간 소요

　— 저녁 늦게 조양 도착, 조양 창고에서 군량 확보

　— 조양 김안도 집 사랑채에서 1박

　— 이후 조양과 보성에서 8월 18일까지 10일 동안 체류

○ 8월 10일(조양 김안도 집 체류)

○ 8월 11일(조양 박곡 양산항 집으로 이동)

　— 아침 박곡(보성군 득량면 송곡리 박실마을)으로 이동

　　※ 육로 약 8km, 약 2시간 소요

○ 8월 11일~8월 13일(3일 동안 조양 박곡 양산항 집 체류)

○ 8월 14일(박곡 양산항 집 출발)

　— 저녁 보성현으로 출발

　　※ 육로 약 10km, 약 2시간 30분 소요

　— 저녁 보성현 도착 후 열선루에서 1박

○ 8월 15일(보성현 체류)

　— 아침 선전관으로부터 선조의 유지를 수령하고 장계 올림

　— 유성룡 대감에게 별도 서신 보냄

○ 8월 16일(보성현 출발)

　— 아침 선전관 환송

　— 박곡 양산항 집으로 귀가 추정

○ 8월 17일(박곡 양산항 집 출발)

　— 아침 군영구미(보성군 회천면 전일리 군학마을)로 출발

　　※ 육로 약 25km, 약 6시간 소요

　— 오후 백사정(보성군 회천면 벽교리 명교마을) 도착 후 휴식

　　※ 육로 약 20km, 약 5시간 소요

　— 오후 군영구미 도착, 배를 기다리며 1박

○ 8월 18일(군영구미 출발)

　— 아침 군영구미에서 배를 타고 회령포로 출발

　　※ 해로 약 30km, 약 5시간 소요

　— 오후 회령포 도착, 전선 12척과 병력 인수, 군량과 무기 등을 전선에 적재

　— 회령포 관아에서 1박

○ 8월 19일(회령포 출발)

　— 아침 창사(해남군 북평면 남창리)로 출발

　　※ 해로 약 40km, 약 7시간 소요

　— 오후 창사 도착 후 체류

　— 위장병인 토사곽란 발병

○ 8월 19일~8월 23일(치료 위해 5일 동안 창사 체류)

○ 8월 24일(해남 창사 출발)

　— 아침 어란포(해남군 송지면 어란리)로 출발

※ 해로 약 30km, 약 5시간 소요

　— 오후 어란포 앞바다 도착 후 1박

○ 8월 25일~8월 27일(3일 동안 해남 어란진 체류)

○ 8월 28일(어란진 출발)

　— 오전 장도(해남군 송지면 내장리)로 이동

　　※ 해로 약 6km, 약 1시간 소요

　— 어란진 북쪽 장도 앞바다에서 1박

○ 8월 29일(장도 출발)

　— 새벽 벽파진(진도군 고군면 벽파리)으로 출발

　　※ 해로 약 30km, 약 5시간 소요

　— 오후 벽파진 앞바다 도착 후 체류

○ 8월 30일~9월 14일(16일 동안 벽파진 체류)

○ 9월 15일(벽파진 출발)

　— 새벽 전라우수영(해남군 문내면 서상리)으로 출발

　　※ 해로 약 8km, 약 1시간 30분 소요

　— 오전 전라우수영 앞바다 도착 후 1박

○ 9월 16일(전라우수영 출발)

　— 아군 함선 13척과 왜선 130여 척이 싸운 명량해전

　　※ 온종일 전투 끝에 왜선 31척 격파, 잔여 왜선은 명량 동쪽으로 도주

　— 저녁 당사도(신안군 암태면 당사리)로 출발

　　※ 해로 약 40km, 약 7시간 소요

　— 9월 17일 새벽 당사도 도착 후 휴식

○ 9월 17일(당사도 출발)

　— 아침 어의도(신안군 지도읍 어의리)로 출발

※ 해로 약 40km, 약 7시간 소요

　　— 오후 어의도 도착 후 정박

○ 9월 18일(어의도 정박)

○ 9월 19일(어의도 출발)

　　— 아침 법성포로 출발

　　　※ 해로 약 40km, 약 7시간 소요

　　— 오전 칠산도 바다 경유

　　— 오후 법성포 도착했지만 왜군 침입으로 회귀

　　— 법성포에서 4km 떨어진 홍농(영광군 홍농읍 계마항) 앞바다 정박

○ 9월 20일(홍농 출발)

　　— 아침 고참도(부안군 위도면 위도)로 출발

　　　※ 해로 약 30km, 약 5시간 소요

　　— 오후 고참도 도착 후 정박

○ 9월 21일(고참도 출발)

　　— 아침 고군산도(군산시 옥도면 선유도)로 출발

　　　※ 해로 약 30km, 약 5시간 소요

　　— 오후 고군산도 도착 후 정박

○ 9월 22일~10월 2일(12일 동안 고군산도 체류)

○ 10월 3일(고군산도 출발)

　　— 새벽 법성포로 출발

　　　※ 해로 약 60km, 약 10시간 소요

　　— 오후 법성포 도착 후 정박

○ 10월 4일~10월 7일(4일 동안 법성포 체류)

○ 10월 8일(법성포 출발)

　　— 아침 어의도(신안군 지도읍 어의리)로 출발

　　　※ 해로 약 40km, 약 7시간 소요

　　— 오후 어의도 도착 후 정박

○ 10월 9일(어의도 출발)

　　— 아침 전라우수영으로 출발

　　　※ 해로 약 40km, 약 7시간 소요

　　— 오후 23일 만에 전라우수영 복귀

15.
수군 재건과 노량해전

수군 보전을 위한 북상

1597년 9월 16일 저녁 무렵 명량해전에서 승리한 우리 수군은 조류를 타고 달빛을 받으며 북쪽으로 이동해 암태도 우측 당사도(전남 신안군 암태면 당사리)로 향했다. 당사도는 전라우수영에서 약 40킬로미터 떨어진 먼 거리이다.

9월 17일 새벽 우리 함대는 당사도에 도착해 잠시 쉬었다. 9월 17일 아침 일찍 충무공과 우리 함대는 당사도를 떠나 북쪽으로 이동해 지도의 북쪽 어의도(전남 신안군 지도읍 어의리)까지 후퇴했다. 당사도에서 약 40킬로미터 거리의 어의도는 1년 전인 1596년 9월 8일 충무공이 전라도 지역을 순시하며 임치진(무안군 해제면 임수리)에 왔다가 인근 봉대산성에 올라 관찰했던 섬이다.

당시 충무공은 임치진첨사 홍견洪堅에게 적을 막을 대책을 물었다. 어의도에는 무려 300여 척의 피난선이 먼저 도착해 있었다. 나주진사 임선,

　　　　　　　　　　　　　공직자 충무공

임환, 임업 등을 만났는데 수군의 승리를 축하하며 많은 양식을 가져왔다. 임치진첨사 홍견은 배를 운행할 격군이 없어 다음 날 찾아왔다. 우리 함대는 명량해전을 치른 하루 사이 무려 80킬로미터가 넘는 거리를 이동했다. 격군을 비롯한 우리 수군은 모두 피로가 머리끝까지 쌓였다.

9월 18일 충무공과 수군 함대는 어의도에 머물렀다. 휴식이 필요했다. 명량해전 도중 대장선에 승선했던 순천 감목관 김탁金卓, 전라좌수영 소속 종 계생戒生이 왜군이 쏜 총탄에 전사했다. 박영남과 봉학奉鶴, 강진현 감 이극신李克新도 총탄을 맞았지만 다행히 중상은 아니었다. 우리 수군이 가는 바다와 섬 곳곳에 왜군의 약탈을 피해 나온 배와 백성들이 많이 있었다. 충무공은 우리 수군이 여전히 건재하다는 것을 그들에게 여실히 보여주었다.

9월 19일 아침 일찍 수군 함대는 어의도를 떠나 다시 북쪽 법성포로 향했다. 어의도 북쪽은 큰 섬과 반도가 없이 탁 트인 넓은 칠산 바다이다. 그날은 바람이 순하고 물살도 잔잔해 우리 수군 함대는 칠산도가 있는 칠산 바다를 무사히 건넜다. 칠산도는 영광군 백수 해안도로에서 내려다보이는 일산도부터 칠산도까지 7개 섬으로 이루어져 있다.

그날 저녁 우리 함대가 법성포(영광군 법성면 진내리) 선창에 도착해 보니 법성포는 흉악한 왜군이 이미 육지에 침입해 민가와 창고에 불을 지른 후였다. 충무공과 수군 함대는 법성포에서 나와 해 질 무렵 홍농(영광군 홍농읍 계마리 계마항) 앞바다로 가 정박했다. 홍농은 필자의 고향이다. 계마리 바닷가는 중학교 시절 소풍간 곳이고 2023년 9월 10일 고교 졸업 40주년 행사 때도 동창생들을 데리고 방문한 아름다운 곳이다. 2024년 현재는 원자력 발전소 6기가 가동되고 있어 아쉽기만 할 뿐이다.

9월 20일 충무공과 수군 함대는 홍농 바닷가를 출발해 북쪽으로 약 30 킬로미터 떨어진 고참도(전북 부안군 위도면 위도)에 도착했다. 그곳에도 배에 탄 많은 피란민이 머물고 있었다. 고참도에서 충무공은 이광보李光輔, 이지화李至和 부자를 만나 이야기를 나누었다. 수군 함대는 고참도에서 그날 밤을 보냈다.

9월 21일 새벽 수군 함대는 고참도를 출발해 북상해 약 30킬로미터 떨어진 고군산도(전북 군산시 옥도면 선유도)에 도착했다. 이제 충무공과 우리 수군은 왜군의 추격을 완전히 따돌렸고 조금 여유가 생겼다. 전라도관찰사 박홍로는 충무공이 왔다는 말을 듣고 배를 타고 옥구로 갔다고 했다. 왜군이 전라도로 침입해 오자 전라도관찰사 박홍로는 왜군을 피해 고군산도로 온 것으로 보이는데 아마도 충무공을 만나고 싶지 않았던 것 같다.

9월 22일 나주목사 배응경과 무장현감 이람李覽이 찾아와 만났다. 9월 23일 충무공은 명량해전 승첩 관련 장계의 초본을 수정했다. 정희열丁希悅이 찾아와 만났다. 충무공은 고군산도에서 몸을 회복하며 명량해전 승첩 보고서를 작성했다.

9월 27일 충무공은 군관 송한宋漢, 김국金國, 배세춘裵世春에게 승첩 장계를 가지고 배를 타고 출발하게 하고 군관 정제에게 부체찰사 한효순이 충청수사 권준에게 보내는 공문을 가지고 출발하게 했다. 하지만 그들은 9월 28일 바람이 거세 되돌아왔다가 9월 29일 다시 출발했다.

9월 16일 명량에서 충무공과 우리 수군에게 참패한 왜군 함대는 전열을 정비해 9월 20일 다시 명량을 지나 전라우수영을 점령했다. 왜군 함대는 충무공과 우리 수군을 추격해 서남해 바다와 섬들을 수색하면서 무안 앞바다까지 진출해 그곳에 근거지를 마련했다.

9월 23일 논잠포(영광군 염산면 상계리 설도항)에서 의병장 강항姜沆과 그의 가족이 왜군에게 붙잡혀 인근 무안에 있던 왜 수군 진영으로 끌려갔다. 강항은 왜국으로 끌려가 60킬로미터 성리학을 전수하고 정유재란이 끝난 지 2년 후인 1600년에 귀국해 왜국 생활을 기록한 『간양록看羊錄』을 남겼다.

9월 27일 영광 칠산 바다에서 선비 정희득鄭希得(1575~1640)이 왜군에게 붙잡혔다. 정희득도 왜국으로 끌려갔다가 귀국해 『월봉해상록月峯海上錄』 을 남겼다.

명량에서 기적적인 승리를 거둔 충무공과 우리 수군이 9월 16일 당사도, 9월 17일 어의도, 9월 19일 홍농, 9월 20일 고참도, 9월 21일 고군산도까지 신속히 북상한 것은 추격해 오는 왜군을 따돌리기 위해서였다.

실제로 9월 20일 충무공과 우리 수군이 홍농에서 위도로 떠났는데 3일 후인 9월 23일 강항이 영광 논잠포에서 왜군에게 붙잡혔다. 왜군이 바짝 뒤쫓아 온 것이다. 정희득이 붙잡힌 9월 27일까지 왜군은 영광 앞바다에서 준동하고 있었다. 왜군이 준동하는 영광 앞바다에서 충무공과 조선 수군이 있는 고군산도까지는 약 60킬로미터 떨어져 있다. 마음만 먹으면 언제든지 와 공격할 수 있는 거리이다.

충무공과 우리 수군은 회령포, 창사, 어란포, 벽파진, 전라우수영, 당사도, 어의도, 홍농, 고참도, 고군산도까지 여러 번 진영을 옮기며 북상했다. 명량해전을 치르기 위해 벽파진에서 전라우수영으로 이동한 것을 제외하면 하루에 이동한 거리는 비슷한 것 같다. 우리 수군은 추격해 오는 왜 수군과 일정 거리를 유지하며 이동하고 있었다. 충무공과 수군 함대가 정박한 곳은 사방이 탁 트여 왜군을 쉽게 발견할 수 있고 언제든지 서쪽이나 북쪽으로 쉽게 이동할 수 있는 곳이었다.

충무공은 추격해 오는 왜군 함대를 의식하며 치밀한 계획을 세우고 조류와 함선이 하루 동안 이동할 수 있는 거리와 항로 등을 고려하며 가장 적합한 장소를 선택해 이동한 것으로 보인다. 1년 전인 1596년 가을 체찰사와 함께 전라도 지역을 순시했던 경험이 큰 도움이 되었을 것이다.

명량해전 이후 충무공과 우리 수군이 왜군 함대와의 충돌을 피하며 계속 북상한 것은 적에게 패할 가능성을 철저히 차단하고 빈약한 수군 전력을 최대한 보전하면서 왜군과 싸우면 반드시 이긴다는 전략이었을 것이다. 다른 곳으로 이동하지 않고 한곳에 머물면 칠천량의 원균과 수군 함대처럼 왜군의 기습 포위공격에 꼼짝없이 당할 수 있다.

충무공은 전라도 남동쪽 구례에서 출발해 서쪽 전라우수영까지 이동하며 13척의 함선과 군사, 무기, 군량을 확보했고 이를 기반으로 명량해전에서 힘겹게 승리했다. 명량해전 직후 서해안 최남단 전라우수영에서 고군산도까지 북상하며 우리 수군 전력을 보전하고 있었다. 군대의 후퇴는 부끄럽거나 수치스러운 것이 아니라 엄연히 당당한 작전이다. 충무공과 우리 수군처럼 의도적이고 계획적인 후퇴와 이동이라면 더더욱 그렇다.

전라우수영 수복

충무공이 전라도 남해안을 따라 이동하며 수군을 수습하고 명량에서 왜군과 격전을 치르는 동안 무려 14만여 명의 병력을 동원해 재침한 왜군은

공직자 충무공

전라도를 공략해 남원성과 전주성을 차례로 점령하고 가는 곳마다 약탈과 살육, 겁탈을 저질렀다. 수많은 아녀자와 도공을 철사와 대나무로 묶어 붙잡아 가는 등 잔인하고 악랄한 만행을 저질렀다.

전주성에 집결한 왜군은 우군이 공주, 천안을 거쳐 북상해 한양을 공격하고 좌군은 충청도 해안을 따라 전라도 영광과 담양, 강진, 해남 등을 공략하며 남하했다. 하지만 1597년 9월 7일 한양을 향해 북상하던 우군 선봉 구로다 나가마사의 왜군이 충청도 직산(천안시 성환읍 안성천 부근)에서 조·명연합군에게 패해 기세가 꺾였다. 왜 우군은 1597년 8월 14일부터 8월 17일까지 벌어진 황석산성 공방전에서 이미 엄청난 손실을 입은 것 같다.

남원에서 전라도 남해 바다로 내려온 왜 수군도 1597년 9월 16일 명량에서 충무공의 조선 수군에게 참패했다. 사나웠던 왜군의 기세가 한풀 꺾인 것이다. 왜군 지휘부는 명량해전 직후 정읍에서 회의를 갖고 일단 남해안으로 내려가 성을 쌓고 버티기로 했다.

경기도 죽산*과 안성까지 북상했던 왜 우군은 충청도 진천, 경상도 상주를 거쳐 경주, 울산으로 내려갔다. 왜 좌군도 전라도 순천과 경상도 사천, 고성으로 내려갔다. 왜 수군은 명량을 지나 전라우수영을 점령한 후 충무공의 조선 수군을 추격하고 전라도 서남해 바다와 섬들을 약탈하며 무안과 영광 앞바다까지 진출했지만 10월 초가 되자 경상도 남해와 안골포 등지로 후퇴했다.

충무공의 우리 수군은 왜 수군의 동향을 살피며 고군산도에서 1597년

● 죽산군은 1914년 부군면 통폐합 이후 안성시에 편입되어 안성시 죽산면이 되었다.

9월 말까지 10여 일 동안 머물렀다. 충무공은 명량해전 승전 보고를 조정에 올리고 그동안 쌓인 피로로 앓아눕기도 했다. 1597년 10월 1일 충무공은 아산 고향 마을에 왜군이 침입해 고향집을 분탕질하고 잿더미로 만들었다는 소식을 듣고 아들 회를 아산으로 보냈다.

10월 3일 충무공의 우리 수군 함대는 10일 넘게 머문 고군산도를 떠나 영광 법성포로 이동했다. 오늘날도 그렇듯이 법성포는 아늑한 포구이다. 와탄천과 구암천을 따라 바닷물이 육지 안으로 깊숙이 들어와 안전한 포구를 형성했고 곡식과 다양한 해산물이 풍부했다. 천혜의 포구이다.

지난 9월 17일 어의도에서 만났던 나주 선비 임선과 임업이 무안 임치에서 충무공에게 편지를 보내왔다. 그들은 왜군에게 붙잡혔다가 풀려났다고 했다. 날씨가 추워지고 눈보라까지 불고 있었다. 충무공과 우리 수군은 법성포에서 5일 동안 머물렀다. 법성포는 안온해 휴식을 취하기에 안성맞춤이었을 것이다. 10월 7일 충무공은 전라도에서 왜군이 모두 물러갔다는 소식을 들었다.

10월 8일 날씨가 좋아지자 충무공과 우리 수군은 법성포를 출발해 어의도로 이동해 거기서 묵고 10월 9일 전라우수영으로 돌아왔다. 9월 16일 전라우수영을 떠난 지 23일 만이었다. 전라우수영은 인적조차 찾기 어려운 참혹한 상태였다. 인근 해남에는 아직도 왜군이 남아 있다는 소문도 떠돌고 있었다. 해남을 점령한 왜장 시마즈 요시히로는 백성들이 각자 집으로 돌아와 거주하게 하고 농경에 힘쓰게 하겠다는 공고문을 붙이기도 했다. 아마도 살기 좋은 해남을 영구적으로 차지할 욕심이 있었던 것 같다.

시마즈 요시히로는 규슈 남쪽 가고시마 지역의 영주로 도요토미 히데요시의 지시로 임진왜란에 참전했던 왜장이다. 이후 사천해전에서 사로병진 작전을 전개한 조·명연합군의 중로군을 물리쳤고 노량해전에서는 순천의 고니시 유키나가를 구하기 위해 충무공과 격전을 치르고 패해 도주했다. 왜국으로 귀국한 후에는 도요토미 히데요시의 세력인 서군에 가담해 도쿠가와 이에야스의 세력인 동군에 맞서다가 패했다. 그 후손이 바로 이후 천황을 내세워 도쿠가와 막부를 무너뜨린 사쓰마 번이다.

10월 9일 저녁 충무공은 해남 선비 김종려金宗麗, 정조鄭詔, 백진남白振南 등이 찾아와 만났다. 10월 10일 밤 9시 무렵 중군장 김응함이 찾아와 해남에 있던 왜군들이 달아나고 있다고 보고했다. 충무공은 우선 수군 함대가 매서운 눈보라와 북서풍을 피해 겨울을 보낼 수 있는 장소를 마련해야 했다. 전라도 서해안은 서쪽에 바다가 있어 겨울이면 차갑고 거센 북서풍이 불고 눈비가 많이 내린다. 전라우수영도 그런 곳이었다.

10월 11일 충무공과 우리 수군은 전라우수영을 떠나 바다로 나왔다. 충무공은 군관 이순李順, 박담동朴淡同, 박수환朴守還, 태귀생太貴生을 미리 해남으로 정탐을 보냈다. 충무공과 우리 수군은 안편도(전남 신안군 안좌도)에 도착했다. 충무공이 섬에 상륙해 산봉우리(후동산, 해발 153미터)에 올라 살펴보니 동쪽에는 섬이 있어 멀리 바라볼 수 없지만 북쪽으로는 나주와 영암 월출산과 통하고 서쪽으로는 비금도가 보여 시야가 탁 트였다. 중군장 김응함, 순천부사 우치적, 부하 장수 조효남趙孝南, 안위, 우수禹壽가 충무공을 뒤따라 올라왔다.

날이 저물어 충무공 일행이 산에서 내려오자 영등포만호 조계종이 찾아와 왜군의 상황과 왜군이 우리 수군과의 접전을 몹시 꺼린다는 보고를 했다. 우리 수군과 왜군의 입장이 뒤바뀌었다.

10월 12일 전라우수사 김억추가 찾아와 군량선의 하인을 때린 것을 사과했다. 아마도 김억추는 군량을 주지 않는 하인을 때린 것 같다. 가리포 첨사 이응표, 장흥부사 전봉田鳳 등 여러 장수가 찾아와 이야기를 나누었다. 충무공은 정찰 보낸 탐후선을 기다리며 발음도(안좌도)에서 머물렀다.

10월 13일 조방장 배흥립과 우후 이의득이 찾아와 만났다. 탐망선을 타고 온 임준영이 해남의 왜군은 10월 11일 우리 수군이 내려오는 것을 보고 모두 도주했고 해남향리 송언봉宋彦逢과 신용愼容 등이 왜군에게 빌붙어 선비를 많이 죽였다고 보고했다. 충무공은 즉시 순천부사 우치적과 금갑도만호 이정표, 제포만호 주의수朱義壽, 당포만호 안이명安以命, 조라포만호 정공청鄭公淸, 군관 임계형任季亨, 정상명, 봉좌逢佐, 태귀생, 박수환 등을 해남으로 보냈다. 늦게 조방장 배흥립, 장흥부사 전봉 등과 이야기를 나누었다.

10월 14일 충무공은 둘째 아들 예가 보낸 편지를 받았다. 셋째 아들 면이 왜군에 맞서 싸우다가 전사했다는 비보였다. 충무공은 그날 하룻밤이 1년 같다고 『난중일기』에 적어 사랑하는 자식을 잃은 비통한 심정을 밝혔다.

1597년은 충무공에게 무척 힘든 해였다. 2월 26일 삼도수군통제사에서 파직되었고 누명을 쓰고 온갖 옥고를 치렀다. 4월 9일 충무공의 출옥 소식을 들은 모친이 충무공을 보기 위해 아산 본가로 오다가 세상을 떠났다. 충무공은 백의종군하기 위해 내려가던 중이어서 모친의 장례도 제대로 치르지 못하고 떠나야 했다. 8월 3일 삼도수군통제사로 재임명되어 9월 16

일 명량에서 천신만고 끝에 왜군을 물리쳤지만 충무공이 왜군의 추격을 피해 이동하는 도중 사랑하는 아들 면의 사망 소식을 들었다. 충무공은 전장에 몸이 있어 아들의 장례도 치러주지 못했다.

10월 15일 군관 임홍林紅, 임중형任仲亨, 박신朴信 등이 왜군을 정찰하기 위해 작은 배를 타고 흥양과 순천 앞바다로 떠났다. 10월 16일 충무공은 전라우수사 김억추, 미조항첨사 김응함, 해남현감 유형을 해남으로 보냈다. 그날 충무공은 소금을 만드는 염간 강막지姜莫只의 집으로 가 아들 면의 죽음을 슬퍼하며 목놓아 통곡했다. 충무공은 가슴이 찢어지고 간장이 끊어지는 슬픔을 그렇게 풀었다.

해남으로 갔던 순천부사 우치적, 우후 이정충, 금갑도만호 이정표, 제포만호 주의수 등이 왜군의 수급 13개와 부역자 송원봉宋元鳳 등의 머리를 베어 돌아왔다. 10월 17일 전라우수사 김억추가 돌아왔다. 10월 19일 강막지, 임계형, 임준영 등이 찾아와 인사했다.

10월 19일 충무공은 고향에서 온 종을 보자 아들 면이 생각나 대성통곡했다. 저녁에는 코피를 무척 많이 쏟았다. 거제현령 안위, 안골포만호 우수, 녹도만호 송여종, 웅천현감 김충민, 제포만호 주의득, 조라포만호 정공청, 당포만호 안이명, 우후 이정충이 찾아와 왜군을 붙잡았다고 보고했다.

10월 20일 아침 미조항첨사 김응함, 해남현감 유형, 강진현감 이극신이 해남의 군량을 수송하기 위해 간다고 보고했다. 해남에 있던 시마즈 요시히로의 왜군은 황급히 도주하느라 많은 군량을 놔둔 채 떠났다. 안골포만호 우수도 돌아간다고 보고했다. 김종려를 소음도(발음도, 안좌도) 등 13개 섬의 염전을 관리하는 감독관으로 임명해 보냈다. 염전에서 생산되는 소금은 곡식과 바꾸어 군량을 충당하므로 염전 관리가 중요했을 것이다. 남도포만호 강응표와 여도만호 김인영이 인사를 하고 돌아갔다.

10월 21일 수군으로 들어오지 않고 산골로 도주했던 무안현감 남언상南彦祥이 들어왔다. 가리포첨사 이응표, 조방장 배흥립, 우후 이몽구가 찾아와 인사를 했다. 장흥부사 전봉이 왔다.

10월 22일 군기시 직장 선기룡宣起龍 등 3명이 선조의 유지와, 의정부議政府가 길거리에 붙이라고 보낸 방문을 가져왔다. 해남현감 유형이 왜군에게 부역한 윤해尹海와 김언경金彦卿을 결박해 보내 옥에 가두었다. 그날 무안현감 남언상을 가리포 전선에 가두었다. 전라우수사 김억추가 황원(해남군 문내면, 화원면, 황산면 지역)에서 돌아와 왜군에게 협조한 김득남金得男을 처형했다고 보고했다. 10월 23일 왜군에게 부역한 반역자 윤해와 김언경을 처형했다.

10월 24일 해남에서 도주한 왜군이 남긴 군량 322섬을 실어 왔다. 저녁 8시 무렵 선전관 하응서河應瑞가 선조의 유지를 가지고 도착했는데 칠천량해전 직후 전라좌수영의 많은 군기와 군량을 처리하지 않고 관곡을 훔쳐 처자를 데리고 도주한 우후 이몽구를 처형하라는 것이었다. 하지만 이몽구는 처형되지 않았고 이후 1597년 남해 노량에서 왜군을 추격하다가 전사했다.

또한, 선전관 하응서는 명나라 수군이 강화도에 도착했다고 말했다. 새벽 4시 무렵 선전관 권길權吉, 금오랑 홍지수洪之壽가 왔다. 전장에서 이탈한 무안현감 남언상, 목포만호 방수경, 다경포만호 윤승남을 압송하기 위해 왔을 것이다.

공직자 충무공

10월 25일 저녁 8시 무렵 선전관 박희무朴希茂가 선조의 유지를 가지고 왔는데 명나라 수군이 정박하기에 적합한 곳을 물색해 보고하라는 내용이었다. 명나라 수군의 참전이 점점 가까워지고 있었다.

10월 26일 조방장 배경남, 김종려, 백진남, 정수 등이 찾아와 만났다. 10월 27일 영광군수 전협田浹의 아들 전득우田得雨가 군관이 되어 인사 왔기에 부친이 있는 곳으로 보냈다. 전득우는 홍시 100개를 가져왔다.

10월 28일 충무공은 강막지의 집에서 나와 거처를 지휘선으로 옮겼다. 이제 겨울을 보내기 위해 18일 동안 머문 안편도를 떠나 동쪽으로 진영을 옮겨야 했다. 수군 함대가 오래 머물려면 조수간만의 차가 커 수군의 작전에 차질을 주는 안편도보다 안전하고 편한 다른 적합한 장소가 필요했다. 그날 염전 책임자 거질산巨叱山이 큰 사슴을 잡아와 바쳤다.

보화도 임시 통제영

1597년 10월 29일 새벽 충무공과 수군 함대는 10월 11일부터 머문 안편도(전남 신안군 안좌도)를 떠났다. 우리 함대는 나팔을 불며 출발해 목포로 향했다. 목포로 갔다가 목포 앞 보화도(목포시 고하도)에 정박했다. 보화도는 북서풍을 막아주었고 배를 감추기에도 적합했다. 충무공은 육지에 올라 섬 내부를 돌아보았는데 형세가 적합하다고 판단해 진을 치고 집을 지을 계획을 세웠다.

10월 30일 충무공이 새집을 지을 장소로 내려가 자리를 잡았다. 여러 장수가 찾아와 인사했다. 충무공은 황득중을 시켜 목수를 데리고 섬의 북쪽 산봉우리堂山 밑으로 가 집 지을 목재를 베어 오게 했다. 그날 저녁에는 해남의 부역자 정은부鄭銀夫와 김신웅金信雄의 처, 왜군에게 요청해 우리 백성을 죽게 한 부역자 2명, 선비 집안의 처녀를 강간한 김애남金愛南 5명의 목을 베 효시했다. 그리고 도양장 둔전 곡식을 함부로 나누어 준 양밀梁謐에게 곤장 60대를 쳤다.

임시 통제영은 보화도 동남쪽 끝에 위치해 북서풍을 막아줄 산이 있었고 함대를 정박하기에도 적합했다. 영산강을 통해 나주평야에서 나온 곡물 등을 운반하기에도 편했다. 충무공은 목재를 구해 건물 짓는 일을 서둘렀다.

11월 2일 충무공은 새집을 짓는 곳에 갔다가 해 질 무렵 내려왔다. 11월 3일에도 충무공은 새집을 짓는 곳으로 올라갔다. 선전관 이길원李吉元이 배설을 처단하는 일로 찾아왔는데 배설은 이미 경상도 성주 고향으로 가고 없어 찾아온 것은 헛수고가 되고 말았다. 이길원을 녹도진 함선으로 보냈다.

11월 4일 충무공은 새집을 짓는 곳으로 갔다. 선전관 이길원은 그대로 머물렀고 진도군수 선의문宣義門이 찾아왔다. 11월 5일 충무공은 새집을 짓는 곳으로 갔다가 해 질 무렵 내려왔다. 영암군수 이종성李宗誠이 밥 10말을 지어 와 군사들에게 먹였다. 그는 군량미 200섬과 벼 700섬도 준비했다고 말했다. 충무공은 보성군수와 흥양현감 최희량崔希亮에게 군량 창고 건설을 감독하게 했다.

11월 6일 새집에 지붕을 올렸고 군량 창고가 완공되었다. 전라우수영 우후 이정충이 나무를 베기 위해 황원장으로 갔다. 11월 7일 홍산현감 윤영현尹英賢과 생원 최집崔潗이 벼 40섬과 쌀 8섬을 바쳤다. 새집 마루를 다

만들었다. 11월 8일 새집 벽에 흙을 바르고 마루를 만들었다.

11월 9일 전라우수사 김억추가 찾아와 만났고 강진현감 송상보는 돌아갔다. 11월 10일 전라우수영 우후 이정충이 장흥의 왜군이 모두 달아났다고 보고했다. 11월 11일 평산포만호로 부임한 신헌이 찾아와 충무공을 종1품 숭정대부로 승진시키라는 임금의 명령이 내려졌다는 소식을 전했다. 장흥부사 전봉, 조방장 배흥립, 우후 이정충이 찾아와 만났다.

11월 12일 수군이 곡식을 타작하지 못하게 방해한 영암과 나주 백성들을 붙잡아 와 주모자는 처형하고 나머지 4명은 함선에 가두었다. 다 익은 곡식 수확을 두고 수군과 백성이 서로 다툰 것 같다. 11월 15일 풍랑을 만난 아전들을 구출하지 않은 윤단중을 중군선에 가두고 김인수를 경상도 수영의 함선에 가두었다.

11월 15일 충무공은 새집으로 갔다. 9월 29일 명량해전 승첩 장계를 들고 한양으로 갔던 송한宋漢이 46일 만에 돌아왔다. 11월 16일 아침 조방장 배흥립, 장흥부사 전봉과 여러 장수와 장졸들의 군공을 조정에서 조사한 군공 마련기가 내려와 살펴보았다. 충무공에게는 종1품 숭정대부로의 승진과 은자 20냥이 하사되었다. 거제현령 안위는 정3품 통정대부로 승진하고 다른 장수들도 각자의 공적대로 관직에 임명되었다. 명나라 장수인 경리 양호楊鎬가 충무공에게 붉은 비단 한 필을 보내왔다. 영의정 유성룡의 답장도 왔다.

11월 17일 양호의 부하가 수군을 격려하는 초유문과 면사첩을 가져왔다. 11월 18일 홍산현감 윤영현과 정한기鄭漢己가 찾아와 만났다. 11월 19일 조방장 배흥립과 장흥부사 전봉이 들어와 만났다. 11월 20일 군관 임준영이 완도를 정탐하고 돌아와 완도에는 왜군이 없다고 보고했다. 11월 21일 군관 송응기 등이 군사를 거느리고 해남 소나무가 있는 곳으로 갔다. 11월 22일 장흥의 왜군이 지난 20일 떠났다는 보고를 받았다. 11월 23일 충무공은 장흥의 왜군이 달아났다는 승첩 장계를 작성했다.

11월 24일부터 11월 26일까지는 비와 눈이 내리고 추위가 심했다. 11월 27일 장흥의 왜군 도주 승첩 계본을 수정했고 11월 28일 승첩 계본을 밀봉했다. 그날 무안진사 김덕수金德秀가 벼 15섬을 가져와 바쳤다.

12월 1일 아침 경상우수사로 임명된 이순신李純信이 진영으로 찾아와 온종일 대화를 나누며 방책을 논의했다. 12월 2일 영암 지역의 의병장 유장춘柳長春이 왜군을 토벌한 연유를 보고하지 않아 곤장 50대를 쳤다. 홍산현감 윤영현, 김종려, 백진남, 정수 등이 찾아와 만났다.

12월 3일 경상우수사 이순신이 찾아와 만났다. 12월 4일 거제현령 안위, 금갑도만호 이정표, 천성보만호 윤홍년이 타작을 마치고 복귀했다. 그들은 군량으로 사용할 소속 군현의 수확을 하고 왔을 것이다. 무안현감 남언상과 전희광 등이 돌아갔다.

12월 5일 충무공은 공을 세운 여러 장수에게 선조가 내려보낸 직첩(임명장)을 나누어 주었다. 김돌손이 고기를 잡는 어부인 포작을 모으기 위해 봉학奉鶴을 데리고 함평으로 갔다. 정응남鄭應男은 점세와 함께 함선을 만드는 일과 관련된 죄상을 조사하기 위해 진도로 갔다. 전 익산군수 고성후高成厚, 김억창金億昌, 광주의 박자朴仔, 무안의 나덕명羅德明이 찾아와 만났다. 도원수 군관이 선조의 유지와 고기, 음식을 가져왔는데 충무공에게 지금은 전시이니 육식을 하라는 것이었다. 충무공은 모친상을 당해 고기

공직자 충무공

를 먹지 않고 있었던 것 같다.

12월 6일 나덕준羅德竣과 정응청鄭應清 등이 찾아와 만났다. 충무공은 1596년 9월 6일부터 9월 8일까지 전라도 무안을 순시하며 감목관 나덕준을 만났다. 12월 10일 아들 예와 진원현감 심륜, 윤간, 이언량이 찾아왔다. 함선을 만드는 곳으로 가 공무를 보았다. 12월 11일 경상우수사 이순신, 조방장 배흥립이 찾아와 만났고 전라우수사 김억추도 찾아왔다. 12월 21일 조방장 배흥립과 경상우수사 이순신이 보러 와 술을 마시고 대취해 돌아갔다. 12월 22일 함평현감 손경지가 찾아왔다.

12월 23일 눈이 많이 내렸다. 전라도관찰사 황신이 진영에 도착한다는 소식이 왔다. 황신은 전라도관찰사 중 드물게 충무공과 뜻이 통했다. 12월 24일 군관 이종호를 전라도관찰사에게 보내 문안 인사를 했다. 12월 25일 아침 아내의 병환 때문에 아들 예가 돌아갔다. 경상우수사 이순신과 조방장 배흥립이 찾아왔다. 저녁 6시 무렵 전라도관찰사 황신이 진중으로 찾아와 군사 일을 함께 의논했다. 황신은 명량해전에서 승리한 수군에게 우호적이었다. 전라도 연안 19개 군현을 수군에 전속시켜 주기로 해 병력확보에 큰 도움이 되었다.

12월 26일 군사 계책에 대해 전라도관찰사와 조용히 대화를 나누었다. 12월 27일 전라도관찰사가 돌아갔다. 유익한 면담이었다. 병력 차출, 군량 징발, 병장기 배정 등 수군과 육군의 갈등 대부분이 말끔히 정리되었다. 명량해전 승리 덕분이었을 것이다.

12월 28일 경상우수사 이순신, 조방장 배흥립이 찾아와 만났다. 12월 29일 승려 두우杜宇가 종이를 가져왔다. 12월 30일 입춘이지만 눈보라가 몰아치고 추위가 매우 심했다. 조방장 배흥립과 여러 장수가 찾아와 만났다. 평산포만호 정응두와 영등포만호 조계종은 오지 않았다. 부체찰사 한효순의 군관이 한효순의 편지를 가지고 왔다.

한편, 1597년 12월 21일 명나라 경리 양호楊鎬, 제독 마귀麻貴가 이끄는 명군 4만여 명과 도원수 권율이 이끄는 조선군 1만여 명 총 5만여 명이 울산성에 있는 가토 기요마사의 왜군을 공격했다. 조·명연합군은 가토 기요마사가 고립된 울산성을 포위하고 공격을 퍼부었지만 갑자기 날씨가 추워지고 인근에 있던 왜군 1만 3,000여 명이 몰려와 조·명연합군을 공격하는 바람에 결국 실패로 끝났다.

1598년 1월 1일 설날이 되었다. 경상우수사 이순신과 조방장 배흥립 등 여러 장수가 모두 충무공을 찾아왔다. 1월 2일 새로 만든 배를 진수했다. 해남현감 유형이 찾아와 만나고 돌아갔다. 송대립, 송득운, 김붕만이 각 고을로 나갔다. 진도군수 선의문이 찾아와 만나고 갔다. 1월 4일 충무공은 무안현감 남언상에게 곤장을 쳤는데 왜군이 침공했을 때 자신의 위치에서 이탈한 혐의 때문이었을 것이다.

1597년 10월 29일부터 1598년 2월 17일까지 약 4개월 동안 충무공은 목포 보화도 진영에서 추운 겨울을 보내며 함선 건조, 병력 충원, 군수물자 확보, 군사훈련 등 조선 수군의 재건을 위한 본격적인 활동을 착착 진행 중이었다. 그러는 사이 모친과 아들을 잃은 충무공의 슬픔도 조금씩 치유되었을 것이다. 힘들고 모질었던 1597년이 지나갔다. 그리고 운명의 1598년이 벌써 다가와 있었다.

공직자 충무공

고금도 통제영과 조·명 연합수군

1598년 2월 17일 충무공은 보화도에 있던 통제영을 완도 고금도(전남 완도군 고금면 충무리)로 옮겼다. 고금도 통제영은 서해 보화도에서 약 100킬로미터 거리의 남해로 진출했다는 점에서 의미가 있다. 하지만 충무공이 통제사로 주둔했던 한산도는 말할 것도 없고 전라좌수사로 있던 여수 전라좌수영보다도 한참 서쪽이다. 대부분의 남해안을 왜군이 지배하고 있었다. 당시 조선 수군의 역량과 전력은 그 정도였다. 고금도 동쪽인 전라도 순천과 경상도 남해, 사천, 고성, 창원, 양산, 부산, 울산 등 남해안 곳곳에 왜군은 성을 쌓고 주둔했다.

통제영을 더 동쪽에 설치하는 것은 현실적으로 어려웠을 것이다. 그래도 고금도는 서해안과 남해를 제압할 수 있는 요충지였다. 섬 안의 농경지가 넓었고 서남산, 지남산, 덕암산, 봉황산 등을 통해 동쪽과 남쪽에서 다가오는 왜군의 움직임을 손바닥 보듯 감시할 수 있었다. 동쪽에 약산도, 남쪽에 완도와 신지도, 서쪽은 바다 너머 해남, 북쪽에는 강진 마량항이 있어 왜군의 공격을 막는 데도 유리했다.

충무공이 고금도에 통제영을 설치하자 인근 해안과 섬에 있던 수많은 피란민이 고금도로 몰려왔다. 충무공은 피란민들에게 고금도 둔전과 소금 제조, 고기잡이, 수공업, 장사 등을 하게 했다. 충무공은 경주 출신의 선비 이의온李宜溫(1577~1636)의 제안대로 안전하고 자유롭게 바다를 다닐 수 있는 해로통행첩을 발행했다. 피란민이나 상인이 타는 배의 크기에 따라 돈이나 곡식을 내게 했고 그 덕분에 바다 질서를 바로잡고 곡식 1만여 섬도 마련했다. 이는 고질적인 군량 문제 해결에 큰 도움이 되었다.

군량 문제가 해결되면서 수군 병력을 유지할 기반이 마련되었고 병력을 원활히 충원할 수 있었다. 고금도 통제영에서도 충무공은 전력의 핵심이 함선에 있다고 보고 함선 건조에 심혈을 기울였다. 충무공은 보화도 임시 통제영에서 함선 건조에 집중해 30여 척을 새로 건조한 것으로 보이는데 고금도 통제영으로 옮긴 후 함선 건조에 더 박차를 가해 판옥선은 60여 척으로 증가했다. 병력도 1만여 명으로 늘었을 것이다. 하지만 한산도 통제영 시절에 비하면 3분의 1에 불과했다.

1598년 3월 조·명연합군은 사로병진작전四路竝進作戰을 수립해 남해안에 주둔한 왜군을 공격해 몰아내기로 했다. 사로병진작전은 조·명연합군을 4개로 나누어 서로西路는 순천 고니시 유키나가의 왜군을, 중로中路는 진주 시마즈 요시히로의 왜군을, 동로東路는 경주 가토 기요마사의 왜군을 각자 맡아 공격하고 수로水路인 조·명 연합수군은 서로에 가세한다는 것이었다.

1598년 6월 중순 명나라 수군 제독 진린陳璘(1543~1607)이 사로병진작전을 위해 함선 100여 척과 1만여 명의 수군을 이끌고 조선으로 들어왔다. 명나라 수군은 7월 16일 고금도 통제영으로 와 충무공이 이끄는 조선 수군과 합류해 조·명 연합수군을 결성했다. 충무공은 진린에게 예의를 갖추어 정중히 대하는 한편, 명나라 수군을 환영하는 성대한 잔치를 베풀어 단합과 우의를 다졌다.

7월 18일 왜 수군 100여 척이 고흥반도 남쪽 녹도(고흥군 도양읍)로 온다는 첩보가 들어왔다. 명나라 수군이 도착한 지 불과 2일이 지난 시점이었다. 왜군은 사로병진작전을 앞두고 조·명 연합수군이 제대로 정비되지 못

공직자 충무공

한 틈을 타 선제공격을 해 왔을 것이다.

그날 밤 충무공은 전 함대를 이끌고 고금도에서 동쪽 금당도 근처로 출동해 소록도 서쪽과 금당도 근처에서 왜군 함대를 기다렸다. 고금도 수군 통제영에서 금당도까지는 20킬로미터로 가까운 거리이다. 금당도는 거금도와 소록도 서쪽에 있고 1597년 8월 18일 충무공이 경상우수사 배설로부터 함선 12척을 인수한 회진항 남쪽에 있는 작은 섬이다.

필자가 장흥지청장으로 있던 2005년 여름, 지인들과 함께 배를 타고 금당도를 일주한 적이 있었다. 그때는 금당도를 평화롭고 아름다운 곳이라고만 생각했고 407년 전 그곳에서 충무공과 우리 수군이 힘겹게 왜군을 물리쳤다는 사실을 미처 알지 못했다. 부끄럽고 아쉽게 생각한다. 역사와 문화는 역시 아는 만큼만 보이는 것 같다.

우리 수군 함대는 전투준비를 마치고 고흥반도, 소록도와 거금도 사이의 좁은 해협을 지나 서진해 오는 왜군 함대를 기다렸고 명나라 수군은 함께 출동해 안전한 곳에서 대기했다. 금당도 앞바다는 한산도해전, 명량해전과 같이 좁은 해협을 앞에 두어 충무공이 선호하는 전투 장소였다.

7월 19일 새벽 도도 다카도라, 구키 요시아키 등이 이끄는 왜선 100여 척이 고흥반도 남쪽 소록도와 거금도 사이 해협을 통과해 금당도 앞바다로 진입했다. 기다리고 있던 우리 수군 함대는 왜군 함대에게 일시에 돌진해 각종 화포와 화살을 일시에 쏘아 왜선 50여 척을 격침시켰다. 나머지 왜선 50여 척은 우리 공격에 쫓겨 동쪽으로 도주했다. 왜군 수천 명이 살상되거나 수장되었을 것이다. 이것이 바로 『난중일기』에 빠져 있는 절이도해전이다. 재건된 우리 수군이 왜군 함대 100여 척을 물리칠 정도로 회복된 것이다.

고흥반도와 나로도 서쪽이 우리 영향권 안으로 들어왔다. 충무공은 우리 수군이 거둔 왜군의 수급과 공을 진린에게 양보해 인심을 얻었고 이중장계를 조정에 올려 진린을 옹호해 주었다. 이후 충무공은 진린에게 요청해 명군이 우리 백성을 괴롭히면 우리가 직접 처벌할 수 있는 권한도 확보했다. 절이도해전에서 보여준 충무공의 현명한 처신과 양보로 굳건한 조·명 연합수군이 만들어지고 있었다.

1598년 8월 중순 조·명연합군의 사로병진작전이 시작되었다. 충무공과 진린이 지휘하는 조·명 연합수군은 명나라 장수 유정劉綎이 총대장인 서로군과 함께 순천 왜교성에 주둔한 고니시 유키나가의 왜군 공격에 참전하게 되었다. 9월 15일 조·명 연합수군은 고금도 통제영을 출발해 고흥 나로도에 정박했다. 조·명 연합수군은 나로도에서 9월 17일까지 3일 동안 머물며 사로병진작전을 준비했다.

9월 18일 오후 2시 무렵 조·명 연합수군은 동쪽으로 이동해 방답(여수시 돌산도)에 정박했다. 9월 19일 조·명 연합수군은 아침에 방답을 출발해 전라좌수영 앞바다에 머물렀다. 바다에서 전라좌수영 쪽을 바라보니 비참한 마음이었다. 그날 밤 12시 무렵 조·명 연합수군은 달빛을 받으며 하개도(여수시 오동도로 추정)로 옮겨 정박했다.

9월 20일 새벽 조·명 연합수군은 하개도를 떠나 아침 8시 무렵 광양만 묘도에 도착했다. 서로군 총대장 유정劉綎은 벌써 순천 왜교성을 공격하고 있었다. 수군이 육군과 함께 협공하자 왜교성에 있던 고니시 유키나가의 왜군은 기세가 크게 꺾이고 두려워하는 기색이 역력했다. 조·명 연합수군

공직자 충무공

은 왜교성 앞바다를 드나들며 대포를 쏘았다.

9월 21일 아침 조·명 연합수군은 진격해 대포와 화살을 쏘았다. 온종일 왜군에 맞서 싸웠지만 조수潮水가 매우 얕아 적에게 가까이 다가가 공격하기 어려웠다. 9월 22일 아침 조·명 연합수군이 다시 전진해 공격하던 도중 명나라 장수 계금이 왼쪽 어깨에 총탄을 맞았지만 다행히 중상에 이르지는 않았다. 명나라 군사 11명이 총탄에 맞아 죽었다. 우리 수군도 지세포만호 강지욱姜志昱, 옥포만호 이담이 왜군이 쏜 총탄에 맞았다.

4일째인 9월 23일 진린 도독이 화를 냈다. 충무공은 서천만호, 홍주대장, 한산도대장, 금갑도만호, 제포만호, 회령포만호 6명에게 곤장을 쳤다. 공격이 뜻대로 전개되지 않고 우리 수군이 명군을 적절히 지원하지 않았기 때문일 것이다.

9월 24일 조·명 연합수군은 모처럼 휴식을 취하며 다음 전투를 준비했다. 9월 25일 육군이 왜교성을 공격하려고 했지만 성을 공격할 무기가 부족했다. 9월 27일 명나라 군문 형개邢玠가 편지를 보내왔다. 조·명 연합수군이 신속히 왜군을 공격한 것을 칭찬하는 내용이었다. 식사를 마친 충무공은 진린을 만나 조용히 이야기를 나누었다.

9월 28일과 9월 29일 조·명 연합수군은 전투를 준비하며 바다에서 대기했다. 9월 30일 저녁 명나라 유격 왕원주王元周와 복일승福日昇, 파총 이천상李天常이 전선 100여 척을 이끌고 조·명 연합수군에 합류했다. 병력이 1만여 명 늘었을 것이고 조·명 연합수군의 전력은 더 막강해졌다. 10월 1일 새벽 진린이 유정을 찾아가 이야기를 나누고 돌아왔다.

10월 2일 새벽 6시 무렵 조·명 연합수군이 출진했다. 우리 수군이 먼저 전투에 나서 정오 무렵까지 많은 적군을 사살했지만 사도진첨사 황세득이 적탄에 맞아 전사하고 이청일李淸一도 죽었다. 제포만호 주의수朱義壽, 사량만호 김성옥金成玉, 해남현감 유형柳珩, 진도군수 선의문宣義門, 강진현감 송상보宋商輔 등은 적탄을 맞고 부상을 당했다. 아마도 우리 수군이 죽음을 무릅쓰고 공격을 감행했기 때문이었을 것이다.

10월 3일 진린이 유정의 비밀 서신을 받고 초저녁에 나가 그날 밤 자정 무렵까지 싸웠는데 조류와 해로 등을 제대로 알지 못해 함선이 좌초되어 30여 척이 불에 타고 수백 명의 병사가 전사했다. 큰 피해였다. 조류와 해로 등을 제대로 파악하지 못한 상태에서 야간 전투를 치러 피해가 컸을 것이다. 우리 수군도 안골포만호 우수禹壽가 총탄에 맞았다.

10월 4일 충무공은 아침 일찍 우리 함대를 지휘해 온종일 왜군과 싸웠고 왜군은 황급히 달아났다. 10월 5일 강한 서풍이 불어 충무공은 우리 함선들을 간신히 보전하며 하루를 보냈다. 10월 6일 도원수 권율이 군관을 보내 서신을 보내왔다. 명나라 제독 유정이 후퇴하려고 한다는 내용이었다.

10월 7일 송한련이 군량 4섬, 조 1섬, 기름 5되, 꿀 3되, 김태정金太丁이 쌀 2섬 1말을 바쳤다. 송한련은 전라좌수영과 한산도 통제영에서 청어 등을 잡아 말려 곡식과 바꾸어 군량 확보를 도왔던 인물이다. 10월 8일 날씨가 화창했고 충무공은 전투를 준비하며 대기했다.

10월 9일 순천 왜교성을 공격하던 명나라 제독 유정이 부유창(순천시 주암면 창촌리)으로 물러나면서 조·명연합군의 왜교성 공격은 사실상 실패로 끝났다. 그날 충무공은 진린과 조·명 연합수군을 이끌고 바닷가 정자에 도착했다가 10월 10일 전라좌수영 앞바다에 이르렀다.

공직자 충무공

10월 12일 서쪽으로 이동한 조·명 연합수군은 지난 9월 15일부터 9월 18일까지 머물렀던 나로도에 도착해 정박했다. 나로도는 통영 당포처럼 조·명 연합수군이 작전을 벌이는 전진기지 역할을 했다. 결국 조·명 연합수군은 고금도 통제영으로 철군했다.

한편, 조·명연합군 중로군을 지휘했던 명나라 장수 동일원董一元은 사천에 있던 왜장 시마즈 요시히로의 유인작전에 말려 참패했다. 동로군을 지휘했던 명나라 장수 마귀는 경주의 가토 기요마사의 왜군을 공격하려다가 왜군 지원군이 몰려온다는 소식에 제대로 공격을 못 하고 철군했다. 결국 사로병진작전은 모두 실패로 끝나고 말았다.

노량해전, 그리고 충무공의 전사

1598년 8월 18일, 임진왜란을 일으키고 정유재란 재침까지 지시했던 잔인하고 참혹한 전쟁의 총책임자 도요토미 히데요시가 죽었다. 그 소식은 조선에 나와 있던 왜군 장수들에게 퍼졌다. 도요토미 히데요시의 핵심 가신인 오대로五大老 도쿠가와 이에야스, 마에다 도시이에, 모리 데루모토, 우키타 히데이에, 고바야카와 다카카게는 11월 중순까지 강화를 체결하고 조선에서 철군하기로 결정했다.

순천 왜교성의 고니시 유키나가도 귀국을 서둘렀다. 도요토미 히데요시의 사후 권력을 두고 왜국의 상황이 심상치 않았기 때문이다. 고니시는 명나라 제독 유정에게 강화교섭을 제의해 교섭이 진행되었다. 유정은 고니시로부터 수급 1,000개와 왜교성을 받는 조건으로 강화에 동의했다. 고니시는 나로도에 주둔 중인 진린과 충무공에게도 강화를 제의했지만 충무공은 당연히 거절했다. 진린은 고니시와 협상을 진행했지만 제독 유정이 먼저 공을 차지하는 바람에 결론을 내지 못했다.

충무공은 여러 장수들과 논의한 끝에 해로를 봉쇄해 고니시 왜군의 퇴로를 차단하기로 결정했다. 이를 통보받은 진린도 동의했다. 1598년 11월 8일 충무공은 명나라 수군 도독부로 가 진린 등에게 위로연을 베풀었다. 충무공은 온종일 술을 마시고 어두워져 돌아왔다. 잠시 후 진린이 충무공을 급히 보자고 해 갔더니 진린은 순천 왜교성의 왜군이 10일 사이에 철수해 도망간다는 기별을 받았다며 급히 출진해 왜군의 퇴로를 끊어 막을 것을 제안했다. 충무공은 당연히 그 제안을 받아들였다.

11월 9일 충무공은 진린과 조·명 연합수군을 이끌고 출정했다. 먼저 동쪽으로 나아가 백서량(여수시 화양면 백야곶과 백야도 사이 해협)에 도착해 진을 쳤다. 11월 10일 백서량을 출발한 조·명 연합수군은 여수 전라좌수영 앞바다로 가 진을 쳤고 11월 11일 여수반도를 따라 북상해 왜교성 앞에 있는 묘도 앞바다에 진을 쳤다.

11월 13일 왜선 10여 척이 장도(여수시 율촌면 여동리 장도공원)에 나타났다. 충무공은 진린과 연락해 조·명 연합수군을 이끌고 적을 공격했다. 왜선들은 뒤로 물러나더니 나오지 않았다. 충무공과 진린은 조·명 연합수군을 장도로 이동시켜 진을 쳤다. 11월 14일 왜선 2척이 강화를 논의하자며 나오자 진린이 왜통사(왜국 통역관)를 시켜 맞이하고 홍기와 환도 등의 물건을 받았다.

그날 저녁 8시 무렵 충무공은 왜장이 작은 배를 타고 진린의 도독부로 들어와 돼지 2마리와 술 2통을 바쳤다는 소문을 들었다. 11월 15일 아침 충무공은 진린을 찾아가 잠시 이야기를 나누고 돌아왔는데 왜선 2척이 강화를 논의하기 위해 다시 진린의 진중을 드나들었다.

11월 16일 진린이 부하 장수인 진문동陳文同을 왜군 진영에 보냈고 얼마 후 왜선 3척이 말과 창, 칼 등의 물품을 가져와 진린에게 바쳤다. 11월 17일 충무공은 복병장 발포만호 소계남蘇季男과 당진포만호 조효열趙孝悅로부터 보고를 받았는데 전날인 11월 16일 왜선 1척이 군량을 가득 싣고 남해 쪽에서 바다를 건너와 우리 수군이 한산도 앞바다까지 쫓아갔고, 왜군이 배를 버리고 언덕 위로 올라 육지로 달아나 왜선과 군량을 포획했는데 명나라 군사에게 빼앗겼다고 했다.

충무공과 우리 수군은 순천 왜교성에 있는 고니시 왜군의 퇴로를 막는 한편, 고니시의 왜군이 남해도의 와키자카 야스하루의 왜군이나 사천의 시마즈 요시히로의 왜군과 연락하지 못하도록 차단했다. 고니시의 왜군은 유정과 진린을 상대로 교섭을 진행하다가 틈을 타 사천과 남해도의 왜장들에게 구원을 요청하는 연락선을 내보냈다. 이제 남해와 사천에 있는 왜군이 순천 왜교성의 왜군을 구하기 위해 오게 되었고 묘도에 있는 조·명 연합수군은 동쪽에서 오는 왜군과 순천 왜교성에 있는 왜군 사이에서 자칫 포위당할 위험에 처했다.

11월 18일 충무공은 여러 장수들과 논의한 끝에 일단 왜교성의 왜군에 대한 봉쇄를 풀고 고니시의 왜군을 구하기 위해 노량으로 건너오는 왜군부터 먼저 공격하기로 했다. 그리고 그 사실을 진린에게 통보했다.

진린은 고니시와 강화교섭을 한창 진행 중이었는데 왜군의 협공을 받아 패전의 위기에 놓인 사실을 깨닫고 충무공과 함께 싸우기로 결정했다. 충무공과 진린이 지휘하는 조·명 연합수군과 순천에 고립된 고니시의 왜군을 구하기 위해 동쪽에서 노량을 건너오는 시마즈 요시히로 등이 이끄는 왜군과의 마지막 결전이 벌어지게 되었다.

노량해전이 벌어지는 장소도 노량이라는 좁은 해협을 앞에 둔 바다이다. 견내량을 앞에 둔 한산도해전, 명량을 앞에 둔 명량해전 때와 비슷한 지형이다. 왜군 함대의 움직임을 억제하고 아군 함대의 운용을 자유롭게 하는 최적의 장소이다. 충무공은 의도적으로 그런 곳을 선택했을 것이다. 유능한 장수는 싸우는 시기와 장소를 스스로 결정한다고 했다.

11월 18일 오후 조·명 연합수군은 왜교성에 대한 해상봉쇄를 풀고 재빨리 노량해협 방면으로 이동했다. 순천 왜교성의 고니시 유키나가의 왜군을 구하려는 함대 병력은 사천의 시마즈 요시히로, 남해도의 소 요시토시와 다치바나 무네시게, 부산의 데라자와 마사나리, 다카하시 무네마스 등 함선 500여 척과 병력 5만여 명이었다.

노량 동쪽에서 몰려오는 왜군 함대에 맞서는 조·명 연합수군은 노량 서쪽 바다에 자리 잡았는데 충무공이 이끄는 우리 수군 80여 척과 진린이 지휘하는 명나라 수군 200여 척 총 280여 척, 3만여 명의 병력으로 왜군 함대 규모의 절반 정도였다. 진린의 명나라 함대는 노량 입구 북쪽 죽도 쪽에, 충무공의 함대는 노량 입구 남쪽 관음포 쪽에 각각 진을 치고 왜군 함대와 벌일 일전을 준비했다.

11월 19일 새벽 왜군 함대가 노량을 지나 진입하면서 전투가 시작되었다. 왜군 함선에서 먼저 조총을 쏘며 공격했다. 조·명 연합수군은 북서풍이 부는 기상 이점을 활용해 불화살을 쏘는 화공으로 왜군 함대를 공격했

공직자 충무공

다. 왜선에 불이 붙고 강력한 화공에 타격을 입은 왜군 함대는 남해도를 돌아 달아나기 위해 남쪽으로 방향을 틀었다. 그런데 그곳은 막다른 관음포로 들어가는 수로였다. 당시 관음포는 넓고 깊은 만이어서 다급했던 왜군 함대는 남쪽으로 통하는 수로로 오인한 것이다. 왜군 함대는 관음포 바다에 갇혔다.

11월 19일 해가 뜨자 관음포에 자신들이 갇혔다는 사실을 깨달은 왜군의 일부는 배를 버리고 관음포에 상륙해 남해도를 가로질러 반대편으로 도주했지만 대부분 뱃머리를 돌려 관음포 입구를 가로막은 조·명 연합수군과 정면으로 싸우게 되었다. 관음포를 가로막은 조·명 연합수군과 관음포를 빠져나가려는 왜군 함선 사이에 곧바로 필사적인 전투가 시작되었다. 임진왜란과 정유재란 해전 중 가장 치열한 전투가 벌어진 것이다. 충무공이 승선한 대장선뿐만 아니라 진린이 승선한 대장선도 왜선에 직접 맞서 싸우다가 포위되었지만 충무공과 진린은 서로 구해주었다.

조·명 연합수군 함선과 왜선들이 가까운 거리에서 서로 뒤엉켜 화포와 화살, 조총을 난사하며 공격을 가하는 치열하고 처절한 전투가 한참 동안 벌어졌다. 충무공은 전투 초반 유탄에 맞아 전사했다. 충무공은 부장 송희립이 총탄에 맞았다는 말을 듣고 뒤돌아보다가 왼쪽 가슴에 적탄을 맞았다고 한다. 충무공의 전사 소식을 숨긴 채 조·명 연합수군과 왜군 함대의 치열한 격전은 그날 정오까지 5시간 넘게 벌어졌다.

결국 치열했던 전투는 튼튼한 함선과 다양한 화포를 갖춘 화력이 우세한 조·명 연합수군의 대승으로 끝났다. 왜선 200여 척이 격침되었고 100여 척이 나포되었다. 왜군 1만 5,000~2만여 명이 사살되거나 수장되었다.

큰 타격을 입은 잔여 왜선들도 깨지고 부서진 상태로 간신히 관음포를 빠져나와 남해도를 왼쪽에 두고 남쪽으로 돌아 부산포 쪽으로 뱃머리를 돌려 도주했다. 순천 왜교성의 고니시의 왜군은 치열한 전투가 벌어지는 틈을 타 여수반도를 따라 남쪽으로 가 부산포로 도주했다.

치열했던 노량해전에서 우리 수군은 충무공 외에도 가리포첨사 이영남 李英男, 낙안군수 방덕룡方德龍, 흥양현감 고득장高得蔣, 사도가장 이언량 李彦良 등이 전사했고 명나라 수군은 등자룡鄧子龍 등이 전사했다. 충무공과 함께 노량해전을 승리로 이끈 진린은 충무공의 전사 소식을 뒤늦게 듣고 크게 슬퍼했다. 진린은 명나라와 조선 조정에 올린 보고서에서 충무공에 대해 '천하를 경영하는 인재로 나라를 바로잡은 공을 세웠다'라는 뜻의 '경천위지지재經天緯地之才, 보천욕일지공補天浴日之功'이라고 적어 충무공을 극찬했다. 충무공은 전사 후 정1품 우의정에 봉해졌다.

정유재란이 끝난 지 6년이 지난 1604년 선조는 자신을 의주까지 안전하게 호송한 호송공신 86명, 전장에서 전공을 세운 선무공신 18명, 이몽학의 난을 진압한 청난공신 5명을 선정했다. 충무공은 권율, 원균 등과 함께 1등 선무공신에 선정되었다. 선조가 굳이 원균을 1등 선무공신에 포함시킨 것은 인사를 제대로 하지 못한 본인의 과오를 감추기 위한 속 보이는 결정이었다. 호송공신을 전쟁터에서 싸운 선무공신보다 68명이나 많은 86명이나 선정한 것도 임금인 자신이 국가나 백성보다 더 중요하다는 생각이었고 청난공신 5명은 임금에게 도전한 반란세력을 진압한 데 대한 보답이었다. 선조는 권력에는 참으로 민감하고 속은 좁은 소인배와 같은 임금이었다.

공직자 충무공

글을 마치며

충무공에 대한 생각

부족하지만 공직자의 관점에서 충무공에 대해 지금까지 살펴보았다. 글을 쓰면서 알면 알수록 충무공은 정말 위대한 분이라는 생각이 들었다. 그래서 420년이 지난 지금까지 모든 사람으로부터 높은 평가를 받고 있는 것이다. 심지어 일본에서도 높은 평가를 받고 있다고 한다.

2019년 법무부 차관 시절 필자는 미얀마를 방문했는데 미얀마 고위 관리로부터 그곳에서 방영된 드라마 〈불멸의 이순신〉의 인기가 매우 높고 자신도 충무공을 존경한다는 말을 들었다. 충무공에 대한 다양한 평가와 의견이 이미 제시되었지만 공직자로 근무했던 필자도 의견을 보태려고 한다. 공직자로서 선배인 충무공에 대한 필자의 의견이다. 필자가 감히 충무공을 평가하는 것은 적절하지 않다고 생각한다. 정리하면 다음과 같다.

첫째, 존경받는 공직자였다.

둘째, 공직을 가장 중요하게 생각했다.

셋째, 성실했다.

넷째, 무엇보다 백성을 위해 일했다.

다섯째, 인간에 대한 사랑이 있었다.

여섯째, 열린 자세와 정보의 중요성을 알고 있었다.

일곱째, 원칙과 기준에 충실했다.

여덟째, 현장을 중시했다.

아홉째, 소통하는 지도력을 갖추었다.

첫째, 존경받는 공직자였다

충무공은 공직자로서 최고 지위에 올랐다. 공직자가 특정 조직의 최고 지위에 오르는 것은 무척 영광스러운 일이다. 공직자의 목표는 대부분 조직의 수장이 되는 것이다. 검사는 검찰총장, 경찰관은 경찰청장, 군인은 참모총장을 꿈꾼다. 조선시대도 마찬가지였을 것이다. 충무공은 무관으로 재직하며 수군의 최고 지위인 삼도수군통제사가 되었다. 직급으로 따지면 18개 등급 중 가장 낮은 종9품에서 출발해 종1품 숭정대부까지 승진했다. 공직자로서 크게 성공한 것이다. 공직자가 최고 지위에 오르는 것은 성공의 기본이지만 그것이 전부는 아니다. 공직자는 국민의 높은 평가, 즉 존경을 받아야 비로소 성공한 것이다. 당대뿐만 아니라 후대에까지 존경을 받는다면 금상첨화이다.

충무공은 공직자로 있으면서 부하 장수들과 주변 사람들과 백성의 존경을 받았다. 힘들고 고달프고 의지할 곳 없던 불쌍한 백성들은 충무공을 믿고 존경했다. 충무공에 대한 존경은 선조를 능가했다. 충무공이 있는 곳에 수많은 백성과 피란민이 구름처럼 모여들었다. 뛰어난 인재와 장수들이 충무공과 함께 근무하고 싶어 했다. 선조와 조정 간신들은 충무공을 폄훼하고 핍박했지만 그들도 그런 엄연한 여론을 무시할 수는 없었다. 그래서 충무공은 연이은 파직과 투옥, 죽음의 문턱에서 기적적으로 살아남을 수 있었다. 백의종군하다가 삼도수군통제사가 되어 명량해전, 노량해전이라는 신화를 만들었고 충무공을 폄훼했던 선조가 충무공을 1등 선무공신에 봉하게 했다. 충무공 사후 충무공을 비난하거나 폄훼하는 사람은 찾아보기 어렵다.

공직자로서 성공한 충무공의 최고 클라이맥스는 노량해전에서의 전사였다. 냉정한 의견이라고 생각하지만 공직자는 끝까지 공직을 수행하는 것이 최고 덕목이라고 본다. 중간에 마치는 것보다 정년까지 근무하는 것이 더 좋고 임기가 있으면 임기를 마치는 것이 좋다. 충무공은 노량해전에서 전사했다. 군인으로서 전투 도중 순국한 것이다. 성공을 뛰어넘어 장엄하기까지 하다. 선조와 일부 간신의 핍박과 폄훼도 그것으로 끝났다.

임금을 속이고 어명을 어기고 타인을 모함하고 거짓 보고로 공을 차지했다는 모함도 사라졌다. 임의로 통제영에서 수군만의 과거를 실시하고 해로통행세를 받았다는 악의적인 정치 공세도 힘을 잃었다. 충무공이 노량해전에서 전사하지 않았다면 선조와 일부 간신은 1597년 2월 26일 이후 상황처럼 충무공을 다시 죽음으로 몰아갔을 것이다. 충무공이 전사한 1598년 11월 19일 선조가 영의정 유성룡을 파직한 사실을 보면 충분히 예상할 수 있다. 그래서 충무공이 노량해전에서 죽음을 선택했다는 주장이 나오는 것도 무리는 아니다. 공직자로서 최고 지위에 오르고 모든 사람의 존경을 받고 장엄하게 공직생활을 마친 충무공은 정말 훌륭한 공직자였다.

둘째, 공직을 가장 중요하게 생각했다

충무공은 무엇보다 공직을 가장 중요하게 생각했다. 공직자는 개인적인 일보다 공무를 우선하는 선공후사를 항상 명심하고 근무한다. 많은 비가 내리거나 사고로 많은 사람이 죽고 실종되면 마음을 졸인다. 잠을 이루기 어렵다. 사무실이나 현장에 나가봐야겠다는 생각에 간부나 당직자에게 연락해 특별한 상황이 없는지 물어본다. 휴대폰은 켜두고 운전기사나 수행비서에게 만반의 준비를 하고 대기시키는 것은 기본이다.

충무공은 오늘날의 공직자보다 공직을 더 중요하게 생각했다. 하루 8시간 근무가 아닌 24시간 근무였다. 최전방인 함경도 국경과 전라도 해안에서 생활하면서 오직 공무에만 전념했다. 자녀들을 키우고 교육시키는 것은 아내와 집안의 일이었다. 충무공이 공직생활을 하면서 아산 집에서 가족과 보낸 시간은 겨우 세 번, 다 합쳐봐야 겨우 약 3년뿐이었다.

1582년 1월부터 5월까지 4개월은 충무공이 발포만호로 있다가 파직되어 귀향한 것이고 1584년 1월부터 1586년 5월까지 약 2년은 부친상을 치른 것이고 1588년 6월부터 1589년 2월까지 약 8개월은 녹둔도 패전으로 파직되어 귀향한 것이 전부였다. 나머지 19년은 대부분 최전방에서 가족과 떨어져 홀로 지냈다. 함경도, 전라도, 경상도 군영에서 아산 고향집은 왕복 2개월은 잡아야 한다. 마음만 먹으면 갈 수도 있었겠지만 충무공은 집에 거의 가지 않았다. 1597년 4월 백의종군하기 위해 임지로 가다가 들른 것이 마지막이었다.

그렇다고 가족에 대한 사랑이 없었던 것도 아니다. 모친과 가족들에게 수시로 편지를 보내 마음을 전했다. 『난중일기』 곳곳에 그런 마음이 남아 있다. 1593년 6월 주위 사람들이 충무공이 있는 여수 전라좌수영 근처에 거처를 마련해 모친과 가족들이 살게 했지만 충무공은 대부분의 시간을 한산도 통제영에서 보냈다. 당연히 여수의 가족들을 자주 만나지 못했다. 공무가 우선이었다.

한산도 통제영에서 지내는 충무공이 여수 전라좌수영으로 가 모친과 가족들을 만나는 내용이 『난중일기』에 네 번 나온다. 1594년 1월과 1596년 1월은 연가를 사용했던 것 같다. 1596년 윤 8월과 10월에는 체찰사와 함께 전라도 순시를 왔고 그 덕분에 모친의 팔순 잔치를 마련해 마지막 효도를 했다. 전라좌수사직을 겸했기에 가능했다.

충무공은 최전방 전장을 떠나지 않았다. 소통은 서신이나 장계를 이용했다. 충무공은 부하 장수 등 많은 사람을 자주 만나 술을 마셨고 활을 쏘거나 글을 썼다. 공무 차원이었다. 충무공처럼 생활하라고 말하기는 어렵지만 그런 마음은 필요하다.

필자도 검사 일을 하느라 지방에서 혼자 지낸 경우가 많았다. 자녀들이 자라면서 가족들은 수도권에서 살고 혼자 지방에서 지냈다. 2004년 6월 광주지검 공판부장, 2005년 4월 장흥지청장, 2009년 9월 원주지청장, 2011년 9월 청주지검 차장검사, 2012년 7월 공정거래위원회 자문관, 2013년 4월 부산지검 1차장검사, 2017년 8월 법무연수원장 총 7회나 된다. 그래도 주말에는 대부분 집에 왔고 방학이나 휴일에는 가족들이 내려왔다. 지방에서 지내면서 가족을 생각하는 마음이 더 깊어졌다. 하지만 충무공처럼 공직을 위해 가족과 몇 년씩이나 못 만나고 지낸 적은 없다. 충무공은 무엇보다 공직을 가장 우선시한 공직자였다.

셋째, 성실했다

충무공은 성실 그 자체였다. 끊임없이 궁리하고 정리하고 실천했다. 그리고 다음 일을 계획했다. 이른 아침부터 늦은 밤까지 오직 일에만 몰두했다. 일하지 않는 날은 나라에서 지정한 날이거나 몸이 아픈 날이었다. 충무공은 건강이 좋지 않았다. 고질적인 위장병과 1592년 5월 29일 사천해전에서 입은 총상의 후유증이 있었다. 1594년 3월 한산도 통제영에서는 전염병에 걸리기도 했다.

가족과 본영이 있는 여수를 떠나 한산도 통제영에서 오랫동안 생활했는데 1594년부터 1596년까지 한산도 통제영 『난중일기』에는 몸이 아프다는 내용이 자주 나온다. 안타까운 마음에 가슴이 먹먹해진다. 1596년 4월 24일부터 4월 30일까지는 통증 때문에 매일 목욕을 했다고 적을 만큼 건강이 좋지 않았다. 그래도 참고 근무했고 승리했다.

술은 근무의 연장이었던 것 같다. 자주 술을 마신 것으로 보이는데 생사를 함께하는 부하 장수, 군사들과 하나가 되기 위해 술은 필요했고 허기와 추위, 두려움을 이기게 해주는 최고의 음식이었을 것이다. 다만, 충무공은 술을 마시더라도 절제하며 내일을 생각했다.

관내 순시와 각종 회식도 일이 먼저였다. 음식을 먹고 술을 마시거나 활을 쏘며 정보를 교환하고 작전을 협의했다. 충무공은 아침 일찍 일어나 성곽과 해자를 살피고 봉수대, 부두, 선박, 무기까지 철저히 점검하고 살폈다. 군사들이 소집되었는지 직접 확인했고 소집된 군사의 근무 상황과 식사, 사기를 살폈다.

충무공은 먼저 완벽한 계획을 세운 후 싸웠다. 계획에 맞게 전선과 병력을 확보했고 필요한 각종 화포와 화살, 군량 등을 미리 충분히 마련했다. 현장을 중시해 수시로 높은 산에 올라 전투 장소인 바다의 지형과 해로를 파악했고 현장에 맞는 전략과 전술을 수립했다. 바람이 불거나 날씨가 춥거나 비가 내리면 상황에 맞게 전략과 전술을 수정했다.

적을 정찰하는 탐망선과 군관, 정찰병, 정보원을 곳곳에 배치해 적의 움직임을 먼저 파악했다. 충무공은 단 몇 시간의 전투를 위해 수일 수개월을 준비하고 또 준비했다. 승리에 확신이 들 때까지 준비했다. 충무공의 연전연승은 이런 성실한 준비의 당연한 결과이다. 성실히 준비하고 승리한다는 확신이 들어야만 비로소 적과 싸웠고 싸우면 반드시 이겼다.

충무공은 전투에도 성실했다. 충무공은 모든 함선이 어디에 위치하고 어떻게 싸울 것인지 미리 철저히 계획했다. 학익진, 장사진 등 함선들이 자리 잡고 싸우는 다양한 진법을 미리 마련해 훈련하고 전투상황에 맞게 적절히 활용했다. 전투가 벌어지면 지휘선에 올라 계획한 대로 함선들이 싸우는지, 장수와 군관, 군사들이 제대로 맡은 임무를 수행하는지 일일이 확인했다.

업무를 제대로 수행하지 않으면 수대장기와 초요기를 수시로 흔들어 질책했다. 대장선을 이끌고 맨 앞에 나가 솔선수범하며 싸웠다. 전투가 끝나면 전투 결과를 일일이 점검하고 확인해 상세한 보고서를 작성했다. 충무공이 작성한 보고서를 읽고 있으면 마치 전투를 두 눈으로 직접 본 것처럼 구체적이고 생생하고 상세하다. 전공에 대해서도 마찬가지였다. 수령과 장수, 군사, 말단 격군과 종까지 전공자와 사상자를 꼼꼼히 확인하고 기재했다.

충무공은 사람들을 수시로 만나 이야기 나누었다. 상관인 체찰사와 도원수, 왕명을 전하는 선전관, 명나라 관리 외에 부하 장수, 군관, 군사, 배와 화살을 만드는 장인, 시중을 드는 종, 시골 선비와 백성, 피란민에 이르기까지 신분 고하를 가리지 않았다. 사람들과 이야기 나누는 것이 충무공의 성실성의 핵심이라고 생각한다. 사람과의 만남을 통해 충무공은 전체적인 전세와 전투상황을 먼저 파악하고 거기에 맞게 대응했다. 조정과 체찰사, 도원수, 순찰사 등이 보낸 공문은 최대한 신속히 이행하고 회신했다. 1594년 5월 11일 출정을 마치고 통제영으로 복귀한 충무공이 밀린 공문을 하나하나 처리해 내려보냈다는 『난중일기』의 내용이 그 증거이다.

충무공은 힘든 공무 중에도 매일 『난중일기』를 적었다. 그 성실성에 놀라지 않을 수 없다. 1592년 1월 1일부터 1598년 11월 17일까지 1,595일의 기록이 적힌 『난중일기』는 그야말로 충무공의 성실의 백미이다. 생사가 오가는 위험천만한 전투와 투병 중에도 쉬지 않고 일기를 썼다. 벼루에 먹을 갈고 붓을 사용해 종이에 글을 쓰는 것이니 그 준비 과정과 쓰는 과정도 만만치 않았을 것이다. 그런 힘든 상황에서도 『난중일기』를 집대성해 남긴 충무공의 성실함에 압도당하지 않을 수 없다.

충무공은 많은 사람에게 수시로 서신을 보냈다. 절친한 유성룡 대감은

　　　　　　　　　　　　　　　　　　　공직자 충무공

당연히 포함되고 체찰사, 도원수, 순찰사, 병사, 부하 장수, 근무한 인연이 있는 사람, 모친, 가족에게 수시로 서신을 보내 안부를 묻고 소식을 전했다.

1597년 6월 11일 도원수 휘하에서 백의종군 중이던 충무공이 한산도 통제영에 있는 전라우수사 이억기, 충청수사 최호, 경상우수사 배설, 가리포첨사 이응표, 녹도만호 송여종, 여도만호 김인영, 사도첨사 황세득, 동지 배흥립, 조방장 김완, 거제현령 안위, 영등포만호 조계종, 남해현감 박대남, 하동현령 신진, 순천부사 우치적 총 14명에게 안부 서신을 보낸 기록이 대표적이다. 맡은 공직은 물론 가족 등 모든 주변 사람에게 정성을 다한 지극한 성실은 충무공을 대표하는 가장 중요한 덕목이라고 생각한다.

넷째, 무엇보다 백성을 위해 일했다

공직자는 당연히 국가와 지방자치단체 등 공동체를 위해 일한다. 조선시대는 임금이 곧 국가였으므로 임금을 위해 일하는 것이 가장 중요했다. 충성이다. 다만, 임금은 구체적이고 유일한 사람이므로 공직자는 임금의 뜻을 대신하는 대신과 상관에게 최선을 다해 충성하는 것이 일반적이었다.

오늘날도 공직자들은 대통령과 국무총리, 장관, 총장이나 청장, 시장이나 도지사, 군수 등 기관장의 명령이나 지시를 따르는 것을 당연하게 생각한다. 권위주의 정권이 끝났지만 아직도 그 문화는 남아 있다. 검찰도 마찬가지이다. 헌법과 법률에 따라 원칙과 기준을 지켜가며 일해야 하지만 현실적으로 기관장이나 검찰총장의 지시와 명령이 먼저이다. 인사권자의 의중대로 일하면 다음 인사에서 혜택이 있고 앞날이 보장되지만 그렇지 않으면 불이익을 각오해야 한다. 소신껏 일하는 것이 쉽지 않다. 조선시대는 더 쉽지 않았다. 선조는 처음부터 끝까지 충무공의 인사권자였다. 선조의 뜻에서 벗어나 소신을 지키며 일하기는 상당히 어려운 상황이었다.

그래도 충무공은 법령과 원칙, 기준에 따라 소신껏 업무를 수행했다. 그 중심은 백성이었다. 충무공은 임금이나 상관, 당파가 아닌 백성을 위해 일했다. 백성, 부하 장수, 군사들을 위해 맡은 일을 최선을 다해 수행했다. 전투는 백성들을 지키기 위해, 함께 싸우는 장병들이 죽지 않도록 반드시 이겨야만 했다.

충무공의 이런 자세는 오직 임금을 위해 모든 것을 바치는 당시 공직자들과 근본적으로 달랐다. 임금에게 충성하는 대신 임금에게 피해가 가지 않는 범위 내에서는 마음대로 행동해도 된다는 것이 당시 공직자들의 자세였다면 충무공은 임금이 아닌 백성의 관점에서 일했고 임금에 대한 충성도 백성을 위한다는 범주 안에서만 가능했다.

임금과 백성의 이해관계가 다르면 충무공은 당연히 백성 편이었다. 충무공이 세 번이나 파직당한 것도 그런 자세 때문이었다. 충무공이 1597년 2월 26일 삼도수군통제사에서 파직되고 옥에 갇힌 것이 대표적이다. 충무공은 임금이 아무리 부산포를 공격하라고 명령해도 백성을 위해, 장병들을 위해 견내량을 굳게 지키는 것이 최선이라고 판단했다.

충무공과 수군이 견내량을 굳건히 지켜냈다면 칠천량에서 수군의 많은 지휘관과 장수, 2만여 명의 군사, 거북선을 포함한 160여 척의 함선과 무기·군량을 한꺼번에 잃는 끔찍한 참패는 없었을 것이다. 왜군의 정유재란 재침으로 남원과 전주, 영광, 해남 등 전라도 곳곳이 초토화되고 수많은 호남 백성이 죽거나 포로로 잡혀가고 전공의 증거라며 수십만 백성의 코

384   공직자 충무공

와 귀가 베어져 수집되어 왜국으로 반출되어 묻히는 비극도 없었을 것이다. 충무공은 부산포를 공격하라는 선조의 명령과 무과를 치르는 군사들을 전주로 보내라는 광해군의 명령에 반대 의견을 내고 따르지 않았다. 백성과 장병들을 위해 옳지 않다고 판단했기 때문이다. 하지만 노량해전에서는 아무 이유 없이 우리나라를 침략해 무고한 백성을 도륙하고 약탈하는 만행을 저지른 왜군을 그대로 보내지 않고 죽음을 무릅쓰고 공격해 백성의 원한과 나라의 치욕을 씻었다. 임금과 조정을 위해 싸운 것이 아니라 백성들을 위해, 그리고 그 백성들의 후손인 민족의 자존감을 위해 목숨을 내걸고 싸운 것이다.

7년 동안의 참혹한 임진왜란에서 충무공의 빛나는 승리가 없었다면 우리 민족은 지금도 모멸감을 느끼고 왜군에 대한 원한이 마음속에 남아 있었을 것이다. 오직 백성을 위해 일했던 충무공의 자세가 오늘날 우리에게도 필요하다고 본다. 필자도 그런 자세로 일하고 싶었다. 2022년 6월 1일 제44대 검찰총장으로 취임해 조직이 아닌 국민을 중심으로 일하자고 역설한 것도 충무공의 그런 자세를 본받고 싶었기 때문이다.

다섯째, 인간에 대한 사랑이 있었다

충무공은 인간에 대한 따뜻한 정을 갖추고 있는 분이었다. 1592년 1월 1일 시작되는 『난중일기』의 첫 문장은 모친을 떠나 전라좌수영에서 두 번씩이나 혼자 설을 맞는 충무공의 간절한 마음으로 시작된다. 1592년 2월 14일 충무공은 모친께 문안 인사를 드리기 위해 충청도 아산으로 나장 2명을 보냈고 3월 29일 돌아온 나장으로부터 모친 소식을 들었다. 1592년 4월

8일 동생을 통해 모친에게 물건을 보냈고 1593년 2월 22일 모친의 편지를 받았다.

　경상도 웅천에 있던 왜군을 공격하기 위해 출정 중이던 5월 18일 해포(아산시 인주면 해암리)에서 온 종으로부터 모친이 편히 잘 계신다는 소식을 들었고 6월 1일 모친의 편지를 받았다. 모친을 생각하는 충무공의 효심이 지극하다. 1593년 6월 모친과 가족은 아산에서 여수 전라좌수영 근처인 고음내 정대수鄭大秀의 집(여수시 송현동)으로 이사 왔다.

　하지만 충무공은 여수에서 멀리 떨어진 한산도 통제영에서 지냈다. 한산도 통제영과 전라좌수영을 오가는 탐후선과 사람들을 통해 모친의 소식을 들었지만 그래도 함께 지내지는 못했다.

　부모에 대한 효심은 인간의 기본이다. 부모가 자식을 사랑하는 마음은 본능에 가깝다. 모친에 대한 충무공의 지극한 마음은 가족과 부하 장수, 군사, 승려, 노비, 백성, 피란민까지 확대된다. 충무공은 『난중일기』 곳곳에 처와 아들, 조카 등에 대한 그리움과 안타까움을 적고 있다. 1593년 8월 충무공은 아내가 위중하다는 소식을 듣고 3남 1녀의 자식이 어떻게 살아갈지 걱정했다. 처와 자식이 아프면 자신도 아파하고 모친의 사망 소식과 아들 면의 전사 소식을 듣고는 목놓아 통곡하고 코피까지 쏟아가며 슬퍼했다. "천지에 당신과 같은 사람은 없고 하루가 1년 같다"라고 『난중일기』에 적고 있다.

　충무공은 굶주림과 추위에 떠는 군사와 피란길에 나선 백성을 보며 마음 아파했다. 보성에서 술병을 바치는 촌로를 보며 죽음을 각오하고 싸울 것을 다짐했다. 정운, 어영담 등 아끼는 장수와 군사들이 죽거나 다치면 진심으로 슬퍼했다. 그래서 부하 장수 중에는 충무공을 배신한 사람이 없다.

전사자의 장례를 격식을 갖추어 치르게 하고 유족들을 각별히 보살폈다. 다친 사람은 충분히 치료받게 하고 전염병에 걸려 근무하기 어려우면 집으로 돌려보냈다. 심지어 전쟁터에서 죽은 자의 넋을 위로하는 여제 등을 격식을 갖추어 지냈다. 잠시 여유가 생기면 장수들과 함께 활을 쏘거나 뛰어넘기를 하게 했고 군사들에게 씨름을 겨루게 하고 수시로 음식과 술을 주었다. 전공을 기록할 때는 본인보다 부하 장수와 군사들의 공적을 충실히 적어 인사와 평가에 반영되도록 했다. 지역 유지나 백성으로부터 곡식이나 물건, 작은 선물이라도 받으면 고마운 마음으로 『난중일기』에 일일이 기록해 두었다.

조선시대는 양반과 상민이 있는 신분제 사회였고 귀천이 분명했다. 노예와 같은 노비가 양반과 함께 생활했다. 같은 말을 하고 때로는 피까지 섞인 사람을 노비 신분으로 유지·관리하는 정말 미개한 사회였다. 충무공은 오늘날의 우리처럼 민주시민 교육을 받지는 않았지만 신분을 가리지 않고 사람을 누구나 따뜻이 대했다. 『난중일기』 곳곳에 나오는 다양한 신분의 사람과 종들의 이름이 충무공의 그런 따뜻한 마음을 잘 보여준다. 그래서 왜군과 전투가 벌어지면 장병들뿐만 아니라 승려, 천민, 노비 등도 죽음을 무릅쓰고 한마음으로 최선을 다해 싸웠고 그것은 조선 수군이 연전연승하는 데 기반이 되었다.

충무공이 시대를 뛰어넘어 천민과 노비를 없애자는 주장까지 하지는 않았지만 전투에서 활약하고 함선을 건조하고 활과 화살, 총통과 화약을 만든 승려와 장인, 군사와 노비에 이르기까지 그들의 노고와 공로를 잊지 않았고 그들의 이름도 함께 기록했다. 『난중일기』에 나오는 수많은 노비와 천민의 이름이 지금 우리 역사에 소중히 남아 있는 것은 인간에 대한 충무공의 따뜻한 애정 덕분이라고 생각한다.

인간에 대한 사랑은 잘못에 대한 증오심과 직결된다. 충무공은 남을 모함하고 본인의 이익만 앞세우는 사람을 증오했다. 『난중일기』 곳곳에 원균에 대한 충무공의 진솔한 감정과 순변사 이일 등의 악행에 대한 비난이 적혀 있다. 그것은 충무공이 인간을 사랑하고 존중했기 때문이라고 필자는 생각한다. 나아가 충무공이 전혀 망설이지 않고 왜군에게 보인 불타는 증오심과 죽기를 각오하고 싸운 치열한 전투는 악행에 대한 충무공의 증오의 연장선이었을 것이다.

왜군은 평화로운 조선에 아무 이유 없이 갑자기 쳐들어와 무고한 백성을 살육하고 소중한 재산을 약탈했다. 성과 관아, 집과 사찰을 불태우고 온갖 폭력을 자행했다. 수많은 아녀자와 도공을 잡아갔고 심지어 전공의 증표라며 사람의 코와 귀까지 베어 수집해 갔다. 그런 왜군을 혐오하고 치열하게 맞서 싸운 충무공의 마음과 태도는 그래서 더 공감이 가고 존경심을 갖게 한다. 충무공은 인간에 대한 사랑을 개인적 차원에 머물지 않고 모든 사람에게 적용되는 보편적인 정의로 격상시켰다. 그리고 그것을 치열한 전장에서 직접 실천했다.

여섯째, 열린 자세와 정보의 중요성을 알고 있었다

충무공은 전투에서 단 한 번도 패하지 않았다. 23전 23승이다. 그 승리를 뒷받침한 것은 과학기술에 대한 충무공의 열린 자세와 '지피지기이면 백

공직자 충무공

전불태'로 불리는 정보의 중요성이었다.

충무공은 과학기술에 열린 자세를 가졌다. 부하 장수 나대용이 거북선처럼 차원이 다른 함선 건조를 제안하자 조방장 정걸 등과 협의해 즉시 실행했다. 왜군의 조총과 등선육박 전술을 막기 위해 판옥선 갑판을 지붕으로 덮은 거북선이 효과적이라고 보고 즉시 실행에 옮겼다.

거북선은 1592년 5월 29일 2차 출정 때부터 참전해 빛나는 활약을 했다. 충무공은 천자·지자·현자·황자·승자총통 등 다양한 총통을 개량해 대량 제작했다. 당시는 합금기술이 부족해 오랫동안 많이 사용한 총통은 깨지고 상했다. 충무공은 철과 구리 등을 확보해 다양한 총통을 제조했다. 화약도 마찬가지였다.

1592년 5월 4일부터 9월 2일까지 네 번이나 출정하느라 비축해 둔 화약이 모두 소진되자 충무공은 1593년 군관 이봉수 등에게 화약의 재료인 염초 제조법을 알아내게 해 화약 1,000여 근을 제조했다. 1593년 5월에는 왜군의 조총을 개량한 정철총통을 직접 만들어 조정에 보내기도 했다.

충무공은 기존 관행이나 제도에 얽매이거나 집착하지 않았다. 열린 자세와 열린 마음으로 새로운 제도를 만들어 도입했다. 전쟁이 장기화되자 백성들이 피란을 떠나거나 병사로 차출되어 농사를 지을 수가 없었다. 조세가 징수되지 않자 군량은 수군의 가장 어려운 과제가 되었다. 군량을 서로 차지하려는 육군과 수군이 갈등을 빚었다.

충무공은 부족한 군량 문제를 해결하기 위해 소금을 굽는 큰 솥을 만들고 그 솥에 바닷물을 끓여 소금을 제조했다. 소금은 인체에 반드시 필요한 물질이다. 그렇게 만든 소금은 곡식과 바꾸어 군량을 마련했다.

한산도 견내량에 있는 수군을 위해 무과시험을 한산도 통제영에서 실시했고 버려진 땅에 둔전을 개발하고 해로통행첩을 발행해 해상 치안과 피란민의 안전을 도모하며 군량을 확보했다. 기존 관행과 제도에 얽매이지 않는 충무공의 다양하고 창의적인 행동은 그의 열린 마음과 열린 자세에서 나왔다.

충무공은 정보의 중요성도 잘 알고 있었다. 함경도에서 여진족에 맞서 싸우며 경험한 정보의 중요성은 바다에서 왜군과 싸우는 전투에서 더 빛을 발했다. 정보는 계절과 기온, 비바람 등의 천문과 산과 들, 고을과 도로, 바다와 강, 조류 등의 지리, 아군과 적군, 병력, 군량, 무기, 사기 등 사람으로 구분된다.

충무공은 천문, 지리, 사람을 끊임없이 연구하고 학습했다. 『난중일기』를 보면 충무공은 다양한 신분의 많은 사람을 만나 그들과 끊임없이 이야기 나누며 정보를 교환하고 파악했다. 매일 공무를 보고 활을 쏘고 술을 마시는 곳곳에서 사람들을 만나 이야기 나누었다. 끊임없이 질문하며 다양한 지식과 정보를 얻었다.

충무공은 선조를 비롯한 조정의 입장과 육군과 의병이 싸우는 전국의 전투 상황을 거의 실시간으로 파악했다. 왜군의 동향을 비롯해 명군의 상황도 신속하고 정확히 파악했다. 자신이 다스리는 전라좌수영 고을과 진영, 부하 장수, 군사, 백성들의 상황도 정확히 파악했다. 충무공은 사람들을 만나 이야기 나누다가 밤을 샌 적도 많았다. 조정뿐만 아니라 체찰사, 도원수, 병사, 수사, 목사, 부사, 군수, 현감 등에게 수시로 공문을 보내고 공문을 받았다. 조정에서 내려보낸 선전관이나 어사 등이 방문하면 그들과 밤새도록 이야기를 나누었다. 이를 통해 충무공은 누구보다 빠르고 정확한 정보를 얻었을 것이다.

충무공은 지역을 수시로 시찰했다. 전라좌수사로 있던 1592년 2월 19일부터 2월 27일까지 9일 동안 전라좌수영의 5관 5포를 순시했고 1596년 윤 8월 14일부터 10월 27일까지 약 2개월 동안은 체찰사 이원익과 함께 전라도 지역을 두루 순시했다. 지역을 순시하며 수령과 지역 선비, 유생 등 많은 사람을 만나 지역 현안을 질문하고 대답을 들었다. 산과 바다, 강과 도로, 읍성과 산성, 백성과 민심도 파악했다. 끊임없이 이야기 나누고 부족하면 직접 산에 올라 지형과 지리를 관찰했다. 체찰사에게 경상도 해안 지도를 직접 그려줄 정도였다.

충무공과 조선 수군은 주로 야간에 이동했다. 야간 이동은 바다와 섬, 조류와 해로를 평소 완벽히 파악하고 있어 가능했을 것이다. 당시 남해안의 해로 전문가는 광양현감 어영담이었는데 충무공도 어영담 못지않았을 것이다. 그래서 한산도대첩이 가능했고 4년 동안 견내량을 지키며 단 한 번도 패하지 않았다.

노량에서는 왜군을 관음포에 몰아넣어 승리했다. 먼저 우리를 알았기 때문이었고 다음은 왜군을 알아야 했다. 충무공은 적을 파악하는 데도 소홀하지 않았다. 오히려 더 큰 관심을 기울였다. 1592년 5월 왜군과의 첫 전투 때부터 먼저 적을 알기 위해 노력했다. 적을 정찰하는 탐망선을 수시로 내보내고 정찰 군관이나 군사를 내보내고 정보를 제공해 주는 백성과 피란민에게는 포상해 주었다. 적을 제대로 파악한 후 움직였다. 우리 함대가 정박하거나 이동 중이더라도 반드시 정찰용 탐망선과 정찰병부터 먼저 내보냈다.

구례의 두치, 거제도의 대금산과 영등포 등의 최전방 요충지에는 정찰병을 곳곳에 배치해 왜군의 움직임을 24시간 파악했다. 두치 의병장 성응지와 임계형, 임준영 등의 군관, 미륵도 목동 김천손, 부산포 왜군 진영에 있는 정보원 허내은만으로부터 왜군의 움직임과 정보를 수시로 받았다. 왜군 투항자나 왜군 포로, 왜군에게 붙잡혔다가 탈출한 사람들을 직접 만나 왜군의 상황을 파악했다.

반면, 우리 함대는 반드시 밤이나 새벽에 이동해 아군의 움직임을 절대로 적에게 노출시키지 않았다. 진영을 수시로 옮겨 적의 기습을 막고 왜군이 우리를 쉽게 정찰하지 못하도록 방해했다. 충무공이 옥포, 당포, 당항포, 한산도, 부산포, 명량, 노량 등 많은 해전에서 승리한 비결은 정보전의 승리였다. 이는 정보전에서 뒤져 칠천량에서 참패한 원균과 명확히 대비된다.

일곱째, 원칙과 기준에 충실했다

충무공은 공무를 수행하며 원칙과 기준을 중요하게 생각했다. 그래서 세 번이나 파직당했다. 원칙과 기준을 중시하고 지키면 상관과의 관계가 나빠질 수 있다. 첫 번째 파직은 1582년 1월 발포만호로 있을 때였다. 1579년 훈련원봉사로 재직 당시 병조좌랑 서익의 청탁을 거절했다. 발포만호로 재임하면서 거문고를 만들기 위해 발포진 관아의 오동나무를 베려는 전라좌수사 성박의 요구를 거절했다. 결국 군기 감찰을 나온 서익의 장계로 1차 파직을 당했다.

다음은 1587년 8월 조산보만호 때였다. 직속상관이던 함경북병사 이일과의 사이가 좋지 않았다. 이일은 충무공의 증원 요구를 묵살했고 이후 녹둔도전투에서 자신이 여진족에게 패한 책임을 당시 녹둔도 둔전관을 겸했던 충무공에게 떠넘겨 충무공은 파직당했다.

마지막 파직은 1597년 2월 전라좌수사 겸 삼도수군통제사로 있을 때였다. 선조는 부산포를 공격하라는 자신의 명령을 따르지 않았다는 이유로 충무공을 파직했다.

세 번의 파직 모두 원칙과 기준에 충실한 충무공의 곧은 성품 때문에 생긴 일이었다. 충무공은 부당하거나 불합리한 명령이나 지시는 쉽게 받아들이지 않았다. 합리적인 이유와 논거를 제시하며 반대했다. 결국 논리적으로는 충무공이 이겼지만 그의 상관들은 충무공에게 앙심을 품었다. 서익, 성박, 이일, 선조 등이 대표적이다.

그럼에도 충무공은 인정과 평가를 받아 전라좌수사와 같은 요직에 임명되었다. 충무공을 잘 아는 유성룡과 같은 지인의 도움도 있었지만 기본적으로 충무공 자신의 실력과 능력 덕분에 가능했다. 부하 장수들과 군사들, 백성은 충무공을 진심으로 존경하고 따랐다. 유능하면서도 원칙과 기준에 충실했기 때문이다.

충무공은 지위 고하, 친소 상관없이 원칙과 기준에 따라 법령을 시행했다. 전투가 벌어지면 원칙과 기준을 더 엄격히 지켰다. 생사가 걸린 전투에서 승리하기 위해 불가피했을 것이다.

『난중일기』를 보면 충무공이 병사를 처형한 내용이 자주 나온다. 인간에게 연민과 애정이 많은 충무공이어서 선뜻 납득이 안 가는 대목이다. 1차 출정을 앞둔 1592년 5월 3일 충무공은 여도진 탈영병 황옥천을 참수해 효시했다. 1593년 2월 3일 탈영병을 체포하지 않고 뇌물을 받은 김호걸과 나영남을 처형했다. 1593년 5월 7일 발포진 탈영병을 처형했다. 1593년 7월 13일 탈영한 순천의 거북선 격군을 처형했다. 1594년 1월 6일 병력 모집에 소홀한 남평현 병방을 처형했다. 1594년 7월 3일 군량 절도범을 처형했다. 1594년 7월 26일 탈영병 3명을 처형했다. 1594년 8월 26일 병사 30명을 탈영시킨 흥양 어부 막동을 처형해 효시했다. 1594년 9월 23일 창평현 색리 김의동을 처형했다. 1596년 7월 16일 탈영한 홍주의 격군 엇복을 처형해 효시했다. 1597년 10월 22일 부역자 김득남, 10월 23일 부역자 김언경과 윤해를 각각 처형했다. 10월 30일 부역자 정은부 등 3명과 양반집 처녀를 강간한 김애남을 참수해 효시했다. 11월 12일 영암과 나주 타작을 방해한 주모자를 처형했다. 『난중일기에』 등장하는 충무공이 처형한 자만 20명이 넘는다.

평소 충무공은 부하 장수들과 가까이 지냈지만 원칙과 기준은 분명히 지켰다. 1597년 8월 13일 전라좌수영의 군량과 무기를 제대로 챙기지 못한 우후 이몽구에게 곤장 80대를 때린 것을 보면 알 수 있다. 1597년 9월 16일 명량해전에서 충무공은 거제현령 안위에게 "안위야! 군법에 죽고 싶으냐? 도망간들 어디로 가 살 것이냐?"라고 말했고 안위는 죽음을 무릅쓰고 싸웠다. 안위는 군법의 무서움과 원칙과 기준을 반드시 지키는 충무공을 잘 알고 있었을 것이다.

충무공이 지휘하는 수군이 단 한 번도 패하지 않고 모두 승리한 것은 충무공 스스로 원칙과 기준에 충실하고 군대의 기강을 엄정히 유지했기 때문이다. 생사가 걸린 전투에서 기강이 바로 서지 않은 군대는 승리할 수 없다. 충무공은 원칙과 기준을 분명히 세워 기강이 잡힌 엄정한 군대를 만들었다. 그것이 연전연승의 밑바탕이 되었을 것이다.

여덟째, 현장을 중시했다

충무공은 현장을 중시한 공직자였다. 장계와 『난중일기』, 각종 공문서 작성 등에도 탁월했고 『손자병법』, 유성룡이 보내준 『증손전수방략』 등 여러 병법서에도 통달했지만 특히 현장을 중시한 태도는 당시 다른 공직자들과 다른 점이었다. 충무공은 공직생활의 대부분을 최전방 함경도, 전라도, 경상도에서 보냈다. 그냥 시간을 보낸 것이 아니라 지역의 산맥과 하천, 도로, 해류, 섬 등의 주변 지형을 꼼꼼히 관찰하고 파악해 이후 전략과 전술에 활용했다.

충무공이 승리를 거둔 한산도해전의 견내량, 명량해전의 명량, 노량해전의 노량 등을 보면 충무공이 지형과 지리에 얼마나 통달했는지 짐작할 수 있다. 충무공은 아군의 이동과 후퇴에 이런 현장 지리 지식을 100% 활용했다. 충무공은 주로 심야나 새벽에 함대를 이동시켰는데 나침반도 없던 시절 100여 척의 대함대를 야간에 이동시키는 것은 주변 바다 지형과 조류에 밝지 않으면 불가능했다. 충무공은 견내량이 우리 수군의 안전을 지켜주는 가장 중요한 길목임을 정확히 간파하고 있었다. 견내량을 지나가면 견내량을 지키는 철저한 대비부터 먼저 했다.

충무공은 이런 해박한 지리 지식을 어떻게 갖추었을까? 지리에 밝은 광양현감 어영담이나 지역 출신 장수나 군관, 군사들을 통해서도 많이 얻었겠지만 대부분 직접 현장에 나가 지형과 지리를 파악했다. 충무공은 수시로 산 정상에 올라 본인이 아는 지식을 점검하고 지역 순시와 방문으로 지역의 지리와 지형을 파악했다.

『난중일기』에는 충무공이 방답진의 북봉, 경상도 초계의 동산산성, 진주의 정개산성, 임치진의 봉대산성, 완도의 남망산, 한산도의 망산 등에 올랐다는 내용이 나온다. 우리 산 이름에도 '망을 보다'라는 뜻의 '망산'이라는 지명이 많다. 충무공은 그렇게 얻은 지식을 체계적으로 정리·보완했다.

1592년 2월 27일 충무공은 전라좌수사로 관내를 순시하며 방답진(돌산도) 북봉에 올라 주변 형세를 살폈다. 1595년 8월 25일 사천에서 배를 타고 한산도 통제영으로 오며 왜군과 싸운 장소 등을 체찰사에게 설명해 주었다. 1596년 5월 15일 한산도 상봉에 올라 5개 섬과 일본 대마도를 살피고 내려왔다. 1596년 윤 8월 18일 고흥 양강역 뒷산에 올라 여러 포구와 섬을 손가락으로 가리키며 체찰사에게 일일이 설명해 주었다.

1596년 윤 8월 24일 부체찰사 한효순과 함께 전라도 병영을 출발해 가리포에 도착해 남망산(완도읍 망석리 남망봉, 해발 152미터)에 올라 왜군이 다닐 수 있는 해로와 여러 섬을 관찰했다. 1596년 9월 9일 무안 임치진첨사에게는 왜군을 막을 대책을 물었고 근처 봉대산성(무안군 해제면 신정리)에 올라가 어의도 등의 주변 지형을 살폈다. 1597년 10월 11일 안편도(전남 신안군 안좌도) 산봉우리(후동산, 해발 153미터)에 올라 주변을 관찰했다. 백의종군하던 1597년 5월 24일 충무공은 체찰사 이원익의 요청을 받고 경상도 해역 지도를 그려주었다.

충무공이 지리를 파악하기 위해 현장을 자주 방문한 것은 이후 벌어진 전투에서 중요한 의미가 있다. 충무공은 순시와 현장 방문, 전투, 백의종

공직자 충무공

군을 통해 본인이 경험한 내용을 『난중일기』에 상세히 기록했다.

1592년 2월 19일부터 2월 27일까지 전라좌수영 관내를 순시한 여정, 1592년 5월 4일부터 6월 10일까지 경상도 해역에 네 번 출정해 승리한 경위와 인명, 지명, 1596년 윤 8월 11일부터 10월 11일까지 2개월 동안 전라도 지역을 순시한 여정, 1597년 4월 1일부터 6월 4일까지 2개월 동안 백의종군하기 위해 한양에서 경상도 초계 도원수 진영까지 이동한 여정, 칠천량 참패 직후인 1597년 7월 18일부터 전라우수영으로 복귀한 10월 9일까지 82일 동안 궤멸된 수군을 재건해 명량에서 왜군과 싸운 경위와 인명, 지명을 『난중일기』에 적어놓았다.

충무공이 『난중일기』에 기록한 사람만 248명, 지명은 271곳이나 된다. 정확하고 방대하고 상세하다. 현장과 사람을 중시하지 않으면 불가능하다. 우리 역사와 세계사를 통틀어 이렇게 많은 지명과 인명을 알고 기록으로 남긴 인물은 없는 것 같다. 정말 대단한 분이다. 충무공은 현장이 가장 중요하고 현장에서 문제의 해결책을 찾아야 한다는 진리를 정확히 꿰뚫고 있었다. 그것이 충무공이 다른 장수들이나 공직자, 오늘날 우리와 근본적으로 다른 점이었다고 필자는 생각한다.

아홉째, 소통하는 지도력을 갖추었다

마지막으로 충무공의 탁월한 지도력을 거론하지 않을 수 없다. 충무공은 선조를 비롯한 상관과는 대부분 관계가 좋지 않았다 영의정 유성룡, 체찰사 이원익, 도원수 권율 등과는 좋은 관계를 유지했지만 병좌정랑 서익, 전라좌수사 성박, 함경북병사 김우서, 이일, 경상우수사 원균 등과는 사이가 좋지 않았다. 업무를 중시하는 강직한 성품 때문이었을 것이다.

　반면, 휘하 수령이나 장수, 군사들과는 사이가 무척 좋았다. 순천부사 권준, 흥양현감 배흥립, 광양현감 어영담, 녹도만호 정운, 발포만호 이순신, 사도첨사 김완, 군관 송희립, 송대립, 임계형, 임준영, 송한련, 정사준 등 많은 부하 장수들은 임진왜란 7년 동안 함께하며 충무공 곁을 떠나지 않았다. 전라우수사 이억기와 충청수사 선거이, 조방장 정걸 등은 충무공과 같은 직급의 수사나 선배였음에도 충무공을 믿고 지지했다.

　심지어 원균의 부하였던 소비포권관 이영남, 옥포만호 이운룡, 영등포만호 우치적 등도 원균보다 충무공을 더 믿고 따랐다. 그들은 충무공이 전라좌수사로 있거나 삼도수군통제사로 승진했을 때는 물론 파직되어 옥에 갇히고 백의종군할 때도 한결같이 충무공을 신뢰하고 따랐다. 충무공의 뛰어난 실력과 훌륭한 인품 때문이었겠지만 충무공의 남다른 지도력(리더십) 때문이었을 것이다. 충무공은 탁월한 지도력으로 장병들의 마음을 하나로 모아 일치단결해 모든 전투에서 승리할 수 있었다고 생각한다.

　충무공의 지도력의 핵심은 소통과 인정이었다고 생각한다. 충무공은 끊임없이 소통했다. 충무공이 부하 수령과 장수, 동료 수사와 참모, 체찰사, 도원수, 전라도관찰사, 조정에서 나온 어사와 선전관, 인근 육군 지휘관과 관찰사 등을 수시로 만나 소통하는 내용이 『난중일기』에 나온다. 도원수 권율 휘하에서 백의종군하면서도 충무공은 수시로 사람들을 만나 활발히 소통했다. 체찰사와 함께 전라도를 순시하거나 체찰사를 만나러 가는 도중에도 주변 사람들과 끊임없이 만나 대화했다. 시간을 내 서신과 답장을 주고 받았다. 전라좌수영이나 통제영에 있을 때도 충무공의 소통은 계속되었다.

시간이 나면 부하 장수들과 활을 쏘거나 술을 마시며 대화하고 군사들에게 씨름을 하게 하고 술과 음식을 내리며 그들과 어울렸다. 그야말로 소탈하고 진솔한 소통이다. 충무공은 밤낮을 가리지 않고 끊임없이 주변 사람을 만나 이야기 나누었다. 밤새 이야기 나누고 지식과 정보를 얻고 상대방의 생각을 들었다. 본인의 생각과 전략·전술도 이야기했을 것이다. 함께 자주 이야기 나누다 보면 자연스럽게 소통이 된다. 충무공의 생각과 전략·전술이 자연스럽게 상대방에게 전해졌을 것이다. 모두 하나가 되어 전투에서 승리하는 중요한 요인이 되었을 것이다.

부하 장병들을 공정하게 평가하고 인정하는 것도 충무공의 지도력의 매우 중요한 요소이다. 충무공은 부하 장병들을 공정하고 객관적으로 바라보고 평가하고 인정했다. 『난중일기』를 보면 충무공이 주변 사람을 긍정적으로 평가하고 인정하는 내용이 대부분이지만 원균과 남해현령 기효근처럼 잘못을 지적하고 비난하는 내용도 많다.

충무공은 부하 장병들을 쉽게 평가하고 넘어가거나 본인의 마음속에 담아두는 데 그치지 않았다. 객관적이고 정확한 자료를 제시해 조정과 주변 사람의 인정을 받게 했다. 사람들은 자신을 공정하게 인정하고 평가해주는 사람을 믿고 따른다. 충무공의 정확하고 객관적인 보고를 통해 제대로 평가받고 승진한다는 사실이 알려지자 부하 장수들은 충무공을 신뢰하고 자신이 맡은 일에 최선을 다했다.

'구슬이 서 말이라도 꿰어야 보배'라는 말처럼 충무공은 끊임없는 소통을 기반으로 공정한 평가와 인정을 통해 부하 장병들의 마음을 얻었다. 그 결과, 장병들이 위험한 전장에서 목숨을 아끼지 않고 충무공의 지시를 믿고 따르게 하는 최고의 지도력을 확보한 것이다. 진정으로 탁월한 지도력이라고 하지 않을 수 없다.

나의 스승, 공직자 충무공

벌써 2024년이 되었다. 이 책을 쓰기 시작한 지 1년이 넘었다. 필자의 사표인 충무공을 생각하며 간략히 글을 쓰려고 했는데 역시 충무공은 거인이다. 쉽게 범접하기 어려운 분이어서 갈수록 어려웠다. 많은 사람이 충무공을 연구하고 충무공에게 빠지는 이유를 알 것 같다.

충무공과 필자 사이에는 430년이라는 시대 차이를 뛰어넘어 공직자라는 공통점이 있지만 그분을 필자와 비교하는 것은 외람된 일이다. 그분은 전에도 그랬고 앞으로도 영원한 사표가 되실 것이다. 그분 덕분에 행복한 시간을 보냈다. 무더위를 잊을 만큼 그분에게 빠져 생각하고 정리하며 무더운 여름을 보냈다. 또한, 깊이 감사드린다.

끝으로 이 글을 쓰며 충무공을 연구하고 존경하는 분이 우리 주변에 많다는 사실을 새삼 깨달았다. 이제 그분들과 머리를 맞대고 많지 않은 시간이겠지만 알차게 보내고 싶은 마음이다. 많이 부족하고 부끄러운 글을 읽어주신 분들께 깊은 감사를 드린다.

충무공 연표

○ 공직 준비(약 31년)
— 1545년 3월 8일: 한양 건천동(서울시 중구 인현동 1가 40번지)에서 탄생
  ※ 명종(1545~1567년) 즉위
— 유년 시절, 충남 아산으로 이사
  ※ 전라병사, 장흥부사 등이 전사한 을묘왜변(1555년) 발생
— 1565년 아내 상주 방 씨와 혼인
  ※ 선조(1567~1608년) 즉위
— 1572년 1월, 훈련원 별시 무과 낙방
— 1576년 1월, 식년시 무과 합격

○ 공직 초반기(5년 7개월)
— 1576년 6월, 한양 권지훈련원봉사
— 1576년 12월, 함경도 동구비보 권관
— 1579년 2월, 한성훈련원봉사
— 1579년 10월, 충청도 해미 충청병사 권관
— 1580년 4월, 전라도 발포만호
— 1582년 1월, 파직(1차 파직), 4개월 무직

○ 공직 성장기(6년 1개월)
— 1582년 5월, 한양 훈련원봉사 재임용
— 1583년 7월, 함경도 병마절도사 군관
— 1583년 11월, 함경도 건원보 참군
— 1583년 11월, 부친 사망으로 사직
— 1586년 1월, 한양 사복시 주부 재임용
— 1586년 1월, 함경도 경흥 조산보만호 및 녹둔도 둔전관
— 1587년 8월, 파직(2차 파직), 녹둔도에서 여진족에게 패전
— 1588년 1월, 백의종군
— 1588년 6월, 백의종군을 마치고 충청도 아산으로 낙향

○ 공직 전성기(7년 6개월)

　— 1589년 2월, 전라감사 군관 겸 조방장에 재임용

　— 1589년 12월, 정읍현감(종6품, 태인현감 겸직)

　　※ 1589년 정여립의 난과 기축옥사(1589~1591년)로 선비 1,000여 명 희생

　　※ 1590년 도요토미 히데요시 일본 통일

　— 1591년 2월, 진도군수(명목)

　— 1591년 2월, 가리포 첨절제사(명목)

　— 1591년 2월, 전라좌수사 부임

　　※ 1592년 2월 19일~2월 27일, 전라좌수영 5관 5포 순시

　　※ 1592년 4월 13일, 임진왜란 발발

　　※ 1592년 4월 28일, 신립의 조선군 충주 탄금대전투 패배

　　※ 1592년 5월 3일, 한양 함락

　— 1592년 5월 4일~5월 8일(1차 출정)

　　※ 옥포·합포·적진포해전 승리

　— 1592년 5월 29일~6월 10일(2차 출정)

　　※ 사천·당포·당항포·율포해전 승리

　　※ 1592년 6월 5일~6월 6일, 삼도근왕군 광교산전투 패배

　　※ 1592년 6월 12일, 평양성 함락

　— 1592년 7월 6일~7월 13일(3차 출정)

　　※ 한산도·안골포해전 승리

　　※ 1592년 7월 7일~8월 17일 웅치·이치전투 승리

　— 1592년 8월 24일~9월 3일(4차 출정)

　　※ 장림포·회준구미·다대포·서평포·절영도·부산포해전 승리

　　※ 1592년 10월 4일~10월 10일 1차 진주성전투 승리

　　※ 1593년 1월 8일, 평양성 탈환

　　※ 1593년 1월 27일, 명장 이여송 벽제관전투 패배

　— 1593년 2월 6일~4월 3일(5차 출정)

　　※ 1593년 2월 12일, 권율의 행주대첩 승리

　　※ 1593년 4월 20일, 한양 수복

　— 1593년 5월 7일~7월 30일(6차 출정)

　　※ 1593년 6월 21일~6월 29일 2차 진주성전투(진주성 함락)

　　※ 1593년 7월부터 1597년 7월까지 약 4년 동안 명·왜의 강화교섭 진행

─ 1593년 8월 삼도수군통제사(종2품, 전라좌수사 겸직)로 승진

  ※ 한산도에 통제영 설치

  ※ 견내량을 경계로 왜군과 대치

─ 1594년 9월 27일~10월 8일, 수륙합동 거제도 수복작전 실패

─ 1596년 윤 8월 11일~10월 11일, 전라도 지역 순시

  ※ 체찰사 이원익을 모시고 전라도 30개 고을 순시

─ 1597년 2월 26일 파직(3차 파직)

─ 1597년 4월 1일 백의종군(2차) 명령

─ 1597년 4월 3일~6월 4일 도원수 진영으로 백의종군하기 위해 이동

  ※ 1597년 7월 16일, 원균 칠천량에서 참패

  ※ 1597년 8월, 왜군의 재침(정유재란) 시작

○ 공직 결산기(1년 3개월)

─ 1597년 8월 3일, 전라좌수사 겸 삼도수군통제사에 재임명

─ 1597년 8월 3일~9월 15일, 수군 재건 여정

  ※ 진주 → 하동 → 구례 → 곡성 → 옥과 → 석곡 → 순천 → 보성 → 회령포 →
    창사 → 이진 → 어란 → 벽파진 → 전라우수영으로 이동하며 수군 재건

  ※ 1597년 8월 16일 남원성, 8월 18일 황석산성, 8월 19일 전주성 함락

  ※ 1597년 9월 9일, 조·명연합군 직산전투에서 왜군에 승리

─ 1597년 9월 16일 명량해전 승리

─ 1597년 9월 16일~9월 21일 수군 보전 여정

  ※ 해전 직후 우수영 → 당사도 → 어의도 → 영광 홍농 → 위도 → 고군산도로 이
    동하며 수군 보전

─ 1597년 10월 11일 남쪽으로 내려와 신안 안편도 주둔

─ 1597년 10월 29일 목포 보화도(고하도)에 임시통제영 설치

─ 1598년 2월 17일 고금도에 통제영 설치

  ※ 11개월 동안 주둔하며 함선 건조, 병력 확충, 화포와 화살 등 군비 증강

─ 1598년 7월 16일 조·명 연합수군 결성

  ※ 1598년 8월 18일 도요토미 히데요시 사망

─ 1598년 9월 18일~10월 12일 조·명연합군의 사로병진작전 참전

─ 1598년 11월 19일 노량해전에서 전사

공직자 충무공